中 國 經 濟 史

下冊

侯家駒／著

目　次

第六編

第二次多元體制

中唐五代兩宋——區域經濟

　　C. A. Peterson在談到安史之亂時說：「歷史學家早就以爲它是唐朝史的一個轉折點，在近幾十年中，它甚至被認爲是整個中國史中的一個大轉折點」[1]，前一「轉折點」，當然是指「把唐王朝截然分成前後兩個時期」(同上)；後一「大轉折點」，應指主權合而又分，成爲另一個多元體制時期，而且少數民族因邊患而與中原對峙，進而入主中原。所以，本編所籠罩的時間，是始自唐玄宗天寶十五年，亦即肅宗至德元(756)年，終於南宋帝昺投海的祥興二(279)年，先後計524年，其後爲元之統一，進入第三次一元體制時期——此後一元體制下的元、明、清三個朝代中，就有兩個是非漢族。

　　第二次多元體制時期，在時間上遠比第一次多元體制時期的389年爲長，若從其政治分離型態言，可以分爲三個階段：一爲中唐及晚唐的藩鎮割據；一爲其後的五代十國；一爲兩宋期間由宋、遼、夏之共處，轉變爲宋、金及其與蒙古之對峙。即使是藩鎮割據階段，最小的藩鎮亦擁有三州(《新唐書・藩鎮魏博列傳序》)，每州各轄若干郡縣，致其經濟區域遠較第一次多元體制下的塢堡爲大，故稱爲區域經濟。

　　在此期間，內則藩鎮並立(第三階段除外)，外則部族(實爲少數民族，史稱夷狄)對峙，所以形成多元體制。其所以如此，是由於唐代失策，丘濬雖云，「唐有天下，雖歷二十君，然爲子所逼奪者三，爲婦所乘者三，爲賊所弑者五，爲妻所殺者一，爲閹宦所立者七，及爲所弑者三，爲所廢者一，爲方士所敗者七，爲強臣所弑者三，其間不爲人所惑者僅一二君而已」(《世史正綱》)，但僅指唐代君主未能修身齊家有以致之，而此處所云「失策」，則專就割據與對峙而言。

　　先就藩鎮割據言，是代宗即位之初，即以安史降將張志成爲德軍節

1　中國社會科學院歷史研究所譯，《劍橋中國隋唐史》(中國社會科學出版社，1990)，頁462。

度使，賜姓爲李寶臣，又以降將薛嵩、田承嗣、李懷仙爲河北諸鎮節度使（《世史正綱》）──丘濬於此評曰，「唐失河北自此始」。這些節度使時叛時降，成半獨立狀態，從而形成後代所謂的藩鎮：「魏博、傳五世，至田弘正入朝十年，復亂，更四姓，傳十世，有州七。成德、更二姓，傳五世，至王承元入朝，明年，王庭湊反，傳六世，有州四。盧龍、更三姓，傳五世，至劉總入朝，六月，朱克融反，傳十二世，有州九。淄青、傳五世而滅，有州十二。滄景、傳三世，至程權入朝，十六年而李全略有之，至其子同捷而滅，有州四。宣武、傳四世而滅，有州四。彰義、傳三世而滅，有州三。澤潞、傳三世而滅，有州五。」（《新唐書・藩鎮魏博列傳序》）

　　這種對降將、叛將之縱容，在晚唐又重演，譬如朱溫原爲黃巢部屬，降唐後坐大，終於篡唐；李克用父子原先叛唐，後又歸順，進而與朱溫爭雄，結果形成五代十國。

　　說到與部族的對峙，亦是唐代失策所致，先是唐帝以天可汗自居，各部族得以擁眾自立，生聚教訓，從而坐大，俟唐室衰微，緣邊部族則生覬覦之心，譬如渤海王國建於武后久視元（700）年──後爲契丹所滅，其遺民中一支爲女真，後爲金國[2]；遼之先、契丹首領於貞觀廿二（648）年爲唐之松漠都督，唐末，阿保機乘機而起，於朱溫篡唐時僭號於其境[3]──西夏之先，亦因破黃巢而爲夏州節度使。後世雖曾責石敬瑭爲契丹之兒皇帝，而始作俑者厥爲唐高祖，李淵起義前，遣使稱臣於突厥請兵（《世史正綱》），丘濬評曰，「中國稱臣於夷狄始此」。其所以稱臣，是要藉外兵之力，以逐其政治野心，但其後遺症極爲強烈，王夫之曰，「借兵於夷以平寇賊，闌入而掠我人民，乘間而窺我社稷，二

2　津田左右吉（陳清泉譯），《渤海史考》（商務印書館），前編。
3　張正明，《契丹史略》（弘文館，民國77年），第二章。

者之害易知也」（《讀通鑑論》卷24）。回紇、吐蕃之害屬於前者，遼金之患則為後者，但均由唐代啓其端。

第十六章
第二次多元體制下政經特色

　　本章所說的特色，在基本意義上，是和第十章及第十三章一致，除說明各別經濟發展階段所表現的不同形態外，亦有敘述各別階段經濟發展環境背景之意，蓋因經濟發展不是產生於虛無，而有其時空背景或條件，在這個背景上，將發展其獨特的形態，由於無以明之，所以，將這些背景與形態合稱為「特色」。

　　這一期間與魏晉南北朝，在型態上雖然類似，而均為多元體制，但卻並非相同，譬如在政治上，上一期間，於漢獻帝時代，徒有天子名號，絲毫不能號令四方，三國更為鼎立，東晉與南北朝均為南北對峙或多方並峙，而此一期間，自中唐至晚唐，唐室仍為天下共主，五代之君雖均偏處一隅，但仍為天下政治重心，即使在兩宋之時，起碼在北宋時期(靖康年間除外)，宋室仍有舉足輕重之勢，而且此一期間各政治中心雖有篡弒之事，但在政治倫理上，已較第一次多元體制期間有所進步，是以，這一期間在政治上可說是離而少乖，而不是上次的政治趨於乖離。

　　在社會上，雖因政治上的改朝換代，各政治中心間的相互攻戰，導致人民苦痛甚至流亡，但卻未發生像上次的民族大遷徙，且因經由隋唐統治，胡漢界限逐漸泯除，再加嗣後新儒家運動之發生，加強社會倫理建設，減少階級對立，以致社會上是離而鮮疏，而非上次的社會趨於疏

離。在上次多元體制中，各政治中心商業往來極罕，本期則非是，即使晚期宋金對峙，雙方亦有互市管道，所以，在經濟上是離而不隔，而非上次的經濟趨於隔離，且因經濟管制逐漸放寬，使本時期經濟發展大放異彩，尤以南宋之時為然。

第一節　政治離而少乖

　　這一時期政治上的分離，是起因於安史亂起，唐室力弱，縱容叛逆所致，譬如蕭宗至德二(757)年，平盧節度使王玄志卒，遣宦者察軍中所欲立者，裨將李懷玉殺玄志子，推裨將侯希逸為節度副使，從之；乾元三(760)年，襄州軍亂，殺節度使。丘濬對後者評曰，「唐世將吏逐帥阻兵始此」，對於前者則作長評曰，「節度使由軍士廢立自此始，……蕭宗遭唐中衰，幸而復國，宜正上下之禮以綱紀四方，而偷取一時之安，不思永久之患，委一介之使，徇行伍之情，無問賢愚，惟其所欲，積習為常，謂之姑息。乃至偏裨殺逐主帥亦不治罪，因而授之，然則爵賞廢置殺生予奪，皆不出於上而出於下，亂之生也，庸有極乎！古者治軍必本於禮，今唐蔑之，使士卒得以陵偏裨，偏裨得以陵將帥，則將帥陵天子，自然之勢也」（《世史正綱》）。

　　唐室這種是非不分的情形，以後愈演愈烈，譬如朱克融首亂因張弘靖，而授以盧龍，史憲誠脅忠孝之田布以死，而授以魏博；王庭湊殺推誠平賊之田弘正，而授以成德，所以，王夫之喟嘆曰，「唐之不足以興而迤邐以亡，在此矣」[1]。亦就是由於唐室這種顛頂，使藩鎮維持半獨立狀態者，超過本編引言中述及《新唐書‧藩鎮魏博列傳序》所舉的魏博等八鎮，蓋因「安史作逆以後，河北亂，淄青亂，朔方亂，汴宋亂，

1　王夫之，《讀通鑑論》，卷26。

山南亂，涇原亂，淮西亂，河東亂，澤潞亂」[2]，此所以這一時期唐室
財賦只能倚賴東南，按李吉甫於憲宗元和年間(806-820)所上國計簿，總
計天下方鎮15道，歲所倚辦，止於浙江東西、宣歙、淮南、江西、鄂岳、
福建、湖南8道49州[3]——前述魏博等八鎮即擁有48州。據《新唐書‧
地理志》資料統計，15道計有316州，而今唐室只能控制其中六分之一
弱，可見其基礎之薄。

　　唐室覆滅後，在短短的53年(907-960)間，更易了後梁、唐、晉、漢、
周五代，其中土地最廣者爲後唐，有州123，最小者爲後漢，有州106[4]。
這是由於朱溫篡唐時，各地節度使紛紛獨立，形成其後所謂的十國，這
十國是唐末與後梁時興起的吳、(前)蜀、吳越、楚、閩、南漢、荊南(南
平)；後唐時出現的後蜀，後晉時篡吳而成的南唐與後周時建立的北漢，
其中南漢所擁州數最多，計47，但南唐似最強，先後吞併楚，閩，最盛
時有州48[5]。五代君主擁有百州以上，但其中藩鎮仍呈割據之勢(《廿二
史劄記》卷22〈五代姑息藩鎮〉)，直至宋太祖杯酒釋兵權，並以文人典
兵，才終止割據的情況，但因燕雲十六州由石敬塘割獻於契丹，從而形
成北宋強敵——遼，在此同時，西夏亦常爲北宋之患，所以，北宋雖平
境內十國(實爲南唐、後蜀、吳越、南漢、北漢、荊南六國)，但卻於北方及
西北，分別與遼、夏對峙——前述十國，除北漢外，均在南方。而且從
後晉起，契丹坐大，是爲中國積弱之始，再加歲幣形成制度，亦使中國
財政增加沈重負擔。

　　在這一期間，明顯的荒淫君主，從呂思勉的《隋唐五代史》每節標
題看，只有晚唐「穆(宗)敬(宗)荒淫」(第七章)，「懿(宗)僖(宗)荒淫」

---

2 王夫之，《讀通鑑論》，卷26。
3 《唐書‧憲宗紀》元和二年。
4 參見錢穆，《國史大綱》，第三十章。
5 同上。並參見齊召南，《國史年表》。

（第九章），以及「後唐莊宗亂政」（第十一章），而兩宋君主算得上荒淫的亦只有徽宗一人，而他們的荒淫事實，不外為好擊鞠（毬），狎徘優，喜觀角抵雜戲與營園池而已。但是，真正乖背政治倫理的統治者，厥為《諡法解》中，「綏柔士民」、「諫爭不威曰德」，而被諡為唐德宗的李适，其失德之處，乃是公開聚歛，以致賄賂大行，上下交征利。據《新唐書・食貨志》：

> 初，德宗居奉天，儲蓄空窶，嘗遣卒視賊，以苦寒乞襦，帝不能致，剔親王帶金以鬻之。朱泚既平，於是帝屬意聚歛，常賦之外，進奉不息：劍南西川節度使韋皐有日進；江西觀察使李兼有月進；淮南節度使杜亞、宣歙觀察使劉贊、鎮海節度使王緯、李錡，皆徼射恩澤，以常賦入貢，名曰羨餘。至代易又有進奉。當是時，戶部錢物所在，州府及巡院皆得擅留，或矯密旨加歛，謫官吏，刻祿稟，增稅通津，死人及蔬果。凡代易進奉取於稅，入十獻二三，無取問者。

此所謂「羨餘」是意謂，地方政府收支相抵後的財政剩餘。其實，當時所進，不是增列稅捐，使人民負擔加深，就是截取戶部錢物，侵蝕中央財基，而地方長官以其中十分之三弱獻給天子，美其名為「羨餘」，實則公然向天子行賄，以達到其個人之願望。這種行為至少產生五種不良效果：(1)增加人民額外負擔；(2)降低臣民應有收益；(3)影響地方正常開支；(4)扭曲中央政府收支；(5)嚴重破壞朝廷綱紀。而且這種陋習愈演愈烈，而且持續到五代與兩宋[6]。歐陽修曾經慨然曰（《新五代史・郭廷魯傳》）：

---

6 見侯家駒，〈羨餘小考〉，《大陸雜誌》73卷5期。

　　嗚呼！五代之民其何以堪之哉！上輸兵賦之急，下困剝斂之苛，自莊宗以來，方鎮進獻之事稍作，至於晉而不可勝紀矣：其添都、助國之物動以千數計；至於來朝、奉使、買宴、贖罪，莫不出於進獻；而功臣大將不幸而死，則其子孫率以家貲求刺史，其物多者得大州善地。蓋自天子皆以賄賂為事矣，則為其民者何以堪之哉！

　　這一陋習至兩宋尚在風行，這可以從仁宗於皇祐五年，「詔轉運官毋得進羨餘」，高宗於紹興十七年，「禁監司郡守進羨餘」（《宋史》本紀）等詔看出。

　　北宋較為荒淫之主，厥為徽宗，因好道而大興土木，先後建玉清和陽宮，延福宮、葆真宮、上清寶籙宮，並因好山水於禁城西北隅地勢稍低處填土數仞，建成艮岳（一作艮嶽），上有「玉京獨秀太平岩」與「卿雲萬態奇峰」；又有繹霄樓，金碧間勢極高峻在雲表，盡工藝之巧，運四方花竹奇石，積累二十餘年，山林高深，千岩萬壑，麋鹿成群，樓觀台殿，不可勝計。緣此，恰成朱勔之奸，取浙中珍異以進，號作花石綱，所貢物豪奪漁取於民，毛髮不少償，士民家一石一木，稍堪翫，即領健卒直入其家，用黃封表識，未即取，使護視之，微不謹，即被以大不恭罪，及發行，必徹屋抉牆以出；人不幸有一物小異，共指為不祥，唯恐芟夷之不速；民預是役者，中家悉破產，或鬻賣子女以供其須；鑿山輦石，程督峭懆，雖在江湖不測之淵，百計取之，必出乃止，嘗得太湖石，高四丈，載以巨艦，役夫數千人，所經州縣，有拆水門橋梁，鑿城垣以過者；平時輸送，常截諸道糧餉，其篙工柁師倚勢貪橫，陵轢州縣，道路相視以目，廣濟卒四卒盡給輓士猶不足。以致所運花石均須數月方至京師，花費數千貫，一石費數萬緡，卒釀方臘之亂（俱見《宣和遺事》）。

　　這一期間君主乖背之事雖較上一多元體制時期為少，但在另一方

面，卻因宦官與黨爭，使政治圈內更爲離心離德。唐代宦官弄權，致與朝臣對立，並激啓禍端，上章第五節已予明析，此處則專言朋黨，晚唐牛李黨爭，是牛僧孺與李德裕分別代表進士出身之朝士與門第出身之世家，相互攻訐，勢力互爲消長，唐室亦爲之衰亡（參見《新唐書・李德裕傳》贊）[7]。至北宋，則有新舊黨之爭，新黨以王安石爲首，銳意變法，舊黨則以司馬光爲首，要予民休息，二者壁壘森嚴，致王安石不得不借助於佞人以執行新法，使新法不見其利，唯蒙其害。但新黨失敗後，舊黨亦裂而爲三，洛（程頤爲首）、蜀（蘇軾爲首）、朔（劉摰等主之）三黨相互交鬨，而且，新舊二黨時常此長彼消，例如神宗時新黨盛極一時；哲宗初，太后聽政，舊黨復熾；太后崩，新黨又起；哲宗崩，向太后聽政，起用舊黨；徽宗親政，新黨再度得勢[8]；如此交替執政，政策相互抵消，終使北宋有靖康之難。

第二節　經濟離而不隔

本節所謂分離，有雙重意義：一爲地域上的分離；一爲制度上的分離。先言前者，除魏博等八鎮爲半獨立之藩鎮外，其他各鎮亦常如此，譬如中唐德、憲二朝，「韓弘鎮大梁二十餘載，四州征賦皆爲己有，未嘗上供」（《唐書》本傳）；晚唐「自巢讓之亂，關東方鎮牙將皆逐主帥，自號藩臣，時溥據徐州，朱瑄據鄆州，朱瑾據兗州，王武據青州，周岌據許州，王重榮據河中，諸葛爽據河陽，皆自擅一藩，職責不入，賞罰由己」（《唐書・王播附王鐸傳》）。五代十國，當是變本加厲；兩宋則分別與遼、夏、金、蒙古對峙矣。

---

7 錢穆，《國史大綱》，第廿九章。
8 參見方豪，《宋史》，第八章。

　　這種地域分離，至少在經濟上產生下列弊端。首先是由於很多藩鎮「未嘗上供」或「賦項不入」，使中央政府財政收入大爲減少。其次是藩鎮割據，竟使政府財政支出大增，以中唐爲例，「是，時道討賊，兵在外者，度支給出界糧，……士卒出境，則給酒肉，一卒出境，兼三人之費」。第三、藩鎮割據意謂驕兵悍將之跋扈，這種跋扈已使中央政府財政收入縮小，支出擴張，跋扈的結果，竟然導致天子將政府收入視爲己有。尤有進者，藩鎮割據之處，多爲富裕區域，例如中唐藩鎮鎮冀「財用豐衍」，盧龍資源充足，所以、劉總能獻馬一萬五千匹，朱克融能獻馬萬匹，羊十萬頭，張允仲能上米五十萬斛，鹽二萬斛，淄青橫海「有魚鹽利」（《新唐書》本傳），以致割據後政府收入銳減。（俱見《新唐書·食貨志》）；至宋代，財政收入竟由屬於宮中的太府寺卿主管，而非屬於府中的戶部管轄，因據《宋史·職官志》，太府寺卿掌邦國財貨之政令及庫藏出納商稅平準貿易之事。最後則是割據，對於區域間運輸貿易不無障礙，譬如，唐之藩鎮淄青首任節度使李正己約田悅、梁崇義、李惟岳偕叛，自屯濟陰，陳兵按習，益師徐州，以扼江淮，天子於是改運道」；藩鎮盧龍末代節度使劉仁恭，「禁南方茶，自摘山爲茶」（俱見《新唐書》本傳）；前蜀王衍時，後「唐莊宗遣李稠來通好，市珍玩錦繡，衍不許」（《蜀檮杌》）；北宋太祖乾德二年，禁商旅毋得渡江與南唐交易（《宋史·食貨志》）。不過，就經濟言，這些割據在基本上是離而不隔，這是由於唐代藩鎮，在表面上仍擁戴唐室，所以，大致上，商旅仍可通行；五代十國中亦有若干奉中央政府正朔，而且彼此亦有貿易往還；至於宋與南唐、遼、金、夏亦均採榷場方式進行貿易。唐代藩鎮割據一方而不墜之要訣，厥爲「禮藩鄰、奉朝廷」六字[9]，在這種情況下，除戰爭區域外，商旅仍應可以周行全國，所以，劉仁恭之「禁南方茶」，

9　此乃王元逵對其子景常之遺言，《新唐書·藩鎮鎮冀傳》。

可視為特殊事例或例外，故特書之。而且，劉悟命賈人子為牙將，「使行賈」，亦可作旁證（《新唐書‧藩鎮宣武彰義澤潞傳》）。五代時，吳國甚重貿易，「高勗勸楊行密，悉我所有，鄰道所無者，相與貿易，以給軍用」（《讀通鑑論》卷27），其後，南唐李昪與吳越和，雙方「通好不絕」，當亦包括貿易；南漢劉龑「性好夸大，嶺北商賈至南海者，多召之，使升宮殿，示以珠玉之富」；楚、馬殷遣子赴吳，吳王楊行密曰，「勉為吾合二國之權，通商貿易，有無以相資」，而馬殷「又令民自造茶，以通商旅」（《新五代史》世家）。至兩宋，先於建安、漢陽、蘄口置三権務與南唐貿易；又令鎮、易、雄、滄州各置権務與遼國交易，再於保安、領戎二軍置権場與西夏互市（《宋史‧食貨志》）；後於盱眙等十地置権場與金國貿易[10]。

再者，若干割據，亦於亂世為一方保持淨土，使人民安居樂業，譬如何進滔為魏博「節度使，居魏十餘年，民安之」（《新唐書》本傳）；吳之楊行密「與民休息，政事寬簡，百姓便之」，閩之王潮至白水州，「軍行整肅，其耆老相率遮道留之」，其後，王審知「省刑惜費，輕徭薄歛，與民休息，三十年間，一境宴然」（《五代史‧僭偽列傳》）；南唐李昪「志在守吳舊地而已，無復經營之志也，然吳人亦賴以休息」，南漢劉鋹部將邵廷琄言於鋹曰，「漢乘唐亂，居此五十年，幸中國有故，干戈不及」（《新五代史》世家）；至於蜀中，誠如田令孜與王建書所云，「中原多故，惟三蜀可以偷安」，直至後蜀，「蜀中久安，賦役俱省，斗米三錢。城中之人子弟不識稻麥之苗，以筍芋俱生於林木之上，蓋未嘗出至郊外也。屯落閭巷之間，弦管歌誦，合筵社會，晝夜相接」（《蜀檮杌》）。

最後則是若干割據者亦注意促進經濟建設，就當時言，主要為勸農

---

10 加藤繁，《中國經濟史考證》（華世出版社，民國65年），〈宋代和金國的貿易〉。

與治水，譬如李惟簡「為鳳翔節度使，市耕牛佃具給農，歲增墾數十萬畝」（《新唐書・藩鎮鎮冀傳》）；錢鏐「在杭州垂四十年，……錢塘舊日海潮逼州城，鏐大戍工徒，鑿石填江，又平江中羅剎石」。甚有助於農田水利；李從曮「先人汧隴之間有田千頃，竹千畝，恐奪民利，不令理之」（《五代史・世襲列傳》）；前蜀王建僭立三年，即下詔勸農桑曰，「爰念蒸民久罹干戈之苦，而不暇力於農桑之業，今國家漸寧，民用休息，其郡守縣令務在惠綏，無侵無擾，使我赤子樂於南畝，而有豳風七月之詠焉」，後蜀孟昶曾「下詔勸農」，且「賜民今年夏租」（《蜀檮杌》）；南唐李昪「昇平(937-943)中」，疏浚丹陽練湖，「復作鬥門，以通灌溉」；王氏據閩時，有云，印江「中有六小嶼」「其下流為甘棠港」「在(福安)縣東南百六十里」「先有巨石，屹立波間，舟多覆溺，唐乾寧五(898)年，王審知欲鑿之，風雨大作，則開一港，甚便舟楫」，閩人「名曰甘棠港」；湖南沅水使朗州多水患，「後唐同光(923-926)初，馬氏築城，東南及西南二隅，俱築石櫃，以障石垣」（均見《讀史方輿紀要》）；潭州有龜塔，係馬氏「因諸州之泉，築堤瀦水，……溉田萬頃」（《宋書・食貨志》）。南平國高氏於江陵北開漕河，後周時，高保融「自西山分江流方五、七里，築堤而居之，謂之北海」（均見《輿地紀勝》），又在江陵城外築寸金隄，「以捍蜀江激水，謂其堅厚，寸寸如金，因名」，並於潛江縣西北築高氏隄，「延亙一百三十里，以障襄、漢二水」（均見《讀史方輿紀要》）；後蜀在襄中，「築大洫以導泉源，溉田數千頃」（《九國志・武璋傳》）。

　　至於制度上的分離，是指原先有關制度的鬆弛，這種鬆弛是指背離當初建立制度之原意，譬如租庸調制度崩壞，導致土地兼併而有私莊出現；商業管制放寬致形成夜市；歧視工商之令漸趨廢弛，乃有士商不分，從而導致工商業發達。這種制度上的分離，有其不良效果，也有其正面貢獻，均對當時及後世，產生深刻影響，由於良窳並存，亦或可稱之為

另一種的「離而不隔」。

從上編已知在玄宗時，租庸調制度下的授田已經難以真正執行，安史亂後，授田更廢，土地恢復私有，例如元載「城南膏腴別墅，連疆接畛，凡數十所」，郭子儀「前後賜良田、美器、名園、甲館……不可勝紀」（《唐書》本傳）；許州長葛令嚴郜，唐懿宗「咸通(860-874)中罷任，乃於縣西北境上陘山陽置別業，良田萬頃，桑柘成陰，奇花芳草與松竹交錯，引泉成沼，即阜爲臺，盡登臨之志矣。」（《三水小牘》卷下）——當時稱這些大片私人田地爲「莊」或「莊田」，例如唐人（《酉陽雜組》）云，「劉宴判官李邈，莊在高陵，莊客懸欠租課積五六年」；「工部員外郎張周封言，舊莊在城東狗脊嘴西，常築牆」；其實，這種情況業已發生於安史亂前，譬如玄宗於天寶十年詔曰，「如聞王公百官及富豪之家，比置莊田，恣行吞併」（《冊府元龜‧田制》）。這種私莊一直到宋代，仍在持續，譬如李誠莊「方圓十里，河貫其中，尤爲膏腴，有佃戶百家，藏納租課」（《東軒筆錄》卷8）。

這種土地兼併，當然有悖於財富的平均分配，但在另一方面，於市場機能運作下，促使「有田出田，有力出力」，形成主佃雙方相互扶持的租佃制度。所以，只要租佃條件合理，這一制度可成後世西方所謂的「農業階梯」，使雇農由佃農而半自耕農、自耕農，甚至於可以成爲地主，如此，將可使土地與人力得以充分利用。此外，唐代朝士建立私莊，其動機不一定是土地兼併，而可能在於縱情山水，譬如王維「別墅在輞川，地奇勝，有華子岡、欹湖、竹里館、柳浪茱萸沜、辛夷塢，與裴迪游其中，賦詩相酬爲樂」（《新唐書》本傳），而成〈輞川集〉中「詩中有畫」之詩；李德裕「平泉莊，在洛城三十里，卉木台榭甚佳，……莊周圍十餘里，台榭百餘所，四方奇花異草與松石靡不置」（《唐語林》卷7）；唐末詩人「司空圖侍郎舊隱三峰，天祐末年，移居中條山王官谷，周迴十餘里，泉石之美，冠於一山。北巖之上有瀑泉，流注谷中，溉良

田數十頃，至今子孫猶存，爲司空之莊耳」（《南部新書》辛卷），有助長《詩品》之成；是以，唐代山水文學，頗得莊園之助[11]。

在唐初，市須設於特定場所（即特定之坊內），已於上編論及，而且州縣城以外不置市場，如《唐會要》卷86載：「（中宗）景龍元(707)年十一月敕，諸非州縣之所不得置市」。但於安史亂後，此法漸弛，縣治以外亦有定期集市出現，這在北方或華中稱爲「草市」，在南方稱爲「虛市」或「墟市」——顯示東晉南朝時建立的鄉邑之市又告重現！前者如杜牧〈上李太尉論江賊書〉中云，「凡江淮草市，盡近水際，富室大戶，多居其間」（《全唐文》）[12]；後者如鄧淳所云，「越之市爲虛，多在村場，先期召集各商或歌舞以來之，荊南嶺表皆然」（此乃引自劉宋沈懷遠所著《南越志》），又引柳宗元〈童區寄傳〉云，「虛所賣之」（《嶺南叢述·虛市》）[13]。至宋代，更爲放寬：一爲坊制廢止，商店就可移到街頭，面臨大街營業，以招攬顧客[14]；一爲縣治以外形成長期市集，譬如在南宋，臨安附近有十五個市鎮，鄞縣有一鎮八市，建康有十四鎮二十多市[15]。

唐代城內以坊居民，入夜閉坊門，禁人出入，以致商業無夜間活動，但復漸廢弛，所以，文宗開成五(840)年，有「京夜市，宜令禁斷」（《唐會要》卷86）之敕；首都以外地方，更是城開不夜，譬如王建「夜看揚州市」詩云，「夜市千燈照碧雲，高樓紅袖客紛紛，如今不似時平日，猶

11　加藤繁，《中國經濟史考證》，〈唐代莊園的性質及其由來〉；並參見陳見佑，〈唐代莊園與山水小品〉，第八屆古典文學會議(民國76年)。

12　加藤繁，《中國經濟史考證》，，〈唐宋時代的草市及其發展〉。

13　參見何格恩，〈唐代嶺南的虛市〉，《食貨半刊》5卷2期。

14　加藤繁，《中國經濟史考證》，〈唐宋時代的市〉。

15　施一揆，《宋遼金社會經濟史論集》，第二集(香港崇文書店，1973)，〈南宋社會經濟的發展及其限度〉；趙岡、陳鍾毅，〈中國歷史上的城市人口〉，《食貨月刊》13卷3、4期。

自笙歌徹曉聞」（《全唐詩》）；杜牧說，「揚州勝地也。每重城向夕，倡樓之上，常有絳紗燈萬數，輝羅耀列空中。九百二十步街中，珠翠填咽，邈若仙境」（《太平廣記》卷273）。到了宋代，由於坊制的廢除，夜市更為發達，開封「夜市北州橋，又盛百倍，車馬闐擁，不可駐足」（《東京夢華錄》卷3）；「杭城大街買賣，晝夜不絕，夜交三四鼓，遊人始稀」（《夢粱錄》卷13）[16]。

　　唐高祖規定，「工商雜類無預士伍」（《新唐書‧食貨志》），太宗於貞觀元年敕曰，「五品以上不得入市」（《唐會要》卷86），其用意是輕視工商，但自設公廨錢，命商賈為捉錢令史後（見第十三章第二節），此禁精神已失，馴至士商甚至官商不分。官商不分，是導致官商勾結，而且與民爭利，此所以唐德宗於大曆十四（779）年，「詔王公卿士不得與民爭利，諸節度觀察使於揚州置迴賈邸，並罷之」（《唐書》本紀）；後唐明宗即位時即下詔曰，「租庸司先將繫省錢物與人迴圖，宜令盡底收納，以塞倖門」（《五代史》本紀）。在另一方面，士商不分則是一種進步，顯示職業性歧視之降低，而有助於工商業之發達，從韓愈為「圬者」立傳，柳宗元為「梓人」立傳[17]之行為看，表示士人甚至官員對於工商業並不排斥，甚且尊敬其中特定人士。而且，士人亦從事商業行為，譬如《太平廣記》卷220〈王布〉條云，唐順宗「永貞年（805）年，東市百姓王布知書，藏錢千萬，商旅多賓之」——「知書」，當然意味王布是讀書人；至宋代，士與商的界限更不若以往鮮明，大儒陸象山即是商人子弟，朱熹曾云，「止經營衣食亦無害，陸家亦作鋪買賣」（《朱子語類》卷113）。士農工商相互分離，是著重職業分類，但若彼此可以「交

---

16 參見全漢昇，《中國經濟史論叢》第一冊（香港崇文書店，1972），〈唐宋時代揚州經濟景況的繁榮與衰落〉，以及其〈宋代都市的夜生活〉、《食貨半月刊》1卷1期。

17 韓愈，〈圬者王承福傳〉，柳宗元，〈梓人傳〉，俱見《古文觀止》。

能易作」(《管子·治國》),則亦可稱之為「離而不隔」,而有益於經濟發展。

經濟方面另一有利發展的因子,乃是利率更為降低,第十三章第二節曾云,公廨錢利率由唐初的百分之百降至開元末的50%,這一時期,利率更為降低,穆宗長慶三(823)年降為40%,此即《唐會要》卷93所云,「賜諸司食利本錢共八萬四千五百貫文,四分收利」。宋代再降為20%,《宋史·食貨志下八》云:神宗熙寧五(1092)年,「若欲市於官,則度其抵而貸之錢,責其便之償,半歲輸息十一,及歲倍之」。

第三節　社會離而鮮疏

在第一次多元時期,社會出現門第,那些士族「好自矜夸」,唐太宗惡之,特詔高士廉等撰《士族志》,指示「不須論數世以前,止取今日官爵高下作等級」(《唐書》本傳),意即以當朝之所貴,易民間之所重,但並未發揮預期效果[18]。惟自安史亂後,由於藩鎮多出身行伍或胡族,導使門第觀念大為破壞,以致劉禹錫有「舊時王謝堂前燕,飛入尋常百姓家」之嘆。經過五代十國之戰亂後,門第階級幾已蕩然無存,所以,「自五季以來,取士不問家世,婚姻不問閥閱」(《通志·氏族序》)——這是第二次多元時期與第一次多元時期最大不同之處的一點。

唐代既重當時官爵,所以,對於官員之家在賦稅上向有優待,即九品以上官員「皆為不課戶」(《通典》卷7),但於實施兩稅制後,品官在名義上開始負擔兩稅和雜徭,但實際上,仍享有賦稅減免的特權,直至後周世宗,才真正取消士大夫享有的賦稅特權,(李唐《五代十國》,河洛出版社,頁45)。所以,宋太祖曾下詔曰,「令逐縣每年造形勢門(指

18　張正明,《契丹史略》(弘文館出版社,民國77年),第四章第四節。

官員戶)內戶夏、秋稅數文帳,內頑滑邐欠者,須於限內前半月了足」(《通考》卷4)。易言之,在第二次一元體制時期,官員仍有其特權,但是,到了第二次多元體制後期,這些特權已不存在,這是社會趨於平等的另一點證明。

且因門第與特權之逐漸消退,社會階級之間的界限亦漸次泯除。這亦可顯示,自這段期間,中國的階級是浮沉的,並非僵固,所以,宋人呂皓說,「今之富民,鮮有三世之久者」(《雲谿稿·上邱憲宗卿書》),從而演變為「富不過三代」,以及「三十年河東,三十年河西」等諺語,充分表示中國階級的流動性,而這種階級的流動,雖借助於隋唐之科第取士,但真正體現的,是始於這一時期。

不過,在此一期間崛起的少數民族:契丹與女真,卻都在強化其階級。契丹臣民的身分可以區分為貴族、平民、賤民(奴隸)三大等級,這是以門第及職業為依據的分類。其中,平民階層甚為駁雜,包括著從地主一直到上、中、下三等及自耕、佃耕等區別的農牧民[19]。至於賤民則可能區分為斡魯朵戶、頭下戶、部曲、奴隸四類。斡魯朵戶,即官戶,直屬遼國皇帝,其來源有三,即自願投附、犯罪籍沒與降俘人戶;頭下戶即投下戶,為契丹貴族之私屬,其來源除降俘外,還有從嫁戶及以部下牧戶設置的頭下州;部曲主體是農奴;奴隸則是社會最低層,得以餽贈買賣。但是,即使是奴隸,亦保障其生命尊嚴,規定「奴婢犯逃若盜其主物,主無得擅黥其面,刺臂及頸者」,「若奴婢犯罪至死,聽送有司,其主毋得擅殺」(《遼史·刑法志》)。這些降俘投附人當中,有很大部分為漢人,在長城以北者,多成賤民,但在長城以內,如燕、雲十六州,則為平民,即使對於身為賤民的俘虜,奴主們仍讓他們享有自己的家庭生活,對於單身者亦「使各有配偶」,所以「逃亡者益少」(《遼

---

19 陳述,《契丹社會經濟史稿》(三聯書店,1978),第二篇。

史·韓廷徽傳》)[20]，可見還有若干人道成分，而似不可稱爲「疏離」。

金國是按民族區分爲女真人、渤海人、契丹人與奚人、漢兒、南人五個等級，實開其後元代四個民族等級的先河[21]。金國常有官贖奴婢之舉，例如太祖二(1118)年，太宗天會二(1124)年、三年、九年均曾有此舉動(《金史》本紀)。

是以，即使包括遼、金二國，注重門第世族的階級，亦漸在消散之中，所以在這一時期，社會雖有階級之分，但因可以相互浮沉，所以可說「離而鮮疏」。尤有進者，由藩鎮割據到五代十國，雖然出現驕兵悍將，但亦顯現出所得重分配與階級大流動的作用，甚至於還顯示政治社會重視基層福利與意見的傾向。由於藩鎮及五代十國君主，多出身行伍或貧賤，其能出人頭地，當然是表示階級的流動性，而這些人士亦常慷慨疏財，以取得部下之擁戴，以藩鎮魏博爲例，田「悅養士七萬」，朝廷「罷其四萬歸田畝，……悅乃悉出家貨給之，各令還鄉，自此魏人德之」；田悅死，其弟「緒乃下令軍中曰，我先王子，能立我者賞。眾乃共推緒爲留後」。再若藩鎮宣武彰義澤潞，劉玄佐死，其將來「萬榮晨入府，召所留親兵告曰，天子有詔召大夫，俾我入節度，人賜錢三萬，士皆拜」(《新唐書》本傳)。在重視基層意見方面，可以五代十國爲例，錢「鏐病篤，召將吏謂之曰，余病不起，兒皆愚懦，恐不能爲爾帥，與爾等決矣，帥當自擇。將吏號泣曰，大令公有軍功，多賢行、仁孝，已領兩鎮，王何苦言及此。鏐曰，此渠定堪否？曰，眾等願奉賢帥。即出符鑰數篋於前，謂(子)元瓘曰，三軍言爾可，奉領取此」(《五代史·世襲列傳》)；前蜀王建臨終前，謂左右曰，「太子若不克荷，但置之別宮，選令賢者，慎勿害之」(《蜀檮杌》)。這些雖爲梟雄作態，但亦表

---

20 陳述，《契丹社會經濟史稿》，第一篇。

21 張中漢，〈漢兒，蒙軍與金朝的民族等級〉，《社會科學輯刊》，1983年3期。

示部屬甚至基層意見之被重視，宋代廣採社會福利措施，未嘗不是受到
這種社會思想激盪之影響。

　　士族的門第於此時期雖已衰微，但一般性的家族力量卻在逐漸加強
與擴大之中。首先是皇家以賜姓方式擴大其宗族，爭取被賜者之向心
力——賜姓雖始於漢高祖對婁敬「賜姓劉氏」（《漢書》本傳），但卻擴
大於唐，唐初雖賜徐勣姓李，但究屬少數，安史亂後大為增加，尤喜賜
胡將國姓，譬如李寶臣是賜姓及名，沙陀之李國昌、克用父子，西夏之
李思恭，均為賜姓。其次是當時權貴普遍有養子或假子的習慣，尤以武
人為然，譬如安祿山未叛前，「養同羅及降奚契丹曳落河（原註：番人謂
健兒為曳落河）八千餘人為己子」（《安祿山事蹟》）；藩鎮鎮冀首任節度
使李寶臣，「范陽將張鎮高畜為養子，……更為祿山假子」（《新唐書》
本傳）；後唐明宗為李克用養子，後周世宗為郭威養子（《五代史》本紀）。
最後是一般人民，由聚族而居，馴至累世同居，例如唐高宗時，張公藝
九世同居，這可能承自南北朝雜亂時代，希以家族力量抗拒外亂，所以，
劉君良四世同居，隋末，「天下亂，鄉人共依之，眾築為堡，因號義成
堡」（《唐書・孝友傳》）；唐末，天下再亂，累世同居之風又起或持續，
同時亦為政府所鼓勵，李昪曾對其境內人「民孝悌五代同居者七家，皆
表門閭，復其徭役，其尤盛者，江州陳氏宗族七百口，每食設廣席，長
幼以次坐而共食」（《新五代史・南唐世家》）；這種宗族的向心力，更因
族產之建立而趨強，一般說來，族產是始自北宋范仲淹所創的義莊[22]，
而且宋代政府亦鼓勵同居共財，譬如太祖於開寶元(968)年，「詔荊蜀
民，祖父母父母在者，子孫不得別財異居」，真宗大中祥符二(1005)年，
「詔誘人子弟析家產者，令所在擒捕流配」（《宋史》本紀）。

　　在這一時期，社會上，除一般人民家族向心力趨強外，行會組織亦

22　參見清水盛光(宋念慈譯)，《中國族產制度考》（現代國民基本知識叢書）。

逐漸正式出現。「行」的名稱雖見於隋代，亦可能在隋以前就有類似的組織，但在當時，此組織一定是鬆弛的，只不過是由於當時是同一行業聚居於一處營業，譬如北魏洛陽「調音、樂律二里，里內工人，絲竹謳歌，天下妙伎出焉」「退酤、治觴二里，里內之人，多醞酒爲業」（《洛陽伽藍記》卷4），這些同業商人可能爲維護其共同利益，而有雛形的組織，亦可能是臨時性的集會。但是，到了此一時期，由於商業活動的增強，也許就出現了正式的組織，譬如「行頭」的名稱，似乎首見於中唐以後，憲宗貞元九(793)年敕：「自今以後，有因交關用欠陌錢者，但令本行頭及居停主人等檢察送官」（《唐書・食貨志》）。至宋代，「行」有空前的發展，從商業的行會，擴展到手工業與一般職業的行會，而且規定，不加入行會者不得營業，譬如「元不係行之人，不得在街市賣壞錢納免行錢爭利」（《通考》卷2）[23]。在此一階段，由於政府的放任，私人結社大爲盛行，如親情社、官品社、女人社、坊巷社、法社、香水社、燃燈社等等，不一而足，大體上可以分爲兩大類：一爲宗教活動；一爲經濟與生活的互動。前者多與佛教有關，而有營窟、造像、修寺、齋會、寫經等活動。後者主要爲營辦喪葬、婚嫁、立莊、造舍及困難周濟、疾病扶持，還有農民集資買牛的牛社，士兵集資買馬的馬社，以及管理水門的渠社。有些私社則兼二類性質[24]，由此等私社之發達，更證明此時社會是「離而鮮疏」。

　　以上所說，多爲此一時期社會進步現象，但因世亂，倫理道德卻大爲低落，至五代更淪入低劣。錢穆曾舉二人爲例：一爲張全義，媚事朱溫，妻妾子女爲其所亂，不以爲愧，及唐滅梁，又賄莊宗劉后伶人宦官等，以保祿位，然時稱名臣元老；馮道歷事五朝八姓十一君，當時群尊

23　參見全漢昇，《中國行會制度史》（食貨出版社，民國67年台灣再版），第四章。
24　寧可，〈述「社邑」〉，《北京師院學報》，1985年1期。

為長者[25]。甚至於一方霸主，亦恬不知恥，例如荊南高從誨雖雄踞一方，「常邀留其(指南漢閩楚歲時貢奉中央)使者，掠取其物，而諸道以書責誚，或發兵加討，即復還之而無媿。其後，南漢與閩蜀皆稱帝，從誨所嚮稱臣，蓋利其賜予。俚俗語謂奪攘苟得無媿恥者為賴子，猶言無賴也，故諸國皆目為高賴子」(《新五代史‧南平世家》)。相對之下，蜀之李昊先後為王衍與孟昶作降表，「蜀人鄙其所為，夜書其門曰世修降表李家」(《蜀檮杌》)，只是小巫而已。

不過，這種澆薄之風，至宋代為之一變，顧亭林曰，「宋史言，士大夫忠義之氣至於五季變化殆盡。宋之初興，范質、王浦猶有餘憾。藝祖首衰韓通，次表衛融，以示意嚮；真、仁之世，田錫、王禹偁、范仲淹、歐陽修、唐介諸賢，以直言讜論倡於朝。於是中外縉紳知以名節為高，廉恥相尚，盡去五季之陋，故靖康之變，志士投袂起而勤王，臨難不屈，所在有之，及宋之亡，忠節相望」(《日知錄‧宋世風俗》)。

在這種氣氛下，新儒家運動得以孕育而產生，在諸儒的影響下，非正式的地方自治得以浮現，張載弟子呂大鈞曾訂〈鄉約〉，其要目為德業相勸，過失相規，禮俗相交，患難相恤；後來，朱熹撰成〈增損呂氏鄉約〉(《朱文公全集》卷74)，流行於世，而朱熹推行的社倉，亦是這種自治、自助思想的擴大。由於倫理是從修身、齊家開始，所以，宋代大儒亦很注重家族組織，中國各宗族的祠堂，很可能始於南宋，因於北宋，只准少數大臣建家廟[26]，而朱熹於《朱子家禮》一書卷一中，專論「祠堂」之重要性。當時，陸象山宗族已建「祖禰祠堂」，陸家累世義居，每晨興，家長率子弟致恭於祠堂，聚揖於廳，晨揖擊鼓子聲，子弟一人唱曰，「聽聽聽聽聽聽聽，勞我以生天理定，若還惰懶必饑寒，莫

---

25 錢穆，《國史大綱》，第三十章，惟錢氏於此云，「世運至此，何可更以節義廉恥責當時之人物」。

26 司馬光，《溫國文正司馬公集‧文潞公家廟碑》。

到饑寒方怨命」等歌三首；食後會茶，擊磬三聲，子弟一人唱曰，「凡聞聲，須有省，照自心，察前境，若方馳騖速回光，悟得昨非由一頃，昔人五觀一時領」，這些歌詞是出自象山四兄梭山之手（《鶴林玉露》卷5）。

這些倫理的規範，逐漸形成禮教，在這種禮教下，婦女地位比以前低落。在唐代，婦女貞操觀念淡薄，貴如公主尚可再嫁、三嫁，至宋代，強調孀婦守節，《近思錄》曾引一段對話？有人問程伊川曰，「人或居孀，貧窮無託者，可再嫁否？」答曰，「只是後世怕寒餓死，故有是說。然餓死事極小，失節事極大。」且因南唐後主命宮嬪窅娘，以帛繞腳，令纖小屈上作新月狀，舞於六尺高金蓮之五色瑞雲中，從而有女子纏足之俗（《輟耕錄‧纏足》），使女子更為纖弱，亦就限制了其後女子從事經濟活動之範圍。在北宋，婦女還曾從事茶肆、食店、藥鋪之經營，並作小販、賣卦及牙人[27]，但是，南宋時，其中若干職業，對於婦女已成絕響。

從以上分析，這一時期的社會文化變遷，大致上是有助於當時的經濟發展，例如階級間流動性，可以激發社會各階層的奮力；所得的重分配，是趨於經濟上的平等；對下層意見的重視，在經濟上，有助於經營決策之正確形成；倫理道德之重建，可使受雇人員效忠於企業或業主，而業主亦將重視信諾，均將有助於工商業之發展；地方自治制度之浮現，是與市場經濟中尊重個體之信念一致；行會組織之形成，有助於同業間之扶持與砥礪；私人結社之盛行，增加人間互助與情性。家族觀念雖有妨礙經濟發展（大家庭之共財制度，將會打擊個別成員努力之誘因）之嫌，但在亂世，亦可能因家族作後盾，而有助於社會的資本形成，且因家族組織，具有社會保險性質，有益於社會安定，從而促進經濟發展。

27　參見全漢昇，〈宋代女子職業與生計〉，《食貨半月刊》1卷9期。

至於女子地位之低落與日趨纖弱，則使婦女減少經濟活動參與率，對於經濟發展是具負面影響。

第四節　亂世經濟殘破及救濟措施

這一時期，戰亂頻仍，大規模者厥爲安史之亂，黃巢之亂與唐末戰禍，以及遼、金之攻擊。

安史亂後，「函、陝凋殘，東周（指洛陽一帶）尤甚，過宜陽、熊耳，至武牢、成皋，五百里中，編戶千餘而已。居無尺椽，人無煙爨，蕭條悽慘，獸游鬼哭」（《唐書・劉晏傳》）；「東周之地，久陷賊中，宮室焚燒，十不存一，百曹荒廢，曾無尺椽，中間畿內，不滿千戶，井邑榛棘，豺狼所嗥，既乏軍儲，又鮮人力。東至鄭、汴，達于徐方，北自覃懷，經于相土，人煙斷絕，千里蕭條」（《唐書・郭子儀傳》）。

「自祿山陷長安宮闕，完雄吐番所燔，唯衢術廬舍。朱泚亂定百餘年，治繕神麗如開元時。至巢敗，方鎮兵互入虜掠，火大內，惟含元殿獨存」（《新唐書・黃巢傳》）；於黃巢踞長安「時，京畿百姓皆潛於山谷，累年廢耕耘，賊坐空城。……穀食騰踊，米斗三十千，官軍皆執山砦，百姓鬻於賊爲食，人獲數十萬」（《唐書・黃巢傳》）。唐末，楊行密攻「入揚州。是時，城中倉廩空虛，飢民相殺而食，其夫婦父子自相牽就屠，賣之屠者，刲剔如羊豕」（《新五代史・吳世家》）。

後晉出帝開運三（946）年，「契丹主大舉入寇，至洛陽，趙延壽請給上國兵廩食，契丹主曰，吾國無此法，乃縱胡騎四出，以牧馬爲名，分番剽掠，謂之打草穀。丁壯斃於鋒刃，老弱委於溝壑，自東西兩畿及鄭滑曹濮，數百里間，財富殆盡」（《通鑑》）。

宋欽宗靖康元（1126）年正月，金兵來犯，「居民奔入京師，老幼死者蹂躪於道，閒有強壯剽掠外城，放火焚燒二千餘家」；十二月，京師

陷，「雪深數尺，斗米三千，貧民飢餓，布滿街巷，死者盈路。（金）又肆兵剽掠，攘奪富家」（《南燼紀聞錄》）。

在這種戰亂之下，民生豈不凋敝！杜甫的〈無家別〉，不僅描繪天寶戰後慘狀，也且可以表示千古戰後景象：「寂寞天寶後，田園但蒿藜，我里萬餘家，世亂各東西，存者無消息，死者委塵泥，賤子因陣敗，歸來尋故蹊，久行見空室，骨瘦氣慘悽，但對狐與狸，豎毛怒我啼，四鄰何所有，一二老寡妻。……」（《杜少陵全集》）

針對戰後經濟破碎景象，有關政府的救濟措施，主要爲減輕人民負擔，予民休息，譬如安史亂後，唐肅宗於乾元元(758)年二月，「盡免百姓今年租庸」（《通鑑》）；四月詔，「天下非租庸，毋輒役使」（《新唐書》本紀）；代宗廣德二(764)年制，「寇戍以來，積有年歲，徵求數廣，凋敝轉深，自今以後，除正租稅及正敕並度支符外，餘一切不在徵科限」（《冊府元龜·賦稅》）[28]；朱溫於得天下後亦是如此，而於開平三(909)年敕，「所在長吏放雜差役，兩稅外不得妄有科配」；後周世宗顯德元(954)年制，「諸道州府所欠去年夏秋租稅並放」（《五代史》本紀），三年，詔秦、鳳、階、成「四州之民，二稅征科之外，凡蜀人所立諸色科徭，悉罷之」（《通鑑》）[29]。

宋太祖深懲五季兵禍下民生困苦情況，乃採一連串措施，以抒民困，即位之初，就於建隆元(960)年下詔，「除滄、德、棣、淄、齊、鄆、乾、渡三十九處算，水漲聽民置渡，勿收其算」（《宋史·食貨志》），又「詔所在不得苛留行旅，賫裝非有貨幣當算者，毋得發篋搜索」；又詔榜商稅則例于務門，毋得擅改更增損及創收」（《通考》）；二年，「令諸州而復調民給傳置，悉代以軍卒」（《續資治通鑑長編》）；三年，「詔

28 參見黃穀仙，〈天寶後唐人如何救濟農村〉，《食貨半月刊》1卷10、11期。
29 參見嵇文甫，〈朱梁的農村復興熱〉，《食貨半月刊》1卷5期。

郡國不得役道路居民」(《宋史》本紀);開寶四(971)年,「詔廣南諸州受民租皆用省計,每一石外,別輸二升為鼠雀耗」,以革南漢劉銀索租一石須輸一石八斗之弊(《長編》)。南宋高寶承靖康大變,軍書旁午,雖用一切辦法籌措軍費,尤其是增加很多稅目[30],但卻仍先探若干救濟措施,譬如在建炎元(1127)年,「詔二稅並依舊法,凡百姓欠租,闊賦及應天府夏稅,悉蠲之」,又「詔販貨上京者免稅」(《宋史·食貨志》)、紹興元(1131)年,「蠲兩浙夏稅、和買綢絹絲棉,減閩中上供銀三分之一」,並「罷諸州免行錢」,又「詔州縣因軍期徵取民財物者,立式榜示,禁過數催擾」(《宋史》本紀),再「免殘破州縣耕牛稅一年」(《續資治通鑑》)。

遼太祖攻城掠地,漢人受到很大壓迫,但他卻重用漢人韓延徽,「延徽始教契丹……立市里,以處漢人,使各有配偶,逃亡者益少」(《契丹國志》本傳),金崛起於西元1115年,是年為金太祖收國元年,取遼之黃龍府,然後展開連綿的攻勢,對於攻克的地區以及原來根據地之人民,亦曾採取寬惠政策以示惠,譬如收國二年,遼之「東京州縣及南路係遼女直(真)皆降,詔除遼法,省賦稅」(《金史》本紀);天輔七(1123)年,「敕有司輕徭賦」(《續通考》)。

在另一方面,有關政府亦積極地制訂一些激勵性政策,加強誘因,以促進經濟重建,安史亂後,唐肅宗於乾元元年用第五琦為鹽鐵使,「其舊業洎浮人欲以鹽為業者,免其雜役,隸鹽鐵使;常戶自租庸外無橫斂。人不益稅,而國用以饒」(《唐書·食貨志》);上元二(761)年,詔「諸州等各置司田參軍一人,主農事;每縣各置田正二人,於當縣揀明嫻田種者充,務令勸課」;代宗永泰元(765)年,制,「除軍興至急,餘一切並停,令百姓專營農事,其逃戶復業及浮客情願編附者,仰州縣長吏

---

30 詳見侯家駒,〈我國歷代軍費之籌措〉,《國立編譯館館刊》14卷1期。

親就存撫，特矜賦役，全不濟者，量貸種子，務令安集」（《冊府元龜》）。後梁朱溫曾於開平二(908)年，「幸繁臺觀稼」，三年，「幸西苑觀稼」，四年，「至穀水觀麥」，次年，「幸曜村民舍閱農事」（《五代史》本紀），以勵農功。甘為兒皇帝的石敬瑭，頗能注意地盡其利，先於天福二(937)年，敕，「荒田有主者，一任本主開耕，無主者一任百姓請射佃蒔，其三年內並不在收稅之限」，後於七年又敕，「鄧、唐、隨、郢諸州管界，多有曠土，宜令逐處曉喻人戶，一任開墾佃蒔，仍自開耕後，與免五年差徭」（《冊府元龜》）。

《宋史‧太祖紀》，屢有「觀稼」「觀刈麥」「觀種稻」「觀麥」之記載，且於乾德四(966)年，「詔民能樹藝開墾者不加征，令佐能勸來者受賞」；太宗太平興國七(982)年，「詔擇明樹藝者為農師」（《宋史》本紀）。高宗為收拾北宋殘局，更為勸農，建炎元年於即位之初，即「命有司招誘農民歸業者，賑貸之，蠲欠租，免耕牛稅」（《宋史‧食貨志》），次年，「沿河給流民官田牛種」（《宋史》本紀）；紹興五年，還將墾田增減列為地方官員考績項目，「每州墾田千頃，縣半之，守宰各進一秩，州虧五百頃，縣五六之，皆展磨勘」（《宋史‧食貨志》）。

這些救濟及激勵措施之成效，可借《五代史‧食貨志》對朱溫作為評價之說明：

> 梁祖之開國也，屬黃巢大亂之後，以夷門一鎮，外嚴烽燧，內闢汙萊，屬以耕桑，薄以租賦。士雖苦戰，民則樂輸，二紀之間，俄成霸業。及末帝與莊宗對壘於河上，河南之民雖困於輦運，亦未至流亡。其義無他，蓋賦欲輕而田間可戀故也。

從以上析述，朱溫的作為並不突出，竟能有此佳評，則其他有關各朝之措施，將更有成效，此所以在這一時間，雖然戰亂頻仍，但就長期

趨勢說來，經濟是在政治起伏中有成長。

第五節　財經制度的變革

　　從以上分析，得知在這種政治多元的時期，竟然有很多因子助益經濟發展，而且，在這段很長的時間裡，財經制度亦有很大的變革，其變革幅度之大，次數之多，前所未有。在基本上，這些變革，都是對當時問題或挑戰的回應，譬如面臨安史之亂，龐大軍費無著，不得不整頓鹽政——後來，宋代亦利用鹽法，解決軍糧運輸問題；代宗因奔陝州，陸運所費不貲，不得不改革漕運；由於支出浩大，政府不得不寅吃卯糧，從而演變爲兩稅制；中唐以後，商業發達，對錢幣需求增加，而幣材供給有限，以致出現飛錢；北宋平蜀後，蜀人因鐵錢不利於流通，乃創出交子——其後，南宋又發行會子與關子；全面性的變革，當然首推王安石的變法。由於鹽權、漕運、兩稅以及飛錢、交子等，將於以下有關章節中述及，本節將只介紹王安石變法與其他有關變革。

　　王安石變法範圍甚廣，此處只討論其財經制度變革，不涉及其在軍事與教育方面之規劃。其在財經變法方面，可以區分爲三個系統，即財政政策，公營政策與農業政策。實在說來，王安石的整個變法構想，是以財政政策爲中心，他於嘉祐三(1058)年，就曾對仁宗上萬言書，書中曾云，「因天下之力，以生天下之財；取天下之財，以供天下之費。自古治世，未嘗以財不足爲公患也，患在治財無其道爾。其後，安石當國，其所注措，大抵皆祖此書」(《宋史》本傳)。是以，在神宗支持下，他於熙寧二(1069)年進行變法，首先奏准設立制置三司(鹽鐵、度支、戶部)條例司，作爲變法的發號施令之中心——但不久，罷歸中書省。

　　王氏在財政方面的措施，主要爲方田法與免役法。前者是「以東西南北各千步，當四十一頃六十六畝一百六十步爲一方。歲以九月，令佐

分地，計量驗地土肥瘠，定其色號，分爲五等；以地之等，均定稅數」（《宋史》本傳）。這一措施的著眼點有二：一爲擴大稅基，以丈量方法杜絕逃漏；一爲按土地生產力課稅，以求稅負之均，故又稱方田均稅法。至於免役法，是要人民納錢免役，蓋因宋代是以民代吏，種類繁多，譬如「以衙前主官物；以里正、戶長、鄉書、手課督賦稅；以耆長、弓手、壯丁逐捕盜賊；以承符、人力、手力、散從官給令」（《宋史‧食貨志上五》）。這些雜役，除衙前等少數差役可以得到補償性交換條件外，都是無償性義務勞動，實在是擾民之苛政。所以，王氏新法中，採取納錢免役之法，其主要方式是，「衙前既用重難分數，凡買撲、酒稅、坊場，舊以酬衙前者，從官自買，以其錢同役錢隨分數給之。……凡有產業物力而舊無役者，今當出錢以助役」；而且還規定「畿內鄉戶，計產業若家資之貧富上下分爲五等，以夏秋隨等輸錢」「鄉戶自四等，坊自六等以下勿輸」（《通考》）。其主旨是一般人民納錢代役；政府以此免役錢雇人服役；原先作爲交換條件的權利，由政府收回自賣，並以此錢雇役；原來不當役者，亦須出錢助役。照說，這是一項德政，但卻遭到強烈反對，其中雖夾雜有意氣之爭，但當時爲農業社會，貨幣經濟尚在萌芽之中，現在要人民以農產品易取現金以納免役錢，可能因同時出售者眾，導致農產價跌，使農民受到損失；且因當時就業機會少，農民若於農閒時服役，機會成本爲零，今繳免役錢，反而平添他們的負擔。

　　王安石酷愛《周禮》，在基本上是傾向於統制經濟，而統制經濟決不以財政政策爲滿足，須要直接參與經濟事務，是以，必然要有龐大的公營事業，王氏當然亦不例外。他的公營事業有兩個體系：一爲貿易；一爲金融。前者是指他的均輸法；後者則包括市易法與青苗法。先說前者，據制置三司條例司言，「均輸之法，所以通天下之貨，制爲輕重斂散之術，使輸者既便，而有無得以懋遷焉。……今發運使實總六路賦入，其職以制置茶鹽礬酒稅爲事，軍儲國用，多所仰給，宜假以錢貨，資其用度，周

於六路財賦之有無而移用之。凡糴買稅斂上供之物，皆得徙貴就賤，用近易遠。令預知中都帑藏，年支見在之定數所當供辦者，得以從便變易，蓄賈以待上令，稍收輕重斂散之權，歸之公上，而制其有無，以便轉輸。省勞費，去重斂，寬農民，庶幾國用可足，民財不匱」（《宋史‧食貨志》下八）。由此看來，此法之名雖稱「均輸」，實則接近漢代桑弘羊的「平準」，而當時之文學曾對平準作猛烈攻擊：「縣官猥發，闔門擅市，則萬物並收；萬物並收，則物騰躍，騰躍則商賈牟利；自市則吏容姦豪，而富商積貨儲物，以待其急，輕賈姦吏，收賤以取貴，未見準之平也」（《鹽鐵論‧本議》），這一情況也將發生於王安石的均輸法。

市易法原來是指政府收購滯銷貨物，以解若干商賈之急，並可平抑物價，但在實際上政府卻經營抵押貸款業務，這可從下列記載看出：「中書奏在京置市易務官，凡貨之可市及滯於民而不售者，平其價市之；願以易官物者，應聽；若欲市於官，則度其價以貸之錢，責期使償羋，歲輸息十一，及歲倍之，……賜內庫錢百萬緡，京東路錢八十七萬緡為本」（《宋史‧食貨志》下八）。至於青苗法，則似今日之農業貸款，是用常平倉錢穀作為可貸資金，春季貸予農民，秋收時歸還，其用意及方法，可見熙寧二年，制置三司條例司之言：「諸路常平、廣惠倉錢穀，略計貫石可及千五百萬以上，斂散未得其宜，故為利未博。今欲以見在斛斗，遇貴量減市價糶，遇賤量增市價糴，可通融轉運司苗稅及錢斛，就便轉易者亦許兌換。仍以見錢依陝西青苗錢例，願預借者給之，隨稅輸納斗斛，羋為夏料，羋為秋料，內有請本色，或因時價高願納錢者，皆從其便；如遇災傷，許展至次料豐熟日納」（《宋史‧食貨志》上四）。至於青苗錢利息，據〈食貨志〉載，蘇轍云「二分」（應指半年），韓琦曰「四分」（指全年），高於市場的年利率20％，致王氏等被斥為興利之臣。而均輸與市易亦有與民爭利之嫌，為當時清流所駁斥，甚至於南宋時，主

張功利的陳亮、葉適等亦予以嚴厲批判[31]。

王安石的農業政策，實即發展農田水利，據《宋史・食貨志上一》，熙寧二年，「分遣諸路常平官，使專領農田水利。吏民能知土地種植之法，陂塘圩堤堰溝洫利害者，皆得自言行之有效，隨功利大小之酬賞；民占荒逃田，若歸業者責相保任逃稅者，保任為輸之。已行新法縣，分田土頃畝川港陂塘之類，令佐受代，具墾闢開脩之數，授諸代者，令照籍有實。興脩水利田，起熙寧三年至九年，府界及諸路凡一萬七百九十三處，為田三十六萬一千一百七十八頃有奇」（《宋史・食貨志上一》）。

除王氏變法外，神宗時，其他的人亦曾推行若干改革，譬如：(1)呂嘉問建議免行錢法；(2)呂惠卿建議手實法，規定凡人民財產，除食粟外，自用器具以至田產，一律由官估其價，分為五等，而定其應輸之錢；(3)韓絳建議置三司會計司，調查各路各州之戶口、人丁、稅負、場務、坑冶、河渡、房園每年租額，及每年錢穀之出入，取各路州之收支有餘者，以補貧瘠之各路州[32]。

　這一期間，遼、金、西夏三國在經濟制度上亦有劇烈的變革，那就是由游牧社會或半牧半農社會，向農業社會轉化及深化。遼人初為游牧社會，並以漁獵為副業[33]，後因俘掠人口與投附流人，乃「置投下州」（《遼史・地理志》），又稱「頭下州」、「不能州者謂之軍（縣），不能縣者謂之城，不能城者謂之堡」（〈百官志〉）。由於俘掠人口中漢人佔多數，從而帶入農耕技術，所以在其聚居的頭下城堡附近，開墾生荒，形成草原上的插花田，使得契丹社會裡，漸有精耕細作的農業；其後，太宗取得燕雲十六州，突然增加了廣大的農業工地與人口，乃進行全盤調

---

31 關於王安石變法較詳內容，請閱侯家駒，《中國經濟思想史》（中華文化復興委員會，民國71年），第廿八章；至於陳、葉之批判，請參閱該書廿七章。

32 方豪，《宋史》（一）（現代國民基本知識叢書），第八章。

33 張正明，《契丹史略》，頁5。

整工作，大量地接受農業文化，使其由虜掠人、物，進化到徵收租稅；對燕雲地區土地計畝徵租；在其本部，則按物力戶徵取賦役[34]。從而形成雙元措施即「以國制治契丹」「以漢制治漢人」。

金人社會是半游牧、半農耕，「舊俗」無宮廬，負山水坎地，梁木其上，覆以土，夏則出，隨水草以居，多則入居其中，遷徙不常。獻祖（太祖之四世祖）乃徙居海古水，耕墾樹藝，始築室」（《金史》本紀）。進入中原，於廢除劉豫後，「慮中國懷二三之意，始置屯田軍。非止女真，契丹、奚家亦有之。自本部族徙居中土，與百姓雜處，計其戶口，給以官田，使自播種」（《大金國志》卷36），這就是所謂「猛安謀克戶」，「凡官地，猛安謀克及貧戶請射者，寬鄉一丁百畝，狹鄉十畝，中男半之」（《金史·食貨志》）。其所謂「猛安謀克」，是軍事編制，三百戶爲謀克，十謀克爲猛安。這種屯田軍是強迫戰士務農，但是，這些猛安謀克戶卻將其受田出租給漢人耕種，不勞而獲地收取地租，結果導致女真戰士化爲游惰寄生蟲，貴族化爲奢侈大地主，農業生產仍落在漢人手中[35]。

西夏太祖繼遷重視水利，曾下令著漢人民「引河水漑田」（《夏長編》卷64），故於其孫元昊時：「塞煙之下，逾三十年，有耕無戰，禾黍如雲」（《范文正公集·答趙元昊書》），可見其亦由畜牧社會朝農耕移動。由上述，可知遼金之胡漢民族接觸後，其經濟面有所革新。

第六節　此一期間經濟之病象

從以上所述，這一時期業已出現若干有助於經濟發展的因子，而且亦曾採取不少改革性措施。但是，無可諱言地，此一期間，經濟上亦有

---

34 陳述，《契丹社會經濟史稿》。
35 陶希聖，〈金代猛安謀克的土地問題〉，《食貨半月刊》1卷8期。

其病象。

　　經濟病象之一，乃是國家財政上，生之者寡，食之者眾。早在唐「肅宗乾元三年，見列帳百九十六州，應管戶總百九十三萬三千一百七十四，不課戶總百一十七萬四千五百九十二，課戶七十萬八千五百八十二；管口總千六百四十九萬三百八十六，不課口千四百六十一萬九千五百八十七，課二百三十七萬七百九十九」（《通典》卷7）。課戶只佔總戶數36.7%弱，課口更只佔14%弱，所以，唐憲宗元和六（811）年，中書門下奏曰，「國家自天寶以後，中原宿兵見在軍士可使者八十餘萬；其餘浮為商販，度為僧道，雜入色役不歸農桑者，又十有五六；則是天下常以三分勞筋苦骨之人奉七分坐衣待食之輩。今內外官給俸料者不下一萬餘員，其間有職出異名，奉離本局、府寺曠廢、簪組因循者甚眾」（《唐書》本紀）。

　　這一陳述有二重點：一為不課戶多；一為軍士官員多。這一情況至宋代，似乎更為嚴重，太宗時，「畿甸民苦稅重，兄弟既壯，乃析居，其田畝聚稅於一家，即棄去。縣歲按所棄地除其租，已而匿他舍，冒名佃作。……時州縣之吏多非其人，土地之利不盡出，租稅減耗，賦役不均，上下相蒙，積習成弊」（《宋史・食貨志上一》）。所以，到了仁宗「皇祐（1049-54）中，天下墾田視（眞宗）景德（1004-07）增四十一萬七千餘頃，而歲入九穀乃減七十一萬八千餘石。蓋田賦不均，其弊如此」（《宋史・食貨志上二》）──這就是王安石要實施方田均稅法的動機，可惜未竟其功。在另一方面，宋代官員卻有二萬四千人（《續通志》）；仁宗慶歷（1041-48）中，內外禁軍總一百二十五萬（《通考》），二者均較唐代為多。而唐憲宗元和二年，李吉甫撰元和國計簿，言當時納稅者「一百四十四萬戶，比量天寶，供稅之戶則四分有一；天下兵戎仰給縣官者八十三萬，然人比量天寶，士馬則三分加一，率以兩戶資一兵」（《唐書》本紀）。

　　病象之二，亦在財政方面，那就是周圍強敵環伺，導致軍事及外交

費用大爲增加。安史亂時，回紇與吐蕃出兵助戰，所出之兵雖然不多，但卻有很多後遺症。在回紇方面，主要後遺症，是巨額的外交支出：先是於至德二(757)年，首次克復洛陽時，父老獻羅錦萬匹，纔免掉搶掠，唐室每年還送回紇絹二萬匹以爲酬勞；後來，回紇強迫唐室以絹易馬，以其劣質之馬每匹須易絹四十匹，單是代宗一朝，因買馬而用絹一千七百萬匹，若連肅宗朝計算，應在兩千萬匹左右[36]。在吐蕃方面，主要是軍事支出及其他損失，後者主要是指吐蕃乘安史之亂，盡陷河西、隴右之地，劍南、西山亦爲所侵占，代宗初立之時，吐蕃佔領長安，並另立唐帝，後來，經常入寇，致使唐室籠絡回紇，對抗吐蕃，所費不貲。所以，《新唐書·吐蕃傳》末曰：「唐興，四夷有弗率者，皆利兵移之，蹶其牙，犁其庭而後已。惟吐蕃迴鶻號疆雄，爲中國患最久。贊普遂盡盜河湟，薄王畿爲東境，犯京師，掠近輔，殘賊華人。謀夫猇師，圍視共計，卒不得要領。晚節二姓自亡，而唐亦衰焉」[37]。此處所說，「唐興，夷有弗率者，皆利兵移之，蹶其牙、犁其庭而後已」。其實並不盡然，除碰到吐蕃、回紇外，對南詔亦常損兵折將，天寶十三年，唐兵討伐南詔失敗，前後喪失士卒達二十萬人，其後，又或附或叛，經常寇邊，使唐室頗有損失[38]。

　　五代中，遼國崛起，以至宋初，宋遼常相交戰，軍費浩大，宋真宗景德二(1005)年，訂立澶淵誓書，由宋室歲輸銀10萬兩，絹20萬匹，仁宗慶曆二(1042)年，增爲銀20萬兩，絹30萬匹。雖然如此，王旦曾對真宗說，「國家納契丹和好已來，河朔生靈方獲安堵。雖每歲贈遺，較於用兵之費，不及百分之一」(《長編》卷70)[39]。後來，宋、金同盟滅遼，

36　傅樂成，《漢唐史論集》(聯經出版公司，民國66年)，〈迴紇馬與朔方兵〉。
37　同上。
38　傅樂成，《隋唐五代史》(華岡出版公司，民國60年)，第八章。
39　參見陶晉生，《宋遼關係史研究》(聯經出版公司，民國73年)，第二章。

但攻遼時宋師敗績，金師獲勝，故宋須對金歲輸銀20萬兩，絹30萬匹；別輸燕京代稅錢100萬緡，又予銀10萬兩、絹10萬匹為西京勞軍費，後又增米糧10萬石，以取得燕京及薊、景、檀、順、涿、易六州──然其金帛、子女、職官、民戶皆為金人席捲而去，宋所得者空城而已。靖康時，金兵渡河，要求宋室輸金500萬兩，銀5000萬兩，表緞百萬匹，牛馬萬頭，但民間搜刮一空，僅得金20萬兩，銀400萬兩；金人入城，粘罕索金1000萬錠，銀2000萬鋌，縑帛如銀之數，但宋室多方搜掘，僅得金37萬8000兩，銀740萬兩，衣緞104萬匹。南宋時，紹興十二(1142)年，在宋金和議中，規定南宋歲輸銀絹各25萬兩疋──後於乾道元(1165)年起，減為各20萬兩疋[40]。即使是蕞爾西夏，亦使北宋財政增加很大負擔，仁宗寶元(1038-40)時，西夏事起，養禁軍40萬，增加支出錢360萬緡，紬絹240萬匹，綿480萬兩，人糧1200萬石，馬糧150萬石，飼料1512萬束[41]。後於慶曆四(1044)年，西夏至「元昊始上誓表言和。……凡歲賜銀、綺、絹、茶25萬5千」(《宋史‧夏國傳》)。

病象之三，乃是國家財政收入，全部落入君主掌握之中。自兩漢起，財政收支向分宮中、府中兩大系統，即少府主宮中，司農為政府財政大臣。即使到了唐代，仍然是「天下財賦歸左藏，為太府以時上其數，尚書比部覆其出入」，但於安史亂後，肅宗之時，京師豪將假取不能禁，第五琦為度支鹽鐵使，請皆歸大盈庫，供天子給賜，主以中官，自是天下之財為人君私藏，有司不得程其多少」(《新唐書‧食貨志》)。德宗時，雖接受楊炎建議，下詔曰，「凡財賦皆歸左藏庫，一用舊式，每歲於數中，量進三五十萬入大盈，而度支先以其全數聞」(《唐書》本傳)。但卻接受臣下的「羨餘」，等於是公開受賄，這一風氣到宋代還連綿不

40　方豪，《宋史》(一)，第九章，以及其《宋史》(二)，第二、第三章。
41　方豪，《宋史》(二)，第五章。

絕。即使宮中、府中重新劃分，但常有府中空虛，宮中充盈現象，例如後唐莊宗於滅梁後，分天下財賦爲內外府：州縣上供者入外府，充給費；方鎮貢獻者入內府，充宴游及給賜左右，於是「外府常虛竭無餘，而內府山積」（《通考》）。這一情況亦持續到兩宋，朱熹說，「凡天下之好名色錢，容易取者，多者，皆歸於（宮中的）內藏庫、封樁庫；惟留得名色極不好，極難取者，乃歸戶部」（《朱子語類》卷111）。由此觀之，宮中費用不乏來源，但有些君主仍常以府中之錢移作宮中之用，即使明君亦有所不免，例如宋孝宗於乾道六年建左藏封樁庫，其法非奉親、軍需不支，但在淳熙（1174-89年）末年，常以犒軍或造軍器爲名，「撥封樁庫物入內，有司不敢執」（《玉海》）。

　　病象之四，是在經濟面，由於征戰無休，勞力缺乏，譬如唐人陳陶的〈隴西行〉「誓掃匈奴不顧身，五千貂錦喪胡塵，可憐無定河邊骨，猶是春閨夢裡人」（《唐詩三百首》），表示當時戰死者眾；杜甫於〈兵車行〉中云，「邊庭流血成海水，我皇開邊意未已；君不聞漢家山東二百州，千村萬落生荊杞，縱有健婦把鋤犁，禾生隴畝無東西；……縣官急索租，租稅從何出」；業已道出戰時農村人力缺乏之窘態，而〈石壕吏〉更指出當時「兵」與「役」雙重負擔下，農村幾無青年男子之慘狀（《杜少陵全集》）：

　　　　暮投石壕村，有吏夜捉人，老翁踰牆走，老婦出看門。吏呼一
　　　　何怒，婦啼一何苦，聽婦前致詞，三男鄴城戍。一男附書至，
　　　　二男新戰死，存者且偷生，死者長已矣。室中更無人，惟有乳
　　　　下孫，有孫母未去，出入無完裙。老嫗力雖衰，請從吏夜歸，
　　　　急應河陽役，猶得備晨炊。夜久語聲絕，如聞泣幽咽，天明登
　　　　前途，獨與老翁別。

　　五代詞人毛文錫，於「甘州遍」中，以「秋風緊，平磧雁行低，陣雲齊，蕭蕭颯颯，邊聲四起，愁聞戍角與征鼙」（《唐五代詞選》），道出征人血淚。北宋范仲淹領軍防禦西夏，更於〈漁家傲〉中明白說出，「濁酒一杯家萬里，燕然未勒歸無計，羌管悠悠霜滿地，人不寐，將軍白髮征夫淚」；南宋辛棄疾亦於〈賀新郎〉中說，「將軍百戰身名裂，向河梁回頭萬里，故人長絕」（均見《宋詞三百首》）。

　　病象之五，是土地兼併。中唐授田之制廢後，發生土地兼併情形，已述於本章第二節，宋代兼併更烈，大致有三次高潮：一為真、仁兩朝；一為徽宗時期；一為南宋初期[42]。在第一次浪潮中，王蒙正「恃章獻劉太后親，多占田嘉州」「侵民田幾至百家」（《臨川先生文集·郭維墓志銘》）；比部員外郎鄭平，「占籍真定，有田七百餘頃」（《宋史·呂冲傳》）；長安种「放弟侄無賴，據林麓樵採周回二百餘里」（《宋史·王嗣宗傳》）。在第二次浪潮中，佞臣眾多，亦多兼併土地，朱勔「田產跨連郡縣，歲收租課十餘萬石」（《胡少師總集·再劾朱勔》）；蔡京亦是田產眾多，單是永豐圩就有田960頃[43]。在第三次浪潮中，陸子遹（陸游之子）為溧陽宰，強奪張挺、沈成等田產1萬1800餘畝，獻給史彌遠，稱之為福賢莊（《鶴山先生大全集》卷20）。

　　宋代土地兼併，還有兩個極端現象：一為豪民侵占；一為政府豪取。後者是指狹義的公田、官莊、御莊，將於後述，此處只述前者。豪民侵占土地方式有三：一為兼併，仁宗「明道後，承平浸久，勢官富姓占田無限，兼並冒偽，習以為俗，重禁莫能正焉」，此所謂「重禁」，是指仁宗的限田令，「公卿以下毋過三十頃，牙前將吏應復役者，毋過十五頃，止一州之內」（《宋史·食貨志上一》）；一為佔據無主之田，譬如蜀

42　漆俠，《宋代經濟史》（上海人民出版社，1987），第六章。

43　侯家駒，《中國財金制度史論》（聯經出版公司，民國77年），第八章。

中「亂亡之後，田廬荒廢，詔有能占田而倍入租者與之。於是腴田悉爲豪右所占，流民至無所歸」（《宋史·謝絳傳》）；一爲侵佔公地，鄭戩「知杭州，錢塘湖溉民田數千頃，……葑上堙塞，爲豪族僧坊所占冒，湖水益狹」（《宋史》本傳）；「贍士公田多爲形勢之戶侵占」（《宋會要輯稿·食貨》）。

病象之六，是公營範圍擴大。在上一時期，亦即隋代與中唐以前的時代裡，政府放棄鹽鐵專賣，但安史亂後，鹽鐵改爲公營，這是始於肅宗乾元元(758)年，以第五琦「爲鹽鐵使，於是始立鹽鐵法，就山海井鹽，收權其鹽」（《唐會要》卷87）——唐代鹽鐵使始於此，既然權鹽，則鐵亦應爲官營。然後，是代宗於廣德二(764)年，天下州量定酤酒戶，隨月納稅，此外不問官私，一切禁斷，這是將專賣賣權給予特定的商人；但德宗於建中三(782)年，禁人酤酒，官司置店自酤收利，以助軍費，表示由商人專賣改爲政府專賣（《通志》），後於貞元二(786)年，「行權酒之法，每斗榷酒錢百五十文」（《唐會要》卷88）。德宗且於建中元年征茶稅，稅率什一（《通考》）。這些專賣項目，五代時大致維持，惟對鐵、酒偶爲弛禁（《五代會要》卷26），宋代復趨嚴格，鹽茶具有「折中」之制，而且增加對礬與各種香料的專賣[44]。

宋代公田甚多，據《續文獻通考》，「公田之賦，官莊、屯田、營田、賦民耕而收其租者也」。此處「公田」是指廣義，但狹義的公田，是指徽宗與理宗所置的公田，前者用楊戩之計，豪取汝州民田三萬四千三百餘頃爲公田；後者用賈似道之言，以紙鈔、官告、度牒，在平江等六郡，強買公田三百五十餘萬畝[45]。關於御莊，可以高宗爲例，紹興七年，儲毅即強迫市買「王安石家田之在宣城蕪湖者」，以作爲「御莊」

---

44 同上，第九章。
45 同上。

（《建炎以來繫年要錄》卷112）。

　　病象之七，乃是本階段後期，河患大為增加。此處所謂「河患」，專指黃河汜濫而言，黃河由古至今計改道六次，而這一階段後期竟然出現兩次，即宋仁宗慶曆八(1048)年與金章宗明昌五(1194)年。且自後周起，河患大增，後周太祖廣順二(952)年，河決鄭州；宋太祖開寶四(971)年，太宗太平興國二(977)年，河決孟州、鄭州、澶州，八年，河決滑州，雍熙元(984)年，河決滑州；真宗咸平三(1000)年，河決鄆州，景德元(1004)年，河決澶州，大中祥符三(1010)年，河決棣州，明年又決。天禧四(1020)年，滑州河溢[46]。自此以後，政府投以頗大人力、物力、財力以治河，不僅增加人民負擔，也且使北方經濟地位更趨衰微。

46　參閱申丙，《黃河通考》（中華叢書），第三卷，〈歷代治河考〉。

第十七章

第二次多元體制下的社會環境與政府角色

　　這一期間，佛、道二教力量大振，且出現新的教派，這些教派大多富有入世精神，而這個時期內的儒家思想亦有很大的變革，出現後世所謂的「新儒家」。這些宗教與儒家的新思想及務實態度，對於當時的政府政策與整體經濟發展，不無影響，所以，本章特闢專節說明之，暫以「宗教發展與社會倫理」為題，作為本章第一節。且因這一類型倫理的瀰漫，使這一期間的社會事業較為蓬勃，尤以後期為然，這些將述於最後一節，以「社會福利與社會互助」名之。至於其他各節，大致上是與以前各編中對應的章節類似。

第一節　宗教發展與社會倫理

　　佛教雖自漢明帝時傳入中國，佛教中國化卻於上一（第二次一元體制）時期才開始，從而出現很多新的宗派，譬如三論宗、天臺宗、華嚴宗、法相宗、律宗與禪宗，但後者卻於此一時期發揚光大，尤其是六祖惠能所傳的南派，至晚唐五代，竟然是「一花開五葉」（《六祖壇經·付囑品》），

發展出五宗：即穩健綜密的曹洞宗；簡潔明快的雲門宗；中庸篤實的法眼宗；機鋒峻烈的臨濟宗；體用圓融的溈仰宗[1]。

　　佛家中心思想本是出世，但禪宗卻主張入世，惠能曾作頌曰，「色類自有道，各不相妨惱，離道別覓道，終身不見道」，這是說，芸芸眾生的生活之中，自有其「道」在；並且進一步地說，「佛法在世間，不離世間覺，離世覓菩提，恰如求兔角」（俱見〈般若品〉），則是說得更為明晰。他甚至於還認為只按人間倫理生活，就可得道，而不必出家修行，故作頌曰，「心平何勞持戒，行道何用修禪，恩則孝養父母，義則上下相憐，讓則尊卑和睦，忍則眾惡無喧。……聽說依此修行，天堂只在目前」（〈疑問品〉）。而且，惠能亦將自己視為平凡人物，當時有位臥輪禪師頗為自詡，作偈曰，「臥輪有伎倆，能斷百思想，對境心不起，菩提日日長」；惠能聞之，亦作一偈曰，「惠能沒伎倆，不斷百思想，對境心數起，菩提作麼長」（〈機緣品〉）。

　　惠能圓寂於開元元年，其思想卻在這一期間大為流傳，這可從〈六祖禪師碑銘〉（王維），〈曹溪六祖賜諡大鑑禪師碑文〉（柳宗元），〈大唐曹溪六祖大鑑禪師碑文〉（劉禹錫）等文作者[2]，即可窺知一二。惠能的入世思想，後來就演變成南泉所說的「平常心是道」（《傳燈錄》卷8），亦就是要在日常生活中，洋溢著活潑潑的作用——《臨濟錄》全書就是貫徹這一立場[3]。於惠能圓寂後約一世紀，其所傳的南嶽一支，在佛教經濟倫理上有重大的突破，那就是百丈懷海手創的叢林制度，並在其自擬的〈禪門規式〉（亦稱〈百丈清規〉）中，強調僧侶勞動的重要性，在生活上，不要靠人布施，並且以身作則，帶頭勞動，至老年時仍如此，據《五燈會元·百丈懷海章》，「師凡作務，執勞必先於眾，主者不忍，

1　黃公偉，《中國佛教思想傳統史》（獅子吼雜誌社，民國61年），第六章與第七章。
2　同上。
3　柳田聖山（吳汝鈞譯），《中國禪思想史》（商務印書館），第九章與第十章。

密收作具，而請息之。師曰，吾無德，爭合勞人。既遍求作具不獲，而亦忘餐。故有一日不作，一日不食之語流播寰宇」。這「一日不作，一日不食」之語，正可道出當代經濟哲學的主流思想，是「爲生活而工作」（"Work for living"），並非「爲工作而生活」（"Living for work"）——因爲無事是平常心的徹底化[4]。是以，隨著禪宗思想的擴展，這種經濟倫理當然對於經濟發展有其一定的影響。

　　唐、宋兩代頗爲獎掖道教，這是由於唐室姓李，與老子同姓，尊之爲國祖，建祠奉祀，稱爲太上主元皇帝。宋太祖雖非李姓，卻承此遺風，賜道士陳摶以希夷先生之號，真宗繼之，築玉清宮於京師，徽宗更自號爲教主道君皇帝[5]。宋代道家不像唐玄宗時代道士那樣故弄玄虛，而頗爲務實，譬如陳摶對宰相宋琪說，「假令白日冲天，亦何益於世？」（《宋史・隱逸傳》）；道士蘇澄隱對宋太祖引老子曰，「我無爲而民自化，我無欲而民自正」，所以，後來真宗詔示道士賀蘭棲真曰，「朕奉希夷爲教，法清靜以臨民，思得有道之人，訪以無爲之理」（《宋史・方伎傳》）。這種清靜無爲的思想，很可能反映出當時的政府經濟政策，而在某些方面給予一些自由放任。南宋期間，新道教興起，主要爲北方的全真教，在思想上與傳統道教大有不同，即不再追求飛昇煉化，轉而爲入世務實，元好問於〈紫微觀記〉中說，金海陵王「貞元、正隆（1153-60）以來，又有全真家之教，咸陽人王中孚倡之，譚、馬、丘、劉諸人和之。本於淵靜之說，而無黃冠禳襘之妄；參以禪宗之習，而無頭陀縛律之苦。耕田鑿井，從身以自養，推有餘以及之人，視世間擾擾者差爲省便然」（《遺山先生文集》）。袁桷在〈野月觀記〉中亦有類似描繪：「北祖全真，其學首以耐勞苦、力耕作，故凡居處飲食，非所自爲不敢享。蓬垢疏糲，

4　柳田聖山（吳汝鈞譯），《中國禪思想史》，第十章第十一節，此節標題爲〈無事是貴人〉。

5　參見王治心，《中國宗教思想史大綱》（中華書局），第五章。

絕憂患羨慕，人所不堪者能安之」（《清容居士集》）。「耕田鑿井，從身以自養」與「故凡居處飲食，非其所自爲不敢享」，十足顯示其與「一日不作，一日不食」的精神相近似。這種勤勞與入世精神，當然會影響到當時及其後的經濟倫理。

在這段時間，儒家思想亦發生很大變化，中唐的韓愈，不僅是「文起八代之衰」，也且爲「人倫日用」的新儒家之先驅，他在〈原道〉中，除指出先王之教爲仁、義、道、德，以及「其文」「其法」外，還說，「其民、士農工賈；其位、君臣父子師友賓主昆弟夫婦；其服、麻絲；其居、宮室；其食、粟米果蔬魚肉。其爲道易明，其爲教易行也」。這是韓氏將儒學由繁文縟節中解放出來，更爲現實化。宋代理學，固然是著重形而上，但亦注意到一些形而下，尤其是經濟問題，譬如張載除於《理窟》一書〈周禮第二十〉中，討論經濟制度外，還於晚年想買田一方，試驗井田之制 [6]。即使是程顥、程頤兄弟，亦注重經濟事宜，並知經濟原理，明人呂柟所編的《宋四子抄釋》一書〈二程子抄釋卷二‧謝良佐記第三〉中載：「陝西曾有議欲罷鑄銅錢者，以謂官中費一貫爲無利。伊川曰，此便是公家之利，利多費省，利鑄者眾，費多利薄，盜鑄者息，權歸公上，非利而何」（此則未見《二程集》卷3相關部分），這實在是近代所謂的全值貨幣理論；伊川又云，「曹參去齊，以獄市爲託，後之爲政者留意於獄者則有之矣，未聞有治市者也」（〈二程子抄釋〉卷3）。尤其是二程「主敬」，這是指做事要負責，非常符合經濟倫理的要求。至南宋，更是士、商不分，陸象山「家素貧，無田業，自先世爲藥肆以養生」（《象山先生全集‧宋故陸公墓志》）。而且兩宋理學雖盛，功利思想亦不絕如縷，譬如北宋李覯就重視「利」與「欲」，而說，「利可言乎？曰，人非利不生，曷爲不可言！欲可言乎？曰，人之情，曷爲

---

6 陶希聖，〈北宋幾個大思想家的井田論〉，《食貨半月刊》2卷6期。

不可言！」(《盱江文集‧原文》)；南宋陳亮曰，「好貨，人心之所同，而達之於民無凍餒，則彊勉行道以達其同心，而好貨必不至於陷，而非道之害也」(《龍川文集‧勉彊行道大有功論》)；葉適批評董仲舒所云「仁人正誼不謀利，明道不計功」，而曰，「此語初看極好，細看全疏闊。古人以利與人而不自居其功，故道義光明。後重出世儒，行仲舒之論，既無功利，則道義者乃無用之虛語耳」(《習學記言》卷23)。

　　由於佛、道二教與儒家俱以新面目出現，其各別的入世務實與勤勞精神以及功利思想，影響到當時及後世的經濟倫理，從而使中國經濟亦逐漸步入新的境界[7]。

第二節　東南愈重與西北愈輕

　　《唐書‧憲宗紀》，元和二(807)年，史官李吉甫撰元和國計簿：

> 總計天下方鎮凡四十八，管州府二百九十五，縣一千四百五十三，戶二百四十四萬二百五十四。其鳳翔、鄜坊、邠寧、振武、涇原、銀夏、靈鹽、河東、易定、魏博、鎮冀、范陽、洛景、淮西、淄青十五道，凡七十一州，不申戶口。每歲賦入倚辦止於浙江東西、宣歙、淮南、江西、鄂岳、福建、湖南等八道，合四十九州，一百四十四萬戶，比量天寶供稅之戶，則四分有一。

　　這申報戶口的8道49州144萬戶，均在東南，所以南宋人章俊卿《群書考索‧財用門》，對此事標題為「唐財賦皆仰給於東南，其他諸郡無

有」。這一事實固然是說明，當時北方藩鎮割據，迫使中央政府只依賴東南的賦稅收入，但在實際上，東南或南方，亦有其強勁實力。譬如依元和國計簿，此八道佔州府數僅六分之一，但在戶數上卻佔總戶數59％。這是由於南方戶數普遍增加，據《元和郡縣圖志》統計，鄂州於開元時戶數為1萬9190，元和時增為3萬8618，增加率超過百分之百。於此期間，洪州由5萬5405增至9萬1129，增加率為64.5％；饒州由1萬4062增至4萬6116，增加率更高達2.2倍；蘇州由6萬8093增至10萬808，增加率為48％；吉州由3萬4381增至4萬1047，增加率為19.4％；衡州由1萬3513增至1萬8047，增加率33.6％；邛州由1萬2320增至1萬8000，增加率46.1％；泉州由3萬754增至3萬5571，增加率為15.7％。這種急劇增加的戶數，有很大部分是由於人民避亂南遷，例如，《太平廣記》卷202〈元結〉條云，「天寶之亂，元結自汝墳大率鄰里投襄漢，保全者千餘家」；卷403〈魏生〉條，言魏生「因避亂，將妻入嶺南」；卷404〈肅宗朝八寶〉條云，「天寶末，祿山作亂，中原鼎沸，衣冠南走，真如輾轉流寓於楚州安宜縣」。

此一時期之初，在財政上倚賴東南，是由於江南鮮有戰亂，王船山曰，「自唐以上，財賦所自出，皆取之豫兗冀雝而已足，未嘗求足於江淮也。恃江淮以為資，自第五琦始，當其時，賊據幽冀，陷兩都，山東雖未盡失，而隔絕不通，蜀賦既寡，又限以劍門棧道之險，所可資以贍軍者，唯江淮，故琦請督租庸，自漢水達洋州以輸於扶風，一時不獲已之計也」（《讀通鑑論》卷23）。王氏言下頗有不以為然之意，這顯然沒有注意到，藩鎮割據與南方經濟實力日增之情勢。可是，王氏後來亦認識到，「唐終不傾者，東南為之根本也」，「至於宣宗之季年而後亂作」於東南，後來，「王仙芝黃巢一呼而天下鼎沸」（卷27），顯示東南動搖，必然危及國家根本，唐室隨之滅亡。

五季紛爭，中原殺戮幾盡，而東南安定，入宋以後亦如此，「自後

數十百年間，西北時有少警而東南晏然，斯民彌得休息，以至元豐中，比往古極盛之時，縣邑之增幾至三倍，民戶之增幾至十倍，財貨之增幾至數十百倍」，所以《群書考索》於此作標題：「自晉南渡之後，東南漸重而西北漸輕，至於宋，東南愈重而西北愈輕」(〈財用門〉)。《考索》且稱，神宗元豐時，南方財賦「當(天下)四分之三，彼西北一隅之地，古當天下四分之三，方今僅當四分之一」。

　　仔細分析，這是由於在北宋，南方戶口遠多於北方，據《通考》，元豐三年，北方戶數460萬667，口數961萬6204，而南方戶、口分別為1026萬1817與2368萬7685。無論是戶數還是口數，南方都是北方的兩倍多。其可能原因之一，乃是燕雲十四州等地區陷於契丹。尤有進者，南方農工商業均較發達。

　　先說農業。元豐初年，東南九路墾田，為295萬3546頃，而全國不過465萬9500頃(《通考》)，南方約佔三分之二。而且，南方土地肥沃，氣候較暖，所以，「吳中地沃而物顆，……其稼則刈麥種禾，一歲再熟，稻有早晚」(《吳郡圖經讀記》卷上)。且因南方水利方便，以致出現不少高產量的圩田，譬如張問所寫的〈張顒墓誌銘〉，說到面積1270頃的萬春圩，「歲得米八十萬斛」，每畝平均產量高達六斛二斗多米；北宋末年賀鑄所寫的〈題皖山北瀨江田舍〉(《廣湖遺志詩集拾遺》)，詩曰：「一溪春水百家利，二頃夏苗千石收」，畝產量為五石稻，這些說法雖嫌誇張，但平均產量於宋代大為提高，諒係事實[8]。而宋代的茶利，實在是

8　參閱漆俠，《宋代經濟史》上冊(上海人民出版社，1987)，頁94。漆氏於腳註中，談到沈括的〈萬春圩圖記〉稱，「歲出租二十而三，為粟三萬六千斛」。循此，該圩年產總量僅為24萬斛粟，平均每畝僅產稻1.89斛；而依墓誌銘所言，則每畝應產稻10.34斛(以一斛稻六斗米折算)。漆氏亦云「差距太大」，但他認為「出租二十而三」，當是「出租二十而一」之誤。其實，漆氏所云確為誤解，亦可能是張向所撰的墓誌銘，是無稽之談，因於本書第十五章中，已經談及中晚唐畝產量僅為一斛，所以，1.89斛之畝產量，已屬上乘。至於賀鑄之詩，亦

以南方為主，而且蠶絲亦逐漸南移，所以《宋史・地理志》說，淮南「土地膏沃，有茶鹽絲帛之利」。

在工礦方面，最主要為鑄錢，孔平仲於《珩璜新論》卷4說，「唐穆宗時，戶部尚書楊於陵云，開元中天下鑄錢七十餘爐，歲八百萬，今十餘爐，歲八十五萬。元祐六年，東南鑄錢二百七十五萬，只梧州元豐監，歲鑄八十五萬，已當長慶時天下之數矣」。《玉海》亦云，元豐三年，全國鑄錢594萬9224貫，其中南方鑄錢393萬3234貫，約佔三分之二。南方鑄錢之盛，是由於礦產豐富，北宋礦產主要為金、銀、銅、鐵、鉛、錫六種。在金礦中，共有五州軍，而南方佔有其四，《通考》曰：「承平時聖節，天下進奉，通該金一千三百兩，而江東路獨當一千兩；而江東之一千兩，又止饒州一郡所出云。」銀礦的分布，南方在26州軍中佔其22；產銅區域，於11州軍中佔九處；鐵區33處，17處在南，16處在北，還算平分秋色；鉛區12處，錫區8處，都在南方 [9]。至於南方其他工商業發達情形，將於下章詳述。

在賦稅上，中唐以後，《群書考索》中，「唐財賦皆仰給於東南，其他諸郡無有」之語，雖嫌誇張，但在事實上，亦約佔90%，例如韓愈於德宗貞元十八（802）年，送陸傪出任歙州刺史時所撰的〈送陸歙州詩序〉（《昌黎文集》）中，曾云，「當今賦出於天下，江南居十九」。唐室所收財賦之中，除兩稅外，鹽稅為大宗，而鹽稅亦以南方為主，劉晏為鹽鐵使時，「吳、越、揚、楚鹽廩至數千，積鹽二萬餘石，有漣水、湖州、越州、杭州四場，嘉興、海陵、鹽城、新亭、臨平、蘭亭、永嘉、太昌、侯官、富都十監，歲得錢百餘萬緡，以當百餘州之賦。……晏之始至也，鹽利歲纔四十萬緡，至大曆（766-779）末，六百餘萬緡。天下之

（續）————————————

同屬誇張之語。

9　張家駒，〈宋室南渡前夕的中國南方社會〉，《食貨半月刊》4卷1期。

賦，鹽利居半」（《唐會要》卷88），從這些地名看，絕大多數是在南方。
德宗建中元（780）年，開始茶的專賣，專賣稅率爲10%，後罷之，貞元
九年復稅茶，穆宗即位，又將茶稅稅率提高到50%（《通考》），而南方
正是茶的主要產區。

北宋神宗元豐三年，畢仲衍《中書備對》載，當時全國兩稅共4636
萬3242貫、石、疋、斤……，其中來自南方諸路的收入則爲2370萬9197，
約佔三分之二強。在茶鹽專賣的收入上，南方卻十居其八強，《朝野雜
記》甲集卷十四即云，「祖宗盛時，兩浙歲入錢三百三十餘萬緡，而茶
鹽酒稅，十居其八」。就茶言，南方茶質量均爲第一，所以，歐陽修於
《歸田錄》卷1云，「臘茶出於劍、建，草茶盛於兩浙，日注爲第一，
自景祐已後，洪州雙井白芽漸盛」。故就茶利言，東南六榷貨務十三山
場，在真宗天禧三（1019）年，歲收僅13萬緡，扣除成本，息錢只有3萬
緡，其後漸增，徽宗政和初（1111）年，息錢已至四百餘萬緡（《朝野雜記》
甲集卷14）。約當哲宗元祐以後政府稅收總額的十分之一。在鹽稅方面，
東南亦因得瀕海之地利，而出產最多，《宋史·食貨志下》說，「東南
鹽利，視天下最厚」，所以，《夢溪筆談》卷11所說的，鹽利「大約歲
入二千萬餘緡」中，南方應佔泰半。

南宋所能控制的區域，只有東南與西南，其稅收竟然高於北宋，因
據光宗時鄭湜上劄子曰，「自宋混一之初，所入緡錢不過一千六百餘萬，
太宗皇帝以爲極盛，兩倍於唐室矣。其後月增歲廣，至熙豐間，言利之
臣極力聚斂，然後歲入五千餘萬。渡江之初，東南歲入不過千萬，比年
乃增至六千五百餘萬，則所入倍於祖宗時多矣」（《群書考索·財用
門》）──不過，鄭湜的劄子內，除言光宗時，歲入六千五百萬緡應爲
實情外，其餘數字，可能多有出入，因據上述《朝野新記》，北宋歲入
至神宗熙、豐間，是達六千多萬湣，元祐後，漸減至四千八百多萬；另
據《群書考索》所引「王榜眼館職軍」云，「紹興之初，歲費一千三百

二十萬,而一歲所入止以淮浙鹽息計之,已二千三百萬」。但就南方言,每年負擔六千五百多萬緡,已屬過分,兩浙負擔尤其沈重,而南宋竟然不知東南爲其根本,任意予以蹂躪,所以,在理宗晚年,用賈似道言,於平江、江陰等六郡,強買民田爲公田,使其根本大爲動搖後不久,南宋即亡。

第三節　人民生活

在第十四章第二節,曾經提到唐肅宗時,每畝平均產量約五斗五升米(折合稻為9.17斗),每人平均食量爲每天二升(包括副食在內)。唐末,李翱於〈平賦書〉(《全唐文》)中說,「一畝之田,以強併弱,水旱之不時,雖不能盡地利者,歲不下粟一石」。晚唐下等農田產量既較中唐初期平均產量爲高,足見土地單位面積產量已爲提高。

關於兩宋的單位面積產量,漆俠曾列舉卅六條事例[10],其中仍以上節舉萬春圩的六斛多米爲最高,但據沈括所云,每畝僅1.89石稻[11],而且,漆氏所舉數字中,以1-2石爲最多,故特假定宋代農田平均每畝產量爲1.5石稻,容或接近事實,而此產量已較此一時期之初,高約二分之一強;若再細分,或可假定1.5石粟的每畝產量是北宋時情況,而將南宋的每畝產量假定爲2石,這是由於技術進步是時間的函數,而且南方水利田多,產量亦較高。這些產量實際上只指秋天收穫的正產量,主要爲稻米或其他糧食,而很多地方尚有春收之小麥,關於小麥的每畝平均產量,有人估計中晚唐時爲七斗[12],假定兩宋時仍如此,則北宋與南宋每畝正副產品平均產量,分別爲2.2石與2.7石。

10　參閱漆俠,《宋代經濟史》上冊,第三章第五節。

11　見註8所析。

12　吳章銓,《唐代農民問題研究》(中國學術著作獎助委員會,民國52年),頁104。

　　至於米價，彭信威曾有估計：就中晚唐言，安史亂後，物價膨脹，西元8世紀後半葉（肅、代、德三朝），平均每石爲1006文（每公石1692文）；9世紀前半葉（德宗晚年至昭宗晚年），通貨緊縮，每石只要600文（每公石約合1000文）[13]。就宋代言，在開始的140年（太祖至哲宗）內，平均每石米價約346文（每公石520文）——但彭氏此價是按實際錢幣數目計算而成，而當時常以77文爲100文，其實，晚唐用錢已有此種習慣，有以80抵100者（《新唐書·食貨志》），故按當時短陌習慣計算，每石米應值450文，較唐代爲廉；南宋可能由於紙幣充斥，導使米價飛騰，每石平均約爲2746文（公石爲4135文）[14]。不過，宋石較唐石約大十分之一[15]，而且在晚唐時，米價亦因兵禍而騰踊，懿宗咸通九（868）年，龐勛在徐州起事，米價漲到每斗兩百（《通鑑》）；中和年間（881-885），黃巢坐擁長安空城，「米斗三十千」（《唐書》本傳），所以，南宋米價不見得高於晚唐——宋代幣值大致與唐代類似，足資比較[16]。

　　開元時，唐代應授之田已高於實授很多，安史亂後，授田之制全廢，估計當時農民每戶耕田五十畝，假定每畝平均秋收稻一石，春收麥七斗，即年產一石七斗粟，共爲粟85石。若每人主副食在內的飲食消費爲每年7.2石米，合粟12石弱。今若農家每戶五口，則一年消費粟60石，剩餘25石，應可支付賦稅及衣服費用。

　　若是非農民，當時工資可從德宗時，嚴郢之奏推估。據《唐會要》卷89〈疏鑿利人〉，德宗建中元年，京兆尹嚴郢奏曰：

　　　　請以內園種稻明之，其秦地膏腴，田稱第一，其內園丁皆京兆

13　彭信威，《中國貨幣史》（上海版，1962年），第四章第二節。
14　同上，第五章第二節。
15　據吳承洛，《中國度量衡史》，唐石爲0.5944公石，宋石爲0.6641公石。
16　彭信威，《中國貨幣史》，第五章第二節。

人，於當處營田，月一替，其易可見。然每人月給錢八千，糧
食在外，內園丁猶僦募不占，奏令府司集事，計一丁一歲當錢
九百六十，米七斛二斗，計所僦丁三百，每歲合給錢二萬八千
八百貫，米二千一百六十斛，不知歲終收穫幾何？臣計所得，
不補所費。況二千餘里發人出屯田，一歲方替，其糧穀從太原
轉餉漕運，價值至多，又每歲人須給錢六百三十，米七斛二斗，
私出資費，數又倍之，據其所收，必不登本。

　　此處，每人月給錢「八千」應爲「八十」之誤，因爲如此，才可符
合「計一丁一歲當錢九百六十」，且據《冊府元龜》卷506，開元廿四
年，一品官俸月入亦僅8000文，代宗大曆大幅調整官俸，一品月入120
貫（或120千），但正九品武官「執戟」，月俸1917文。是以，嚴郢所奏，
「八千」應易爲「八十」，並將「每歲合給錢二萬八千八百貫」，修正
爲「每歲合給錢二十八萬八千」。園丁月入80文，雖然嫌少，但卻另有
口糧六斗米，而且在基本上，還是一「月一替」的義務性傜役。但嚴奏
中，說到若至二千餘里外屯田，則另外「每歲人須給錢六百三十，米七
斛二斗」，但若是「私出資，又倍之」，則該丁一年可獲錢1260文，米
14.4石，似可視爲當時的最低工資——其中的貨幣性工資約可購米1.6
石，則此工資共可得米16石，若按主副食在內的飲食消費，此一工資最
多只可供給兩個半人生活。若僅依主食計算，並假定唐人食量與漢人
同，則每人日食米一升[17]，則此最低工資即可養四人。

　　北宋的每戶農田面積，漆俠曾據《通考》予以統計；即太祖開寶九
(976)年爲95.5畝；太宗至道二(996)年76.3畝；真宗天禧五(1021)年60.5
畝；英宗治平四(1066)年34畝；神宗元豐六(1083)年16.8畝。漆氏認爲

17　參見本書第十四章第二節分析。

這些平均畝數中，是將主、客戶一併計算，若將客戶剔除，則每戶平均畝數將可提高，他曾以這種方法計算出兩浙路、江南東路、江南西路、成都府路、福建路的實際平均畝數，再將這五個平均數予以平均，得出35.96畝[18]。現假定神宗時每一農戶平均畝數為40畝，這是由於當時主戶亦不一定全務農，所以農民每戶耕地應較此數為高，故按農戶佔總戶數90%（農業社會多如此）推估，再按前述每畝產量為2.2石粟計算，則每戶全年可獲88石粟，折米52.8石；全家五口，主副食支出每人全年為7.2石，則支出36石米，剩餘16.8石，應可支持賦稅負擔與衣服費用。

至於非農民的收入，彭信威曾據《宋會要輯稿》，算出每月真實工資（以公石之米表示）：開寶四年，紡織工頭為2.32至3.39石，女工為1.06至1.36石；元豐五年搬運夫為3.25石[19]。按宋制，一公石應折合1.51弱宋石，因此，在神宗元豐年間，一位搬運夫的月薪，可買4.9石米，而一家四口的主副食支出約為米2.4石，是以，一家足以溫飽。連同上述農家生活，大致可說，北宋人民生活遠在倖存水準以上。

南宋每戶耕地畝數，尚無具體資料，漆俠估計兩浙平均數為19.5畝至25畝[20]，取其中數，則為23畝，並假定此為南宋初期全國平均畝數，且因當時工商業發達，似可假定農業戶數在總戶數中大為降低，姑且假定為80%，如此，則每一農戶平均畝數可以提高到28畝。每畝全年平均產粟2.7石，則一農家全年可獲75.6石粟，合米45.4石；全家五口主副食支出為36石米，以致所剩無幾，還須支付賦稅與服裝費，比起北宋，應是捉襟見肘。不過，以上所述，從中唐到南宋，均只注重「男耕」，並未計及「女織」，所以，將農家婦女所生產的布絹計算在內，南宋農家亦應衣食無虞。

18　參閱漆俠，《宋代經濟史》上冊，第一章第四節。

19　彭信威，《中國貨幣史》，第五章第二節。

20　參見本書第十四章第二節分析。

　　關於南宋非農民收入，《宋會要輯稿》提供一些線索：高宗時，臨安府築城的雜役兵匠，每天工食錢250文，比一般工匠少100文（〈方域〉）；軍器所下等工匠，每月支糧2石，添支錢800文，每日食錢120文，雜役兵匠月糧1.7石，每日食錢100文（〈軍器所〉）。就一般工匠言，若每天工資350文，每月以30天計，則可月入1萬500文，按前述平均糧價2746文計，則一月工資可買3.8石多米，應可負擔一家五口每月飲食支出的3石米。關於軍器所下等工匠月入4400文，可購米1.6石，連同2石月支糧，則爲3.6石，亦可勉強支持一家五口的生活；至於其雜役兵匠每月收入3000文，只夠買1.1石米，連同月支糧，只有米2.8石，則不敷一家五口之生活。

第四節　　財經官制[21]

　　此一時期甚爲混亂：中唐至唐末的財經官制，大抵仍秉盛唐制度，而如第十三章所述；五代雖略有損益，但主要是上承唐制；兩宋官制則頗有變革，再加尚有遼、金的制度。本節所述，實以宋、遼、金之制爲主體。

　　中唐以後雖承盛唐官制，但在中央財政主管方面，大有變遷，據《歷代職官表》，「唐自中葉以後，財賦之柄不歸版曹而別有使以領之，曰鹽鐵使，曰制度支，曰判戶部，謂之三司，其職雖主出納錢物，而簿書文案悉由裁遣，遂盡分戶部之權，致金倉二屬轉爲閑員」。其實，設置有關財經之專使，盛唐即有，據《唐會要》卷78，開元年間即有經略、支度、營田、轉運、海運等使，但多爲各地節度使兼任，另據卷59，則

21　本節除另註出處外，悉本《五代史》暨《宋史・職官志》；以及《遼史》與《金史・百官志》。

有鑄錢使與出納使，卷87有水運使，卷84有租庸地稅使，卷66有木炭使。這些「使」稱，中唐以後多予保持，且增糧料、計會（卷79）、度支、延資庫（卷59）、館驛（卷61）、水陸運租庸、兩稅（卷87）、鹽鐵、鹽池、榷鹽、供軍、榷稅（卷88）、監牧（卷66）等使。另據《唐國史補》卷下，認爲這些「使」稱，「大抵生於置兵，盛於興利，普於銜命，於是爲使則重，爲官則輕」，其所舉穆宗時攸關財經之「使」名，除上述外，在朝尚有知匭、閒廄、監倉等使，外任尚有供軍糧使。《五代史‧張延朗傳》還說，僖宗乾符（874-79年）以後，臨時設置租庸使，「兵罷則止」；但自後梁起，卻以租庸使爲常設職官，領天下錢穀，廢戶部、度支、鹽鐵之官；後唐明宗廢之，另置三司（戶部、度支、鹽鐵）使。宋代雖有六部尚書，但財政大計仍由三司使主管，其下鹽鐵掌天下山澤之貨，關市河渠軍器之事，以「資」邦國之用；度支掌天下財賦之數，每歲均其有無，制其出入，以「計」邦國之用；戶部掌天下戶口稅負之藉，榷酒工作衣儲之事，以「供」邦國之用。此三司均與「邦國之用」有關，但其上所冠「資」「計」「供」三字，頗有講究，大致說來，戶部主要是徵收賦稅，度支似掌計畫與主計，鹽鐵則主要爲公營事業。

　　神宗於元豐間改革官制，三司之事並歸戶部尚書，因而，戶部掌天下人戶土地錢穀之政令，貢賦徵役之事，其下分左右二曹：左曹以版籍考戶口之登耗，以稅負持軍國之歲計，以上貢辦郡縣之物資，以徵榷抑兼併而佐調度，以孝義婚姻繼嗣之道和人心，以田務券責之理直民訟；右曹以常平之法平豐凶時斂散，以免役之法通貧富均財力，以伍保之法聯閭比察盜賊，以義倉振濟之法救饑饉恤艱阨，以農田水利之政治荒廢務稼穡，以坊場渡之課酬勤勞省科率。

　　至於庫藏與倉廩，則分由太府寺與司農寺掌理。宋初，太府寺僅掌供祠祭香幣悅巾神席及校造斗升衡尺而已，元豐官制行，改掌邦國財貨之政令及庫藏出納、商稅平準貿易之事，其下隸二十五單位：其與庫藏

有關者爲十庫；其與財務有關者爲糧料院與審計司；其與稅務有關者爲都商稅務，汴河上下鎮與蔡河上下鎮、榷貨務；其與金融有關者爲市易下界、交引庫、抵當所；其餘各單位多爲公營事業與社會事業（如和劑局與惠民局）。司農寺於元豐官制下，亦掌倉儲委積之政令，下有廿五倉。

宋代職官甚亂，中央財政職官除上述外，還有主管漕運的發運使，擔任監察任務的都轉運使與轉運使，且另有專管邊防經費的經制邊防財務司。

遼國財賦之制初甚簡易，既得燕代，因富饒而多置官，有諸州錢帛都點檢或錢帛都提點，各路錢帛司，並有諸州各路轉運使。遼有五京，其南京、中京多財賦官，已知者有中京度支使司，南京三司使司，南京（亦曰燕京）轉運使司。其他三京的財政職官，已知者爲上京鹽鐵使司，東京戶部使司，西京計司。

金之財政職官遠較遼爲完備，似有三個系統，大抵是戶部掌財政法令；太府寺掌庫廩；諸都與各路有司掌理專門業務。後者以轉運司最爲龐大，中都路且置都轉運司；在專賣或貨物稅方面，有提舉南京榷貨司；商稅方面，有中都都商稅務司使；倉庫方面，有南京西庫、諸倉監，中都廣儲庫與左右廂別貯院；貨幣金融方面，有永豐庫、南京交鈔庫與中都流泉務。此外，尚有漕運司、諸倉使、關使、河橋官等，另有監察性的京東西南三路檢察司使。

在中央經濟職官方面，五代無考，至宋代，公營事業甚多，其初級產業主要屬於司農寺，其下有十二個草場，四處園苑，另有都麴院、水磨務、內柴炭庫及炭場。獨立的提舉茶鹽司，掌摘山煮海之利；提舉坑冶司，掌收山澤之所產及鑄錢幣。工部的屯田郎中，掌屯田、營田、職田、學田、官庄之政令，及其租入種刈與修給納之事。公營畜牧業，主要爲馬政，大致上先由樞密院下郡牧司主管，再由太僕寺接管，南渡後併入兵部。

北宋時，次級產業中公營事業，分隸少府監、將作監與軍器監，少府監掌百工伎巧之政令，訓練工徒，轄有文思院（造金銀犀玉工巧之物）、綾錦院、染院、裁造院、文繡院，並有諸州鑄鐵監；將作監掌宮室城郭橋梁舟車營繕之事，總土木工匠版築造作之政令，並對工徒授以法式，下隸十單位；軍器監掌監督繕冶兵器什物，凡利器，以法式授工徒，下隸四單位。南渡後，此三監均併入工部。

在三級產業中，宋代有很多公賣或專賣事業，尚書省下榷貨務都茶場，掌醯茗香礬鈔引之政令，以通商賈佐國用；都大提舉茶馬司，掌榷茶之利，凡市馬於四夷，率以茶易之；提舉制置解鹽司，掌鹽澤之禁令，使民入粟塞下，予鈔給鹽。太府寺下都提舉市易司，掌提點貿易貨物；雜賣場掌受內外幣餘之物，計直以待出貨或準析支用；店宅務掌管官屋及邸店；石炭場掌受納出賣石炭。

宋代對民營初級產業之工作，似分隸戶部左曹農田案與右曹常平案，工部下的虞部、司農寺及都水監。對次級產業之監督，主要為工部尚書，蓋因其掌百工水土之政令。三級產業監督單位甚多，計有戶部下的金部與右曹常平案；太府寺市易上界；工部下的水部；提舉市舶司；提舉常平司。

遼之公營事業，在初級產業方面，有各路群牧使司、馬群司、牛群司、監鳥獸都監、監鹿詳穩司、監雉；次級產業有鐵坊、軍器坊及五冶；而飛龍院似為公營運輸業。

金之公營事業，在初級產業方面，計有工部的上林署、花木局、群牧所；以及獨立的中都木場使、京兆府司竹監、草場使、中都都麴使司（太府監下另有酒坊使），山東鹽使司等七司。次級產業中的公營事業，有工部、少府監與軍器監三系統，大致上，工部掌營造工程；少府監掌輕工業，軍器監所掌似屬今日重工業。三級的公營事業中，運輸業有兵部的驛車，金融業有廿八所流泉務（即當舖），租賃業有設於中都和南京

的店宅務。

對民間經濟的監督與管理，遼國無考，金國卻頗有可觀，在初級產業，設有勸農使司，後改爲司農司使；且有都水監下的各地都巡河官，掌巡視河道、修完堤堰、栽植榆柳及河防之事；還有獨立的三白渠公事規措官與點檢渠堰官。在次級產業的監督上，並無明顯跡象，但諒與工部有關。三級產業之管理，有市令司，且於都木監下置街道司，掌洒掃街道，修治溝渠。

就地方財經職官言，五代無史料可循，宋代地方是府、州並列，其下爲縣。其知府與知州在財經方面的任務，是總理賦役錢穀與勸課農桑，屬官中主管財經者爲戶曹參軍，其職務爲掌戶籍賦稅倉庫受納。縣置縣令，其財經職責，是掌理戶口賦役錢穀振濟給納與勸課農桑，徽宗崇寧二(1103)年，置縣丞一員，辦理水土之政，市易之法與興山澤之利，但於大觀三(1109)年，除萬戶以上或有山澤坑冶之利的縣，仍可保留縣丞外，其餘均裁撤，可見各縣並無專任財經職官，這一點是和秦漢以迄隋唐各朝之地方政制，大相逕庭，但與其中央政出多頭、重床疊屋的財經職官比較，顯然是頭重腳輕。

遼之地方財經職官缺乏史料。金之府、州則並列，其財職官爲府判，判吏、戶、禮案；經濟職官爲推官，判兵、刑、工事。至於縣，則無財經職官。

第五節　賦役制度之演變

安史之亂使人口大減，玄宗天寶十四(755)年，總戶數爲891萬4709，其中不課戶爲356萬5501，課戶爲534萬9280，人口總數爲5291萬9309，其中不課口爲4470萬988，課口爲830萬8321；但是，到了肅宗乾元三(760)年，總戶數減爲193萬3174，其中不課戶爲117萬4592，課

戶爲75萬8582，人口總數爲1699萬386，其中不課口爲1461萬9587，課口爲237萬799（《通典·食貨七》正文及注）。

兩相比較，五年之內，戶數只剩下21.69％，口數剩下32.11％，可是不負擔賦稅的不課戶船總戶數的比例，卻由原來的40％，提高爲60.76％，不課口亦由原先的84.47％，增加爲86.05％。

在均田制下，唐代賦役課徵是以戶口爲對象，現於戰亂之中，軍費支出增加，稅基卻大爲削弱，而且不課戶口比例的增加，益使稅收減少，課戶、課口負擔大爲增加，這就是《新唐書·楊炎傳》所說的，肅宗至德（756-757兩年）後，「富人多丁者，以宦、學、釋老得免，貧人無所入則丁存，故課免於上，而賦於下。是以，天下殘瘁蕩爲浮人，鄉居地著者百不四五」。就在這種稅基減，稅負不平情況，早已埋下稅制改革的種子。而且安史亂前的租庸調稅制，是植基於授田，而授田制度在亂前即已難以爲繼，以致租庸調之稅額難以提高，這更是導致稅制改革的主要原因之一。亦就是《新唐書·食貨志》所云：「蓋口分、世業之田壞而爲兼并，租庸調之法壞而爲兩稅」。

在戶口減少，稅負不平的情況下，政府所能打算的對象首爲土地，其次爲民戶，而且在亂前，即已有地稅（本意是爲義倉而課徵）與戶稅之課徵。所以，代宗於廣德二（764）年七月，「初稅青苗」（《新唐書》本紀），這是由於國用急迫，等不及秋收課徵，而提前於青苗時徵收。關於青苗錢的金額，是見於兩年後（大曆元年）之記載：「天下苗一畝稅錢十五，……又有地頭錢每畝二十，通名爲青苗錢」（《新唐書·食貨志》），可見青苗錢是每畝35文。單是青苗錢並不夠，所以，代宗於永泰元（765）年提高地稅，該年「五月，京兆麥大稔，京兆尹第五琦奏請每十畝官稅一畝，效古什一之稅，從之」（《唐書·食貨志》），──原來地稅爲每畝二升，現在改爲什一，則每畝地稅至少須納七升至一斗或更多。然後於大曆四年兩次下詔，確立京兆區地稅：一爲十月詔曰，田「地稅分爲

兩等,上等每畝稅一斗,下等每畝五升,其荒田如能開佃者,一切每畝
稅二升」(《冊府元龜》卷487);一為十二月詔曰,「京兆來秋稅,上下
各半,上等每畝稅一斗,下等每畝稅六升(較十月之詔高),其荒田如能
佃者,宜準今年十月二十九日勅,一切每畝稅二升」(《唐書‧食貨志》)。
後詔中所云,「上下各半」,雖然似指上等與下等田地各佔一半,但亦
可能是指將秋稅分成上半年與下半年兩次課徵,此所以將下等田每畝之
稅,由前詔的五升提高為六升,以便每次繳三升;而且,次年就正式區
分為夏、秋兩次收稅,並乘機再提高稅率,即大曆「五年,始定法,夏、
上田畝稅六升,下田畝四升;秋,上田畝稅五升,下田畝三升;荒田如
故,青苗錢,畝加一倍,而地頭錢不在焉」(《新唐書‧食貨志》)——
顯見上下未能各半,此處稱「夏」、「秋」,只指徵收時間,而《唐書‧
食貨志》於此逕稱為「夏稅」與「秋稅」,實為畫蛇添足,因為此二稅
名,應於兩稅法實施時才確立。關於「地頭錢不在焉」,雖可釋為不再
徵地頭錢,但《唐書‧食貨志》載,大曆「八年正月二十五日勅,青苗
地頭錢天下每畝率十五文」,顯示地頭錢仍在,故「地頭錢不在焉」,
應釋為並未隨青苗錢提高,而仍為每畝20文,但於大曆八年大為降低。

除增田稅外,代宗還提高戶稅,即「大曆四年正月十八日,勅有司
完天下百姓及王公以下每年稅錢,分為九等:上上戶四千文,上中戶三
千五百文,上下戶三千文;中上戶二千五百文,中中戶二千文,中下戶
一千五百文;下上戶一千文,下中戶七百文,下下戶五百文。其見任官
一品準上上戶,九品準下下戶,……其百姓有邸店行舖及鑪台,應準式
合加本戶二等稅者,依此稅數勘責徵納;其寄莊戶,準舊例從八等戶稅;
寄在戶從九等戶稅。比類百姓,事恐不均,宜各遞加一等稅。其諸色浮
客及權寄住戶等,無問有官無官,各所在兩等收稅,稍殷者準八等戶稅,
餘準九等戶稅。如數處有莊田亦每處納稅。諸道將士莊田,既緣防禦勤
勞,不可同百姓例,並一切從九等輸稅」(《唐書‧食貨志》)。

　　從上述，可見當時稅負之重，以上等田百畝之家為例，於大曆八年，須繳夏秋稅兩類十一石，另青苗錢一千五百文，地頭錢二千文，再繳八等戶稅七百文，此外，還因前述富人設法免役，而負擔更多的徭役。在這種情況下，楊炎乃提出賦稅改革，並因分夏、秋兩次徵收之地稅，而正式提出夏稅與秋稅名稱的兩稅法，這就是《唐書‧楊炎傳》所載的：

> 炎因奏對懇言其弊，乃請作兩稅法，以一其名。曰，凡百役之費，一錢之斂，先度其數而賦於人，量出以制入。戶無主客，以見居為簿；人無丁中，以貧富為差，不居處而行商者，在所郡縣稅三十之一，度所與居者均，使無僥利。居人之稅，秋夏兩徵之，俗有不便者、正(應作三)之，其租庸雜徭悉省，而丁額不廢，申報出入如舊式。其田畝之稅率以大曆十四年墾田之數為準，而均徵之，夏稅無過六月，秋稅無過十一月。逾歲之後，有戶增而稅減輕，及人散而失均者，進退長史，而以尚書度支總統焉。德宗善而行之。……天下便之，人不土斷而地著，賦不加斂而增入，版籍不造而得其虛實，貪吏不誠而無所取，自是、輕重之權始歸於朝廷。

　　《唐書‧食貨志》載，德宗建中元(780)年二月下詔，其內容與楊炎建議同，並「令黜陟使各量風土所宜，人戶多少均之，定其賦」。

　　總括說來，楊炎改革的遠因，是前述的租庸法弊壞與稅負不平，而近因則是稅法紊亂，中央無權。至於兩稅法的特徵或優點至少如下：

一、**統一稅法**。一切賦役皆納入戶、地兩稅(不僅指夏、秋二稅)，「其租庸雜徭悉省」，而有些類似明代的「一條鞭法」。

二、**中央節制**。「以尚書度支總統焉」，故「自是、輕重之權始歸

於朝廷」。

三、**改變稅基**。租庸調是將田、丁、戶合併課徵，此法則分別課稅：
一以戶為對象，不分土著、流人，悉以現住為準，對於行腳不
定的商賈，則課以卅分之一的營業稅；對於耕者，一以田為對
象，徵夏稅與秋稅。

四、**量出制入**。這就是「凡百役之費，一錢之斂，先度其數而賦於
人，量出以制入」，而近似現代政府預算原則。亦就是由於這
個緣故，所以，農地的夏稅與秋稅之稅率，並未明確規定。

五、**稅期確定**。即「夏稅無過六月，秋稅無過十一月」，但亦有其
伸縮性，即「不便者，三之」，意味「居人之稅」不一定分夏、
秋兩次，亦可分三次繳交。

六、**手續簡便**。由於戶稅是以現住民家為對象，地稅則以農田為對
象，所以，不必造「版籍」即可「得其虛實」。

七、**目標管理**。對於各地賦稅，開始時由黜陟使「定其賦」，以後
若「有戶增而稅減輕，及人散而未均」情事，「進退長、史」
以獎勵懲處之。

八、**杜絕中飽**。由於中央統一稅收，而且手續簡便與目標管理，故
「貪吏不誠而無所取」。

地稅繳納原為實物，但於文宗太和四(930)年有所改變，其中三分
之二納錢，三分之一納匹段(《唐書·食貨志》)。

事實上，兩稅法這些優點，並未完全真正實現，反而將以往的苛捐
雜稅予以合法化[22]。以其第一個優點來說，就並沒有真正做到「其租庸

---

22 陸贄對於兩稅法頗為攻擊，曾於〈論兩稅之弊須有釐革〉奏議(《陸宣公奏議》
卷12)中，列舉兩稅七弊，其主要論點為指責將原先的苛捐雜稅，均予合法化，
而正式併入兩稅。

雜徭悉省」，譬如青苗錢與草稅，於實施兩稅法後仍然存在：前者如貞
元二(786)年，德宗批准在「關內、河中、河南等道秋夏兩稅、青苗等
錢折納粟、麥」(《唐書》本紀)，後來，敬宗於長慶四(824)年，還詔「免
京畿河南青苗稅」(《新唐書》本紀)；後者如唐穆宗時(821-824)，元稹
云，同州百姓田地每畝稅草四分，職田每畝算三束(《元氏長慶集·同州
奏均田狀》)。作為青苗錢附加稅的地頭錢亦仍存在，例如懿宗於咸通七
年下詔，免京兆府當年的青苗、地頭和租稅等錢(《唐大詔全集》卷86)。
尤有進者，還直接徵收兩稅的附加稅，例如德宗於建中三(782)年下令，
「兩稅每貫增二百」文(《唐書》本紀)，以作軍費，這表示兩稅附加稅
率高達百分之二十。說到兩稅法下的目標管理，亦未盡然，有時會將某
地應納之賦稅，改由他地人民負擔，例如憲宗元和十三(818)年，京畿
附近同州所屬之夏陽、韓城兩縣受災，朝廷乃下令，將此二縣應繳稅錢
六七九貫九百文，斛斗一一五三石，草九千餘束，「每年攤配朝邑、澄
城、卻陽三縣代納」(《元氏長慶集·同州奏均田狀》)。再說到稅基問題，
兩稅法雖以戶、田為課徵對象，但卻在有些地區以人丁為稅基而課徵
錢，例如，懿宗咸通四年宣布，曾為南詔驅劫的安南部分地區，「兩稅、
丁錢等，量放二年」(《唐書》本紀)。

　　儘管如此，兩稅法卻一直為中唐以後歷代所遵循，五代當然亦是如
此，譬如後梁太祖下令曰，「兩稅外，不得妄有科配」(《全唐文·禁算
配州縣敕》)，後唐莊宗曰，「本朝徵科，唯有兩稅」(《全唐文·停折納
等稅敕》)，但證諸事實，五代十國時期，青苗、地頭錢、草稅與丁口
錢仍在徵收，例如後唐時，駱鵬舉請求不要將青苗錢紐配交納(《冊府
元龜》卷547)；宰相們上疏主張，地頭錢應徵現錢，不得紐配(《五代史·
唐明宗紀》)；明宗還曾下詔曰：「天下州府受納秸草，每束納一文足陌」
(《冊府元龜》卷488)；「由唐至於五代，暴政所興，二廣則戶計一丁，
出錢數百，輸米一石」(《宋會要·食貨》)。此所謂「紐配」，據胡三

省曰，「謂紐數而科配也」（《通鑑》卷274註），實即徵收稅時出無名的
附加稅，例如，後漢時，通常在「夏、秋苗頭上紐折白米、稈草」（《五
代史·漢隱帝紀》）；後周時，李元懿爲北海令，每畝紐配的農具、麻等
錢，奉令由十六文增至四十五文，每頃地還紐配柴五圍、炭五秤，都是
「嚴刑立使限征」（《全唐文》卷856）。這種附加情況，到了後來，竟然
把腦筋動到度量衡上，例如《續資治通鑑長編》卷12記載，南漢國之劉
鎮所製大量，「凡輸一石，乃爲一石八斗」——這是暗地動手腳，另外
是公開地在繳納實物上加稅，這種征稅，加納，唐代已有，但五代時卻
變本加厲，後唐時每石加配一斗（《五代史·唐明宗紀》）；到後漢時，增
爲每石二斗，稱爲「省配」，另加二升爲「鳥鼠配」（《五代史·王章傳》）。——
後周太祖令有關官吏不得收因襲正稅外的稱耗稅（李唐《五代十國》，河
洛出版社，頁47）。

　　兩稅法亦爲宋代的主要稅制，但是，宋代稱之爲「夏稅秋苗」，此
即楊萬里所云，「民輸粟於官謂之苗，輸帛於官謂之稅」，蓋因秋稅除
輸粟外還須輸草，故稱秋苗；而夏稅不僅交帛，也且納錢，故特以稅名
之而稱夏稅。在納稅期限上予以放寬，原來夏稅自五月十五日起納，至
七月十五日、三十日與八月五日納畢，因各地而異，秋稅自九月一日起
納，十二月十五日畢，後來各加長一個月，至於要輸秋稅於邊郡的諸州，
再寬限一月（均見《宋史·食貨志上二》）。《宋史·食貨志》並未明言夏
稅秋苗的稅率，但據《夢溪筆談》卷九，錢氏據兩浙時，田賦每畝三斗，
宋室改爲一斗。從前述，中唐起的夏秋二稅，是由地稅演變而來，但宋
代的地稅另有所指，即〈食貨志上二〉所云，「城郭之賦，宅稅、地稅
之類是也」。

　　宋代田賦的徵收，大致上是分爲上、中、下三等所謂「三壤法」（《新
安志》卷2），宋初，常熟縣之田「只作中下兩等，中田、畝夏稅四文四
分，秋米八升；下田一畝錢三文三分，米七升四合」（《至元琴川志》卷

6)。後因財政赤字擴大,乃採取變相加稅方式以增加稅收,其方式有三:即折變、斗面加耗與義倉之粟。所謂「折變」,是指在徵稅過程中,官府任意將某種實物折合另一種實物,並可折合爲錢,以江淮、兩浙爲例,某年夏稅一律折爲現金:第一等戶折納小綾每匹爲二貫850文,而市價只有一貫666文;第二等以下至客戶折納小麥每斗94文,而市價只有三二十文(《包拯集·請免江淮兩浙折變》)。太祖時,徵收兩稅,「每一石別輸二升爲鼠雀耗」(《長編》卷12),後來(至少是在仁宗時),江西各地每納稅米一石,別納加稅一斗,有些地方,還在一斗「加稅之外,更要一斗」,稱爲「斗面加耗」或「潤官」(《長編》卷160)。隨兩稅交納的還有義倉之粟,納稅一石則交納一斗,名爲備災,實則假借名義[23]。這種額外苛徵,到南宋更是變本加厲,廖行之看到湖北一帶情況而概言曰:「常以一畝之田而生數畝之賦,如米曰上供,錢曰馬草,皆額外斂之,……一斛之苗凡三斛有畸而未已也」(《省齋集·論湖北田賦之弊宜有法以為公私無窮之利札子》)。田賦如此之重,可能是因爲很多田地爲特權分子擁有,而不負擔賦稅,這些未稅田地,據馬端臨的估計,「十居其七」(《文獻通考》)。

楊炎實施兩稅法時,是說「其租庸雜徭悉省」,實則不然,在唐五代實行兩稅法的180年(780-959之間),史籍上仍大量記載有徭役的征發。兩稅法實施不久,陸贄即上疏曰,「所在徭賦,輕重相懸」「今賦役已繁,人力已竭」(《陸宣公集·均節賦稅恤百姓》)。同是德宗朝,李遜「累拜池、濠二州刺史,……觀察使旨限外征役,皆不從」(《唐書》本傳),但舒元褒在敬宗時對策云,「爲地守土之臣,或多自開戶牖,征徭役稅,不本制條」(《文苑英華·對賢良方正直言極諫策》)。這種情況,一直到晚唐均如此,所以,唐室於乾寧元(894)年,不得不「減京

23　漆俠,《宋代經濟史》上冊(新華書店,1987),頁407。

畿，興元、洋、金、商州賦役」（《新唐書》本紀）。五代因之，例如後
唐莊宗於滅梁後，詔示「諸道戶口，並宜罷其差役，各務營農」，後周
太祖於廣順二(952)年，放免袞州死難人夫以戶下三年徭役」（《五代史》
本紀）。這些徭役負擔，軍人也有，此所以唐懿宗咸通十(867)年詔曰，
「諸道差赴行營將士，……除兩稅外，放三年雜役」（《唐書》本紀）；
吳越錢鏐征發民夫二十萬與兵士一道共築杭州羅城，「版築斤斧之聲，
晝夜不絕，士卒嗟怨」（《五代史補・錢鏐緝謗》）。

大致說來，唐五代兩稅法時期在力役上與上一階段，有顯著不同之
處，至少有五[24]：

一、力役征調在法制上缺乏明確的規定。
二、地方州縣掌握力役征調的權限增強，致有各自為政現象。
三、中唐與晚唐的力役征發，常與差役、差科、雜徭混淆，難以區
　　分──至宋代，在原則上不再區分雜徭與力役。
四、官役與義務役並行。
五、力役較多地方，亦使用兵士就役，不少時候，是兵、民並役─
　　─開宋代兵民並役之先河。

宋代，徭役甚為繁重，即「宋因前代之制，以衙前主官物，以里正、
戶長、鄉書、手課督賦稅。以耆長、弓手、壯丁逐捕盜賊，以承符、人
力、手力、散從官給令。縣、曹司至押錄，州、曹司至孔目官，下至雜
職、虞侯、揀掐等人，各以鄉戶等第定差」（《宋史・食貨志上五》），所
以王安石思以免役錢代之。

實際上，宋初力役(馬端臨稱之為「職役」)遠比上述複雜，大致上，

24　張澤咸，《唐五代賦役史草》（中華書局，1986），頁292。

可以分爲四類[25]。第一類是所謂的「吏」或「人吏」,「自都孔目官至糧科押司官凡十階,謂之職級;其次曰前行,曰復行,又其次曰貼司;募有產而練於事者與之」(《嘉定赤城志·吏役門》),這些人雖無薪資,但卻有其權勢,明清以來的師爺、班房即是由此演變而來。第二類是所謂衙前,「衙前入役曰鄉戶,曰押錄,曰長名;職次曰客司,曰通引官,優者曰衙職。建隆以來並召募;惟鄉戶、押錄主持管押官物,必以有物力者,其產業估可告二百緡者許收繫。更重難日久有勞,至都知兵馬使試驗其才,遣赴闕與補官」(《雲麓漫鈔·國朝州郡役人之制》),這一類雖有「補官」的可能,但因主管官物,往往會傾家蕩產,所以,有產民戶(一至三等戶)常聞「衙前」而色變。第三類是耆戶長、弓手、壯丁等役,耆戶長主催賦稅,均由第二等戶擔任,弓手與壯丁是國民兵役,由第四、五等戶擔任(《淳熙三山志·州縣役人》),由於是義務役,經常脫離生產,民多苦之。第四類職役極爲複雜,如承符、散從官、人力、手力等,或爲州縣「追催公事」,或供官員「奔走驅使」,大都由第四、五等戶承擔,此外,還有掌理渡船的渡子,以及各種倉庫所需的斗子、掏子、秤子、揀子、庫子、倉子等均屬之,這些職役多甚辛苦,蘇轍曾指出,「熙寧以前,散從、弓手、手力等役人,常苦接送之勞,遠者至四五千里,極爲疲弊」(《欒城集·論差役五事狀》)。

　　針對這些弊端,王安石提出免役法,即出錢免役,以熙寧九年爲例,免稅錢計收入1041萬4553貫、石、兩,雇役總支出爲648萬7688貫、石、匹、兩,反而有392萬6865貫、石、匹、兩的結餘(《宋會要輯稿·食貨》)。但王安石變法失敗後,哲宗時就廢除免役法,恢復差役舊制,但只恢復九年,而於哲宗親政後又實現新政而再實施免役,徽宗繼位後亦承繼此法,但卻以此爲聚歛手段,以鞏州爲例,元豐年間所納役錢只有四百貫,

---

25　漆俠,《宋代經濟史》上冊,第十一章第一節。

但於徽宗政和元年竟猛增為二萬九千餘貫（《宋會要輯稿‧食貨》）。南宋
承之，紹興初年卻以設置弓手為藉口，使「民戶比舊役錢量增三分」（同
上，頁14-17），且對若干差役仍然征發，此即李心傳所說的，「本朝王
安石令民輸錢以免役，而紹興以後，所謂者戶長，保正雇錢復不給焉」
（《朝野雜記‧身丁錢》），從而成為差雇並用之法，終南宋一百五十年間，
均是如此，其中且出現所謂「義役」，孝宗乾道年間，范成大守處州，
「處民以爭役囂訟，成大為創義役，隨家貧富輸金買田助當役者，甲乙
輪第至二十年，民便之。其後入奏，言及此，詔頒其法於諸路」（《宋
史》本傳）。

概括說來，自神宗於熙寧四（1071）年十月一日頒布免役法後，其中
只有哲宗元祐元（1086）年至九年恢復舊制外，兩宋政府一直在徵收免役
錢。

第六節　公田、專賣及雜稅

上節所稱之稅制，主要是指戶（丁）、地（田）稅，在此以外的其他重
要政府收入，則將分述於此節。

本節所稱的公田，是指中央政府擁有之田地，常由農民佃耕，每年
取其田租為政府稅收之一種。唐代是將這些公田置於內莊宅使轄下，例
如德宗大曆「十四年五月，內莊宅使奏，州府沒入之田，有租萬四千餘
斛，官中主之，甚為冗費，上令分給所在，以為軍儲」（《唐會要》卷83）。
這些公田是與指派給官員及官府的職田與公廨田有別，但職田租額可以
作為參考：開元「十九年，初置職田頃畝簿，租價無過（一畝）六斗，不
毛者畝二斗」（《新唐書‧食貨志》）；到了這一期間，租額似為降低，
「其諸色職田，每畝約稅粟三斗，草三束，腳錢一百二十文。……其公
廨田、官田、驛田等所稅輕重，的與職田相似，亦是抑配百姓租佃」（《元

氏長慶集》卷38〈同州奏均田〉）。

宋代歲賦有五種，「公田之賦」為其首，「凡田之在官，賦民耕而收其租者是也」（《宋史・食貨志上二》）。據統計，在神宗熙寧年間，共有各種官田44萬7000公頃，佔全國墾田十分之一強，由於變法官員出售官田，使官田數量大減，至元豐年間，全國官田只剩下6萬3393頃（《通考》）。這種官田應為公田的同義字，據《續通考》解釋，「公田之賦，官莊、屯田、營田、賦民耕而收其租也」。所謂官莊應是集體耕作，其收成多由政府與佃農平分；若是零星田地，則找人承佃，上等田每畝租二斗，中等一斗八升，下等一斗五升（《宋會要輯稿・食貨二》）。宋代屯、營田多為民耕，其租額可以江西奉新縣營田為例，畝納米一斗五升，錢六十（《宋元學案》卷44），似較官莊之租為重。但是，紹興廿九年，兩浙轉運司官莊田四萬二千餘畝，歲收稻麥等四萬八千餘斛，平均每畝約1.14斛粟；營田九十二萬六千餘畝，歲收稻麥雜豆等十六萬七千餘斛（《宋史・食貨志上》），平均每畝只收一斗八升多；若均指租額，則營田又遠低於官莊──惟究實際，官莊似指產量而非租額。當時的西夏，亦有類似的官莊，但號為「鄉莊」，至少在龕谷（《宋會要輯稿》），智固、勝和等地（《長編》卷448與449），均有出現，可能是由於這些地區有水灌溉，土壤肥沃，產量高，故西夏統治者要直接控制之。

在專賣方面，中唐是以食鹽為主，玄宗天寶與肅宗至德年間，鹽每斗十錢，乾元元(758)年，第五琦實施鹽的專賣，每斗加專賣稅百錢，使鹽價漲到每斗110文。不久，劉晏改革鹽法，其方式是：(1)鹽可自由流通；(2)簡化鹽稅；(3)減少銷鹽地區鹽官；(4)政府從鹽的買賣中圖利；(5)改進鹽的生產。使鹽利由每年四十萬緡，激增增至六百餘萬緡。德宗時，江淮鹽價每斗高達370文，順宗時才減價為250文。德宗建中元年開始茶的專賣，順宗時(僅一年)，天下糴鹽稅茶的收益，已達665萬緡，而高於劉晏季年鹽利，「其後則三倍晏時矣」（《新唐書・食貨志》）。

中唐茶稅，唐為什一，穆宗時提高50％，武宗即位又增江淮茶稅，以致茶商所過州縣有重稅，或掠奪舟車，露積雨中，諸道置邸以收稅，謂之榻地錢，故私犯益起（《通考》）。在酒的方面，唐代宗廣德二年底，敕天下州量定酤酒戶，隨月納稅，此外不問官私，一切禁斷。但德宗於建中三年，由商人專賣改為政府專賣（《通志》），三年後，改徵專賣稅，每斗150文。

五代之初仍遵唐之鹽制，但於後唐改為計口授鹽，在市鎮是隨屋稅納錢，故稱「屋稅鹽」；在鄉村則隨絲納錢，故稱「蠶稅鹽」[26]。可能是蠶稅鹽價格遠低於屋稅鹽，所以嚴禁人民攜鹽入城，違者嚴懲甚至處死。後晉出帝詔州郡稅鹽課，每斤7文，住稅每斤10文，並令州郡配徵人戶食鹽錢，上戶千文，下戶二百，計分五等。後漢高祖更嚴鹽禁，私自煮鹽與販賣者處死。後周鹽稅分青鹽與白鹽兩種：前者一石錢八百（後增為一千）；後者錢五百，鹽五斤（均見《冊府元龜》）。——按鹽五斤為一斗，現在青鹽四十五斤，負擔一千稅錢，表示每斤鹽至少納稅錢15文，以致鹽價遠高於後晉，其鹽價之高可知。

宋初對於鹽法有兩大改進：一為降低鹽價，使顆鹽每斤價自34至44文錢，計分三等；一為降低鹽禁之處罰，將死刑改為黥面（《宋史・食貨下三》）。關於鹽的專賣，大致分為兩種：一為官般（搬）官賣；一為通商[27]。前者是利用漕運回頭空船運鹽，仍沿後唐屋稅鹽與蠶稅鹽之制，按戶俵配，而兩浙則計口給鹽，每丁給鹽一斗，輸錢166文，稱丁鹽錢。所謂「通商」，是由官府售予商人轉賣，其形態有五：(1)折中（入中）制，商人輸芻粟於邊郡，計價授以交引，持往京師給以現金，或持往鹽產地，以鹽償之；(2)鹽鈔制，即將入中制改進為納錢於邊防，計錢給

---

26 曾仰豐，《中國鹽政史》（商務印書館），第一章。

27 以下關於宋代鹽制之述析，除另註出處外，均據戴裔煊，《宋代鈔鹽制度研究》（中華書局），第一編第二章，但在「通商」形態上有變通。

券，名爲鹽鈔，至鹽產地取鹽，任其私賣；（3）撲買（或買撲）制，商人承包一區鹽稅收入，先納錢於官府，以取得該區鹽的專賣權，北宋時，江、浙、蜀鹽，俱曾行此制；（4）分銷制，即募民爲承銷商，月以錢輸官，神宗時曾行於兩浙與福建；（5）自由制，僅指宋初河北、京東而已，官府只徵鹽稅，貿易完全自由。此五制中，實以鹽鈔爲主。

　　在茶酒的專賣上，宋代遠比前代嚴密，在茶的方面，在江陵府等六處，置有榷貨務；並在淮南六州爲山場十三處。前者收專賣稅，後者管理採茶之園戶。園戶先自官方領錢，然後入茶，謂之本錢；茶民亦可以茶納稅，稱折稅茶。茶之專賣，亦仿入中之制（《宋史·食貨志下五》），並在邊境，以茶易蕃夷之馬，且於南宋時在對金貿易中扮演要角（〈食貨志下六〉）。酒之專賣有兩種方式：一爲官釀專賣；一爲民釀專賣。後者是要納酒稅，逐漸成爲主幹，而且歷朝多予提高，譬如神宗熙寧五年，每升酒增稅一文，稱熙寧添酒錢；徽宗時增稅三次，以上等酒爲例，共增9.6文，南渡之初，酒稅提高之次數及幅度都很驚人，至高宗紹興十一年，共提高八次，共增120文以上，稱爲總制錢、六文煮酒錢、七色酒錢與紹興添酒錢不等（《通考》）。

　　礬的專賣，雖始於唐，但不久罷之，真正的大規模專賣，是始於宋代，於產地設官典領，官許製礬者曰鑊戶，政府居中買賣，從中取利：買入，白礬每馱（140斤）給錢六十，綠礬每馱（110斤）給錢八百；賣出，白礬每馱廿一貫五百至廿三貫，綠礬每馱廿四貫五百至廿九貫六百。並對私煮及私販者嚴懲，甚至處死。而且，「宋之經費，茶鹽礬之外，惟香之爲利博（一作溥），故以官爲市焉」，意即香料專賣（俱見《宋史·食貨志下七》）。這些香料之中，以乳香禁榷最嚴，所以，太宗太平興國七（982）年解除禁榷的卅七種藥物中，就有木香、沉香、檀香、丁香、白荳蔻、沒藥、剪香、安息香、黃熟香、降真香等香料，但乳香仍爲專賣；南宋時，似又恢復這些香藥的禁榷，蓋因在紹興三（1133）年，「令起發

赴行在送納」的貨物中,香料有46種之多(《宋會要輯稿‧職官》44)[28]。

這些專賣收入,在宋代政府收入中,尤其是貨幣(緡錢)收入中佔重要比率,以真宗天禧末(1021)年言,一歲緡錢收入爲2653萬貫,而專賣收入達915萬貫,後者佔前者三分之一強;孝宗淳熙年間(1174-89),緡錢收入爲6530萬貫,而專賣收入高達4490萬貫,後者佔前者比率高達68.76%。這些專賣收入中,在北宋,酒榷收入高於鹽,以仁宗廣曆間爲例,榷鹽收入爲715萬貫,而榷酒收入卻高達1710萬貫;但南宋紹興間,榷鹽2100萬貫,榷酒1400萬貫[29]。

鹽的專賣,遼採徵稅方式(《遼史‧食貨志》),金則仿宋之鹽鈔制(《金史‧毛碩傳》),還採折中制,「許民以米易鹽」(《續通考》),並課鹽稅(《金史‧食貨志》)。在酒的方面,遼採征稅方式(《通考》),但金則以專賣爲主,連宗室亦不准私釀,且除榷酤外,還曾榷醋,但卻時罷時復(《金史‧食貨志》)。

除上述官田、或各式專賣外,政府還有其他的苛捐雜稅,安史亂起,唐室大增雜稅,新增稅目至少有八類:(1)貨物稅,玄宗天寶十五年,初稅鹽、麻,德宗建中三年,初稅茶漆竹木,稅率10%;(2)交易稅,建中四年,算除陌錢,即凡公私貿易,每一貫舊算二十,現增爲五十(《唐書‧食貨志》);(3)房屋稅,建中四年,稅屋間架,屋二架爲間,上間錢二千,中間一千,下間五百;(4)礦稅,肅宗時,銅冶有稅;(5)強買,德宗貞元年間,宮中取物於市,而以鹽估、敝衣,或將絹帛裂成小段,以酬其值(《新唐書‧食貨志》);(6)通行稅,肅宗上元年間,敕江淮堰塘,商旅率船過處,準斛斗納錢,謂之「埭程」;(7)強借,天寶末,對於天下豪商富戶,籍其家資(財貨、畜產),五分貸一,稱爲「率貸」(《通

---

28 參見林天蔚,《宋代香藥貿易史》(中國文化大學出版部,民國75年),第三編第二章。

29 方豪,《宋史》(二)(現代國民基本知識叢書),第六章第八節。

典》）；(8)商稅，建中元年，於諸道津要都會之所，皆置吏閱商人財貨，每千錢稅二十，次年降爲十文（《冊府元龜》）。

五代時雜斂增加，北宋時，逐年多有免除若干稅目之行動，但卻注意商稅的課徵，對行商課「過稅」，稅率2％，對住商課「住稅」，稅率3％，且徵關稅，稱國門稅，徽宗時爲20％（《宋史‧食貨志下八》）。但又陸續增加印契稅、銀稅、枋木稅、承買酒麴坊場稅、市利錢、公證稅、一分增收稅錢、鈔旁息錢、鈔旁定帖錢、經制錢、醋稅、遺囑及嫁女稅。南渡後，又增總制錢、三五分增稅錢、勘合錢、月樁錢、折帛錢、激賞絹、奇零絹估錢、布估錢、版帳錢等稅目[30]。

遼太祖三年始置榷務以徵商（《遼史》本紀）。金太宗徵牛具稅，每牛三頭爲一具，賦粟一石；世宗大定三年，許民開採金銀鑛，稅率5％，又定城郭出賃房稅之制，二十年定商稅法，金銀百分取一，諸物百分取三；章宗泰和四年，增金銀稅一分（《金史‧食貨志》）。

第七節　貨幣金融制度

安史亂前，錢荒已見端倪，亂後，錢荒益爲嚴重，這是由於肅宗與代宗處理不當：前者不明瞭全值貨幣原理，濫發面值高於本值太多之大錢；後者是使大錢與小錢等值通用，產生「劣幣驅除良幣」效果[31]。從而產生「飛錢」制度，開展了中國紙幣紀元。

由於籌措軍費，肅宗乾元元(758)年鑄乾元重寶錢，每緡重十斤，與開元通寶參用，以一當十；次年，復鑄乾元通寶錢，每緡重二十斤，以一當五十。由於乾元通寶錢每緡重六斤四兩，所謂「當十」與「當五

30　詳見侯家駒，《中國財金制度史論》（聯經出版公司，民國77年），第七章第三節。

31　侯家駒，〈唐代飛錢考〉，《幼獅學誌》19卷3期。本節所述中唐貨幣情況，均可詳見此文。

十」，均指當開元通寶錢十文與五十文，所以，從銅材言，顯不相當，以致導使物價騰踊，盜鑄盛行，政府不得不將開元通寶提高爲一當十文，乾元重寶改爲一當三十文，乾元通寶仍爲一當五十。在這種情況下，市面上出現兩種計價方式：一爲按此十，三十、五十計價，稱爲「虛錢」；一爲將開元通寶視爲一文錢計價，稱「實錢」。但是，到了上元元（760）年，重新規定乾元通寶減爲一當三十，乾元重寶與開元通寶均爲一當十文。又是一種不對等，勢必引起另一種混亂，所以，代宗即位（763年），即宣布乾元重寶以一當二，乾元通寶以一當三──均指兌開元通寶而言，但三天後，均改爲以一當一。顯然可見，民間將以乾元通寶與重寶鎔化爲銅，產生劣幣驅除良幣現象，使錢荒更爲嚴重。

這種錢荒情況，導致德宗貞元初，駱谷敬關禁行人攜錢出關，然後，這一限制普及於各地，即各個地區的地方政府可能多禁止現錢出境。德宗且曾下令各道州府，要求解除限制，但卻無效，反而連京師也禁止攜錢出境。在這種情況下，貿易難以進行，蓋因商賈無法將售貨所得攜回故里或原來出發地。這種不便的情形，尤以京師爲甚，但商人卻想出解決之道，即利用諸道進奏院。這些進奏院等於各方鎮的駐京辦事處，成爲京師與四方的管道，商賈乃將售貨得來的錢幣，交給其所屬之道的進奏院，該院給予收據（牒）。這種收據也許是三聯單：一聯是存根，由該院保存；一聯交給目的地之地方政府，由各方鎮至京師進奏之使者攜回；一聯由委託之商賈收執。這些商賈回到本鄉本土或目的地，可持其收執之一聯收據至地方政府，以此收據與地方政府所持之一聯「合券」，確認無訛後，即付商賈以現金。

擔任這種匯兌工作者，不限於各方鎮的諸道進奏院，亦可委託「諸軍、諸使」的駐京辦事處，此外，亦可委託「富家」匯兌。這一制度當時稱爲「便換」，但俗稱飛錢，其開始時間大致是在憲宗元和之初，惟於元和六（811）年禁止，使貨物滯銷，物價趨跌，不得不於次年恢復，

但由私相授受改爲官方經營，由戶部度支鹽鐵三司主持，且收百分之十的手續費。因爲原先是免費匯兌，現在卻要納費，以致乏人問津，使政府不得不於一兩個月後收回成命，仍爲免費匯兌。

自五代以來，相承周唐舊錢，其別鑄者殊鮮，宋太祖鑄「宋元通寶」[32]，但因五代時十國缺乏銅礦，故多以鉛鐵鑄錢，例如南唐，前後蜀及閩皆曾鑄鐵錢，南漢以鉛鑄錢，楚鑄鉛、鐵錢[33]，所以，宋初禁止銅錢進入這些地區。且因西北戎人以貨帛易銅錢出塞，銷鑄爲器，乃禁吏民攜銅錢出塞。由於缺銅，政府不得不容許或默許某些地區行使鐵錢，例如仁宗時，轉運使高陽簡不俟詔置鐵錢務於泉州而先鑄鐵錢，陝西都轉運使張奎，因晉州積鐵鑄小錢，奎徙河東，又鑄大鐵錢於晉、澤二州，其後，嘉、邛、興三州鑄大鐵錢；徽宗時，江南東西福建兩浙許鑄使鐵錢。

這些鐵錢多限用於一定區域，至徽宗時，用蔡京之言，普遍降低錢幣中銅的成分——當時規定，上緡用銅九斤七兩有奇，鉛半之，錫居三之一，但蔡京之小平錢與夾錫錢，則改變這些成分及比例：小平錢是每緡用鐵三兩，卻減六兩的銅，且少用一些鉛；夾錫錢是每緡用銅八斤，黑錫半之，白錫又半之；二者均各抵二銅錢。這些成分不良的錢幣（包括鐵錢），在北宋俱曾通用，但在另一方面，卻有製作精美的御書錢，即太宗親書的「淳化元寶」，真宗親書的「祥符通寶」與「祥符元寶」，一直到徽宗瘦金體的「崇寧通寶」與「大觀通寶」，形成良幣與劣幣的兩個極端。由於銅錢缺乏，凡輸官者，宋初亦用八十或八十五爲百，但諸州有以四十七錢爲一百，太宗時，詔以七十七錢爲一百。且因很多錢幣常限制其使用地區，不便於交易，所以，宋初設便錢務，仿唐之飛錢

32　《宋史・食貨下二》作「宋通元寶」，實誤，惟本節有關兩宋之錢幣及便錢務，除另有出處外，均本此。

33　黃萬里，《中國貨幣史》（河洛公司重印），第四章。

制度。南宋之時，錢荒益熾，一直禁錢過江逾淮。亦就是由於錢荒，除陌習慣更甚於前代，據《東京夢華錄》卷3〈都市錢陌〉云，「官用七十七，街市通用七十五，魚肉菜七十二陌，金銀七十四，珠珍、雇婢妮、買蟲蟻六十八文，字五十文陌」行市各有長短使用。意謂各市場有不同除陌習慣，最低者爲五十文充一百錢。

　　但是，兩宋的錢荒，卻激發了中國以致全世界的紙幣之發展；在北宋，出現交子；在南宋，則出現會子與關子。北宋交子，實以四川交子爲主體，這是由於四川鐵錢太重，不便於貿易，商人（豪民）乃發行一種紙幣，稱爲交子，每一交子所書金額，以貫爲單位，數量則不限制，使用者納錢以易交子，再持交子流通。在本質上，這是一種本票（借據），爲取信於民，每一交子使用期間一律限爲三年，稱之爲「界」，屆時，以新界交子易舊交子。交子亦可先行兌換現錢，但須繳百分之三的手續費。四川民間交子是於真宗大中祥符四（1011）年開始，後因民間濫發，而於仁宗時改爲官辦，設益州交子務專主之，其數仍與民間發行之交子承接。神宗熙寧七年，因急需而提前發行第廿三界交子，並將界期縮短爲兩年。第四十一界至徽宗大觀三（1109）年到期，徽宗且將四川交子務改爲錢引務，並將錢引（即交子）發行到四十三界。南宋四川錢引仍然賡續北宋交子的二年一界，其第九十一界於寧宗嘉定三（1210）年到期[34]，惟於理宗淳祐九（1249）年後，納余玠建議，改爲十年一界（《續通考》）。

---

34 關於北宋交子發行情況，以及由三年一界改爲二年一界的詳情，請參見侯家駒，〈北宋交子界制考〉，《大陸雜誌》75卷1期。該文亦曾言南宋四川錢引仍然賡續三年界期——或者有人質疑，因爲《宋史·食貨下三》曾云，嘉定「九（1210）年（《續通考》作淳祐九〔1249〕年），四川安撫制置大使司（《續通考》作「余玠」）言，川引每界舊例三年一易」，而非二年一界；其實此乃語言習慣之誤，其所謂「三年一易」，是指前後三個年頭，而「二年一界」是指兩週年，二者只是表達方式不同，其內容則一致，因爲〈食貨下三〉於述及余玠之言前曾云，「蓋自（嘉定）元年、三年兩收舊引」，足兩界錢引相隔兩週年或三個年頭。

　　真正有紙幣雛形之實者，厥為南宋發行的會子，其面額一定，高宗時分為一千、二千、三千文三種，孝宗時增印二百、三百、五百文三等。大致說來，會子發行過程可以區分為四階段：（1）創立階段，自高宗紹興卅一（1161）年至孝宗乾道三（1167）年，發行之會子，並無使用期限，只於會子破損時准予調換，發行總金額並無上限；（2）穩定階段，自孝宗乾道四年至淳熙十六（1189）年，以三年為界，每界以一千萬貫為限，屆期收換，但自第三界起，常展期三年；（3）混亂階段，自光宗紹熙元（1190）年至理宗淳祐六（1246）年，改為六年一界，發行金額幾無限制，而且在以新會易取舊會時，刻意抑低舊會價格，甚至要以五舊會（或以上）才可易取一新會；（4）覆滅階段，始於理宗淳祐七年，更不立限，永遠行使，發行金額亦無限制。以致最後一界（十八界）會子二百「不足以貿一草履」（《桐江集》）[35]。

　　除會子外，高宗還曾發行關子，有期票之意，作為茶鹽等專賣物品「入中」之用，後來在使用上為會子所取代，直至理宗晚年，因會子幣信崩潰，乃又發行關子，度宗持續如此（均見《宋史・食貨下三》）。

　　其與兩宋對峙之遼、金，在錢幣上是仿宋制，惟遼太祖雖於西元907年立國，但四傳至景宗乾亨年間（979-83）才鑄新錢，道宗時禁錢出境（《遼史・食貨志》）。金初沿用遼宋舊錢，甚至於到世宗大定元（1160）年，還命陝西參用宋舊鐵錢[36]，所以，徽宗父子被擄，北行至易州，當地所用皆錫錢（《南渡錄》卷4）。但開國四十餘年後，即已鑄錢，而於海陵正隆二（1157）年始議鼓鑄，次年鑄銅錢，稱正隆通寶，以後各朝多鑄新錢。除銅錢外，還正式以白銀作為通貨，舊例，銀每鋌五十兩，值錢百貫；章宗承安二（1197）年改鑄銀幣，曰承安寶貨，分一兩至十兩共五等，每

35　詳見侯家駒，〈南宋金融制度之紊亂〉，《中華文化復興月刊》20卷12期。

36　有關金之貨幣金融制度，除另注出處外，悉本《金史・食貨志》。

兩折錢二貫，其實，金亦仿宋之交子而發行交鈔——鑄錢之舉則晚於交鈔一年。海陵貞元二（1153）年，初置交鈔庫（《金史》本紀），但鈔值日低，至宣宗貞祐四（1213）年，「千錢之券，僅直數錢」。

關於信用制度，中唐以後仍承盛唐之制，但卻出現一種新型機構，稱爲櫃坊（一名寄附鋪），是存放與保管金錢及財寶之處——惟於宋代，櫃坊業已淪爲賭場、私宰與私鑄一類的犯罪場所[37]。但私人高利貸卻比以前猖獗，且在京師的最大顧客竟爲官員：一爲用於賄賂，此即《通鑑》卷243所云，自大曆以來，節度使多出禁軍，其禁軍大將資高者，皆以倍稱之息貸錢於富室，以賂中尉，動逾數萬；一爲文宗時，政府給予外放官員旅費不足，致使「選人官成後，皆於城中舉債，到任填還，致其貪求，罔不由此」（《唐會要》卷92）。此所謂「倍稱之息」，是指貸款一年利息超過本金，而而鄉村地區利率尤高，其年利率高達240%[38]。

北宋的信用制度，當以王安石變法所推出的市易務與青苗法最具系統（已述於上章第五節）。至於民間借貸，仍與前代相若，惟典當業更爲盛行，江北稱爲解庫，江南稱爲質庫[39]，寺院經營之當鋪，則稱爲長生庫[40]。金人對於民間借貸之利率定有上限，但常事與願違，此即《金史・食貨志》所云，「國朝立法，舉財物者月利不過三分，積欠至倍則止，今或不期月而息三倍」。爲降低市場利率，金國特設公營典當業，稱流泉務，於世宗大定廿八（1188）年，這種流泉務有28所（《金史・百官志》）。

1971年，在甘肅武威發現了一件用西夏文所寫的「會款單」（《考古》1974年第3期）。類似後代的「上會」或「合會」。

---

37 加藤繁，《中國經濟史考證》（華世出版社，民國65年），〈櫃坊考〉。
38 日本《史學雜誌》42卷10期刊載〈唐宋時代債權擔保〉一文，引列代宗大曆十六年(按大曆只有十四年)一借錢契券，舉錢一千，每月納息二百文。
39 吳曾，《能改齋漫錄》，卷1。
40 洪邁，《夷堅志》，癸集下。

第八節　社會福利與社會互助

本節所謂「社會福利」，有很大部分是屬於社會救濟範圍，尤其是救災，清人陸曾禹所輯《康濟錄》，於〈前代救援之典〉中，對於隋及盛唐，只記唐玄宗開元年間賑災二則，但卻記德宗等賑給種子等四則；又在賑恤方面記後周三則，北宋十七則，南宋四則，足見此一時期業已形成社會救濟制度，當時稱為「賑恤」或「振恤」，尤以兩宋為然。譬如寧宗慶元六年所輯的一部《慶元寬恤詔令》，竟達426卷之多（《玉海》卷186）。

《宋史·食貨上六》特列「振恤」類，而曰：

> 水旱蝗螟饑疫之災，治世所不能免，然必有以待之。……宋之
> 為治，一本於仁厚，凡振貧恤患之意，視前代尤為切至。諸州
> 歲歉，必發常平惠民諸倉粟，或平價以糶，或貸以種食，或直
> 以振給之，無分於主客戶，不足，則遣使馳傳發省倉，或轉漕
> 粟於他路，或募富民出錢粟酬以官爵，勸諭官吏許書歷為課，
> 若舉放以濟貧乏者，秋成官為理償。又不足，則出內藏或奉宸
> 庫金帛，鬻祠部度僧牒，東南則留發運司歲漕米或數十萬石或
> 百萬石濟之。賦租之未入，入未備者，或縱不取，或寡取之，
> 或倚閣以須豐年。寬逋負，休力役，賦入之有支移折變者省之。
> 應給蠶鹽，若和糴及科率，追呼不急，妨農者罷之。薄關市之
> 征，鬻牛者免筭，運來舟車，除沿路力勝錢，利有可與民共者
> 不禁，水鄉則蠲蒲魚果蓏之稅。選官分路巡撫，緩囚繫，省刑
> 罰，飢民劫囷窖者薄其罪。民之流亡者關津毋責渡錢；道京師
> 者，諸城門振以米，所至舍以官第或寺觀，為淖糜食之，或人

日給糧；可歸業者計日併給遣歸，無可歸者，或賦以閑田，或
聽隸軍籍，或募少壯興修工役，老疾幼弱不能存者，聽官司收
養。水災，州縣具船械拯民置之水不到之地，運薪糧給之，因
饑役若厭溺死者，官為埋祭，厭溺死者，加賜其家錢粟。京師
苦寒，或物價翔踊，置場出米及薪炭，裁其價。（本節未注出處
者，均本此「振恤」類）

亦就是由於兩宋注意振恤之政，所以，當時朝野知識分子多曾提出
精闢議論[41]，從而形成「荒政」這一類研究——呂東萊曰，「荒政始於
黎民阻飢」（《通考》），並出現專書，其中尤以董煟的《救荒全書》為
最著[42]。董煟於該書首曰：「救荒之法不一，而大致有五：常平以賑糶；
義倉以賑濟；不足，則勸分於有力之家；又遏糶有禁，抑價有禁，能行
五者，庶乎其可矣。至於簡旱也，減租也，貸種也，遣使也，弛禁也，
鬻爵也，度僧也，優農也，治盜也，捕蝗也，和糴也，存恤流民，勸種
二麥，通融有無，借貸內庫之類，又在隨宜而施。蓋有大饑，有中饑，
有小饑，饑荒不同，救之亦異，臨政者辨別而行之」。其中所謂「遏糶」，
是指遏止外地糧商來本地採購糧食；所謂「抑價」，是指限制糧價上漲。
而此處所謂的「遏糶有禁」與「抑價有禁」，是指禁止遏糶與限價，蓋
因若遇災荒，即不許糧食外售及限制糧價上升，則必使賣者惜售，不僅
黑市糧價更高，抑且使糧食供給大減。所以，此一期間若干地方官員（及
中央命官）禁止遏糶與抑價[43]，可說是深諳市場機能原理（而當代若干政府

---

41 鄧雲特於其《中國救荒史》（商務印書館），第二編第二章中說，「前代養卹之
議，最切要詳盡者，惟兩宋以來諸子之所論是也。」

42 清人俞森所輯《荒政叢書》，即以董氏此書刊於卷一，惟亦有稱之為《救荒全
法》或《救荒活民書》。

43 清人《康濟錄》所記確切的「禁遏糶」與「不抑價」的實際措施，實自這一時
期開始，其所舉事例中，前者有唐、後唐各一則，北宋兩則，南宋三則；後者

卻常運用限價政策，其行為不僅違背經濟理論，也且缺乏歷史知識，真令人浩嘆！）董氏此書內容，即在分述「常平」至「借貸內庫」各項的具體辦法，然後以「預講荒政」殿之。後者之中，董氏列出人主、宰執、監司、守、令所當行的事務，依次分別為六、八、十、十六、二十條。其後，研究荒政者因之，而將荒政工作發展為三大部分：先事之政；臨事之政；事後之政（例如《康濟錄》）。其中很大部分，實與當代「經濟發展理論暨政策」內容相通。關於宋代的荒政，主要是以「三倉」為基礎，尤以北宋為然，呂東萊曾於其《歷代制度詳說》卷中說：「今所論荒政，如平糴之政，條目尤須講求，自李悝平糴至漢景帝時耿壽昌為常平倉，元帝以後，或廢或罷，到本朝遂為定制。仁宗之世，韓魏公請罷鬻沒官之田，募人永佃為廣惠倉，散與鰥寡孤獨；慶歷、嘉祐閒，既有常平倉，又有廣惠、廣濟倉賑恤，所以，仁宗德澤洽於民，三倉蓋有力焉」。

　　平時在社會福利上，宋代所貫徹的，是超過現代所謂的「由搖籃到墳墓」，而是「由胎養到祭祀」[44]。所謂「由胎養」，主要是指慈幼，在這方面，首為仁宗於嘉祐二（1057）年修胎養令，規定凡下戶懷妊而不能自存者，以粟頒賜之（《九朝編年備要》卷15），寧宗復於慶元元（1196）年再修胎養令，賜胎養穀（《兩朝綱目備要》卷4）；由此再發展為舉子倉，《永樂大典》卷7513曰，「生子不舉，貧不獲已也，福建貧乏之家生子者，賜以常平錢一千，米一石，此（宋孝宗）乾道五年指揮也。繼而朱文公申請於朝，趙帥忠定公推廣其意，括絕沒之田產，召佃輸租，仍撥糴本，置舉子倉主之」。對於棄嬰之撫養，先由江東轉運使真德秀於寧宗嘉定十（1217）年創辦慈幼莊，即將沒官田產，立為一莊，召人租佃，量其所入，計其所出，「凡有遺棄小兒……附籍給曆頭與收養之家，每月

（續）────────
　　　有唐一則，北宋三則，南宋兩則。
44　此處所說的「由胎養到祭祀」之社會福利，參見王德毅，《宋代災荒的救濟政策》（中國學術著作獎助委員會，民國59年），第三章第二節。

支錢一貫文，米六斗，至五歲止；其無人收養者，所屬官司召募有乳婦人寄養，月給一同，至七歲止。其欲以爲己子者，……抱養之初，襁褓未備，則以錢兩貫文給之」（《建康志》卷23）；嘉定十二年左右，袁甫爲湖州通判時創嬰兒局，亦收養棄嬰」（《蒙齋集》卷12〈湖州嬰兒局增田記〉）；理宗於淳祐七（1247）年令臨安府置慈幼局（咸淳《臨安志》卷88），寶祐四（1257）年，始令「天下諸州建慈幼局」（開慶《四明續志》卷7），爲減少棄嬰及殺子，紹興七年十二月，禮部尚書劉大中奏請，「鄉村五等坊郭七等以下貧乏之家生男而不能養贍者，每人支免役寬剩錢四千」，詔令戶部措置（《建炎以來繫年要錄》卷117），後於十五年詔改支錢四千爲給義倉米一斛（《宋會要輯稿·義倉》）；並鼓勵官民戶收養義子，孝宗於乾道七（1171）年冊立皇太子赦文　曰，「災情，州軍竊慮或有遺棄小兒，有人收養者，官爲置籍抄上，日給常平米二升」（同上，〈恤災〉），寧宗嘉定二年詔曰，「凶荒州縣七歲以下聽異姓收養，著爲令」（《兩朝綱目備要》卷12）。而且遠於北宋之初，凡飢民鬻子者，政府爲之贖回，例如太宗淳化二（991）年詔；「陝西緣邊饑民鬻男女入近界部落者，官贖之」；仁宗慶曆八年詔，「民多鬻子者，其給絹錢還其家」（《宋史》本紀）。事實上，除前述慈幼局外，養老之居養院或養濟院亦兼負育幼任務，且養至十五歲（《宋會要輯稿·恤災》），並免費入學，如徽宗政和七（1117）年，成都府路提舉常平司奏請：「居養院孤貧小兒內有可教導之人，欲乞入小學聽讀……所有逐人衣服襴幞，欲乞于本司常平頭子錢內支給置造，仍乞與免入齋之用」「詔依，餘路依此」（《宋會要輯稿·食貨·恩惠》）。

除官養孤貧小兒得以入學外，兩宋於州縣普置學田以助學，哲宗元祐時，鄞州的學田就有兩千五百多畝（《金石萃編》卷139〈鄞州新學學田記〉）；高宗於中興之初，軍需迫急，仍於紹興年間，將沒官之田作爲學糧田，而於十三年，命「諸州軍將舊贍學錢糧撥還養士，令監司常切

覺察，不得輒將他用」（《宋會要輯稿‧郡縣學》）。

　　對於有病貧民，宋代亦提供福利，仁宗在位時，哀病者乏良藥，爲頒慶曆善救方，知雲安軍王端請官爲給錢和藥予民，遂行於天下。神宗元豐六年，令太醫局選醫生八人，分赴京師四廂，凡遇商旅與窮困孤獨之人患病者，錄名醫治，並以痊瘉多寡定獎懲（《宋會要輯稿‧太醫院》）。哲宗元符三（1100）年詔，「諸路應歲賜藥錢處，遇民疾時，州縣委官監視醫人，遍詣閭卷，隨其脈給藥」（《宋會要輯稿‧恤災》）。南渡後，更成立藥物供應的專門機構，紹興六年，詔置行在和劑局給賣熟藥，備民間購取，夜間亦差官輪值，稍收費用，以維持成本，廿一年令諸州置惠民和劑局（《宋會要輯稿‧職官‧惠民和劑局》）。孝宗乾道四年，兩浙疫病流行，詔差醫官遍詣臨安府城內外看病施藥，在外州軍亦由政府邀醫療治，藥錢於逐州歲賜合藥錢內，縣鎮於雜收錢內支給；寧宗嘉泰三年編集一部實驗良方，頒行於諸路，「州縣又撮其要者大書，揭示於聚落要通去處。諸州撥常平錢收市藥物，合成圓散，賤出賣以救民」（《宋會要輯稿‧恤災》）。

　　關於貧民之收養，設有專門機構，唐代有悲田院，宋因其舊於京師置東西福田院，以廩老疾孤窮丐者，英宗命增置南北福田院，日廩三百人，歲出內藏錢五百萬給其費，後易以泗州地利錢，增爲八百萬。英宗又命州縣長吏，遇大雨雪，躅蹴舍錢三日，歲毋過九日。其實，早在仁宗嘉祐二（1057）年就置廣惠倉，這是回應韓琦的建議，「諸罷鬻諸路戶絕田，募人承佃，以夏秋所收之課，給在城老幼貧乏不能自存者」（同上，〈食貨〉）。嘉祐四年，詔三司以天下廣惠倉隸司農寺，每歲十月別差官檢視老弱貧病不能自給之人，籍定姓名，自次月一日給米一升，幼者半升，每三日一給，至明年二月止（《續資治通鑑長編》卷189），表示賑濟貧民，一年有四個月。神宗熙寧十年，詔給諸州貧民粟豆，自十一月至三月止（《皇朝編年綱目備要》卷20），使賑濟時間延長一個月；後因

河東路入冬較早，又提前自十月一日起，使賑濟時間長達半年。南渡後，仍沿嘉祐之例，每年賑濟四個月，孝宗時延長半個月，大人日支米一升，錢十文，小兒半之，此外，還設廠施粥，至四月十五日止，旋又延至四月底，其有疾病或殘廢之人更展至五月中（均見《宋會要輯稿·恩惠》）。至於原來的福田院，徽宗時改爲居養院，當時蔡京當國，置居養院、安濟坊，給常平米，甚爲優厚，差官卒充使令，置火頭，具飲饍，給以衲衣（原給紙衣）絮被；州縣奉行過當，或具帷帳，雇乳母女使（因居養院兼育幼），靡費很多，增加稅負，導致貧者樂而富者擾。居養院主要是養老，按元豐舊法，六十以上爲老，徽宗大觀元（1107）年降爲五十以上，但年逾八十者，支新色白米及柴錢，九十以上，每日更增給醬菜錢二十文，夏月支布衣，冬月衲衣絮被，這些優惠亦常誘引若干游手好閒的無賴冒充乞丐（指福田院時代）（《宋會要輯稿·恩惠》）。

　　蔡京所置居養院，是將福田院改爲養老院，但其所設安濟坊，則安置有病貧民，此外還有漏澤園以助葬，此即徽宗崇寧三年詔曰，「今鰥寡孤獨，既有居養之法，以厚窮民；若疾而無醫，則爲之置安濟坊；貧而不葬，則爲之置漏澤園」（《宋大詔令集》卷186）。安濟坊的前身，應爲蘇軾在杭州所設的安樂坊，其後身乃爲南渡後的養濟院，這可見於咸淳《臨安志》卷8〈養濟院〉：「先是郡守蘇文忠公嘗於城中創置病坊，名曰安樂，以僧主之，……崇寧元年八月詔諸路置安濟坊，……乃改病坊爲安濟。紹興二年詔臨安府置養濟院，……僧行各一名，主掌主檢三八三名，籍定老疾貧之不能自存及乞丐之人，自十一月一日起支錢米，止次年二月終。二十九年以後，又屢降指揮展半月，……乾道初，遂展至四月終，猶恐病者未愈，（延）至七月終」。足見是與上述冬令救濟相配合，其具體工作，可於和州養濟院得窺一二。寧宗嘉泰元（1201）年和州言，造「養濟院一所，計瓦屋二十五間，……輪差、兵士充火頭造飯煮粥，灑掃雜使，把門使喚。輪差醫人診候病人，用藥調治。有過

往人臥病在道路店肆，不能行履，許抬掉入院，官給錢米藥餌，候安可曰再給錢米津遣還鄉」。至於漏澤園，是由政府提供公地，「埋瘞無主死人，所降條格，棺木絮紙酒仵作行下工食錢，破磚鐫記死人姓名鄉貫，以千字文爲號，遇有識認，許令給還。每年三元春冬醮祭」，南渡後仍維持此制（均見《宋會要輯稿‧恩惠》）。

　　這種「由胎養到祭祀」的福利，雖比當代福利國家所提供的涵蓋較廣，但卻主要是選擇性，侷限於貧而無告者之特殊對象。不過，在兩宋，社會互助觀念業已產生。社會互助始於宗族，這是以范仲淹的義莊爲濫觴，從而在北宋有吳奎、韓贄、向子諲、劉輝，在南宋有劉清之、鄭興裔、吳明可、石子重、郭仲賢、張浚、陳德高、石允德、孫椿年、陳居仁、孫仲卿、江塤、趙葵、趙希瀞、林璟、文儀、張持甫等人或其先世，亦設立義莊或義田[45]。這些義莊或義田，是利用其田租以贍族人，按范氏義莊規矩，其贍族方式有三：一爲對全族每日每口給白米一升，另多衣一疋（十歲以下五歲以上半疋）；一爲對嫁娶喪葬給予金錢補助；一爲對參加考試或就師求學之子弟，提供路費或學費[46]。

　　南宋時，這種互助由宗族擴及鄉黨，這可從朱熹所提倡的社倉看出。隋唐所立義倉，因設於社，故亦稱社倉，但因強迫隨田賦征收，故與朱熹的社倉有別。朱子之社倉，是源於乾道四年，朱子居於建寧府崇安縣開耀鄉，當時大饑，乃與鄉紳商得常平米六百石賑貸至多收回；次年以此米貸放，至多歸還，每石收息米二斗，十四年後，歸還常平米，尚剩累積之息米三千一百石，乃造社倉，由當地公正人士管理，貸放時

45　參見清水盛光（宋念慈譯），《中國族產制度考》（現代國民基本知識叢書），第三章——其在南宋至少還漏樓氏義莊：明州樓鑄於紹興末年，「斥餘俸以爲義莊」，於鄞縣置腴田五百畝，族人凡貧而無業者，每人廩給有差《至正四明志》卷8）。

46　王德毅，《宋代災荒的救濟政策》，第四章。

不再收息，每石只收耗米三升，故鄉四五十里之間，雖遇凶年人不闕食。是以，朱子於淳熙八年，奏請「下諸路州軍，曉喻人戶，有願依此置立社倉者，州縣量支常平米斛，……收到息米十倍本米之數，即送原米置官，卻將息米斂散，每石只收耗米三升，其有富家情願出米作本者，亦從其便」，孝宗從之，偏下諸路，倣行其法。後來，呂東萊門人潘叔度捐粟五百斛，於金華建潘氏社倉。邵武縣光澤縣社倉，還置民田，藉僧田民田當沒入者，歲收米合三百斛，並入于倉，以助民之舉子者；又附倉列屋四楹，以待道途之疾病者，使皆有以棲託飲食[47]，這是由自治而自助。是以，《永樂大典》卷7513曰：「舉子倉亦倉也，然非官司所掌，其原出於鄉先生及鄉大夫，念饑民之亟求一飽，以輕犯刑辟，於是與其里人相勉以義，協心出力，置田積穀，遇青黃不接，則計口量借之，以賙其急，秋冬之交，則斂而償其初之所貸，是曰社倉。既而念貧民之迫於寒窶，以弗能字厥子，於是相與議其賑給之方，舍其天倫之愛，始則行於一郡，次則推於一鄉」。據梁庚堯統計，已知的66個社倉中，官辦者佔32個，私人興辦者16個，眾人興辦者8個，官、眾合辦者4個（其餘不詳）[48]。

　　社會互助中最著者，厥為富民參與災荒之賑濟，《康濟錄》曾將「勸富豪以助濟施」，作為「臨事之政」之一，其中述及宋人向經知河陽，屢稱為梓州轉運使，曾鞏判越州，陳珦知沛縣時，遇饑荒，多先出祿米救濟，從而富豪大族皆願以米豆輸官以賑飢民，全活者眾。朱熹任浙東提舉常平茶鹽事時，曾勸諭上戶四家共出米萬九千石（《朱文公別集》卷9）。富家自動減價糶米、賑糶、施粥者亦眾[49]。而且，政府亦獎勵私人

47　均見俞森，《荒政叢書》，卷10上。
48　梁庚堯，《南宋的農村經濟》（聯經出版公司，民國73年），第五章。
49　清水盛光（宋念慈譯），《中國族產制度考》。

買山地立義冢，以葬死亡之流民或貧民[50]。

這一時期私人興學之風亦盛，導致書院之興起。書院之名始於唐玄宗，如麗正書院、集賢書院，但皆建於朝省，為修書之地。至於作為講學與肄業之書院，則發軔於唐末及五代，深受當時佛教禪林制度之影響，至宋初而有天下四書院之稱[51]。宋代書院甚多，其中有官立，亦有私立，四大書院之一的應天書院，即由私立改為官立，真宗祥符間，府民曹誠於後晉末以講學著名的戚同文舊居旁，以三百萬錢造舍百餘區，聚書數千卷，延生徒講習甚盛，詔賜額為應天府書院，成為官立（《宋史·戚同文傳》）。兩宋私立書院可考者有考亭、東林、上蔡、金鳳、浮沚、石洞、東山、西園、南湖、傅貽、雲莊、化龍、學道、石坡、白社、石林等書院，以及臨蒸、槐陰、橫城精舍與洪源、鰲峯堂[52]。

大致說來，宋代政府所推行的社會福利或救濟，以及人民自覺地創施社會互助，其可能理由有二：一為自隋唐起，業已提升人性尊嚴（參見第十三章）；一為儒家復興，大力推廣民胞物與思想。另就統治者而言，宋太祖宅心仁厚，勒石三戒[53]，對後代嗣君，當有影響；且因國土分裂，面臨強敵，故希發政施仁，以爭取人民向心力。

---

50 鄧雲特，《中國救荒史》，第二編第二章第二目。

51 盛朗西，《中國書院制度》（華世出版社重印本），第一章。

52 據盛朗西，《中國書院制度》第二章所載，予以論斷。

53 王夫之於《宋論》卷1云：「太祖勒石，鎖置殿中，使嗣君即位，入而跪讀。其戒有三：一、保全柴氏子孫；二、不殺士大夫；三、不加農田之賦。嗚呼！若此三者，不謂之盛德也不能。」

第十八章

第二次多元體制下的產業暨經濟發展

　　本章架構，大致與第十五章類似，首言公共建設，但其重心則側重於治水與養士，後者是強調教育制度，前者則指治河與漕運，甚至於作為防禦措施。次言農礦業之發展，勢必言及農田水利之開發，尤以宋代為然。第三節則析述這一期間科技及工業之發展，並將分析敵我對峙情況下，軍事科技與工業技藝之交互影響。第四節討論商業與城市發展——後者在兩宋有劇烈變化，故須予以深入探討。第五節則專論對外貿易，其中尤其注意對峙下的交易方式。第六節則討論此一階段的財經得失，最後一節仍為小結，縱論天下由分而合之變化。

第一節　公共建設：治水與養士

　　這一時期的公共建設，在軟體方面，主要為養士，亦即由科舉取士到教育之普及。在硬體方面厥為治水，這又可分為消極與積極兩面。消極面則為治河，以防水患；積極面是以漕運為目的，至於農田水利則將述於下節。本節先述硬體建設，並從積極面著手。

　　天寶之亂後，唐室得以維持，是倚賴東南半壁，亦即賴運河漕運江淮糧物以濟中央；肅宗末年，史朝義兵至睢陽（原名宋州），淮運阻絕，而張巡、許遠卻以孤軍死守此一運道要衝，屏障當時經濟重心的江淮，無形中給後來運河的復航奠定基礎[1]。當時由於淮運阻絕，租庸鹽鐵泝漢江而上，其中由潤州至楊子係採陸運，頗費人力物力，劉宴乃予以整頓，先浚運河水道（《唐書・食貨志》），然後採取分段運輸，即長江之船只運到揚州，而不入汴河；汴河之船由揚州運至河陰，而不入黃河；黃河之船由河陰運至渭口，而不入渭水；渭水之船由渭口運至太倉。是以，揚州、河陰、渭口成為轉運站，各設糧倉，其所以分段運送，是因各河流深淺不同，險阻不一，以致船舶構造不同，船夫熟習程度不一。經過這種調整後，運費大減，以運糧言，由潤州至楊子，節省四分之三以上，由揚州至河陰，節省四分之三；即使輕貨運輸，由楊子至汴州，亦約省運費七分之三；而且「歲轉粟百一十萬石，無升斗溺者」（均見《新唐書・食貨志》）。

　　劉宴整頓後之漕運數量，較盛唐時代大減，這是由於漕運沿途藩鎮的阻礙甚至佔據，至德宗時這種阻礙更為白熱化，而發展到高峰，憲宗中興，漕運才重新將政治重心的北方和經濟重心的南方密切連繫起來；但自穆宗後，漕運數量又銳減，復因龐勛及黃巢之亂，運河交通完全斷絕，唐末、朱溫與楊行密的對峙，使運河長期阻絕，一直到五代中前四代均如此[2]。

　　後周世宗打通運河，且於顯德二(955)年，開始疏導運河，謀擊南唐；五年，復疏浚之，「於是江淮舟檝始通」；次年，於運河河口設立水閘，並發丁夫數萬浚汴水（均見《通鑑》）。亦就是由於運河重新負擔漕運任務，使北宋立國於汴梁——汴京無險可守，故宋太祖於開寶九年

<hr>

1　全漢昇，《唐宋帝國與運河》（中央研究院史語所專刊），第四章第三節。
2　同上，第四、五、六章。

擬遷都於洛陽或長安，但李懷忠奏曰，「東京有汴梁之漕，歲致江淮米數百萬斛，都下兵數十萬人咸仰給焉。陛下居此，將安取之？」（《續資治通鑑長編》卷17）正可作為北宋立都汴梁之主要理由。

　　宋都大梁，有四河之通漕運，即汴河、黃河、惠民河與廣濟河，而前者（實即大運河）所漕最多。太平興國六（981）年，汴河運江淮米三百萬石，菽一百萬石；至道初（995）汴河運米五百八十萬石；大中祥符初（1008）至七百萬石。諸州歲造運船，至道末達3237艘（《宋史・食貨上三》）。關於南方歲運之米，《夢溪筆談》卷12曾載：「發運司歲供京師米，以六百萬石為額，淮南一百三十萬石，江南東路九十九萬一千一百石，江南西路一百二十八萬八千九百石，荊湖南路六十五萬石，荊湖北路三十五萬石，兩浙路一百五十萬石，通餘羨歲入六百二十萬石。」東南之金帛，亦經由運河入京，以仁宗慶曆三（1043）年為例，江南東路錢89萬緡，銀20萬兩，絹50萬匹；江南西路錢4萬緡，銀13萬兩；絹30萬匹；荊湖南北路錢27萬緡，銀22萬兩，絹13萬匹；兩浙路錢74萬緡，銀4萬8000兩，絹72萬匹；福建銀20萬8000兩（《群書考索》卷46）。

　　為維持汴河的漕運，北宋費很多心力（見《宋史・河渠志・汴河》）。但是，真正使宋、金心力交瘁的治河工作，實以黃河為對象。按黃河初次改道為周定王五年（西元前464年），612年後至新莽始建國四（西元12）年，黃河再次改道；第三次改道是發生於宋仁宗慶曆八（1048）年——其前因實應歸咎於朱溫父子，先是於唐昭宗乾寧三（896）年，河漲，將毀滑州，朱全忠決為二河，夾河而東，為害滋甚，梁末帝龍德三（923）年，為阻唐兵乃自決河，東注曹濮及鄆，而為北宋橫隴河決之先兆；第四次改道是發生於金章宗明昌五（1194）年[3]。

　　五代與北宋治河工程較著者為後唐莊宗同光三（925）年，發兵塞決

3　申丙，《黃河通考》（中華叢書），〈黃河六大變遷圖說〉、〈歷代河患考〉。

河，明宗天成四(929)年，自酸棗至濮州築堤二百里，廣二百里；後晉
天福七(942)年，自豕韋之北，築堰數千里；後周太祖廣順二(952)年，
周塞決河，世宗顯德元(954)年，分疏決河，次年疏汴水至五丈河，於
是齊魯舟楫皆通於大梁，五年，汴渠成，浚汴口，導河流達於淮，江淮
舟楫始通。宋太祖乾德二(964)年，詔民治遙堤，以禦衝注之患，開寶
五(972)年，詔河堤植樹以固之(後代因之)；太宗太平興國二(977)年，
塞決河，雍熙元(984)年，發兵五萬治決河；真宗在位廿五年，黃河決
或溢七次，其河工以天禧四(1020)年爲最鉅，遣使賦諸州薪、石、楗、
橛、芟、竹之數達一千六百萬，發兵夫九萬治之，仁宗大規模治河有兩
次，一爲天聖五(1027)年，發丁夫三萬五千，卒二萬一千，緡錢五十萬，
塞決河，一爲黃河改道後七年，而於至和二(1055)年，發丁夫三十萬修
黃河舊道；神宗熙寧元(1068)年，創設生堤三六七里；自此以後，罕有
大規模河工，惟例於每年孟春，調發人夫十萬治河，其中對於治河與否
及方式，屢起爭論，所以，申丙曰，「按歷代河患，莫甚於宋，而其糾
紛，亦莫過於宋」[4]。

北宋滅亡，黃河盡入金境，數十年間或決或塞，遷徙無定，金人設
官置屬以主其事，沿河上下凡廿五埽，六在河南，十九在河北，埽設巡
河官一員，其上共有六位都巡河官，由都水監任命，計統埽兵一萬二千
人，歲用薪一百十一萬三千餘束，草一百八十三萬七百餘束，還有椿杙
之木等；章宗時，黃河第四次改道，當時估計，「築(新)堤用二十萬工，
歲役五十日，五年可畢，此役之大，古所未有，況其成否不可知」，乃
寢其議(《金史・河渠志》)。

前言北宋治河爭論甚多，其中之一，乃是黃河第三次改道後治河政
策之爭。當時改道，是河決商胡，分爲二流，稱商胡決河爲北流，二股

---

4 申丙，《黃河通考》，〈歷代治河考〉。

河爲東流。神宗熙寧元年，都水監丞宋昌言主張開二股以導東流，以徐塞北流；而提河渠王亞等反對此議，認爲黃御兩河帶北行入獨流東砦，經乾寧軍、滄州等八砦邊界，直入大海，近大海口闊六七百步，深八九丈，三丈砦以西，闊三四百步，深五六丈，其勢愈深，其流愈猛，此「天所以限契丹」（《宋史・河渠志》）。其後，王安石雖採宋昌言的建議，但以水力阻敵卻是北宋的一貫政策，亦可視爲公共建設之一。

　　宋太宗於雍熙三年對遼作戰失利，擔心遼人鐵騎南下，尤其擔心遼人自順安軍至北平二百里間出兵，瑞拱元（988）年，滄州節度副使何承矩獻策：於順安岩西開易河浦口，導水東注於海，東西三百餘里，南北五七十里，資其陂澤，築堤貯水爲屯田，可以遏敵騎之奔軼，俟期歲間，關南諸泊悉雍闐，即播爲稻田（《宋史》本傳）。次年，太宗作手詔諭邊將曰，「朕今立法令緣邊作方田，已頒條例，量地里之遠近，列置塞柵，此可以限其戎馬而大利我之步兵也」，並云，「河朔之間富有膏腴之地，法其井賦，令作方田」，可見方田與井田有其血緣關係，蓋因井田即爲正方形，且是武裝屯墾組織。這種方田，真宗時亦實施之，成平六（1003）年，靜戎軍王能言，於軍城東新河之北開方田，廣袤相去皆五尺，深七尺（似指方田間溝渠），以限隔戎馬，真宗乃詔靜戎、順安、威虜軍置方田鑿河，以遏胡騎（俱見《玉海》）。

　　唐代重科第，中唐以後尤甚，即使晚唐亂起，若干地方官員仍以養士爲己任，《唐摭言》卷二曾記：「江西鍾傳令公起於義聚，……孜孜以薦賢爲急務，雖州里白丁，片文隻字求貢於有司者，莫不盡禮接之。至於考試之辰，設會供帳，甲於治平；行鄉飲之禮，常率賓佐臨視，拳拳然有喜色。復大會以餞之，筐篚之外，率皆資以桂玉，解元三十萬，解副二十萬，海送皆不減十萬，垂三十載，此志未嘗稍怠」。中唐以後學校仍承前制，但五代雖有科舉，卻未注意到學校教育（參見《五代史・選舉志》）。後周世宗顯德二年，才以天福普利禪院爲國子監，宋初增

修之，至仁宗天聖七年，才定國子監以五十人爲額，嘉祐三(1058)年，增加六百人。在此之先，另設太學，即於仁宗慶曆四年，擬以錫慶院爲太學，次年以馬軍都虞侯公宇改葺爲太學，內舍生原訂爲二百人，皇祐二年減爲一百人(《玉海》)。

國子監學生爲七品以上京官子孫；太學生主要爲八品以下子弟，亦包括「庶人之俊異者」(《宋史‧選舉志》)。仁宗且於慶曆三年從國子監之請，立四門學，以士庶子弟爲生員，以廣招賢之路；次年詔州縣立學，以求教育之普及；徽宗崇寧三(1104)年，增縣學弟子員，大縣五十人，中四十人，小三十人；南渡後，於高宗建炎三年，復置教授，凡四十三州，紹興十二年記諸州守臣修學，十八年，立縣學(《玉海》)。

宋代不僅普立學校，亦對學生照顧生活，譬如慶曆時，太學內舍生，官給其食(《玉海》)，惟於神宗熙寧元年，每人每月僅給三百文「添廚」(《宋會要輯稿‧崇儒》)，但自五年起，太學三舍生皆增給食錢，每人月支約千文(同上，〈職官〉)；元豐二年，定外舍生二千，內舍生三百，上舍生一百，共爲二千四百人(《玉海》)，政府支出龐大，所以，「歲賜緡錢至二萬五千，又取州縣田租、屋課、息錢之類，增爲學費」；至於各州置學官，率給田十頃，哲宗元祐間，還置廣文館生二千四百人，以待四方游士試於京師者(《宋史‧選舉志》)。所以，到了徽宗大觀三(1109)年，全國大小學生共十六萬七千多人，所用經費計有錢二百六十七萬多貫，糧卅三萬七千多石[5]——另據《長編拾補》卷廿四，崇寧三年，全國學生已達廿一萬多人。由於重視學校教育，使太學生於兩宋政治舞台，多次扮演要角[6]。

---

5 葛勝仲，《丹陽集》卷1，〈進養士圖籍札子〉。

6 參見朱瑞熙，《宋代社會研究》(弘文館出版社，民國75年)，第六章第六節。

第二節　農礦業之發展

　　天寶亂後，唐室要復興農村，特別重視農田水利，所以，《唐會要》卷89〈疏鑿利人〉類，除前三條記高祖、太宗時事外，其餘各條均爲代宗及其以後事。首先是設官專司水利之事，譬如代宗大曆四（769）年敕，「涇堰監先廢，宜令卻置」，這是恢復舊官，所以德宗貞元四（788）年，京兆尹鄭叔則奏，三白渠限口，「實爲要害，請準諸堰例，置監及丁夫守當」，從之；其後，專職官銜可能演變爲「渠堰使」，先是於貞元十三年，詔「令京兆尹韓皋充使修堰」，以治昆明池，十六年，以東渭橋納給使徐班十兼白渠、漕渠及昇原、城國等渠堰使，敬宗寶曆（原作大曆，不確）二年，令劉仁師充修渠堰副使。

　　由於中央政府重視農田水利，地方官員亦多全力以赴，其方式有五：(1)恢復舊渠，如孟簡爲常州刺史，開古孟瀆四十一里，灌漑沃壤四千餘頃，李晟爲靈夏節度史，開決舊光祿渠，漑田千餘頃；(2)修復舊堤，李皋爲荊南節度使觀察時，江陵東北有廢田，傍漢古堤二處，每夏則溢，皋命塞之，廣田五千餘頃，畝得一鍾；(3)開鑿新渠，李景略爲豐州刺史，鑿咸應、永清二渠，漑田數百頃，溫造爲朗州刺史，開後鄉渠九十七里，漑田二千餘頃，鄉人稱爲右史渠；(4)築堤爲塘，李吉甫爲淮南節度使，於高郵築堤爲塘，漑田數千頃（均見《唐書》本傳）——韋丹爲江西觀察使，治陂塘五九八所，灌田一萬二千頃（《宋史·食貨上一》）；(5)疏濬舊渠，穆宗於長慶二年，詔疏靈州特進渠，置營田六百頃（《唐會要》卷89）。

　　五代中罕言農田水利，僅見後周世宗於顯德五年，以何幼沖爲關西渠堰使，命於雍、耀二州界疏涇水以漑田（《五代會要》卷27）。但十國中卻不乏重視水利之例，錢鏐除鑿石填江，平江中羅剎石，以禦海潮（十

五章二節)外，還曾大興水利，譬如在浙江武義所造的長安堰，溉田萬餘頃；鄞縣東錢湖的石塘，使湖水溉田五十萬畝；越州的大鑒湖更可溉田九千多頃[7]，且於太湖置撩清卒七八千人，常為田事治河築堤，又以錢塘湖葑草蔓會，置撩兵千人，芟草濬泉(《十國春秋·吳越二》)。馬氏據湖南，於潭州東二十里，因諸山之泉，築堤瀦水，號曰龜塘，溉田萬頃(《宋史·食貨上一》)。

北宋雖然注意治河，但亦常於治河之餘爭得良壞，且修農田水利，前者可見，神宗熙寧九月治河後，「退灘內所出民田數萬頃，盡成膏腴」(《長編》卷278)。後者如仁宗嘉祐年間，程師孟任河東路提點刑獄公事，開渠引水淤溉田五百多頃，由此推廣，凡九州廿六縣，興修田四千二百餘頃，並修復舊田五千八百餘頃，計一萬八千餘頃，而且經由這種淤溉，使每畝產量由五至七斗，增加到兩三石，地價亦提高了三倍(《宋會要輯稿·食貨》)；俞充於「熙寧中為都水丞，提舉沿汴淤泥溉田為上腴者八萬頃」(《宋史》本傳)。大致說來，地方水利是以引水灌溉和退水復田，以及修復舊渠陂為主，前者如熙寧八年，程昉在河北「開閉河四處……有溉淤及退出田四萬餘頃」(《長編》卷263)，後者如仁宗晚年，趙尚寬知唐州修復三陂一渠，可溉田一萬餘頃(《宋史》本傳)。

在北方，水利興建亦為農民自動自發的行為，例如哲宗時，唐州布衣王令的遺孀吳氏，每於農閒時，便率領農民數千人，「大治陂水灌田，利及一方」(《長編》卷471)。

於南方，則是以排水為主，以江南為例，地勢低窪，須洩積潦，所以，發運使張綸在仁宗初年，曾「於昆山、常熟各開眾浦以導積水」，范仲淹亦於景祐年間，「親至海浦，開浚五河(位於常熟，昆山之間)」，

---

7 許起煒，《五代史話》(中國青年出版社，1985年)，頁37。

用以「疏瀹積潦」，從而「爲數州之利」[8]。北宋末年，趙霖爲平江府司戶，募災民「開一江一港四浦五十八瀆」（《宋會要輯稿・食貨》），亦是以排泄積潦爲主。凡役工三百三十餘萬，錢卅三萬餘緡，米十萬餘斛（《宋史・食貨上一》）。而且還有「開江營」的編制，有兵卒一千四百人，護察已開之江，遇潮沙淤澱，隨即開淘（《宋史・河渠志》）。興修水利田，至神宗熙寧年間達到高潮，熙寧三年至九年的六年之中，府界及諸路凡1萬793處，爲田36萬1178頃（《宋史・食貨上一》）──當然不限於南方。

南方排泄積潦的主要目的，是與水爭田，蓋因這是採疏導方式洩出積潦，使低窪土地可成良田，所以，在基本上，這是一種優良的方式。但是，另一與水爭田的形態，就大不相同了，那就是「圍湖造田」，這是縮小湖泊面積，影響到湖泊調節水量的功能，所以，在北宋「祥符、慶曆間民間始有盜陂湖爲田者，三司轉運使下書切責州縣，復田爲湖」[9]。南渡後，圍湖之風日熾，紹興廿三年，諫議大夫史才言，「浙西民田最廣，而平時無甚害者，太湖之利也。近年瀕湖之地多爲兵卒侵據，累土增高，長堤彌望，名曰壩田，旱則據之以漑，而民田不沾其利，潦則遠近氾濫，不得入湖，而民田盡沒。望盡復太湖舊迹」[10]，從之。吳芾爲紹興太守時，開鑑湖廢田270頃，復湖之舊，孝宗隆興二(1164)年，芾爲刑部侍郎，認爲鑑湖周圍「尚有低田二萬餘畝，本亦湖也」，建議以半價收購，盡廢其田，從之。即使如此，至乾道十(1183)年，仍有1489處圍田（均見《宋史・食貨上一》）。此外，福建還與海爭地，圍海造田，如福州即在沿岸灘涼地建造海田1230頃（《淳熙三山志・海田》）。

在另一方面，與「圍田」音義接近的「圩田」，則大異其趣，這是

8　《范文正公集》卷11〈張綸神道碑銘〉。

9　李光，《莊簡集》卷11〈乞渡東南湖田札子〉。

10　《李文公集》卷12〈故東川節度使盧公傳〉。

長江下游，利用水中沙洲開闢爲田，或於江河之側築岸爲田，楊萬里於其《誠齋集·圩丁詞十解序》中曰：「江東水鄉，堤河兩涯而田其中，謂之圩。農家云，圩者，圍也。內以圍田，外以圍水。蓋河高而田反在水下，沿堤通斗門，每門疏港以溉田，故有豐年而無水患」。《宋史·食貨上一》亦載孝宗之詔曰，「大江之壖，其地廣袤，使水之蓄洩不病，而皆爲膏腴者，圩之爲利也」。其實，唐末已有圩田，此即李翱所說的，「當塗縣有渚田」——渚者江中小洲也。北宋仁宗時，范仲淹答仁宗手詔時指出，「江南舊有圩田，每一圩數十里」[11]——其中著名者，厥爲蕪湖的萬春圩，圩中有田1270頃，興建於仁宗嘉祐六（1061）年，政府出粟三萬斛，錢四萬緡，募貧民一萬四千人，經四十天告成，堤高一丈二尺，寬六丈，長八十四里[12]。

李繼遷友宋結遼，建立西夏政權，一開始就重視水利，令蕃漢人民，「引河水溉田」，元昊時又有「昊王渠」之開鑿（吳天墀，《新西夏史》，大興出版社，民國76年），所以，范仲淹有云，「宋之下，逾三十年，有耕無戰，禾黍如雲」（《范文正公集·答趙元昊書》）。

南宋水利之較著者，厥爲紹興九年，置廂軍二百人專濬西湖，以復錢氏之舊——惟錢氏之撩湖兵有千人（《宋史·河渠志》）；乾道四年，彭州守臣梁介脩復三縣十餘堰，灌溉之利及於鄰邦；七年，知興元府吳拱發卒萬人，用錢三萬一千餘緡，盡修六堰，濬大小渠六十五里，凡溉南鄭褒城田二十三萬三千畝有奇（《宋史·食貨上》）。一般而言，南宋受益於水利的農田面積，略如下述：在圩田方面，宣州化城，惠民二圩共長八十里，太平州蕪湖縣萬春、陶新、政和三圩共長一百五十四里，當塗縣廣濟圩長九十三里，建康府永豐圩有田九百五十頃；在灌溉方

11　《范文正公集·答手詔條陳十事》。

12　參見沈括，《長興集》卷21，〈萬春圩圖記〉。

面，興化軍莆田縣木蘭陂溉田萬頃，太平陂溉田七百頃，福州福清縣石塘祥府陂溉田五十餘頃，建陽府崇安縣星王陂堰溉田四十餘頃，寧國府大農陂溉田五百餘頃，吉州龍泉縣大豐陂溉田二萬頃，處州通濟堰溉田二千餘頃，眉州通濟堰溉田三千四百餘頃，蟆頤堰溉田七百餘頃；在防洪方面，溫州永嘉縣陰均堤築成後，免除海潮浸害的農田有四千餘頃，嘉興府華亭縣顧會浦於疏濬後，免除水患威脅的民田有數千頃，江陰軍申港、利港經過疏濬，免除水患威脅的民田更達一萬六千七百餘頃[13]。

　　南宋地方掌管水利建設的機構是提舉常平司，而實際負責執行者則為郡通判和縣丞，所以，常平錢穀和郡縣經費，都是地方水利建設經費的主要來源，若有不足，則申請內廷直接撥款[14]。且因民間經濟實力漸強，亦提供水利建設經費，其普遍方式是受益田主及農家共同出資，譬如淳熙十一年，婺州金華縣內陂湖須繕治，縣丞江士龍深入阡陌，諭使修築，令耕者出力而田主出穀以食之，凡為官私塘堰及湖八百三十七所，計一萬九千畝（《皇宋中興兩朝聖政》卷61）；更有富家獨力興辦，例如嘉靖《撫州府志》卷十六載〈重修千金陂〉云，「自唐已有千金陂，遏支而行正，然陂常潰決，紹興間，郡有富民王其姓者，極力築隄以捍」；當然亦有官民共同興建者，樓籲於其〈餘姚縣海隄記〉（《攻媿集》卷59）中說，「縣出緡錢四千二百有奇，邑之士大夫與其鄉人助三百萬」──此「三百萬」諒指銅錢，按除陌習慣，應有四千緡以上。

　　由於兩宋注重水利，所以，其平均每年從事之水利工程數目，是空前的，據李約瑟在《中國之科學與文明》（譯本第十冊，頁468）中之統計，唐為0.88，五代為0.245，而宋代卻高至3.48（同時代之金，只有0.166）。

　　在這一時期，農業生產技術亦有突破性發展，這主要是表現在農具

13　梁庚堯，《南宋的農村經濟》（聯經出版公司，民國73年），第三章。
14　同上。

的進步與改良，蓋因唐宋之際，特別是兩宋，是我國農具又一次變革的重要時期[15]，譬如由直轅犁改變為曲轅犁，就是創始於這一時期，唐末陸龜蒙於其《耒耜經‧耒耜考》中有所描繪：「經曰耒耜，農書之言也，民之習通謂之犁。冶金而為之者曰犁鑱，曰犁壁，斲木而為之者曰犁底，曰壓鑱，曰策額，曰犁箭，曰犁轅，曰犁梢，曰犁評，曰犁槃，木與金凡十有一事。耕之土曰墢，墢猶塊也。起其墢者鑱也，覆其墢者壁也；草之生必布於墢，不覆之則無以絕其本根，故鑱引而居下，壁偃而居上，鑱表上利，壁形下圓」。這種曲轅犁比直轅犁靈活，主要是犁鑱與犁壁分工，不但犁土，還可翻土，而且犁鑱加大，更可深耕。這和《齊民要術‧耕田篇》所說相比，是很大的進步，因該篇僅曰「犁，利也，利發土絕草根」。

〈耒耜考〉中還提及，「耕而後有爬，渠疏之義也，散墢去芟者焉，爬而後有礰礋焉，有礰礋焉。自爬至礰礋皆有齒，礰礋觚稜而已，咸以木為之，堅而重者良」，而《齊民要術‧耕田篇》只云，「耕荒畢，以鐵齒鋼榛再偏杷之」──由此可見，陸龜蒙所指的「自爬(耙)至礰礋皆有齒」，應是鐵齒，而不是「咸以木為之」。

宋代沿用曲轅犁，但於墾荒時加裝劁刀，「如泊下蘆葦地內，必用劁刀插引之，犁鑱隨耕，起發乃易，牛乃省力」(王禎《農書》卷14)。此外，宋代還創造了插秧省力的秧馬，耕田所用的耘蕩，以及輸水的龍骨車[16]。

在作物方面，此一期間引進「不擇地而生」且耐旱的占城稻(《宋史‧食貨志上一》)，「子大而粒多」的天竺綠豆(《宋會要輯稿‧食貨》)，以及西瓜(《新五代史‧四夷附錄》)。且於肥料之使用上，亦是普遍化與

---

15 楊寬，〈我國歷史上鐵農具的改革和作用〉，《歷史研究》，1980年第5期。

16 漆俠，《宋代經濟史》(上海人民出版社，1987年)，上冊，第三章第一節。

多元化，諸如來自城市的糞便，燃灰、糠秕、斷莖落葉可焚爲肥料，再用堆肥，以供作物養分（陳旉《農書·糞田之宜》）。

這一時期農業生產中，經濟作物頗爲突出，上一階段才出現的新產品：茶與糖，這一期間大行其道。就茶言，由於有陸羽的《茶經》的傳播，飲茶之風大爲盛行，該書是將當時名茶產地分爲五大區域，即山南、淮南、劍南與浙西、浙東，並予評論曰：「山南以峽州上，襄州、荊州次，衡州下，金州、梁州又下」；「淮南以光州上，義陽郡、舒州次，壽州下，蘄州、黃州又下」；「劍南以彭州上、綿州、蜀州次，邛州次，雅州、瀘州下，眉州、漢州又下」；「浙西以湖州上，常州次，宣州、杭州、睦州、歙州下，潤州、蘇州又下」；「浙東以越州上，明州、婺州次，台州下」。其他茶區還有「黔中生恩州、潘州、費州、夷州；江南生鄂州、袁州、吉州；嶺南生福州、建州、韶州、象州」。就是由於茶業鼎盛，所以，德宗於建中元（780）年初課什一之茶稅；穆宗長慶元（821）年將茶稅增加50％，並加茶、加斤至二十兩」，售予官府（新唐書·食貨志），由於茶利甚厚，所以於元和十一年爲吳元濟作亂，憲宗下詔，以兵三千保護壽州境內茶園（《冊府元龜》）。

五代十國中，南唐、吳越、南平、閩、楚、蜀等國均有廣大茶園，尤其是南唐，頗得茶利，其茶園遍布今日蘇、皖、贛、鄂四省[17]。宋代上承唐制，既課茶稅，又作專賣，後者是指「民茶息收什之三，盡賣於官場，更嚴私交易之利」，譬如熙寧八年，買茶以三百萬斤爲額，「今日買十千茶，明日即作三十千賣之」，其差額即爲「茶息」，神宗時，李「稷治茶五年，百費外獲淨息四百二十八萬餘緡」；至於茶稅，實是茶戶租錢，英宗時歲入二萬九八五五緡（均見《宋史·食貨志》）。此所以沈括於《夢溪筆談·官政》中說：「國朝茶利，除官本及雜費外，淨入

17　詳見王仲犖，《隋唐五代史》（上海人民出版社，1990），第九章第六節。

錢，禁榷時取一年最中數，……。（嘉祐四年）通商後來，取一年最中數，
計一百一十七萬五千一百四貫九百一十九錢；內三十六萬九千七十二貫
四百七十一錢茶租；八十萬六千三十二貫六百四十八錢茶稅。」此茶稅
即上述買賣價差之「淨息」，李稷治茶五年，淨息四百二十八萬餘緡，
平均每年八十五萬餘貫，接近沈氏所說的茶稅中數。據《筆談》，北宋
時有六個榷茶務，即荊南府、漢陽軍、蘄州、無爲軍、興州、福州，受
納潭、鼎、澧、岳、歸、峽、鄂、建、筠、袁、池、饒、歙、江、洪、
撫、寅、吉、睦、潮、杭、越、衢、溫、婺、常、明等州，以及興國、
南康、臨江等軍與荊南府發散茶或片茶，另於十三山場（主要分布於光
州、壽州、盧州、黃州與蘄州）買茶轉售。

上一階段，唐太宗得熬糖法，甘蔗得以推廣，這一期間，則不僅可
製造赤色的砂糖，也可製造白色的糖霜，《太平寰宇記‧遂州》下載，
「蔗霜」（即糖霜）起於唐代宗大歷年間，是從砂糖提煉而成，「其利十
倍」。北宋之初，太湖流域一帶即以盛產甘蔗著稱，所謂「甘蔗盛於吳
中」（《清異錄》卷2），另據《重修政和經史政類備用本草》，則江、浙、
閩、廣、湖南、蜀州等地均產甘蔗。

此階段於中原出現新的農產品，可能是木棉。據明人李時珍曰，「古
之棉絮，乃繭絲纏起，不可紡織者；今之棉絮則多木棉也」（《本草綱
目》），盛唐詩人王之渙詩曰，「八蠶薄絮鴛鴦綺，半夜佳期並枕眠」，
可見此絮是絲棉；但中唐元稹詩曰：「火布垢塵須火浣，木棉溫軟當棉
衣」，則顯然說明此棉衣之絮是木棉。按木棉原稱古貝──常誤作「吉
貝」（《本草綱目》），本生於雲南與海南島等邊遠地區，而可能於上一
階段末期被引進中原，因可取代價昂之絲棉，得以推廣，所以，李商隱
詩曰，「今日致身歌舞地，木棉花暖鷓鴣天」，張籍詩曰，「蜀客南行
過碧溪，木棉花發錦江西」。至宋代，木棉種植更廣，但以閩、廣、兩

浙爲最著[18]。到了此一階段晚期，木棉的功用業已不止作絮，而可紡織成布，此所以南宋末年，謝枋得有「謝劉純父惠木棉布」之詩（《疊山集》卷2），詩中有句曰，「嘉樹種木棉，天何厚八閩，⋯⋯木棉收千株，八口不憂貧」，前兩句是說棉布來自福建，從後兩句則可見木棉種植有專業化之趨勢。

　　這種經濟作物的專業化，在宋代蔚爲風氣，當然不限於木棉，例如蠶桑、果蔬本爲農家副業，但於宋代，這些作物在某些地區卻在專業經營，例如「河朔、山東養蠶之利，逾於稼穡」（《雞肋集》卷中），《嘉泰吳興志》卷26，「本郡山鄉，以蠶桑爲歲計」，蘇舜欽於〈蘇州洞庭山水月禪院記〉中云，太湖中洞庭山「地占三鄉，戶率三千，環四十里，⋯⋯皆以樹桑栀甘柚爲常產」，「臨川市民王明，⋯⋯置城西室地爲菜圃，雇健僕吳六種植培灌，又以其餘者俾鬻之」（《夷堅志》甲集〈灌園吳六〉），再如南安翁「以種園爲生」（《賓退錄》卷4）。甚至於作爲觀賞的花卉，也在作農業經營，例如陳州牡丹尤勝洛陽，「園戶種花如植黍粟，動以頃計」（《墨莊漫錄》卷9）。

　　將養魚視爲經濟事業，至少在漢初即有紀錄可稽，因《史記・貨殖列傳》已有「水居千石魚陂」，其後，有關史料甚罕，惟於本階段則屢見不鮮，例如唐末劉恂於其《嶺表異錄》中，記載嶺南稻田養魚，「既爲熟田，又收魚利」之成功經驗，以致到宋代，廣南東路成爲養殖魚業重要地區。其他如江南西路與兩浙路亦是養魚區域，前者據洪邁《夷堅志》，處州雲都縣廖某，家有二魚塘，「各廣袤二十畝，田疇素薄，只做魚利以資生」（丁集，《廖氏魚塘》）；後者如「會稽、諸暨以南，大家多鑿池養魚爲業」（《嘉泰會稽志》卷17）。由於養魚，從而發展出魚苗業，或可稱之爲漁業中的新興行業，例如在江州「水濱產魚苗，地主

18　漆俠，《宋代經濟史》，第四章第一節。

至於夏皆取之出售，以此爲利。販子輻集，多至建昌，次至福建、衢、婺」，並有一套完善的運苗方法（《癸未雜識》別集〈魚苗〉）：這些魚苗主要是產自江中，如浙東「土人率以陂塘養魚。乘春魚初生時，取種於江外，長不過半寸，以木桶養水中，細切草爲食，如春蠶，謂之魚苗」（《避暑錄話》卷2）。

大致說來，宋代農業至少有下列特色[19]：

一、獲得空前的全面發展，尤其是在專業化的經營上。

二、有很大的區域差異，一般說來，是北不如南，西不如東。

三、具有(1)因地制宜；(2)精耕細作；(3)多角經營。

說到礦業，中唐礦產比盛唐（見本書十五章）略有增減，以宣宗時(847-859)阬冶數目和盛唐比起來，銀礦由58處減爲20處，銅礦由96處減爲69處，鉛礦由4處減爲3處，鐵礦則由5處增爲76處；宋代則比唐代進步得多，以英宗治平時(1064-67)爲例，阬冶總數爲271，高於盛唐的186，其中金礦唐代並未明列，宋代則有11處，銀礦增爲84處，銅礦則減爲46處，鐵礦更增爲77處，鉛礦增爲30處，錫礦由盛唐的2處增爲16處，此外，水銀與硃砂，唐代無考，宋代則分別有4處與3處[20]。此外《唐書・食貨志》還列有7處礬礦，《宋史・食貨志》中列有15處。

另據《慶元條理事類・關市令》，再加2處，共計17處(或州、軍)。北方佔10州，其中以河東最盛。其經營方式大致有三：一爲官方經營，控制嚴密，如河東(晉、慈、汾、隰、潞)5州，無爲軍、池、撫、潭、韶、信等州；一爲民間經營，但行官榷，如河北(西山、保、霸、相等州)；一

19　同上，頁173-180。

20　王志瑞，《宋元經濟史》(商務印書館)，第三章。

爲官方既不經營也不榷課，如潭州。

　　唐宣宗時對於礦產的歲課，計爲銀2萬5000兩，銅65萬5000斤，鐵53萬2000斤，鉛11萬4000斤，錫1萬7000斤。宋英宗治平時的歲課，計爲金5489兩(仁宗時爲1萬5095兩)，銀30萬5210兩，銅697萬834斤，鐵824萬1000斤，鉛209萬8151斤，錫133萬695斤，水銀2200斤，硃砂2800斤[21]。這些歲課，宋初是硬行規定坑戶礦稅課額致有坑戶被迫自殺情事(《宋會要輯稿‧食貨》34之13)，王安石變法時，改爲二八抽分制，南宋時尚沿用之，稱爲「熙(寧、元)豐法」，即「官收二分，其八分許坑戶自便貨賣」(同上，34之16)。

　　一般說來，宋代礦產分布甚不平均，大致上，陝西，京東、河北、廣東、廣西、湖南、福建等地，是宋代最重要的礦產基地；而長江流域的四川、湖北、江東、浙西、江西、兩淮等地的礦很少。就前者言，京東是最主要的產金地，河北爲最主要的產鐵地，陝西是最主要的水銀產地與主要的鉛產地，廣東是最主要的產銅地與主要的鉛、錫產地，也是全國最大的礦冶基地，廣西則是主要的錫產地。由此看來，北方以最貴重的金和用途最廣泛的鐵爲優勢，南方以銅、錫、銀等有色金屬爲優勢[22]。這些都是金屬礦產，《宋會要‧食貨》曾有元豐元年各地礦產的課額——宋初，礦產應全部賣與國家，熙寧後改爲二八分(《宋會要輯稿‧官員》34之14)，京東金9583兩，佔全國總額89%；銀以福建的6萬9000兩爲第一，佔全國總額26.7%，江東(14.4%)與湖南(12.8%)分佔二、三位；銅以廣東的1280萬8430斤爲第一，佔總額的87.9%，湖南(7.4%)與福建分居二、三；鐵以河北的414萬4202斤爲第一，佔總額的75.5%，京東(10.1%)與河東(4.7%)分居二、三；錫以廣西的87萬9950斤爲第一，佔總額的47%，廣東(39.6

21　同上。

22　程民生，《宋代地域經濟》(雲龍出版社，民國84年)，第三章第一節。

%)與湖南(13.2%)分居二、三；鉛以廣東的313萬1162斤爲第一，佔總額
的44%，陝西(34.9%)與河北(13.3%)分居二、三，水銀以陝西的2078斤爲
第一，佔總額的61.8%，利州則以38%居次。

　　除金屬礦產外，煤(當時稱爲「石炭」)的生產於宋代有更大的發展，
在煤產方面，北方佔有絕對優勢，尤以西北地區最爲突出，河北的磁、
相等州均盛產煤，相州一煤礦遺址已被現代考古工作者發現[23]，是一豎
井，直徑2.5米，深達46米，井下到採煤面有多條巷道可通，能同時容
納數百煤工採礦。但河東(今山西省)產媒尤多，其居民多「仰石炭以生」
(《宋史·陳堯佐傳》)。由於煤的豐產，以致「汴都數百萬家，盡仰石
炭，無一家燃薪者」(《雞肋編》卷中)。且因煤被普遍使用，對於鐵冶
水準之提升有很大幫助，尤其是，煤、鐵產地主要都在北方，對於鐵冶
更爲方便，關於銅鐵業發展情況，將述於下節。

　　由於遼國是處於北方，其境內亦富有煤鐵，例如《馬可孛羅行記》
(馮承鈞譯)云，「契丹全境之中，有一種黑石，採自山中，如同脈絡，
燃燒與薪無異。其火候且較薪爲優，而且價亦賤於木」(中冊)，《遼史·
食貨志》云，「坑冶則自太祖始併室韋，其地產銅鐵金銀，其人善作銅
鐵器」，此所指「室韋」，並非族名，而係地名，是指室韋山與室韋水，
即今鞍山的千山和沙河(《盛京疆域考》)。

第三節　科技暨工業發展

　　國人一向自詡的四大發明：紙、指南針、印刷術與火藥，後三者均
於此一時期才見於實用，而前者則於此一時期，品質大爲提高。

23　河南省文化局文物工作隊，〈河南鶴壁市古煤礦遺址調查報告〉，《考古》，
　　1960年3期。

　　在兩晉南北朝時代，雖有指南車實物，但指南針卻出現於此一時期，宋人曾公亮等所撰《武經總要》[24]中，曾經提及指南車與指南魚，並云「指南車法世不傳，魚法用薄鐵片剪裁，長二寸闊五分，……置炭中燒之，候通赤，……平放魚在水面全浮，其首常南向午也」。其後，沈括於《夢溪筆談》卷24中云，「方家以磁石磨針鋒，則能指南」。南宋時，正式將指南針由軍事用途運用於航海，吳自牧於《夢粱錄》(其序作於甲戌年，應為寧宗嘉定七年，西元1214年)卷12〈江海船艦〉中云，「舶商之船，自入海門，便是海洋，……風雨晦冥時，惟憑針盤而行，乃火長掌之」[25]。

　　沈括於《夢溪筆談》卷18中云，「板印書籍，唐人尚未盛為之，自馮瀛王(馮道)始印五經，已後典籍皆為板本。慶曆(1041-48)中，有布衣畢昇，又為活板，其法用膠泥刻字，薄如錢脣，每字為一印，火燒令堅，……」。顯示印刷術中的雕板與活板，均盛行或始於此一時期。

　　火藥雖為煉丹家偶然發現[26]，但用於軍事，可能始於唐宋，昭宣帝天祐初(904年)，楊行密「攻豫章，璠以所部發機飛火，燒龍沙門」(《九國志》卷2)。《武經總要》前集卷十二，載有「引火毬」、「蒺藜火毬」與「霹靂火毬」三種，並附有三種不同的火藥配方──其中有火砲火藥法。北宋末，宗室士晤守洛州，「礪將士死守，飛火砲碎其攻具」(《宋史》本傳)；南宋理宗開慶元(1259)年，壽春府「造突火槍，以鉅竹為筒，內安子窠，如燒放焰絕，然後子窠發出如砲，聲遠聞百五十餘步」(《宋史‧兵志》)。這種火砲、火槍，亦為金人使用，金哀宗天興元(1232)年，蒙古兵攻開封，甚艮守城二物：一為「火砲名震天雷者，鐵罐盛藥，以

24　據考證，《武經總要》是於西元1040-44年間編撰，見李書華，〈指南針的起源及發展〉，收入郭正昭等編，《中國科技文明論集》(牧童出版社，民國67年)。

25　李約瑟於其《中國之科學與文明》中，將此誤書誤為孟元老之《東京夢華錄》。

26　馮昇，〈火藥的發現及其傳佈〉，收入郭正昭等編，《中國科技文明論集》。

火點之，砲起火發，其聲如雷，聞百里外，所熱圍半畝以上，火點著甲
鐵皆透」；一爲「飛火槍、注藥，以火發之，輒前燒十餘步」(《金史‧
赤盞合魯傳》)。其與火藥有關者爲硫黃，曾爲民用，成爲類似今日火柴
的「發燭」；「杭人削松木爲小片，其薄如紙，熔硫黃塗於木片頂分許，
名曰發燭，又曰碎兒，蓋以發火代燈燭用也。」(《輟耕錄》)──據宋
初《靖異錄》云，當時即有此物，稱「火寸」，惟須引火，而西方之火
柴直至1843年才出現。

　　至於另一發明之紙，在此一期間，亦有突飛猛進之技術，那就是南
唐李後主所造的澄心堂紙，爲世所重(《演繁露》)。事實上，亦因南唐
之獎掖，使造墨技術有所突破，蓋因唐末，墨工奚超與其子廷珪，自易
水渡江，遷居歙州，南唐賜姓李氏，「廷珪父子之墨始集大成」(《輟
耕錄》卷29)。

　　除四大發明外，冶金技術於此期間亦有重要成就：(1)強化煉鐵爐
的生產(改進鼓風設備與用煤爲燃料)；(2)廣泛使用灌鋼法煉鋼技術；(3)
推廣膽銅法煉銅技術；(4)黃銅、白銅等有色金屬的生產[27]。這些成就
實在主要發生於兩宋，譬如鼓風爐在《武經總要》前集卷12中介紹甚詳，
蘇軾〈石炭(即煤)詩〉引云，用煤「以冶鐵作兵，犀利勝常」(《東坡集》
卷10)[28]；煉鋼技術於《夢溪筆談》卷3與卷19曾有敘述；膽銅法，《宋
史‧食貨志》中亦有記載；白銅則出現於唐代，《新唐書‧食貨志》即
云，「趙贊采連州白銅鑄大錢」，但以化學方法煉之，「化銅」爲「爛
銀」(即白銅)，則見於北宋的《春渚紀聞》卷54。在這種技術下，後周
廣順三(953)年鑄造重十萬斤以上的大鐵獅，宋代在太原晉初所鑄的四

27　北京鋼鐵學院編，《中國冶金簡史》(科學出版社，1978年)，第四章。

28　R. Hartwell認爲鐵與煤產業在北宋時有革命性發展，見其著，"Revolution in the
　　Chinese Iron and Coal Industries During the Northern Sung, 960-1126A.D.", *Journal
　　of Asian Studies*, Vol. 21(1962).

大鐵人，至今猶存[29]。

　　宋代的冶鐵技術，是因挫折而有創新，以徐州利國監爲例，於仁宗慶曆年間，「總八冶，歲賦鐵三十萬。冶大善崩，崩則罷鼓，官課不供，徐之高貲率以冶敗，民告無聊。公（李宗詠）往視之，得所以然，因以新意，爲作小冶，省功而利倍，徐人於今便之」（《樂全集‧李宗詠墓志銘》），後來於元豐元年在當地白土鎮發現煤礦，相得益彰，而且發展爲三十六冶，此即蘇軾所云，「（徐）州之東北七十餘里即利國監，自古爲鐵官，商賈所聚，其民富樂，凡三十六冶。……地既產精鐵，其民善鍛」（《經進蘇東坡文集事略‧徐州上皇帝書》）。此外，河北邢、磁、相諸州及河東諸鐵冶，亦多靠近煤產地。蘇氏且於其〈石炭行〉一詩敘述以煤冶鐵經過：「投泥撥水愈光明，爍玉流金是精悍。……爲君鑄作百煉刀，要斬長鯨爲萬段」。此「百煉刀」應爲鋼刀，而煉鋼技術，當時可能以磁州爲最佳，沈括曾於《夢溪筆談》卷3中說：

> 世間鍛鐵所謂鋼鐵者，用柔鐵屢盤之，乃以生鐵陷其間，泥封煉之，鍛令相入，謂之團鋼，亦謂之灌鋼。此乃僞鋼者，暫假生鐵以爲堅，二三煉則生鐵自熟，仍是柔鐵。然天下莫以爲非者，蓋未識眞鋼耳。予出使至磁州，鍛坊觀煉鐵，方識眞鋼。凡鐵之有鋼者，如麵中有筋，濯盡柔麵，則麵筋乃見，煉鋼亦然。但取精鐵鍛之百餘火，每鍛秤之，一鍛一輕，至累鍛而斤兩不減，則純鋼也，雖百煉不耗矣。此乃鐵之精純者，其色清明，磨瑩之則黯黯青而且黑，與常鐵迥異。亦有煉之焉盡而令無鋼，皆係地之所產。

29　北京鋼鐵學院編，《中國冶金簡史》，見所附照片。

　　磁州能煉出「真鋼」，固然是其冶煉技術高超，但也是由於該地所產的鐵砂品質很高之故。

　　由於「真鋼」難得，所以，宋代鐵冶實以煉鐵為主，其產量之高，當時舉世無匹，一美國教授估計，神宗元豐元（1078）年的鐵產量是在7.5萬至15萬噸之間，是1640年英國產量的2.5倍至5倍，約可與18世紀的歐洲（含俄國的歐洲部分）總產量（14萬至18萬噸間）相匹敵[30]。

　　北宋鋼鐵發展的外在原因，可能是適應當時戰爭的需要，以致軍事工業受到重視，前述火器之發明，即係該工業之傑作。軍器原由三司胄案製造，熙寧六年，成立軍器監統一管理與集中製造，即「斂數州之所作而聚於一處」，而在產材與地位重要的州軍（如相、鄲、青、徐等州）設立都作院，按照所頒「法式」生產各種軍器，並廣徵新技術，凡吏民所獻器械法式，經三帥（即殿前指揮使、馬軍都指揮使與步軍都指揮使）審核認可，「視實便利乃製造」；這些「法式」計有110卷，其中辨材1卷，軍器74卷，什物21卷，雜物4卷，添修及製造弓弩式10卷；軍器監下分為火藥作、青窯作、猛火油作、金水作、大小木作、大小爐皮作、麻作、窯（應作「窟」）作[31]。諸州都作院分工更細，以明州作院為例，計有大爐、小爐、穿聯、磨鍼、摩擦結裡、頭魁、熟皮、頭魁皮子、弓弩、箭、漆、木弩和木槍等十三作（《宋會要輯稿‧禮》）。

　　可能受到冶金技術與軍事工業進步的影響，宋代機械工程亦值得一書，《宋史‧蘇頌傳》記頌「又請別製渾儀，因命頌提舉。頌既遂於律曆，以吏部令史韓公廉曉算術，有巧思，奏用之，授以古法，為台三層，上設渾儀，中設渾象，下設司辰，貫以一機，激水轉輪，不假人力。時至刻臨，則司辰出告星躔度，所次占候，則（測）驗不差，晷刻晝夜晦明

30　R. Hartwell, "Industrial Development: The Iron and Coal Industries", 載1962年，《亞洲問題研究》。

31　參見王得臣《唐史》卷上，呂陶《淨德集》卷4。

皆可推見，前此未有也」。這水轉渾天儀，爲李約瑟所盛讚，譽之爲「偉大天文鐘塔」（《中國之科學與文明》譯本第八冊，頁195）；李氏據蘇頌所著《新儀象法要》一書，認爲該台建於1090年，渾天儀及天球儀均用青銅鑄成，這種擒縱機構爲世界所首創，歐洲於17世紀末才出現（譯本第九冊，頁253-269）。

　　蘇頌與韓公廉所設計的擒縱機構，也許是受到當時民間所用的紡車之影響，因據秦觀於其《蠶書》（約著於1090年）卷3中，稱紡車爲「鼓生，其寅以受環繩，繩應車運如環無端，鼓因以旋」。有這種紡車，當然有助紡織業之發展。在此一時期之初，紡織業已求花樣翻新，據唐人盧言所著《盧氏雜說》云：

> 盧氏子失第，徒步出都城，逆旅寒甚。有一人續至附火，吟云：學織繚綾工未多，亂拋機杼錯拋梭，莫教官錦行家見，把此文章笑殺他。盧愕然，以為白樂天詩。問姓名，曰，姓李，世織綾錦，前屬東都官綿坊。近以薄技投本行，皆云以今花樣與前不同，不謂伎倆見以文彩求售者不重於世，如此且東歸去。

　　這一故事不僅表達花樣翻新——「今花樣與前不同」，也且顯示另外兩種訊息：一爲李某既世爲織工，卻可隨口吟詩，益證上章第一節所云的士商或士工不分之趨向；一爲李某「以薄技投本行」，足見此一期間，約束性的行會正在形成[32]。

　　宋代在三錠腳踏紡車的基礎上，創造水轉大紡車，裝卅二個鈔錠，一晝夜可紡麻一百斤，且出現腳踏繰紡車，可以騰出雙手索絲頭與漆繭，還使用裝配雙經軸與十片綜結構完成的大型提花機，可織複雜花紋

32　詳見全漢昇，《中國行會制度史》（食貨出版社重印本），第三與第四兩章。

的絲造品（《宋會要輯稿‧方域‧東西作坊》）。

在造船方面，唐代亦有輪船出現，宗室李皋出仕於代、德兩朝，「常運心巧思為戰艦，挾二輪，蹈之、翔風鼓疾，若掛帆席，所造省易而久固」（《唐書》本傳）。南宋之時，輪船更多，例如建炎四（1130）年，金兵擬撤往江北，韓世忠以「飛輪八楫」邀擊之（《楓牕小牘》）；紹興二（1132）年，無為軍守臣王彥恢言，「大江以南，欲控扼非戰艦不可，制飛虎戰艦，傍設四輪，每輪八棩，四人旋幹，日行千里」，詔就本軍措置（《玉海》卷147）；至於大盜楊「么負固不服，方浮舟湖中，以輪激水，其行如飛」（《宋史‧岳飛傳》），則為眾所周知之事。南宋時大造車船，「車船者置人於前後，踏車進退，每舟載兵千餘人」（《建炎以來繫年要錄》卷59）；杭州西湖遊船中，「更有賈秋壑府車船，船棚上無人撐駕，但用車輪腳踏而行，其速如飛」（《夢梁錄》卷12〈湖船〉）——這是軍事技術轉為民用的另一例證。南宋時建造海船，「大者五千科（斛），可載五六百人」（同上，〈江海船艦〉），這種船隻是「舟如巨室，……中積一年糧，養豕、釀酒其中」（《嶺外代答》）。其實在北宋時亦已能造航海巨舟，神宗「遣使高麗，嘗詔有司造巨艦二，……。（宣和間）仍詔有司更造二舟，大其制而增其名，一曰鼎新利涉懷遠康濟神舟；二曰循流安逸通濟神舟」，而當時客舟「長十餘丈，深三丈，闊二丈五尺，可載二千斛，每舟篙師水手可六十人，……若夫神舟之長闊高大，什物器用人數，皆三倍於客舟也」（《宣和奉使高麗圖經》卷34）。

說到船艦，自然地聯想到橋梁，在這方面，李約瑟推崇「有驚人發展，一系列巨大梁式橋的建設應運而生，尤其在福建省。中國其他部份或中國以外任何地方，也沒有如它們的浩大。這些建築物以前（現在也然）非常之長，有些長達四千呎以上，孔徑特別大，有達七十呎者，實施工程需要搬運大體積重達二百噸的巨石」（《中國之科學與文明》譯本第十冊，頁300）。福建濱海，河川受海潮影響，建橋甚為艱難，其中最

著名爲蔡襄督造的泉州萬安（洛陽）橋，據蔡氏所撰「萬安渡石橋記」，始於仁宗皇祐五年（1053）年，完成於嘉祐四（1059）年，「纍址於淵，釃水爲四十七道梁空以行，其長三千六百尺，廣丈有五尺，翼以扶欄，如其長之數而兩之，靡金錢一千四百萬」。其後，在北方有盧溝橋的出現，該橋建於金章宗明昌初（約爲1190年），「插柏爲基，雕石爲闌，闌上石獅，子母抱負，不可數計」（《畿輔通志‧順天府》）。

　　這些巨大橋梁的建築，也許與宋代營造工程技術的發展有關。神宗熙寧年間，敕令將作監編《營造法式》，哲宗元祐六（1091）年完成，因不滿意，乃於紹聖四（1097）年敕將作監丞李誡（明仲）重新編修，徽宗崇寧元（1102）年，李氏爲將作少監（後爲將作監），次年進《營造法式》，頒之天下[33]。該書計分34卷，除總釋與總例外，譯述壕寨、石作、大木作、小木作、彫作、旋作、鋸作、竹作、瓦作、泥作、彩畫作、塼作、窯作等制度、功限、料例、圖樣等。在此書以前，宋初喻皓有《木經》行世（《夢溪筆談》卷18）。亦就是由於營造技術突出，北宋與遼對峙時，建築了大量地下工事，河北省永清縣已在三百平方公里的範圍內，發現宋遼時期地下古戰道，全部用大青磚砌成，既有寬大的藏兵室，又有窄小的「迷魂洞」，還有掩體、夾壁牆、閘門和迷惑人的「翻眼」等軍事專用設施，並與水井相通，內有氣孔、放燈台、蓄水缸、土坑等生活設施，被考古學家們譽爲中國的地下長城[34]。

　　說到宋代工藝，當然不能不提宋瓷的發展。但至少在晚唐時，已有越窯出產品質高超之瓷器，陸龜蒙有詩曰，「九秋風露越窯開，奪得千峰翠色來」。五代時，吳越有秘色窯，繼承越窯之青瓷，但因臣庶不得使用，故云秘色（《輟耕錄》卷29），後周時有柴窯，其產品被譽爲「青

33　參見聯經出版公司仿古影印之《李明仲營造法式》中，〈李誠補傳〉與〈劄子〉。
34　民國80年7月16日《香港時報》。

如天，明如鏡，薄如紙，聲如磬」（《遵生八牋》）。北宋以定州白瓷器有芒，不堪用，遂命汝州造青瓷，是謂汝窯，江南則有處州的龍泉窯，政和間，京師自置窯燒造，名爲官窯，南渡後，置窯於修內司，造青瓷，名內窯，油色瑩徹，爲世所珍（《輟耕錄》）。此外（金人）於北方鈞州有鈞窯，定州有定窯——景德鎮即摹仿之，至於龍泉窯中，以章姓兄弟所造者較精，分稱哥窯與弟窯[35]。

也許由於宋代商業發達，促使算盤的出現，明人程大位於所著的《算法統宗》一書附錄裡，列出在宋神宗元豐元（1078）年至高宗紹興卅二（1162）年間存在的數學書目中，有四種與算盤有關，即《盤珠集》、《走盤集》、《通微集》、《通機集》[36]。

宋代工匠甚多，以神宗時期爲例：（1）汴京軍工作坊，文思院、後苑作、窯作、錦院、染院，以及各地軍工作坊等，有兩萬多工匠（或匠戶）；（2）鋼鐵錢監約有1萬3000役兵工匠；（3）採掘冶煉業有26.5萬冶戶，其中鐵冶有8至9萬（取其中數而爲8.5萬）戶，銅冶5萬戶（最盛時有20多萬戶），金、銀、鉛、錫等冶戶不少於10萬；（4）紡織機戶或機坊約10萬戶；（5）窯戶不下6至7萬戶；（6）其他包括伐木、造船、建築、磚瓦、造紙、雕板印刷、墨、筆、硯製作等業，以及集中於城鎮的各種作坊、雜工，亦不少於40萬戶。合計至少有83.3萬戶工匠，甚至超過百萬戶[37]。

工匠以戶爲單位，其本身即有父子相承之意涵，事實上亦正是如此，例如真宗於大中祥符六（1013）年，詔令「八作司（即泥作、赤白作、桐油作、石作、瓦作、竹作、磚作與井作）父子兄弟會作藝者所相承，於本司射糧充工匠，仍許取便同居」（《宋會要輯稿·職官》）。除「父子兄弟……相承」外，當然還有師徒傳授，例如熙寧六年，軍器監「工匠李文應，

35 童書業，《中國手工業商業發展史》（木鐸重印本），頁175。
36 李約瑟，《中國之科學與文明》譯本，第四冊，頁142。
37 漆俠，《宋代經濟史》，下冊，頁726。

箭匠玉成，技皆精巧，詔補守闕軍將，以教工匠」（《長編》卷268）。——此則資料，不僅說明技藝教育，而且透露對技藝高超者不次擢升，顯示當時對科技或技藝之獎勵。

這些工匠及民營有關產業的業主（其本身可能就是工匠或出身於工匠），經常聚居一處，如北宋汴京「東西兩行，謂之大小貨行，皆工作技巧所居」（《東京夢華錄》卷2）；南宋臨安「其他工伎之人，或名爲作，如篦刀作、腰帶作，……」（《都城紀勝》），亦是有關業主與工匠聚居之處，這種聚居習慣不限於京都，一般城市甚至鄉鎮也是如此，例如兩浙路「婺州金華縣，縣治城中民以織作爲生」（《公是集·先考益州府君行狀》）；荊湖南路醴陵「縣出方響鐵，工家比屋琅然」（《驂鸞錄》）；樟州鄞縣打銅村有工匠百餘戶，專門製作銅器（《漢濱集·論銅玩朝札》）；而江西浮梁縣景德鎮聚居直至今日仍然是眾多窰戶與有關工匠。

由於聚居，所以相同工種的作坊與工匠，就很自然地組成一「行」。在中、晚唐的長安城東、西二市，各有一百二十行（《長安志》），到南宋臨安則發展爲四百十四行（《繁勝錄》）。這種「行」也稱爲「團」，其組織的主要動機之一，是由於要和官府打交道，此即吳自牧所云：「市肆謂之團行，蓋因官府回買而立此名，不以物之大小，皆爲團行，雖醫卜工役，亦有差使，則與當行同也」（《夢粱錄·團行》）。各行對其成員收取入會費，稱爲「行例」，譬如王安石曾對神宗說：「臣曾雇一洗濯婦人，自言有兒能作餅，緣行例重，無錢賠費，開張不得」（《長編》卷251）。由此看來，行例除供該行會開支外，還因其「重」，而具有限制供給以減少內部競爭的效果。甚至於零工、雜工，也有團行，所以，汴京「見（現）雇覓人力、幹當人、酒食作匠之類，各有行老供雇」（《東京夢華錄》卷3）；臨安「雇請人力及幹當人」，亦「各有行老引領，如有逃閃將帶東西，有元地保認人前去跟尋」（《夢粱錄·雇覓人力》）。

童書業於《中國手工業商業發展史》第五篇第二節中云：中唐以後，

納資代役制興起，官府的雇募工人逐漸增多，至宋代，乃以雇、募制爲主體；「不過不論征匠和雇匠，地位都很低微」——此語大致正確，尤以早期爲然，但到後期，則有若干改變。

就早期言，不獨中唐如此，遼金亦然、就遼言，其國有工場中服役的工匠可分三類：第一類爲奴隸，內府百工與若干礦工均屬之；第二類是從官戶中征集的役徒，其中有輪班（番代），也有終生任役，多用於營造；第三類是由官戶兼差的礦工，他們以採煉所得「隨賦供納」（張正明，《契丹史略》，弘文館，民國70年，頁111）。其地位低下，是因爲這些工匠多爲俘虜，例如儀坤州，是遼「太祖開拓四方，平渤海，（蕭）后有力焉，俘獲有技藝者多歸帳戶，謂之屬珊，以所生之地置州」（《遼史·地理志》）。但至金國，對於工匠漸予重視，例如太祖天輔七（1123）年，取燕京路，二月，盡徙六州民族富強工技之民於（上京）內地」（《金史·食貨志》），將「工技」與「富強」並列，足見其重視程度。西夏主諒祚於宋仁宗嘉祐八（1063）年，向宋朝乞取工匠，上書云，「蓋以蕃方素絺工巧，變革衣冠之度，全因製造之功，欲就考工，聊備庶匠」（《夏紀》卷13），但爲宋室拒絕：後來仁宗所制定的「天盛年（1149-1169）改新定律令」第十卷〈司令行文門〉中，在三品內有工技院，註明「工技院總管不入品」，可能是此等負責人多爲工匠出身，南宋之時，應役工匠，待遇亦頗爲優厚，「雖然差役，如官司和雇，反給錢米，反勝於民間雇傭工錢，而工役之輩，則歡樂而往也」（《夢粱錄·團行》）。

第四節　商業暨都市發展

加藤繁於其〈宋代都市的發展〉（《中國經濟史考證》）一文中，首先揭示坊制與市制的崩潰（認爲是北宋末年才徹底崩壞），其後有很多中外

學者予以討論，對於崩潰時間亦有不同的看法[38]。所謂「坊」，至少始
於北魏，是城內區分面積的單位，在意義上與「里」同，主要爲住宅區；
所謂「市」，常佔一至二坊之地，是指商業區。從該文描述，可知二者
有二共同特性：(1)均有圍牆，四面開門；(2)大門定時開閉──就坊言，
「五更三籌，順天門擊鼓，聽人行。晝漏盡，順天門擊鼓四百搥訖，閉
門。後更擊六百搥，坊門皆閉，禁人行」（《唐律疏議》卷26）；就市言，
「午時擊鼓二百下，而眾大會。日入前七刻，擊鉦三百下，散」（《唐
會要》卷86）。在市的方面，另外規定「諸非州縣之所，不得置市」（同
上），若有，則是所謂「草市」；在坊的方面，還規定「非三品以上及
坊內三絕，不合輒向街開門」（同上）。──這當然是防止住宅區演變爲
商業區。坊制與市制的崩解，才導使商業更趨發達，都市更爲繁榮。

　　關於此二制的崩解，首宜分析坊制的變化，蓋因坊制崩壞，才可使
市區擴大。就本文作者推斷，這種崩潰是始於五代，尤其是後唐明宗之
時，天成元(926)年四月敕（《五代會要》卷26）：

> 京都之內，古無郡城。本朝多事已來，諸侯握兵自保，張全義
> 土功斯設，李罕之砦地猶存，時已擴清，固宜除剗。若特差夫
> 役，又恐擾人，宜令河南府先分劈出舊日街巷，其城壕許占射
> 平墳，便任蓋屋宇。其城基內舊有巷道處，使爲巷道，不得因
> 循，妄有侵射。仍請射後，限一月，如無力平剗，許有力人户
> 占射平墳。

　　這是說，唐末兵禍，洛陽幾毀，坊市之牆應多毀壞，所以張全義督
所部在城內耕稼，李「罕之復引其罪築壘于市」（《五代史》本傳），明

38　參見劉淑芬，〈中古都城坊制的崩解〉，《大陸雜誌》，82卷1期。

帝要劉平爭戰時軍人自築之城濠，當亦可能拆除未毀之坊牆與市牆，以致原來爲圍牆所限之坊區與市區，將難以區分；且因無牆、門之限，街鼓與市鉦亦將失去作用，從而導致坊市之制初步崩壞。

尤有進者，明宗長興二(930)年，據左右軍巡使有關洛陽城內規劃之奏曰(《五代會要》卷26)：

> 宜令御史臺、兩街使、河南府，依已前街坊田地，分劈畫出大街及逐坊界分，各立坊門，兼掛名額。先定街巷闊狹尺丈後，其坊內空閒，及見種田苗，並充菜園等田地，亦據本主自要量力修蓋外，並許諸色人收買，修蓋舍屋地宅。如是臨街堪蓋店處田地，每一間破明間七椽，其每間地價，亦委河南府估價准前收買。除堪蓋店外，其餘連店田地，每畝宜定價錢七千，以次近外，每畝五千，更以次三千。未有人買處，且勒仍舊。

這一規劃很可能得到核准而施行，其內容如下：(1)依以前街坊整理，逐坊界分，各立坊間，兼掛名額，但因無坊牆，並非恢復坊制；(2)坊內空地及農田、菜圃，由本主量力修蓋房舍；(3)無主之土地，則由政府出售，容許各色人等購買，修蓋房舍[39]；(4)臨街土地准許蓋店，每一間破明間七椽；(5)這些官售土地，均由河南府定價，連店田地每畝七千錢，店地之價當然更高，但其價格並非一律，可能視地段不同而定；(6)其餘未售之無主土地，仍然限制使用。

從這些內容看，此規劃之目的，不外整理京師、繁榮市面與充實府

---

39 原文僅云，「亦據本主自要量力修蓋外，並許諸色人收買，修舍屋地宅」。因唐及五代並未禁止城內土地之買賣，所以，「並許諸色人收買」，不應視爲私人間土地買賣，而可解釋爲「本主……外」的無主土地，而由政府出售，所以要「河南府估價」，「准」許「前」述諸色人「收買」。

庫，而由政府出售臨街無主土地，並准許蓋爲店面之措施，實在可以同時達到上述三大目的，蓋因臨街可以開店，當可吸引大量買者，店面完成後，當可繁榮京都。不過，此一規劃，實使坊、市不分，而使坊制與市制徹底破壞。

後周世宗亦採類似方法，以增加其京師(開封)之繁榮，而於顯德二(952)年詔曰：

> 東京華夷輻輳，水陸會通，時向隆平，日增繁盛，而都城因舊，
> 制度未恢，諸衛軍營，或多窄狹，百司公署，無處興修。加以
> 坊市之中，邸店有限，工商外至，絡繹無窮。……而又屋宇交
> 連，街衢湫溢，入夏有暑溼之苦，居常多烟水之憂。將便公私，
> 須廣都邑。宜令所司於京城四面別築羅城，先立標識，……即
> 量差近甸人夫，漸次修築……今後凡有營葬並草市，並須去標
> 識七里外。其標識內，候官中劈畫，定軍營、街巷、倉場、諸
> 司公廨院，務了，即任百姓營造(同上)。

此詔顯然是擴大京師城區，而且從「坊市之中，邸店有限」之語，已知開封城內業已坊市不分，至於新羅城築成後，除「定軍營、街巷、倉場、諸司公廨院」外，「任」令「百姓」自由「營造」住宅與邸店，顯示坊市亦不分，而此市區因無營業時間限制，故與七里以外定期集會的「草市」有別。

至於宋人宋敏求所撰的《長安志》卷8，東市條南北居二坊之地的原注中說，「東西南北，各六百步，四面各開一(加藤繁註曰，「二之誤，唐兩京城坊考作二」)門，定四百街各廣百步」，係指唐制，並非恢復市制。但宋氏之《春明退朝錄》卷上所云，「京師街衢，置鼓於小樓之上，以警昏曉。太宗時，命張公洎製坊名，列牌於樓上。……二紀以來，不

聞街鼓之聲」，該書成於熙寧年間，足見自仁宗中葉起，街鼓已廢，所
以，加藤繁認定坊制是於仁宗時開始崩壞[40]。其實，宋初「置鼓於小樓
之上」其目的只是「以警昏曉」，而非啓閉坊門之信號，蓋因當時已無
坊門，以致太宗所製坊名，只能「到牌於」鼓「樓」，從而，只有行政
區意味。同時由於宋太祖於乾德三(965)年，「詔開封府令，京城夜市
至三鼓已來，不得禁止」(《宋會要輯稿・食貨67》)，只證宋初街鼓無復
唐代意義，蓋因既有夜市，如何於「晝漏盡」，禁止人民出坊——惟建
隆四(963)年所成之《宋刑統・犯夜》條現定，「諸犯夜者，笞二十，
有故者不坐」，其註曰，「閉門鼓後，開門鼓前，行者皆爲犯夜，故、
詔公事之急速及吉凶疾病之類」，似謂宋初仍有坊制，實則極可能是宋
初使用唐律、令、格、式，或希恢復坊制，故沿用唐律於此，終因難以
扭轉時代潮流，致有乾德三年之詔，而「犯夜」之罰亦成具文。

　　至於「諸非州縣之所，不得置市」之規定，可能於唐末即已打破，
那就是鎮的興起。按「鎮」之名稱，首見於北魏六鎮，是駐大軍之處，
於唐末五代間，節度使專權，常於其轄區內設鎮，置有鎮使或鎮將以統
率軍隊，並向人民徵收糧餉軍費，當時，鎮的數目眾多，以湖州爲例，
據《嘉泰吳興志》，宋初，五縣有廿四鎮；至真宗景德初，廢去八鎮；
元豐時只剩六鎮，其後雖有一、二興廢，但至南宋寧宗嘉泰年間仍有六
個。其中興廢，主要是因太祖太宗削減節度使權力，同時罷免鎮使，鎮
將，將其職權轉給知縣，以致很多鎮被廢止，只有在人口眾多，交通方
便，商業繁盛之處的「鎮」被保留下來，設置監官，掌管煙火、資賦及
商稅榷酤事宜，以致「鎮」成爲小型商業都市。既然，另有「市」的出
現，所以，南宋《景定建康志》中特別設有「鎮市」一項，《咸淳臨安

　40 加藤繁，《中國經濟史考證》(華世重印本)，〈唐宋時代都市及其發展〉。

志》也將市條與鎮條分別[41]。這些鎮市數目，據統計，在元豐年間，全國已有1871個，其中以樟州路351個為最多；很多鎮市的商業繁盛程度比起州府城有過之而無不及，這可從商稅看出，例如鳳梓州商稅為1萬836貫，而其所轄的固鎮商稅則有2萬4816貫、沙市為9801貫，而江陵府僅8438貫[42]。

中唐以後及五代，長安與洛陽迭為京師，當然亦是商業中心，但純就商業言，晚唐時期，實以揚州與成都為甚，《通鑑》云，「先是揚州富庶甲天下，時人稱揚一益二」(唐昭宗景福元年條)，李吉甫《元和郡縣志》亦云，「揚州與成都，號為天下繁侈，故稱揚、益」，單從「腰纏十萬貫，騎鶴上揚州」的軼話者，是將揚州遊歷與十萬貫財產及成仙等量齊觀，可見當時揚州之繁盛[43]。但因唐末兵災，揚州從而衰落，其附近之蘇州(當時稱為平江府)卻應運而生，朱長文於宋神宗時撰《吳郡圖經續記》卷上云，「自朝家承一，總一海內，閩粵之賈，乘風航海，不以為險，故珍貨遠物，畢集於吳之市」；南宋范成大所撰《吳郡志》卷3更云，平江府「大城周回四十七里，小城周回十里」。

成都免於天寶之亂，持續繁榮，即使於前，後蜀侷處一方之時，其富裕亦鮮能倫比，後唐「莊宗遣李嚴聘蜀……而蜀都庶士，簾帷珠翠，夾道不絕」(《新五代史‧前蜀世家》)；後蜀時，「邸落閭巷之間，絃管歌誦，合筵社會，晝夜相接……財幣充實，城上盡種芙蓉，九月間盛開，望之皆如錦繡」(《蜀檮杌》卷下)。至宋代，蜀錦為天下第一(《袖中錦》)。

兩宋都市最盛者，莫若兩京。據《東京夢華錄》，開封外城方圓四十餘里，城濠寬十餘丈，城門十五個；舊城方圓約二十里許，城門十二

個（卷1）；御溝盡植蓮荷，近岸植桃李梨杏，雜花相間，春夏時望之如繡；由御街南往，過州橋，兩邊多飲食店；出朱雀門東壁，多爲妓館；出朱雀門直至龍津橋，有夜市（不止一處）；東去東角樓，「是金銀綵帛交易之所，屋子雄壯，門面廣闊，望之森然，每一交易動即千萬」；東街北，一日四市，清晨買賣衣物書畫珍玩，平明爲肉類海產市場，然後賣蜜餞（蜜煎）等類，向晚賣飾物；東去，有很多遊藝場（稱「瓦子」）；東十字大街爲「鬼市子」，「每五更點燈博易，買賣衣物圖畫花環領抹之類，至曉即散」，北街爲馬市（卷2）；馬行街北爲醫藥區，由此北去新封丘門，大街兩邊，「各有茶坊、酒店、勾肆、飲食，市井經紀之家，往往只於市店旋置飲食、不置家蔬」，「夜市直至三更盡，纔五更又復開張」──此外，相國寺每月五次開放萬姓交易，寺東門大街是賣衣飾、書籍鋪席（卷3）。關於開封戶口，宋太宗於淳化二（990）年曰，「東京養甲兵數十萬，居人百萬家」，實嫌誇張，因至神宗元豐三（1080）年，開封府及其屬縣，僅17萬1324戶，口（僅及丁籍）29萬5912人（其中客口爲8萬5180）；至徽宗崇寧三（1104）年，戶爲26萬1117，口44萬2940人[44]。這些戶口均包括屬縣，但據《新元史‧耶律楚材傳》，元兵攻陷金之開封「時，城中一百七十萬戶」──《元史》本傳作「時避居汴者得百四十七萬人」，可見《新元史》中「戶」爲「口」之誤，但亦足爲世界數一數二之大都市。

　　至於杭州的戶口，《夢粱錄》卷19〈塌房〉條云，「柳永詠錢塘詞曰，『參差十萬人家』，此元豐前語也。自高廟車駕由建康幸杭，駐蹕幾近二百餘年，戶口蕃息近百萬餘家。杭城之外，城南南西東北各數十里，人煙生聚，民物阜蕃，市井坊陌，鋪席駢盛，數日經行不盡，各可比外路一州郡，足見杭城繁盛矣。」該書卷13〈鋪席〉條，又描繪其中

44　鄭壽彭，《宋代開封府研究》（中華叢書，民國69年），頁316。

商業繁盛：「自五間樓北至官巷南街，兩行多是金銀鹽鈔引交易鋪，前列金銀器皿及現錢，謂之看垛錢，……；自融和坊北至市南坊，謂之珠子市，如遇買賣，動有萬計；又有府第富豪之家監庫，城內外不下數十處，收解以千萬計」；「杭城乃四方輻輳之地，……客販往來，旁午於道，曾無虛日。……其餘坊巷橋道，院落縱橫，城內外數十萬戶口，莫知其數，處處各有茶坊酒肆麵店，屎子綵帛絨線香燭油醬食米下飯魚肉鮝臘等鋪」。當時城內外「近百萬餘家」，每家以二人計，則宋末杭州人口有二百萬，允為當時世界最大都市。

　　這一時期的重要都市，當然不止上述的長安」洛陽、揚州、成都、開封與杭州，但因涉及對外貿易，所以留待下節析述。

　　由於工商業發達，導致商業組織的發生，亦即所謂行會。「行」的名稱最初見於記載的為隋代[45]，但主要為商業區內劃分行業之地域名稱，譬如《兩京新記》云，隋之「東都豐都市，……資貨一百行」「大業六年，諸夷束朝，請入市交易，煬帝許之。於是修飾諸行，葺理邸店」──從「資貨一百行」之語，已知此「行」有行業的意義，至唐代，此義益顯，譬如日僧圓仁《入唐求法巡禮行記》卷4載，武宗會昌五年，「道士奏（求仙之）藥名目，李子衣十斤，……兔角十斤等，勒令於藥行覓，盡稱無」。但於初唐，行會組織似已出現，譬如賈公彥於高宗永徽年間著《周禮義疏》，於〈地官肆長〉條曰：「此肆長謂一肆立一長，使之檢校一肆之事，若今行頭者也」。惟此「行頭」似負責管理工作，且似由官府指定。中唐起，行會組織屢為政府運用，例如德宗建中元年勅，「自今已後，忽米價貴時，宜量出官米十萬石，麥十萬石，每石量付兩市行人，下價糶貨」（《唐書・食貨志》），此「行人」當係糧食業行會的會員；貞元九年勅，「自今以後，有因交關用欠陌錢者，但令本

45　全漢昇，《中國行會制度史》，第三章。

行頭及居停主人等檢察送官」（同上），益見唐代行會主要是政府運用之組織。

到兩宋，政府掌握各行，有所需索，岳珂於《愧剡錄‧京師木工條》說，應差的叫「當行」。這種情況當不限於工匠，《續資治通鑑長編》載熙寧六年四月：「京師供百物有行，雖外州軍等，而官司上下需索，無慮十倍以上」，所以，當時「肉行徐中正等以為言，因乞出免行役錢，更不以肉供諸處」——這亦就是「免行錢」的來源，各行業以納錢取代官府需索。為應付這些需索及必要交涉，各行業必有自發性組織，此即《都城紀勝‧諸行》所云，「市肆謂之行者，因官府科索而得此名」；足見各行各業均有行業組織。加入行會者才享有正式營業之權利；否則即使納免行錢，亦不得營業，此即《文獻通考‧市糴考》所云，「元不係行之人，不得在街市賣壞錢納免行錢爭利，仰各自詣官投充行人，納免行錢，方得在市交易，不赴官自投行者有罪，告者有賞」。

嚴格說來，這些行會是分為兩類：一為商人行會，上述納免行錢者多屬之；一為工匠行會，則是專業人士組成，已述於上節。

第五節　對外貿易之拓展

盛唐以前即置市舶司，已見第十五章第五節，但對外貿易之興盛，可能是中唐較盛唐尤甚，李肇於《唐國史補》卷下云：

> 南海舶，外國船也，每歲至安南、廣州。師子國舶最大，梯而上下數丈，皆積寶貨。至則本道奏報，郡邑為之喧闐。有番長為主領，市舶使籍其名物，納舶腳，禁珍異，蕃商有以欺詐入牢獄者。舶發之後，海路必養白鴿為言。舶沒，則鴿雖數千里亦能歸也。

當時對外貿易實以廣州爲主要港口，所以，當地的地方長官多富甲天下，例如路嗣恭於代宗時，以嶺南節度使平廣州哥舒晃之亂，廣州商舶之徒，多因晃事被誅，財寶數百萬貫盡入嗣恭私室；德宗時，王鍔爲廣州刺史、嶺南節度使，「西南大海中，諸國舶至，則盡沒其利。由是，鍔之家財富於公藏，日發十餘艇，重以犀象珠貝，稱商貨而出諸境，周以歲時，循環不絕」（《唐書》本傳）。由於貿易繁盛，廣州居住很多外國商人，以致唐末黃巢攻陷廣州時，外商死難者達十二萬人[46]。——當時外商聚居之處，稱爲「蕃坊」，《天下郡國利病書》卷104引唐人《投荒錄》云，「頃年在廣州蕃坊」。蕃坊之內犯罪者，依其本國法律處理，此即《唐律疏議‧名例》云，「諸化外人（謂蕃夷之國，自立君長者），同類自相犯者，各依本俗法，異類相犯者，以法律論」。

上引《唐國史補》中所云安南，亦稱交州（今之越南），「交州都護制諸蠻，其海南諸國大抵在交州南及西南，居大海中州上，相去或三五百里，三五千里，遠者二三萬里，乘舶舉帆，道里不可詳知，自漢武已來皆朝貢，必由交趾之道」（《唐書‧地理志》），足見交州於唐末仍爲繁盛之貿易港。

西元9世紀中葉，阿剌伯地理學者伊本(Ibn Khordadbeh)所著《道程及郡國志》中，述及阿剌伯商人常達之中國貿易港有四，據桑原騭藏考證；其所云第一口岸之Loukin爲龍編，屬交州，在今越南河內；第二口岸之Kanfou爲廣府，即廣州；第三口岸之Djanfou爲泉府，即福建泉州；

46　此乃據阿剌伯人Abou Zeyd所述，言及黃巢於回曆264年（唐僖宗乾符四年八月至五年七月）陷Khanfou。此Khanfou爲很多專家視作杭州，亦有人認爲是廣州，但據《新唐書‧僖宗記》，廣州陷於乾符六年（而杭州陷於五年），且譯名不合。日人桑原騭藏予以考證，認爲Khanfou即「廣府」（廣州之前稱），並認定廣州應於乾符五年五月末或六月初陷落——見其著《唐宋貿易港研究》（楊鍊譯）中〈廣州問題及其陷落年代〉。

第四口岸之Kaufou爲江都，即揚州[47]。明人何喬遠所著《閩書·方城志》云，「嗎喊叭德（即穆罕默德）聖人門徒有大賢四人，唐武德中來朝，遂傳教中國。一賢傳教廣州，二賢傳教揚州，三賢四賢傳教泉州，卒葬此山（靈山）」，亦可說明後三口岸實始於唐初，而泉州得有兩位賢人傳教，足見當時在阿剌伯人心目中之地位。桑原騭藏曾就唐代相關史料，提出當時中國人對外國貿易船的稱呼，除「市舶」或「互市舶」外，還有「南海舶」「蕃舶」「西南夷舶」「波斯舶」「崑崙舶」「崑崙乘舶」「西域舶」「沽羅門舶」「師子國舶」等[48]。

安史亂後，日本遣唐使來華之港口，主要爲蘇州、揚州、明州（寧波）、楚州（淮安）[49]。遣唐使停止後，唐、日之間商舶往返甚密，仍以明州爲主要商港，唐舶赴日，均得日方安置唐商於鴻臚館而供給之，日本官員以府庫之砂金、水銀、錫、綿、絹等物，易唐商之貨物[50]。亦就是由於以明州爲主要港戶，所以，五代時，日商來華貿易，主要是和吳越打交道[51]。

前章所引之大都市中，於揚州外，長安亦是國際都市，成都且爲對吐蕃與南詔的貿易中心，胡商亦多，而且，成都與荊州是唐代南方奴隸的兩大市場[52]。

唐代既設市舶使，要求外國商船「納舶腳」——即關稅，至於「唐代關稅率，未見於中國史書中，據阿剌伯人所傳，當時中國政府徵取外國輸入貨物之十分之三，以爲關稅」（桑原騭藏，〈蒲壽庚考〉）——至宋

---

47 桑原騭藏（楊鍊譯），《唐宋貿易港研究·伊本所記中國貿易港》。

48 桑原騭藏（馮攸譯），《中國阿剌伯海上交通史》，頁61、62。

49 木宮泰彥（陳捷譯），《中日交通史》上卷，第六章第四節。

50 同上，第七章。

51 同上，第十章。

52 陶希聖、鞠清遠，《唐代經濟史》，第四章。

代，降為十分之一[53]。

宋承五代之敝，為增加歲入，而於太祖開寶四(971)年，在廣州、杭州、明州設市舶司(《宋史·食貨志下八》)。由於收入豐厚，乃從而激勵對外貿易。據《宋史·張遜傳》，「太平興國初(約為977年)……各國朝貢犀象香藥珍異，充溢府庫，遜請於京置榷易署，歲可獲錢五十萬緡，以濟經費。太宗允之，一歲之中，果得三十萬緡，歲有增羨至五十萬」。亦就是由於這種豐厚的收入，使兩宋對貿易採取激勵措施，太宗於「雍熙四(987)年五月，遣內侍八人，齎敕書金帛分四綱，各往海南諸國，勾引進奉，博買香藥犀牙珍珠龍腦，每綱齎空名詔書三道，於所至處賜之」；到了南宋，高宗於紹興七(1137)年諭曰，「市舶之利最厚，若措置合宜，所得輒以百萬，豈不勝取於民，朕所以留意於此，庶幾可以少寬民力爾」，十六年又諭曰，「市舶之利，頗助國用，宜循舊法，以招徠遠人，早通貨購」(均見《宋會要·職官·市舶司》)。——其所謂「留意於此」，諒亦包括獎勵措施。

激勵措施之一，是將關稅稅率，由30%降為10%。另一方面，則是廣開貿易港，而須增設市舶司；唐代似乎只在廣州設市舶司，而宋初除廣州外，於杭州、明州增設之，哲宗時增設泉州、密州(今山東膠縣)，徽宗時增設秀州(松江)(《宋史·食貨志下八》)；南宋時又增設一處，即

53　《粵海關誌》卷14，「番舶下椗之稅，始於有唐，迨宋淳化初，海舶至者十征其一」。按此稅率至南宋提高，可能於孝宗時再予降低，且為選擇性，因據《宋史·食貨志下八》，「隆興二(1164)年，臣僚言，熙寧初，立市舶以通物貨。舊法、抽解有定數而取之不苛，輸稅寬其期而使之待價，懷遠之意實寓焉。邇來，抽解既多，又迫使之輸，致貨滯而價減，擇其良者如犀角象齒，十分抽二又博買四分；珠十分抽一，又博買六分。船戶懼抽買數多，止買籠色分雜貨。若象齒珠犀，比他貨至重，乞十分抽一，更不博買。」——據《粵海關誌》卷2，關稅稅率是於紹興十四年提高為「抽解四分」，後來可能降為十分之一至十分之二，但加「博買」。

高宗時增江陰軍，孝宗時增溫州[54]，以致南宋中期，即使密州陷沒，仍有廣、杭、明、泉、秀、溫等州及江陰軍七所市舶司。此外，有宋政府對於外商之反應，亦頗注意，例如神宗熙寧時，廣州市舶虧（減）歲課二十萬緡，或以爲市易司擾之，故海商不至，令提舉司究詰以聞；既而市易務呂邈入舶司闌取蕃商物，詔提舉司劾之」（《宋史‧食貨志下八》）。此外，南宋以官位爲誘因，此即紹興六年對於有能力導引外貿使關稅收入達五萬到十萬貫的商人，授以承信郎（八品）；閩廣舶務監官出口乳香一百萬兩者，陞轉一官（《宋史‧食貨志》）。

亦就是由於這些激勵，使宋代關稅收入爲政府歲入的主要財源之一，據《玉海》卷186，「海舶歲入，象犀珠寶香藥之類，（仁宗）皇祐中（1051年左右）五十三萬有餘，（英宗）治平中（1066年左右）增十萬，中興歲入二百萬緡」。按南渡之初，東南歲入不滿千萬，而關稅收入竟達20％強，足見其對國庫之貢獻，而南宋工商業繁盛，亦可能受惠於對外貿易。南宋對外貿易之勃興，可能與政府之大力激勵有關，除前述高宗一再關注外，還有具體的獎勵措施，譬如對外商授官與犒設；前者如「紹興六年，知泉州連夫奏請，詔市舶綱首能招誘舶舟，抽解物資，累價及五萬貫十萬貫者，補官有差（《宋史‧食貨志》）；後者是指每年十月蕃舶歸國之際，中國官吏設宴送別，名曰「犒設」，即每年於十月內，依例支發官錢三百貫文，排列筵宴集本市舶司提舉官同守臣犒設諸國蕃商

---

54 南宋所設市舶司，係據林天蔚，《宋代香藥貿易史》（中國文化大學出版部，民國75年），頁116-117所刊之表。表中認爲南宋增設三處，其中秀州市舶司，是孝宗隆興時設；另上海市舶司，置年無考。惟攷關後者之註中，言及「華亭」，則此二市舶司，可能即徽宗所設（該表未曾刑出），而誤以爲二，因《宋史‧食貨志下八》云，徽宗「宣和元年，秀州開脩青龍浦，舶船輻輳，請復置監官。先是政和中，置務設官於華亭縣，後江浦湮塞，蕃舶鮮至，止令縣官兼掌，至是復設官專領焉」。此外，該表亦將哲宗元祐三年所設之密州板橋市舶司，誤爲「神宗熙寧中設」。

等（《粵海關志》引《宋會要》），另據木鐸版《中國科學文明史》，南宋時，通商的國家達五十多個，南宋船舶開往的貿易國亦達二十多個（頁449）。

　　兩宋對於海上貿易固然盡力倡導，即使面對來自北方（或西北）之敵人，亦有互市。北宋強敵爲遼與西夏，就前者言，「太祖時雖聽緣邊市易，而未有官署。太平興國二年，始令鎮、易、雄、霸、滄州，各置榷務，輦香藥犀象，以茶與其交易。後有范陽之師，罷不與通」，其後隨復隨停，至真宗景德二（1005）年，在雄、霸二州以及安肅、廣信二軍置榷場，與遼人貿易，歲獲四十餘萬。就遼國言，於五代時即與後唐及後晉貿易[55]，至北宋，範圍更爲擴大，其出口主要爲牲畜、皮毛、皮革、玉製品、絲織品、馬具、銀器、珍玩、武器、加工食品、鹽等；進口主要爲茶、絲織品、麻布、毛織品、糧食、金屬銅錢、瓷器、漆品、染料、塗料、香料、生熟藥材、工藝品、樂器、武器及軍用物資、圖書文具珍玩、加工食品、畜產、皮毛、皮革等，無論是出口還是進口，均有走私，大致上遼爲入超[56]。至於西夏，景德四年，宋於保安軍置榷場，入貢至京者縱其爲市，仁宗天聖中（1028年左右），增陝西及并代路榷場，元昊反遂罷，其後隨復隨停，至神宗熙寧三年，置市易司於秦鳳路古渭砦，六年，增置市易於蘭州（均見《宋史·食貨志下八》）。

　　到了南宋，亦與金人互市。紹興十一年十一月兩國達成和議，次年互立榷場，主要貿易在淮水一帶進行，所以南宋首以盱眙爲榷場，然後在楚州的北神鎮、楊家鎮，淮陰縣的磨盤，安豐軍（今安徽壽縣西南）的水寨、花靨鎮、霍丘縣的封家渡，信陽軍的齊冒鎮、棗陽軍、光州（今河南橫川縣）等地增設；金之主要榷場爲泗州，隔淮水與盱眙相望，還有

55　張正明，《契丹史略》（弘文館出版社，民國76年），第三章第四節。

56　陳述，《契丹社會經濟史稿》（三聯書店，1978），第四篇第三與第四節。

壽州(今壽縣北)、穎州(今安徽阜陽縣)、蔡州(今河南汝南縣)、唐州(今河南泌源縣)、鄧州(今河南鄧縣)、鳳翔府、秦州(今甘肅天水縣)、鞏州(今甘肅隴西縣)、洮州(今甘肅臨潭縣)、密州等榷場。紹興廿九年，金除泗州外，廢其餘榷場，宋亦只保留盱眙。這些互市常因兩國交戰而罷絕，但和議告成又予恢復。南宋在互市中，以茶、絲織品及特定香藥為官營貿易，其餘為商營，凡貨物價值在一百貫以下者為小商，可攜貨渡淮與金人直接交易；大商則留於盱眙，以待金商前來；無論大小商，均須繳通過稅、息錢、牙錢等。在貿易品方面，宋對金輸出的是茶、錢、牛、米、絲織品、藥物、木綿，以及由南海轉運而來的香料、藥品、象牙、犀角等；金對宋輸出的是北珠、毛皮、人參、甘草、絲織品。大致上，南宋為出超，而使白銀流入。上述貿易品中，錢、米、馬為雙方禁止輸出品，但卻秘密地大量出口[57]，亦即走私。據全漢昇氏研究，這種走私頗為猖獗，主要在淮水流域進行，由宋私販赴金的，以糧食、茶葉、軍用器材、銀兩、銅錢、書籍等物為主；由金私販入宋的，以食鹽、麥麵等物為主[58]。

由此可見，兩宋於對外貿易均頗倚重，而南宋更朝類似三角貿易方式，將由海外進口之貨物轉售給金人，以便從中取利——其實，北宋亦已為之，神宗熙寧八年，市易司請假奉宸庫象犀珠直總二十萬緡，於榷場貿易，明年終償之，詔許」，而這些「象犀珠」當然來自海外，為北方遼人視作珍品，故用三角貿易方式以滿足之。

歸納說來，兩宋經濟繁榮，原因雖多，但是，激勵對外貿易定是其中之一，尤以南宋為然。至於《宋史》作者所云，「南渡、三路舶司歲入固不少，然金銀銅鐵海船飛運，所失良多，而銅錢之泄尤甚，法禁雖

57 加藤繁，《中國經濟史考證》，〈宋代和金國的貿易〉。
58 同上，〈宋金間的走私貿易〉。

嚴，姦巧愈密，商人貪利而貿遷，點吏受賕而縱釋，其弊卒不可禁」（均見《宋史・食貨志下八》），實乃傳統之陋見，且僅注意銅錢之泄出，而未注意到白銀自北方流入。

　　兩宋之對手遼、金，亦重視對外貿易，遼除與北宋貿易外，亦與其他鄰邦互市，譬如自女真輸入「金帛布蜜蠟諸藥材及鐵」；自離菻轄于厥等部輸入「蛤珠、青鼠貂鼠膠魚之皮，牛羊馬毳罽等物」；聖宗乾亨間（應為景宗乾亨四年，西元982年），有司請弛居庸關稅（《遼史・食貨志》）。金除與南宋貿易外，還與西夏互市，且於國初，在西北招討司的燕子城北羊城之間設榷場，以易北方牧畜。其與南宋之榷場，泗州場於世宗大定間（1189年前）歲課5萬3467貫，章宗承安元（1196）年增為10萬7893貫653文，「宋亦歲課四萬三千貫」；秦州西子城榷場大定間歲3萬3656貫，承安元年歲獲12萬2099貫（《金史・食貨志》）。

第六節　中唐至兩宋財經得失

　　安史亂後，藩鎮割據，馴至五代，先後有十國並立，這在政治上，是分裂的局面，但從經濟觀點看，這都是競爭的態勢，除少數昏庸之君外，很多統治者都在相互競爭，以爭取民心，而致力於其統治區域的安居樂業（已述於第十六章），即使繼承後周的北宋，雖有削平群雄的實績，且有統一之趨勢，但在與契丹對峙情況下，其處境仍如第二章第三節所說的小國事例，所以，對於合併後之國民，予以優惠處理，這可從下列中央恢復對吳越、南漢、南唐及後蜀等區域之主權後所採之措施看出，尤其從後者之例中，看出北宋朝廷的心態，那就是孟昶被押送開封時，「國人哭送之」，宋太宗乃指示出守四川的呂餘慶，「蜀人思孟昶不忘，卿官成都，昶所榷稅食飲之物，皆宜罷」，呂餘慶奉旨蠲除一些雜稅後，「蜀人始欣然，不復思故主矣」（《邵氏聞見錄》卷1）。

　　據《續資治通鑑長編》，北宋於乾德元(963)年，在荊湖地區，先
後免除潭州諸縣舊例雜稅之物及衡、岳二州二稅外所賦米，放還潭州、
邵州數千鄉兵歸農，「懲割據厚斂之弊也」，並賜荊南管內民當年夏租
之半，減江陵府民舊租之半等等(卷4)；南漢原用大斗收稅糧，「凡租
一石，乃爲一石八斗」，開寶四(971)年，詔廢大斗，改爲統一的「省
斗」(卷12)，其每石稅糧加徵錢160文，開寶六年詔「但取其十」(卷14)；
對於兩淅的「賦斂苛暴」，北宋悉蠲除之(卷19)，太平興國七(986)年，
詔「兩浙諸州自太平興國六年以前逋租，及錢俶日無名掊斂、吏至今猶
征督者，悉除之」(卷23)，淳化年間(990-994)，又四次下詔免除民所負
的吳越之債(卷32)，更重要的是田賦減輕三分之二，沈括言，「兩浙田
稅，畝三斗，錢氏國除，朝廷遣王方贊均兩浙雜稅，方贊悉令出一斗，……
上從其說」(《夢溪筆談》卷9)。另據《文獻通考》，南唐時，「江東、
西釀酒則有麴引錢，食鹽則有輸鹽米，供軍需則有鞋錢，入倉庫則有蘼
錢。宋有天下，承平百年，除苛解饒，麴、鹽、鞋、蘼之征，一切削去」；
太宗時，還遣官「均福建田稅，歲蠲僞閩錢五千三百二十一貫，米七萬
一千四百餘石」。

　　北宋的這些舉措，固然是反映小國事例的政治面心態，但卻爲經濟
面提供發展的空間，成爲這一期間財經優異面的基本注腳。而且，事實
上，這一期間的財經面之「得」，亦多發生於兩宋，兩宋對於這一期間
財經優異面之基本貢獻至少有三：主要是出現在教育文化上，一爲教育
較爲普及；一爲士商不分；一爲懷疑精神之提倡。前者是因唐代及以前
門閥制度之消失，以及印刷術的革新，再加科舉制度之吸引，使教育得
以普及，書院從而崛起。而且，讀書不再以出仕爲唯一出路，兩可發展
成爲職業之一，此即南宋袁乎所云(《袁氏世範》卷2)：

　　　士大夫之子弟，苟無世祿可守，無常產可依，而欲爲仰事俯養

之計，莫如為儒。其才質之美，能習進士業者，上可以取新第，
致富貴；次可以開門教授，以受束脩之奉。其不能習進士業者，
可以事筆札，代牋簡之役；次可以習點讀，為童蒙之師。如不
能為儒，則巫醫僧道農圃商賈伎術，凡可以養生而不至於辱先
者，皆可為也。

　　這番話，是將習儒或讀書的出路分成三個層次：第一個層次，是科
舉中人，除做官外，還可教書授業──這種教授工作，雖可在官學中進
行，但此處所說之「開門教授」，似指私人講學（當然包括民間書院）；
第二個層次是科舉失敗者，可作幕府記室（開後代「師爺」之先河），或教
蒙館；第三個層次，是那些不願「習進士業者」，由於有讀書識字的基
礎，而可為「巫醫僧道農圃商賈」提供生力軍，其中尤以巫醫、商賈為
大宗，從而，將士由做官的候補者，改為服務業（主要是作幕、教書與商
賈）的預備軍，正式成為一種相當廣泛的職業。亦可以說，「士商不分」，
是由於教育較為普及。

　　教育之較為普及，主要是由於學校教育，惟宋初，國家專重考選，
教育未曾重視，仁宗慶曆四年，范仲淹參知政事，極力批評當時不重教
而重選的科舉辦法，主張興辦學校，仁宗乃下詔州縣立學；「有司其務
嚴訓導，精察舉；學者其務進德修業，無失其時」（《宋史・選舉志》）。
惟張亮采說，「但學風之提倡於上者，民之受之，猶在被動地位，不加
濂洛關閩諸儒之自行集徒講學，轉足以正人心而維風化也，故宋末忠義
之氣，實胚胎於講學諸儒」[59]。這些講學，不乏私人「開門教授」，但
以書院為主體。

　　含有學校性質之書院，始於南唐的白鹿洞，至宋初，其與嵩陽、嶽

59　張亮采，《中國風俗史》（宣統年間出版，台灣商務印書館重印本），頁169-170。

麓、應天合稱四大書院。按書院制度，形成於北宋，盛行於南宋，以「義理之學、修養之道」爲其教育核心，但是，真正的普及教育，還是由民間村塾「童蒙之師」所承擔。村塾式的民間教育，可能由來很久，惟自宋代起，民間教育才稍多，根據這些資料，可知當時是注重識字，而字之選擇又以生活所必需者爲之，如姓名、物體、用品、氣候等，故其教材主要爲《蒙求》、《雜學》、《千字文》、《百家姓》、《三字訓》、《太公家訓》[60]。這種識字教育的推廣，以及民間教育的普及，提升了工商從業人員的素質，從而，有助產業甚至經濟的發展。

關於「懷疑」，是宋儒普遍所持的態度，譬如程頤就說，「學者先要會疑」，張載亦云，「義理有疑，則濯去舊見，以來新意」（均見《近思錄‧致知》）。這種懷疑精神，可能促進宋代科技發展，從而使工商業更上層樓。

這三個基本面的優點，對於這一期間的財經貢獻，是間接的。關於財經面的直接貢獻則如下述：

首先是市場經濟的發展，這是由於坊制崩潰，每縣不限一市，夜市不禁。使市場經濟更趨活絡。在這方面，加藤繁曾予概述：「坊制崩潰，人家都朝著大街開門啓戶，市制愈來愈完全崩潰，商店可以設在城內外到處朝著大街的地方，設置了叫做瓦子的戲場集中的遊樂場所，二層、三層的酒樓臨大街而屹立，這些情形都是在宋代才開始出現的，由此可知，當時都市制度上的種種限制已經除掉，居民的生活已經頗爲自由、放縱，過著享樂的日子。」[61] 其實，即使在坊制崩潰前，中唐以後，都市已在悄然發展，因唐初，只在三輔及四大都督（揚、并、益、荆）並衝要當路，或四萬戶以上州設市令；宣宗大中五(851)年敕，中縣戶滿三

---

60 王鳳喈，《中國教育史》（正中書局，民國78年），頁140、141；162-163。
61 加藤繁，《中國經濟史考證》，〈唐宋時代都市及其發展〉。

千者亦得置市令(《唐會要‧市》)。

　　第二個直接貢獻，則是對外貿易的蓬勃發展，這一方面是政府的開放，另一方面則是由航海技術提升與新產品之外銷。航海技術方面，至少包括兩項；一爲海船大型化；一爲指南針之應用。前者可以徐競所著《宣和奉使高麗圖經》爲例，徐競所乘是當時的大號船——神舟，他先說福建的商船——「客舟」，「其長十餘丈，深三丈，闊二又五尺，可載二千斛粟」；「若夫神舟之長闊高大，什物日用人數，皆三倍於客舟也」。據當代學者研究，此處「斛」爲「料」之誤，「粟」是衍文，如此，則客舟是二千料船，神舟爲八千料船；「料」是表示骨長、面闊和艙深的一種容積單位，一料容積爲11.5石；誠如是，八千料船的總長應19.28丈，面闊4.5丈，艙深1.35丈，載重二萬石(約一千噸)，如此大型船舶，在當時堪稱世界第一，而民間大型商船一舡爲五千料，或載重一萬至一萬二千石，同時可載五至六百人[62]。指南針應用於航海的最早紀錄，是朱彧於宣和元(1119)年出版的《萍洲可談》，「舟師識地理，夜則觀星，晝則觀日，陰晦觀指南針」，朱氏著作不少是取材於其父在廣州爲官時的見聞，由此推算，指南針實際應用於時間，當早於宣和之年很多，荷蘭漢學家戴聞達認爲應在11世紀後期[63]。

　　中國以往出口的主要商品是絲綢，以致古波斯稱中國爲支尼(Cini Saini)，古印度稱中國爲支那(Cina)，以及古希臘則稱中國爲賽里斯(Seres)，均有絲綢之意[64]，但於此一階段，增加新產品——陶瓷出口，使中國亦博得China(瓷器)之名。自八世紀末，中國瓷器已開闢了國外市場，無論是陸上絲綢之路所經的中亞、西亞和埃及，海上華船和阿拉伯船所到的印度洋各地，都有唐瓷的碎片，所以，日本陶瓷學者三上次

---

62 陳希育，《中國帆船與海外貿易》(廈門大學出版社，1991)，頁44-46。

63 同上，頁50。

64 沈福偉，《中西文化交流史》(東華書局，民國78年)，第一章。

男把通往西亞的海路稱爲「陶瓷之路」；宋代瓷器更是大量外銷，且自
北宋以來，中國海舶都用瓷器作爲理想的壓艙物，「舶船深闊各數十丈，
商人分占貯貨，人得數尺許，下以貯物，夜臥其上。貨多陶器，大小相
套，無少隙地」（《萍洲可談》）；自宋代以來，東南亞各地，特別是菲
律賓、越南、柬埔寨、馬來亞、印尼，中國瓷器逐漸成爲當地人民日常
生活用具，又是珍貴的禮器和飾用品[65]。這些外銷瓷器，主要是自廣州
與泉州出口，近年於澎湖群島發現宋瓷碎片逾萬，可見宋代外銷瓷曾以
澎湖爲輸往東南亞的中繼站。

　　第三個直接貢獻，則是科技水準的提升，第三節曾說到，國人一向
自詡的四大發明中活字版印刷術，是創於此一期間，紙有突破性改良，
此二者對於教育普及與藝術促進，自有其不可磨滅的貢獻，而指南針之
用於航海，使對外貿易有快速發展；火藥之用於軍事，有利於攻守，但
因此乃起源於煉丹術，而煉丹術於此一期間，經由阿拉伯傳至西歐，引
發近代化學之發展[66]。技術主要是體現於工匠，宋代工匠眾多，且形成
一種培養及管理制度，更可激勵科技水準的提升，其結果當然是推動有
關產業暨經濟的發展，這種現象尤以兩宋最爲顯著，此所以漆俠曰，「（宋
代）一些手工業特別是採掘冶煉手工業等，規模擴大了，技術改進了，
產量較諸前代成倍地或成若干倍地增長起來。各個手工業生產部門中都
出現了，富有創造性的新技術、新工藝和新產品。手工業的高度發展，
對宋代整個國民經濟的發展起了重大的推動作用，使宋代經濟文化科學
技術的發展居於世界的最前列。」[67]

　　第四個直接貢獻是信用工具的提供。中唐起因錢荒，各地禁止銅錢
出境，於是出現「飛錢」匯兌制度；北宋之「交子」亦因錢荒而出現之

---

65 沈福偉，《中西文化交流史》，第四、五章。
66 同上，第四章第一節。
67 漆俠，《宋代經濟史》，下冊，537頁。

本票或期票，南宋之「會子」與「關子」則更有鈔票之意味。此所謂「錢荒」，用現代話來說，就是銀根奇緊，這是金屬貨幣的通病，由於受到本身供給之制約，難以配合經濟發展下交易的擴大，而此一期間的商人能創造上述各種信用工具，等於是增加了貨幣供給，從而潤滑交易行為，促進經濟發展。除這些信用工具外，中唐起至宋代，大都市出現櫃坊(一名寄附舖)，以收取保管費、存放金銀之類物品為業(西歐的銀行，亦始於金匠代客保管貴金屬)，且可用支票(當時稱為「帖」)調換現錢，受人委託；出賣貴重物品——櫃坊之所以未能形成近代信用機關，是因為在宋代，已逐漸淪為賭坊[68]；在宋代，商業中普遍有賒帳習慣，於相當時間後才償付，其憑證為「契約」[69]。這些方式形成生產信用，使商業資本產生乘數效果。

　　第五個貢獻是社會互助，這是對經濟中的分配問題作出直接貢獻，且對生產活動也有間接裨益，譬如各種社會福利，使世人免於匱乏之憂，而可全力投向生產；且可因此減少社會動亂，而可安定投資環境；更進而增加經濟弱者的購買力，而可刺激有關產業的成長；尤有進者，若干福利機構還有助於金融之活潑，例如，宋神宗熙寧四年時，「用勾當開封府司錄司檢校庫吳安特言：本庫檢校孤幼財物，月給錢，歲給衣，逮及長成，或至罄竭，不足推廣朝廷愛民之本意，乞以見寄金銀見錢，依常平倉法貸人，令入抵當出息，以給孤幼。治千緡以下，如奏施行」(《長編》卷223)，意謂該庫保管孤兒財物，從中支付其食衣住行等生活費用，但恐於孤兒長大成人前財物業已用罄，所以吳安特建議，將代管孤兒的金銀現錢，依常平倉方式貸給別人，以其利息充作孤兒生活費，這不僅可使孤幼福利持續進行，也且對信用市場增

68　加藤繁，《中國經濟史考證》，〈櫃坊考〉。
69　同上，〈宋代的商業習慣「賒」〉。

加供給，而這一方式是「依常平倉法貸人」，可見常平倉（社會亦如此）等福利機構亦是信用市場的提供者，從而可能直接對生產活動有其貢獻。尤其是社會互助中，有生產互助，如唐代敦煌寫卷中的「村鄰結義賑約」（《沙州文錄補》）旨在「相和賑濟急難，用防凶變」；宋代「北方村落之間，多結爲鋤社，以十家爲率，樂事趨功，無有偷惰」（《農書》卷3）。

此一期間，財經面雖然出現很多優點，但亦有不少缺陷，首先是軍費大增，導致苛征暴斂，爲著平定安史之亂，唐肅宗乃使用強借方式，對於江淮蜀漢富商右族貲富，十取其二，謂之率貸，並稅商賈以贍軍，錢一千者有稅，還盡榷天下鹽，斗加時價百錢而出之，鹽一斗爲錢一百一十（《新唐書・食貨志》）；德宗時爲籌措軍費，先於建中三年，在京城向富商強迫借錢，「大率每商留萬貫，餘並入官」，富商有不勝鞭笞而自縊者，京師蕭然（《唐書》本紀），同時還對「僦櫃質積錢貨貯粟麥等，一切借其四分之一，封其櫃窖，長安爲之罷市」（《冊府元龜》卷510），並且普遍提高稅率，譬如於建中二年，「以軍興，增商稅爲什一（原為三十取一）」（《通鑑》），建中三年，徵財產及貨物稅，即「閱商人財貨，計錢每貫稅二十，天下所出竹、木、茶、漆，皆十一稅之，以充常平本」（《唐書・食貨志》），建中四年，徵房屋稅，趙贊「以軍需迫蹙，常平利不時集，乃請稅屋間架等……，凡屋兩架爲一間，屋有貴賤，約價三等，上價間出錢二千，中價一千，下價五百……，凡沒一間者杖六十，告者賞錢五十貫，取於犯家」（《唐會要・雜稅》），還有附加稅捐，主要爲除陌錢與收羅附捐，「所謂除陌錢，公私給與及賣買，每緡官留五十（原為二十）錢，給他物及相貿易者，約錢爲率。敢隱錢百，杖六十，罰錢二千，賞告者錢十緡，其賞錢皆出坐事之家。於是愁怨之聲，盈於遠近」，此事是與「稅屋間架」同時實施（《通鑑》），而收羅附捐，是指於興元二年，對京北河南等州府「秋夏兩稅青苗等物，悉折羅粟麥，

所在儲積，以備軍食，京北並給錢收糴，每斗於時估外，吏（或作例）加十錢納於太倉。……自是每歲行之以贍軍」（《冊府元龜》卷484）；其後，憲宗，「榷稅茶鹽，……贍濟軍鎮」（《唐書·食貨志》），又於內外用錢每緡墊二十文外，復抽五十送度支以贍軍（《新唐書·食貨志》）；敬宗「於潁州置場，榷商旅以贍軍」（《冊府元龜》卷504）；宣宗初即位，即較「揚州等八道州府，置榷麴並置官店沽酒，代百姓納榷酒錢，並充資助軍用」（《唐書·食貨志》）。

　　五代籌措軍費方法中，影響人民權益較大者至少有三：一為括取私馬，如梁太祖開平元年（《新五代史》本紀），唐莊宗同光三年，晉出帝白運二年（《五代史》本紀），唐末帝（潞王）清泰三年，晉高祖天福九年（《五代會要·馬》）；一為令民自備兵仗，唐潞王清泰三年（晉高祖天福元年），發民為兵，每七戶出征夫一人，自備鎧杖，謂之義軍（《通鑑》）。晉出帝開運元年，詔天下抽點鄉兵，凡七戶出一士，六戶資之，仍自具兵仗（《五代史》本紀）；一為預借賦稅與強括錢物，唐莊宗同光四年，以軍食不足，敕河南吏預借夏秋稅，民不聊生（《通考》），唐末帝靖泰元年，強借居民五個月房課，並詔河南府括率京城居民之財以助賞軍，晉出帝開運元年，分命文武官僚卅六人往諸道州府括率錢幣，以資軍用（《五代史》本紀）。

　　北宋諸帝不思過於擾民，故無過甚捐稅，南渡後，軍費來源缺乏，乃普遍增加稅目，提高稅率與恢復原已停徵之稅捐，高宗建炎二年，增天下役錢，收取折帛錢（《續通鑑》）；建炎二年，復經制錢，先收鈔旁定帖錢，三年，命東南八路提刑司，收五色（種）經制錢赴行在，紹興二年，始設月樁錢，十五年，始取僧道士之丁錢，十七年，徵收田契錢（《建炎以來朝野雜記》）；紹興四年，創總制錢，五年，詔諸州勘合錢貫收十文足，並征天下戶稅（《宋史·食貨志》）；紹興十年，增收州縣頭子錢，十一年，復收免行錢（《宋史》本紀）。

這些苛捐雜稅，經常超逾人民負荷，當然影響新經濟發展，這是多元體制下常須付出的代價，是以，只有在相安無事情況下，多元體制之各個政治實體才會因彼此競爭，而提高其生產水準。循此，對於北宋以銀絹輸遼、夏，以交換和平，實在應予諒解。

再加這一期間，黃河水患頻繁，主要是始自唐昭宗「乾寧三年四月，河圮於滑州，朱全忠決是堤，因為二河，散漫千餘里」（《新唐書‧五行志》），故自五代時期起，河患越來越多。五代時期，自梁貞明四（918）年至後周顯德六（959）年，先後41年中，14年出現河患。而且一年河患常有多次與多處，以後晉開運三（946）年為例，六月，河決魚池，七月決楊劉、朝城及武德，九月決澶、滑、怀州及臨黃，十月決衛州及原武；北宋初期，自太祖建隆元（960）年至仁宗慶曆八（1048）年的88年間，23年有河患；南宋時，自金太宗天會六（1128）年，至哀宗正大元（1224）年的96年間，22年出現河患，尤以金世宗時期最為頻繁，其在位29年就有13年出現河患[70]。這些河患除使直接受難者蒙遭生命財產之損失外，還因治河增加天下人民的負擔。

第二個缺陷，厥為土地兼併使農民不堪負擔。馬端臨於《通考‧歷代田賦之制》中說：「田既為庶人所擅，然亦惟富者與貴者可得之，富者有貨可以買田，貴者有力可以占田，而耕田之夫率屬役富貴者矣」。天寶亂後，均田制度徹底破壞，從而，土地私有制度得以確立，這對市場經濟之促進，本有其正面效果，但卻帶來不良的負面效果，亦即土地兼併，即自中唐起，富貴者競置莊田，宋代尤烈，以貴者言，權臣與武將多喜占田，南宋武將中，張俊田地最多，其田租收入年達六十餘萬斛，再如權臣史彌遠，常由下屬代為兼併，單是溧陽宰陸子遹，即曾奪該縣

---

70 岑仲勉，《黃河變遷史》（台灣里仁書局重印本），頁238-230；353-356；395-397。

張挺、沈成等田產凡一萬一千八百餘畝以獻之；至於富者（有時亦含貴者
及寺院）兼併土地的時機，多是在戰亂與災荒之時，以及每年青黃兩不
接之際，其手段則是採取誘騙、偽券、高利貸、冒名頂替、乘人之危或
藉故刁難等方式[71]，真可說無所不用其極。

　　這種巧取強奪方式，宋代政府竟亦使用之；徽宗政和「六年，始作
公田於汝州」，由楊戩主持，其方式是輾轉檢查田契，若田今屬甲，則
從甲索乙（原賣主），乙契既在，又索丙契，輾轉推求，至無契可證時，
則該地收歸國有，於田賦外，另繳地租，若一直有田契，則重新丈量土
地，若逾原契所載，則超過部分須加輸「公田錢」，其後，李彥繼其事，
故意使人誣告其所看中的民田原為荒地，逕自收歸國有，就在這樣強取
蠻奪下，得到公田三萬四千三百餘頃（《通考》，《宋史・食貨志》）；後
來，南宋理宗用賈似道言，於景定四年，在平江、江陰等六郡，買公田
三百五十餘萬畝，這是採取限田方式，逾限者須將超過部分賣給政府，
但政府所付價款中，現金甚為有限，就五千畝以上來說，銀、錢只佔5
％，另外為會子25％，而官爵的「官告」與出家的「度牒」佔70％（《宋
史》本紀、本傳、〈食貨志〉）。

　　宋代官田地租在逐次提高，以江南圩田言，真宗天禧二（1018）年，
宣州化成圩畝租2.8斗米，高宗紹興四（1133）年，建康府永豐圩田畝租
則高達7.7斗米（《宋會要輯稿》）。私田地租更高於官田，而且也在不斷
增高，例如神宗熙寧八年，蘇州上中下田畝租為6、5、4斗米（《長編》），
而南宋中葉，江東路上田畝租米二石（《愧郯錄》），尤其是有些地租是
以大斗交納，於租地時，地主即曾公開說明，以130合或150合為一斗，
甚或高至以190合為一斗，就後者言，畝租二石等於是要交三石八斗。

　　第三個缺陷則是賦役不均，以唐肅宗乾元三年為例，總戶數193萬

71　漆俠，《宋代經濟史》，第六章。

3174中課戶只有70萬8582戶；總人口1699萬386中課口僅爲237萬799人
（《通典》），可見戶口之間負擔的不均。其實，地區之間稅負亦有不同
現象，宋人沈括云：「兩浙田稅畝三斗，錢氏國除，朝廷遣王方贄均兩
浙雜稅，方贄悉令出一斗。使還，責擅減稅額。方贄曰，畝稅一斗，天
下之通法，兩浙既已爲王民，豈當復循僞國之法？上從其說。至今畝稅
一斗者，自方贄始。惟江南、福建猶循舊類，蓋當時無人論制，遂爲永
式」（《夢溪筆談》卷9），可見江南與福建的田稅高於「天下之通法」畝
一斗很多。

第四個缺陷是官制與幣制的紊亂。此處所說的官制，主要是財政方
面，「唐自中葉以後，財賦之柄不歸版曹而別有使以領之，曰鹽鐵使，
曰判度支，曰判戶部，謂之三司，……遂盡分戶部之權，致金、倉二屬
轉爲閑員」（《歷代職官表》）。這不僅表示在組織上重床疊屋，冗員充
斥，更顯得政出多門，事權不一。此三司於後唐時稱三司使，宋初因之，
元豐改制時罷之，職權復歸戶部尚書，但在實際上，庫藏與倉庾，並不
歸戶部尚書下金部與倉部管轄，而由太府寺與司農寺分別掌理。宋代職
官甚亂，在這些中央職官外，還有主管漕運的發運使，擔任監察工作的
都轉運使，且另有專管邊防經費的經制邊防財務司（《宋史·職官志》）。

在幣制方面，中唐有關官員不懂金屬貨幣基本道理；全值貨幣，擅
自發行大錢，而且任意改變大錢與小錢之間兌換比率；以致造成物價及
交易的混亂。宋代所發行的紙幣，開世界先河，但因缺適當管理，造成
嚴重的通貨膨脹。

這些缺陷，主要是在財政方面，是造成此一期間經濟病家（見第十
六章第六節）的主要原因——實則此二節可以合併觀察。但大致說來，本
階段財經方面之「得」是多於「失」的。

這一期間財經優點的三個基本貢獻是：教育普及、士商不分與懷疑

精神[72]，連同科技水準的提升，將可降低轉換成本，而對外貿易的擴張，應有規模經濟，故亦將降低此類成本，坊制崩潰與新市制出現，以及信用工具之提供，將可降低交易成本；至於社會互助，則是降低不明顯制度成本。

關於此一期間，土地兼併白熱化，這是與經濟發展有關，據英國古典經濟學家李嘉圖的說法，經濟發展是由於資本累積增加，亦即增加投資與就業，使人口增加，對糧食形成壓力，須多耕土地，導致地租增加，從而降低利潤，若利潤降到零，則無資本累積，而經濟與人口亦就停滯不前。由此看來，宋代富豪之所以熱中於土地兼併，是因當時經濟快速發展之故，但若此一趨勢未予遏阻，勢必影響其經濟成長，而南宋晚期政府卻亦加入，並可看出其氣數已盡。李氏是將地租視為殘差，故有上述推論，但是，即使將地租視為成本，其結果亦將不利於經濟成長，因為土地兼併是走向獨占，所以，地租必將提高，從而增加轉換成本。幣制的紊亂，將提高交易成本；苛徵暴斂，以及上下交征的「羨餘」，是在增加明顯的制度成本，官制紊亂則是增加不明顯制度成本，而賦役不均則兼而有之。

此一期間，在經濟上儘管有這些缺陷，但由於具有上述那麼多基本貢獻與直接貢獻，以致累積到本階段晚期——兩宋，尤其是南宋，使資本主義再次在中國萌芽。這是顯示在多元體制下經濟活動多樣化。

顧志耐（S. Kuznets）於其《近代經濟成長：速率、結構與開展》（*Modern Economic Growth: Rate, Structure and Spread*, Yale University Press, 1966）一書中，論及西方工業革命的原因，並將其歸納為三大類；信念調整；制度變革與技術創新，由於學者們一向亦視工業革命為資本主義勃興，所以，此三類因子亦可以視為資本主義萌芽的條件，現在可將此三類因子

72　漆俠，《宋代經濟史》，頁375。

或條件視爲標準，持以驗證兩宋時期資本主義是否萌芽。

先從信念說起，顧氏將其信念因子，區分爲世俗主義、平等主義與國家主義(或民族主義)，或可稱之爲經濟發展的三前提。而此三前提在宋代幾多實現，所以，其答案是肯定的；宋代新儒家出現，其學說頗爲促進平等主義，尤以陸象山學說爲然；而陸家亦在經商，可見士、賈在南宋已逐漸不分，大大地宣揚了世俗主義；南宋未能驅除胡虜，從狹義看，未能實踐國家(或民族)主義，但若就廣義言，顧志耐原來所謂的國家主義，是指西歐同一血緣、語言、文化的城邦，結合成民族國家，以擴大經濟領域，俾可達成規模經濟，若依此觀點看，則南宋領域大於很多歐洲的民族國家。是以，可說經濟發展的必需條件，在南宋已經實現，且自北宋起，無形中廢除了唐代限制商業的坊制，並實行一縣不止一市的開放制度，亦勉可稱之爲市場自由化，或可稱之爲經濟發展的充分條件。至於此一期間工匠制度行會之建立，以及宋代大爲降低關稅，均可視爲制度變革；而宋代在鍊銅、造船、航海等技術上之突破，勞動要素生產力──尤其是帶動生產力之提高，職此之故，或可說，自漢初以來，資本主義於一千多年後，再度在中國萌芽，可惜卻爲蒙古鐵騎所踐踏。

第七節　小結：天下再由分而合

這一期間持續523年，遠較第一次多元體制時期的389年爲長。在此期間，從人口變化(假定耕地面積變化很小，則人地比例之變動，可從人口變化情況觀察之)觀點看，本期間一開始，就有趨向統一的誘因，蓋因天寶十四(755)年，有891萬4709戶，5291萬9309口(《通考》)，但是，經過安史之亂，五年後，亦即肅宗乾元三年，只有193萬3134戶，1699萬386口(《通典》)，所以，從經濟因素看，天下應可復歸一統，且因肅宗爲玄宗太子，其統一優勢應勝於平王莽之亂的後漢，惜因藩鎮擅權，

反而使天下由合而分，但亦可能由於人地比例低，使唐主仍可成爲統一的象徵。

中唐以後，至武宗會昌六（846）年，民戶才增至495萬5151（《新唐書·食貨志》），經過五代亂亡，人口減少，至周世宗顯德六（959）年，只有230萬9812戶——這可能是包括後周勢力範圍以外之民戶，否則，宋太祖既繼周而立，其建隆元（960）年，爲何只有96萬7353戶？後來經過平荊南、湖南、蜀、江南，而於開寶九（976）年，民戶才達309萬，太宗時，得閩、浙、太原，才於太平興國四（979）年，再增73萬7878戶，使北宋所轉民戶接近400萬（均見《續通典》），仍然少於晚唐戶數。《續通典》云，「是時天下既一，疆理幾復漢唐之舊，而戶數不及其半」，事實上，這正是說明北宋小統一局面得以達成的主因之一。

北宋人口以徽宗時爲最盛，大觀四（1110）年，天下有戶2088萬2258，口4673萬4784（《宋史·地理志》），平均每戶只有2.238人，顯然過低，而有隱匿人口之可能，所以，政和三（1113）年詳定《九域圖志》時，蔡攸等即云，天下戶口數類多不實（《通考》）。是以，若以每戶四人計，則此時人口應逾八千萬，若以五人計，則當時即超過一億人。北宋疆域，遠遜漢唐，人口則應過之，即使當時耕作技術較爲進步，田地單位產量增加，但亦恐難支持這種龐大人口，所以，即使沒有金人南侵，北宋次一統（或小統一）亦可能由於經濟因子而趨於崩潰，宣和間，方臘起於兩浙，宋江寇掠淮南，已爲先兆，另據統計，高宗初期（主要為靖康、建炎年間）抗金義軍領袖中，出身盜賊者至少有曹成、楊進等廿七人，還未包括大盜王善、張用（因前者出身為民兵首領，後者出身射士）[73]。這些盜賊中雖然不乏金兵侵入乘機而起之輩，但亦一定有本爲飢寒所迫而爲盜者——《宋史紀事本末·平群盜》云，「自宣和末，群盜蜂起」亦

---

73 黃寬重，《南宋時代抗金的義軍》（聯經出版公司，民國77年），第二章第三表。

可作如是觀。

南宋時，疆域縮小，所以，到紹興三十(1160)年，才有1137萬5732戶，1922萬9008口，平均每戶只有1.69人；至寧宗嘉定十六(1223)年，有戶1267萬801，口2832萬85，平均每戶增爲2.235人(《通考》)。雖然，人口仍有匿報的可能，但南宋經濟力量深厚，應可支持這些人口。相對地，在北方的金人，卻有人口壓力，章宗泰和七(1207)年，即有768萬4438戶，4581萬6079口(《續通考》)，以北方之貧瘠，勢難支持如此龐大的人口，所以，在衛紹王與宣宗兩朝(1209-1223)，群盜蜂起(《金史紀事本末·群盜叛服》)——其中雖有因蒙古入侵而引發，但必有因飢寒而爲盜者。

總括說來，這一時期在中國經濟發展史上極爲重要，因爲農工科技已經發展到新的高峰，坊制市制崩壞導致商業有重大發展，再加兩宋注意對外貿易，使經濟更臻繁榮，而兩宋朝野重視福利制度，使人類尊嚴得到進一步的尊重。在這方面，這一時期中，客戶地位之提高，亦可視爲人權之提升，先是在中唐兩稅法中，規定「戶無主客，以見居爲簿」(《唐書·楊炎傳》)，使客戶由「私屬」變爲國家的正式編戶；至宋代，客戶幾與佃農同義，且在遷徙上受到限制，仁宗乃於天聖五年下詔，「自今後客戶起移，更不取主人憑由，須每田收田畢日，商量去住，各取穩便，即不得非時衷私起移；如是主人非理攔占，許經縣論詳」(《宋會要輯稿·食貨·農田雜錄》)，使地位較低的佃農，亦享有較爲充分的遷徙自由。

這一時期發展到南宋，其財富與科技知識，均爲當時世界第一，其教育的傳布深入民間，更是好些世紀後其他國家都還不能想像的，所以，南宋文化，可說是人類史上，在工業革命以前的一個華麗奇蹟[74]。

---

74 劉子健，《兩宋史研究彙編》(聯經出版公司，民國76年)，〈背海立國與半壁

這種情況可以透露出近代資本主義萌芽的訊息，若無蒙古鐵騎之蹂躪，則工業革命也許出現於往後若干年的南宋，而非18世紀的英國。

從上述宋、金人口比較看，南宋在軍事實力上應該較弱，而南宋則以強韌的經濟與文化力量足以對抗之，若再假以時日，再若南宋君賢臣能，則金不足滅也，如此使天下由分而合，是最為理想的結果，奈何宋末君庸臣佞，卒亡於蒙古。在這方面，王夫之於《宋論》卷14，曾有類似看法：

> 會女真以滅契丹，會蒙古以滅女真，旋以自滅，若合符券，懸明鑑於眉睫而不能知，理宗君臣之愚不可瘳，通古今未有不寶之者也。……童貫之夾攻契丹也，與劉延慶蕫茸闒之將，率坐食之軍，小入則小敗，大入則大潰，殘遼且競起而笑之。禍已成，勢已傾，所傾望以支危亡者，又种師道衰老而無能者也。及理宗之世而勢屢變矣，岳、韓、劉、吳之威，挫於秦檜，而成閔、邵弘淵、王權、張子蓋習於選愞，故韓侂冑蹶起而旋仆。乃至侂冑之樂進武人而重獎之也，於是而虔矯之才亦為之磨礪。孟宗政、趙方、孟宗政、趙方、孟珙、余玠、彭大雅之流起，而兵猶足為兵，將猶足為將，戰猶有以戰，守猶有以守，勝猶非其徼幸，敗猶足以自持。左支右拒於淮、襄、楚、蜀之間，不但以半割殘金，而且以抗衡蒙古。垂至於將亡之際，而四川之爭，旋陷旋復！襄樊之之守，愈困愈堅；呂文煥、劉整反面倒戈而馳突無前，率先阿朮、伯顏以進。如使君非至闇，相匪甚姦，則盡東南之力，以撲滅分崩而收汙雒，固其可奏之功，以視昔之聞聲而慄，望影而奔者，強弱之相差亦遠矣。……

（續）────────────

山河的長期無能〉。

> 君國者、理宗也,秉成者。史嵩之也,繼之者,賈似道也。通
> 蒙古亦亡,無往而不亡,……

在宋末君庸臣佞或君闇相姦之際,蒙古卻崛起於草原,由於其「生活條件與戰鬥條件之一致」,所以戰力強勁,舉世無匹——按此說為蔣百里所創,蔣氏曾創一法則曰,「生活條件與戰鬥條件一致則強,相離則弱,相反則亡」,並云,「生活條件與戰鬥條件之一致,有因天然的工具而不自覺的成功者,有史以來只有二種:一為蒙古人的馬;一為歐洲人的船」(《國防論》第三篇第一章)。南宋生活條件與戰鬥條件縱非相反,亦必相離,豈能當「蒙古人的馬」!

當時蒙古兵力震鑠歐亞,所向披靡,但在中國卻遭遇堅強抵抗,先是滅金就花廿四年,始於衛紹王大安二(1210)年犯金之西北邊,終於哀宗天興三(1234)年金亡。而滅宋卻花四十四年,始於理宗端平二(1235)年,分道入侵,終於帝昺祥興二(1279)年宋亡,在這方面,波斯、印度及東歐各國是難以倫比的。而且,蒙古對南宋用兵,正面難以攻堅,乃採大迂迴戰略,先從西康繞攻大理,再回攻荊襄,但攻陷襄陽一城,先後就花六年(圍樊城亦四年)[75],設若不是權佞用事,逼反劉整、呂文煥,為蒙古前驅,則南宋也許仍可支持,而成對峙局面。南宋之所以如此強韌,全賴其經濟、文化力量。是以,這次由分而合,並非經濟因子,而係非經濟因素。

---

75 見劉子健,〈背海立國與半壁山河的長期無能〉(《兩宋史研究彙編》),以及錢穆,《國史大綱》,卅五章第一節。李約瑟於其《中國之科學與文明》(中譯本),第一冊頁264亦曾云:「蒙古人對宋作戰,發見宋人善戰,而在技術上的裝備最好,為他們在歐亞戰場上所未曾見過的。」

第七編

第三次一元體制

元明清──中央集權

　　本編所籠罩時間，始自元世祖至元十七（1280）年，終於清宣統三（1911）年，前後共632年。由於蒙古立國的緣故，在敘述中，將會上推若干年。

　　這一時期不僅在時間上，遠比第二次一元體制的165年爲長，亦超過第一次一元體制的419年——即使扣除1848-1911年間變局的73年，這一期間仍有559年，抑且在中期有資本主義正式萌芽，於後期出現經濟近代化，以致在意義上要與前兩次一元體制，大不相同。

　　本來在上一時期，尤其是後期，由於經濟臻於發達、福利趨於普遍，資本主義已有在中國萌芽的跡象，但是，碰到新的征服者爲蒙古。蒙古爲遊牧民族，不脫野蠻習性，而有奴隸社會的傾向，例如成吉思汗（元太祖）攻克唐兀惕人，就下令道，「把勇猛健壯的唐兀惕人殺掉！軍士們可以捉捕（其餘）各色的唐兀惕人收（爲己有）」[1]；破金時，恩賜孛斡兒出、木合黎二人說，「你們兩個平分金國百姓中的主因人吧！叫他們的好男兒們給（你們）司鷹，做隨從；把他們的好女兒們養大，給你們妻妾整理衣襟」[2]。

　　成吉思汗禱天說，「你使大地之上，除了我自己的社稷，別無其他（國家）。在我之上，不叫再有其他權力」[3]，顯示皇權無上；他又非常重視其周圍的一萬名護衛[4]，而降旨說，「比在外邊千戶的那顏們，我的護衛在上；比在外邊百戶、十戶的那顏們，我護衛的隨從在上。在外

1　札奇斯欽，《蒙古秘史新譯並註釋》（聯經出版公司，民國68年），第265節。
2　同上，第266節。
3　札奇斯欽，《蒙古黃金史譯註》，第一部第三節。
4　蒙古語中此「護衛」作「怯薛」，據《元史・兵志》，「怯薛者，猶言番直宿衛也」「預怯薛之職而居禁近者，分冠服、弓矢、欽官、文史、車馬、盧帳、府庫、醫藥、卜祝之事，悉世守之。雖以才能受任使服官政，貴盛之極，然一歸至內庭，則執其事如故，至於子孫無改，非甚親信，不得預也」——其職掌與功過，詳見箭內亙著（陳捷等譯）《元朝怯薛斡耳朵考》，商務印書館。

的千戶如與我的護衛同等比肩，與我的護衛鬥毆，則處罰在外的千戶」[5]──後來斡歌歹（即窩闊台，元太宗）亦說，「我的護衛比在外邊千戶還高。我護衛的從馬，比在外面的百戶或十夫長還在上。在外邊的千戶，如與我的護衛鬥毆，就處罰（那個）千戶」[6]，這當然有導致中央集權的傾向，而有些符合法家鼻祖管子的看法：「中央之人，臣主之參，制令之布於人也，必由中央之人」（〈君臣下〉）。

　　成吉思汗初立時，群臣就獻辭道：「眾敵當前，我們願做先鋒衝上陣去，把姿色姣好的閨女貴婦，把（明朗寬敞）的宮帳房屋，拿來給你！把外邦百姓的美麗貴婦，臀部完好的良駒駿馬，拿來給你！」[7]足見其目的，是在於掠奪。甚至於征服後亦是如此，譬如巴黑塔惕人降服了，斡歌歹還降旨說，「任命佩弓箭的扈衛綽兒馬罕為探馬，駐（在）那裡。每年把黃金，有黃金的渾金、織金、繡金、珠子、大珠、長頸高腿的西馬、駱駝、馱子的騾子送來」[8]。這種對人民財貨的直接掠奪，經常會導致對人民經濟活動的直接干預。

　　成吉思汗曾經訓示他四個兒子說，「從日出之地到日落之地，收撫了（許多）國家百姓，我曾把許多心肝不同的，叫心肝合一；我曾把頭腦完全相異的，叫頭腦一致」[9]。「心肝合一」，是指彼此團結；「頭腦一致」，則指思想統一──統一思想當然是管制社會的極致。

　　元代為此一時期的開端，其基本制度為明清承襲，所以，在這一時期內，政治復趨專制，經濟復趨統制，社會復趨管制。但是，在中期約為明神宗嘉靖前後──約為西元1522-66年間，中國資本主義卻開始萌

5　札奇斯欽，《蒙古祕史新譯並註釋》，第288節。

6　同上，第278節。

7　同上，第123節。

8　札奇斯欽，《蒙古黃金史譯註》，第一部第三節。

9　同上。

芽了！首先是在江南與沿海地區表現出來，江南工業中，出現資本主義萌芽的行業，主要是絲織業，在棉紡織品加工、陶瓷、造紙等行業中也有微弱表現[10]。但在政治復趨專制，經濟復趨統制與社會復趨管制的情況下，工業革命發生於中國的可能性又再次落空，馴至清季，只能震撼於西人的「船堅炮利」。

　　這一時期中有三個朝代，其中有兩個卻爲漢族口中的蠻夷或異族所建立，所以，從漢文化本位看，是難以接受的事實，所以，王夫之慨然說：「漢、唐之亡，皆自亡也。宋亡，則舉黃帝、堯、舜以來道法相傳之天下而亡之也」（《宋論》卷15），意味蒙古入主華夏，並非普通的改朝換代。而這些「異族」初入中原之時，其手段亦著實殘酷，清人的「揚州十日」「嘉定三屠」，向爲眾所夙知，蒙古於宋理宗端平三(1136)年攻入成都，大殺掠，單是城中，骸骨一百四十萬；伯顏陷常州，屠其民只存七人（《世史正綱》）。

　　這一時期另一重要性，即在後期，西風東漸，中國受到蠻夷以外的列強入侵之衝擊，招致所謂「天朝的崩潰」[11]，使中華民族出現莫大的改變，此一過程將述於廿一章附錄之中。

---

10 傅衣凌，《明代江南市民經濟試探》（台灣翻印本），〈導言〉；《中國史常識
　　——明清歷史》（弘文館出版社），頁93-97。
11 茅汝建，《天朝的崩潰——鴉片戰爭再研究》（三聯書店，1995）。

第十九章
第三次一元體制下政經特色

　　第三次一元體制下的政經措施，並非承繼第二次一元體制的鬆弛精神，而是第一次一元體制的翻版，在很多方面且有過之而無不及；以政治言，秦漢改封建爲郡縣，但地方權重，元代則建行中書省，直轄地方，明清因之；即使秦帝專制，尚有丞相總其成，元代則分左右丞相，明清則索性罷相，全由皇帝獨裁。以經濟言，秦始皇素稱暴虐，但田地私有制卻始於該時，元、清以異族入主，奪田、圈地，蔑視人民產權，明代官莊亦超越前代。以社會言，秦漢雖有階級歧視，卻是來自封建制度下之「分」（即荀子所謂的「分」）[1]，元、清的歧視，則是來自種族間差別待遇。此所以黃宗羲慨然言曰，「夫古今之變，至秦而一盡，至元而又一盡；經此二盡之後，古聖王之所惻隱愛人而經營者，蕩然無具」[2]。元代制度之精神，大致上爲明清兩代吸收，所以，這一時期的政經措施，在專制、統制與管制上，是甚於第一次一元體制時期，尤以政治方面爲然。

　　第一次一元體制時期中，「三制」的產生，是法家思想之得勢，此

---

[1] 荀子曰，「先王惡其亂也，故制禮義以分之，使有貧富貴賤之等」（〈王制〉）；
　又曰，「辨莫大於分，分莫大於禮」（〈非相〉）。
[2] 黃宗羲，《明夷待訪錄·原法》。

一時期則除法家外，尚有來自遊牧民族的野蠻與流氓手段的高壓。以致這一期間，使中華民族在世界舞台上，妄自蹉跎歲月——於初期，有馬可孛羅對中國之五體投地；於後期，列強侵略中國如入無人之境。

第一節　政治益趨專制

在第七章第一節論及專制之時，曾說它含有兩種成分：一爲中央集權；一爲君主獨裁。此一時期在這兩方面，不僅不像第二次一元體制那樣趨於放鬆，抑且比第一次一元體制更爲嚴酷。

所謂中央集權，是蔑視地方政府權力，一切以中央政府馬首是瞻。元世祖中統、至元間，於各處設行中書省，皆以省官出領其事，其初才置參政之類，後來竟設丞相，其官皆以宰相執行某處省繫銜，既而嫌於外重，改爲某處行中書省平章[3]。這是說中央政府常派重臣鎮壓地方，而漢唐州郡地方政府之地位，渺不再得[4]。明清因之，故有「行省」之名，權力集中於中央。

隋唐中央行政組織，是設中書、門下、尚書三省，其運作方式是由中書省出令，交門下省審議，如不合，則予以駁正，合則由尚書省下六部執行。元代則只設中書省控六部，這已顯示中央權力集中於一個機構，何況中書令多以皇太子兼之（《元史‧百官志》）、更有獨裁之傾向，又恐皇太子不懂政事，故設丞相輔佐之，再懼丞相專權，特別分設左右丞相（有時多達五人），予以分治，「降而末流，丞相且遙授矣」（《元史紀事本末‧官制之定》），以遂皇帝或皇太子之獨裁。

明太祖則乾脆取消丞相，《雙溪雜記》云，「國初在內設中書省，

3　《元文類》卷40，〈經世大典序錄〉。
4　錢穆，《國史大綱》，第卅五章。

在外設行中書省,蓋太祖神聖文武,凡事獨斷,然其初亦以任相為務……
及後,胡惟庸為相事敗,丞相不設,祖訓首章云,『敢有奏請設立丞相
者,文武群臣即劾奏,本身凌遲,全家處斬』」。朱國禎《皇明大訓記》
曰,「自古三公論道,六卿分職,不曾設立宰相,自秦置丞相,不旋踵
而亡。漢唐宋因之,雖有賢相,然其間多有小人,專權亂政,今我朝罷
丞相,設五部(實為六部)六府,彼此頡頏,不敢相壓,事皆朝廷總之」。
最後幾句話,可說是畫睛之作,即將行政分置六部,使「彼此頡頏」,
實則由皇帝「總之」,以遂獨裁之目的。

　　這種獨裁除因皇帝私心自用,罔顧民瘼外,還因國事繁冗,皇帝個
人精力有限,而難以承擔,據孫承澤《春明夢餘錄》載,洪武十七年九
月,給事中張文輔言,自十四日至二十一日,八日之間,內外諸司奏劄
凡1160件,計3292事,平均每天要處理145件奏劄或411種事情,皇帝若
無過人精力,豈能擔當?成祖以後始置內閣,但永樂、洪熙兩朝,批答
仍出自御筆。可能由於工作負擔過重,導致世宗、神宗二十多年不視朝
政,皇帝獨裁權力實際上是落在太監之手,英宗時王振、武宗時劉瑾、
熹宗時魏忠賢,世所共知[5],即使賢如崇禎帝,亦廣用太監,不僅主持
東廠、錦衣衛及京城衛戍事宜,也且往各處監軍,總理戶工二部錢糧,
並涉及司法;結果是「太監曹化淳開門降,上死社稷,內臣從死者惟王
承恩一人」(《明史紀事本末》卷74)[6]。

　　是以,黃宗羲慨乎言曰,「有明之無善治,自高皇帝罷丞相始也」!
並認為那些「入內閣辦事者」,「猶開府之書記也,其事既輕,而批答
之意又必自內授之而後擬之」,至於「有宰相之實者,今之宮奴也」。
黃氏重視相權,是基於政治制度之考慮:上古、傳賢不傳子,天子一位

5　《國史大綱》,第卅六章。
6　關於明代罷相等有關問題,參閱蘇同炳,《明史偶筆》(商務印書館,民國59
　　年),〈明代相權問題研究〉。

猶如後世宰相；其後，天子傳子，宰相不世襲，所以，當天子之子不賢時，尚賴宰相傳賢，以予補救，罷相後，則於天子之子不賢時，「更無與為賢者矣，不亦並傳子之意而失者乎！」尤有進者，罷相後，將使君位益尊，臣位益卑，「古者，君之待臣也，臣拜必答拜，秦漢以後，廢而不講，然丞相進，天子御坐為起，在輿為下。宰相既罷，天子更無與為禮者矣！遂謂百官之設，所以事我，能事我者、我賢之，不能事我者、我否之」（《明夷待訪錄‧置相》），益張天子之獨裁。

果然，有明一代，臣位低下，《禮記‧曲禮》云，「刑不上大夫」，而明代卻對大臣予以廷杖，又為猜忌臣下，特（於洪武時）設錦衣衛、（永樂時設）東廠、（成化時設）西廠等特務機關，以監視之，並成為天子濫用私法之法廷，越發地凸顯天子之獨裁。

清代師承明制，亦廢相職（其軍機處亦若明內閣，「猶開府之書記也」），而且在君主獨裁方面，更是青出於藍，用人大權全出君主意旨，既無所謂宰執，亦無所謂廷推。對於各行省，則是總督、巡撫常川監臨（明代偶設之），等於常以兵政凌駕於民政之上。至於君尊臣卑情況，更遠甚於明代，明朝儀，臣僚四拜或五拜，清始有三跪九叩之制；明百官於御前侍坐，起立奏事，清廷則奏對無不跪地；明六曹答詔稱卿，清則率斥為爾，而滿蒙大吏摺奏，咸自稱奴才[7]。

明代雖然專制，但百官布衣皆得上書當局，清代則內如翰林編檢，外如道府長官，亦不得專摺言事，更嚴禁士人建白軍民利病[8]。順治十七年，並嚴禁人民結社訂盟；世宗且廣布密探，偵察隱微，並派間諜，刺探地方官，朝野細故無不上聞，舉國惴惴，如履薄冰，即在私室亦無敢戲言（《清鑑綱目》）。為箝制言論，自順治乾隆四朝，屢次大興文字

---

7 錢穆，《國史大綱》，第四三章；柳貽徵，《中國文化史》，第三編第六章。
8 同上，第四三章。

與言論之獄，而且愈演愈烈：即順治朝有釋函可變記等3案，康熙朝有金人瑞（即金聖嘆）揭帖、莊廷鑨明史等9案，雍正朝有汪景祺《西征隨筆》、查嗣庭試題等8案，乾隆朝最多，較著者有孫嘉淦偽稿等44案，較簡者有張智明等21案[9]。由此足見清代對言論自由與結社自由之限制（其他限制可參見以下第三節），越發地顯示其專制手段，遠甚於前兩個一元體制時期。中國之被訾為專制王朝，實指此一時期而言，尤以清代為然。

政治趨於專制、獨裁，其對經濟之不良衝擊，厥為國家財富及所得之不當分配，譬如元代重佛事，其經費約佔國家支出三分之二（《歸田類稿・時政書》），寺院亦有龐大的產業，譬如大承天護聖寺、文宗與順帝前後各賜田16萬2000餘頃（《元史》本紀），大護國仁王寺有人戶3萬7059（《雪樓集》）[10]。至於元主本身更是揮霍無度，成宗大德三年，中書省臣言，「比年公帑所費，動輒巨萬，歲入之數，不支半歲，自餘皆借及別支，臣恐理財失宜，鈔法亦壞」（《續通鑑》）。元代行鈔法，今若因君主揮霍，多印鈔票，勢必導致通貨膨脹，益使人民受苦。明帝更因極端專制獨裁而視天下為私產，自憲宗成化十七（1481）年十一月起，取戶部太倉銀三分之一入內庫，孝宗、武宗亦如之，世宗嘉靖時所取倍之（《續通考》）；神宗更大量使用太倉銀，例如萬曆廿七（1599）年，以諸皇子婚，就取太倉銀2400萬兩——按太倉銀傳戶部於英宗正統七（1442）年設太倉庫，專貯各省金花銀（即田賦之折色），以作邊儲，但於邊疆缺餉時，神宗卻不願仿效以前歷代君主發內帑以濟軍之例，而於萬曆卅八年，「以軍乏餉，諭廷臣陳足國長策」，並規定一切建議中，「不得請發內帑」（均見《明史》本紀）。甚至到了萬曆四十六年，「驟增遼

9　彭國棟，《清史文讞志》（商務印書館，民國58年），正文中所謂乾隆朝，案情較簡者廿一案，係據該書中「書詞狂悖緣坐諸案」與「其他各案」，予以統計。

10　參閱蒙思明，〈元代社會階級制度〉，第四節，《燕京學報》專號(1938)。

餉三百萬時，內帑充積，帝靳不肯發」乃連續使天下田賦每畝加派九釐，（《明史・食貨志》）。崇禎時已是危亡之秋，但天子仍對「請帑非所樂聞」，「惟命諸臣嚴催外解」（《續通考》）。後來，李自成陷北京，崇禎帝的財產當然亦陷於流寇之手，李自成敗走時，「悉鎔所拷索金及宮中帑藏、器皿、鑄為餅，每餅千金，約數萬餅，騾車載歸西安」（《明紀》、《明通鑑》及《明史・流賊傳》）。按「千金」，向指漢俗，為黃金千斤，其後稱白銀亦為「金」，假設此處「千金」為白銀千斤，再假定「數萬餅」為「三萬餅」，則李自成所載為銀3000萬斤，合銀4億8000萬兩，其中最多四分之一為拷索所獲[11]，則崇禎帝私產(合器皿)不下三億六千萬兩銀——這當然是最低估算，郭沫若於〈甲申三百年祭〉中引用《明季北略》卷5云，李自成離北京時，「舊有鎮庫金積年不用者三千七百萬錠，錠皆五百(疑為「五十」)兩，鐫有永樂字」。若此語屬實，則京城失陷前，崇禎私財至少有十八億五千萬兩白銀，竟然不用於軍費，導致國破身亡，其心態更勝於一般守財奴，清人秦鸞輝於其《讀史贍言》中云，「李自成兵敗，悉鎔所拷索金及宮中帑藏器皿，騾車載歸西安，其數不下數千萬萬，內藏不虛可知，而甘心束手奉賊。先不思充餉給兵討賊，及賊逼近，復不思給兵守城，……此與手持金銀，坐甘餓死者奚以異？」這是因專制而視天下為私產也，而此私產中，有很多是取自「府中」以供「宮中」揮霍，清聖祖曾諭大學士曰(《皇朝通考》)：

> 萬曆以後所用內監，有在御前服役者，故朕知之獨詳。明朝費

---

11 李自成陷北京後，對於文武百官「拷掠追贓，閣臣責餉十萬，都院錦衣七萬以下，科道吏部五萬以下，翰林二萬以下，部屬以下各以千計，勳戚則金盡輒殺之」（《明通鑑》）。譬如，內閣首輔陳演，追黃金360兩，銀4萬7000兩，魏藻德追銀1萬7000兩，吏部尚書李遇知，追4萬6000兩，最後均被殺（《三朝野記》）；太監王之心，追15萬，金銀玩器稱是。(國戚)周奎抄現銀52萬，珍幣復數千萬（《明季北略》）。惟據此，似可斷言，拷索所獲，應不及1億2000兩銀。

用甚奢，興作亦廣，一日之費，可抵今一年之用，其宮中脂粉
錢四十萬兩，供應銀數百萬兩，……明季宮女至九千人，內監
至十萬人，飯食不能徧 及，日有餓死者，今則宮中不過四五
百人而已。」

　　且因獨裁，肇使宦寺擅權，亦因此而大為貪瀆，王振籍沒時，金銀
六十餘庫，玉盤百，珊瑚高六七尺者二十餘株；李廣歿後，孝宗得其賂
籍，文武大臣餽黃白米各千百石——黃者金、白者銀也，則視王振尤甚；
劉瑾籍沒，大玉帶八十束，黃金二百五十萬，銀五千萬餘兩，他珍寶無
算。至於黃宗羲所謂之「京奴」，嚴嵩之輩也！嵩敗時，籍沒黃金三萬
餘兩，白金二百萬餘兩，他如以武臣得幸的江彬，籍沒時，黃金七十櫃，
白金二千三百櫃(《廿二史劄記・明代宦官》)[12]。

　　清代「京奴」最著者厥為乾隆時代的和珅，籍沒時，其家產109號，
其中已估價的只有26號，卻有銀2億2389萬5160兩，另外有田地八千餘
頃[13]。但按《清史稿・食貨志》，乾隆五十六(1792)年，歲入、出分別
為銀4359萬兩與3177萬；嘉慶十七(1812)年歲入、出分別為4013萬與
3150萬兩。比較之下，足見和珅貪贓之巨。至於慈禧太后挪用海軍經費
以修頤和園(《清鑑綱目》卷9)與辦理六十壽誕[14]，則為眾所夙知之事。

---

12 另據《廿二史劄記・權奸黷賄》，劉瑾籍沒時，金1205萬7800兩，銀2億5958
　　萬3600兩，錢寧籍沒時，金15萬5000兩，銀498萬兩；江彬籍沒時，金70櫃，
　　櫃1500兩，銀2200櫃，櫃2000兩。關於嚴嵩父子籍沒之財產細目，可讀周石林，
　　《天水冰山錄》。

13 薛福成，《庸盦筆記》卷3，〈查鈔和珅住宅花園清單〉。另據《中國史常識
　　——明清歷史》中〈和珅跌倒，嘉慶吃飽是怎麼回事？〉一文，和珅整個家產
　　折合白銀有8億兩之多；金兆豐，《清史大綱》，第十章，亦作「私家所紀查
　　抄和珅家產，殆不下八萬萬兩」。

14 郭廷以，《近代中國的變局》(聯經出版公司，民國76年)，〈六十年前中日的
　　戰與和〉。

天子獨裁是由於不信任大臣，其後，連身旁「書記」之內閣，亦不信任，尤以崇禎帝爲然。按明代自永樂元(1403)年起設內閣，至崇禎末年(1644)，共任命閣臣164人，其中，崇禎帝在主政的十七年內卻任命了50位，且用拈鬮方法決定[15]，如此五日京兆，豈能作長治久安之經濟政策，終致滅亡。這是由於「皇上惟自用聰明，察察爲務，天下俱壞」(《崇禎實錄》卷17)，其所影響者又何止經濟！

第二節　經濟益趨統制

本書對於「統制經濟」是作鬆弛定義，凡是政府對經濟活動之不當干預均屬之。說到政府對經濟事務的干預或規定，大致可分爲兩類：一爲基本規定；一爲特殊規定。前者是指爲使市場機能順利運行，並使人民在成長經濟中能安祥共存等有關規定，諸如私有財產權，民、刑、商法，社會安全及國防等法規，均屬之。後者是指對明定的產業，企業與市場之限制[16]，當然更包括政府對生產工具的控制。是以，本書所謂的統制，是指後者。

蒙古人初得漢地，中使別迭等言，「漢人無益於地，宜空其地爲牧場，賴耶律楚材之奏，太祖始止」(《新元史》本傳)。由此可見，蒙古征服者心目中，並沒有土地私有觀念，其後滅宋，就將江南田地普遍賜予臣下——包括番僧佛寺。趙翼於《廿二史劄記·元代以江南田賜臣下》，爲元室辯護，認爲「元代之賜田，即南宋之入官田，內府莊田及賈似道創議所買之公田也」，因據該文所載，南宋這一類官田約四萬頃，而元初至元末所賜之田，不到三千七百頃，所以作此結論，並云，「使

---

15 王其榘，《明代內閣制度史》(中華書局，1989)，第五章第三節。

16 J. B. Donges, "Deregulating the German Economy"(Occasional Paper no.15, The International Center For Economic Growth, 1991).

本非官田，而欲奪民產以賜，元政雖不綱，亦未必至此。」

　　元代真是如此？譬如，趙翼所未統計者，伯顏之賜田，前後兩次即達萬頃[17]，而且趙氏於《陔餘叢考‧元時崇奉釋教之濫》中說，元室先後賜田給大承天護聖寺就達32萬4900餘頃（其中16萬2000餘頃來自山東）。其他各寺賜田先後計3880頃；此外，大護國仁王寺之田超過十萬頃，其中「隸河間、襄陽、江淮等地處提領所者，得水地萬三千六百五十一頃，陸地二萬九千五百五頃六十八畝有奇」（《雪樓集‧大護國仁王寺恆產之碑》），當係賜田。因趙氏〈崇奉釋教〉之文中，曾云，至元「二十七年，立江南營田提舉，專掌僧寺貲產」。這些賜田面積，業已超過南宋官田很多，其中當有不少奪自民田，而且該文還說：「白雲宗總攝沈明仁強奪民田二萬頃」——至元時，東平布衣趙天麟上書曰，「今王公大人之家或占民田，近於千頃，不耕不稼，謂之草場，專放孳畜。」（《續通考》）

　　除賜地奪田外，元代屯田規模遠邁前代，計分樞密院、大司農、宣徽院一地方四大系統，前三者屯田為6765頃49畝，後者面積難以統計，惟就舊有屯田區言，以洪澤萬戶府所轄屯田3萬5312頃21畝為最高，就行省言，河南的1萬662頃21畝似為第一（《元史‧兵志》）。

　　土地以外另一更重要生產要素厥為勞動，而元太宗以真定路民戶奉太后湯沐，中原諸路民戶分賜諸王外戚功臣始，統治階層紛紛將民產瓜分，所以世祖平江南後，以江南民戶分賜諸王、貴戚功臣，先後受賜者諸王16人，后妃公主9人，功臣36人！前二類賜戶每家自一、二萬戶起，有多至十萬戶者；後者賜戶自四萬戶以下至數千、數百、數十戶不等（《新元史‧食貨志‧賜眷》）[18]。除諸王貴戚勳臣外，可能亦賜戶予寺院僧侶，

17　參閱蒙思明，〈元代社會階級制度〉，第三章，《燕京學報》專號（1938）。

18　統計見《國史大綱》，第卅五章。

譬如大昭孝寺有永業二萬四千餘戶，大護國仁王寺有人戶三萬七千五十九，杭州寺院佃戶為數至五十萬，楊璉真加（帝師）一人之私民即達二萬三千戶[19]。至於元初將領掠民為私戶，更是比比皆是，所以，趙翼曰，「元初起兵朔漠，崇以畜牧為業，故諸將多掠人戶為奴，課以游牧之事……及取中原，亦以掠人為事」，其中最著者為阿爾哈雅，他行省荊湖時，以降民三千八百戶為家奴，他如東平將校占民為部曲戶，謂之腳寨，擅其賦役，幾四百所（《廿二史劄記》卷30）。元人重視工匠，入汴時本擬屠城，耶律楚材以其中有眾多工匠得免（《元史》本傳）。滅宋後，籍江南民為工匠凡三十萬戶，選其有藝業者十餘萬戶為匠戶（《元史·張惠傳》）。在工部之下，管理工匠的機構計有諸色人匠、諸司局人匠、大都人匠等總管府；內廷更有大量的工匠，並在各地有隨諸路諸色民匠打捕鷹房都總督府（《元史·百官志》）[20]。元代政府及統治階層以民戶為己有，是控制了很多地方農業勞動；其對工匠的控制，是減少了民間手工業或製造業的技工。

所謂生產三要素，除土地與勞動外，還有資本，一般是以資金表示。蒙古人馬所至，輒大肆掠財，平時管理地方，亦專事訛詐，搜括銀錢，稱「撒花銀」，徐霆於其《黑韃事略》中說，「其見物則欲，謂之撒花」，又說，「霆見韃人，只是撒花，無一人理會得買販」，所以，「自韃主至偽諸王、偽太子、偽公主等，皆付回回以銀，或貸之民，而恣其息」。意謂回鶻或胡賈接受蒙古王公的委託，代為放款，利息奇高，年息為100％，採複利計算，所以，《黑韃事略》說，「一錠之本，展轉十年，其息10024錠」，即自第一年至第十年，其本息依次為2、4、6、8、16、32、64、128、256、512、1024錠。這種錢，元初稱「羊羔兒息」，後

---

19 參閱蒙思明，〈元代社會階級制度〉，第四章。
20 參見孫克寬，《蒙古漢軍與漢文化研究》（東海大學，民國59年），〈元史百官志的工匠組織〉。

稱「斡脫官錢」，這可見於《新元史·食貨志》：

> 斡脫官錢者，諸王妃主，以錢借為期，並其子母徵之，元史謂
> 之羊羔兒息，時官吏多借西域賈人息，以償所負，息數相倍，
> 至沒其妻子，猶不足償。耶律楚材奉令本利相伴，永為定例，
> 至元八年立斡脫所掌其應徵之事。

　　這裡所說的事情，是發生於太宗之時，但元人入主中國後，卻是統治階層委託胡賈放高利貸，此所謂「斡脫」，有人認為實即猶太人，屠寄於《蒙兀兒史記·鐵木耳汗（成宗）本紀》中注曰，「斡脫，今譯作猶太，……時有斡脫總督府，其人善於經商，蓋元朝政府貸之以鈔，轉貸於人，間接收其利者」[21]。

　　由以上分析，足見生產三要素均為元代政府直接或間接控制，此外，還有一種在農業社會中可以稱為資本財者厥為役畜，如牛馬等，元代屢次搜括民間馬匹，世祖至元年間三次，共馬22萬9600匹；成宗一次，11萬餘匹；武宗一次，4萬餘匹，仁宗二次，計28萬匹，明宗一次，11萬餘匹。數十年間，括民馬70餘萬匹[22]。

　　明代對生產要素之控制，主要是在土地方面，明初屯田有29萬3582頃49畝（《明會典》）。此外，還有莊田，洪武十年，賜勳臣公侯丞相以下莊田，多者百頃，親王莊田千頃；直屬皇家者稱「宮莊」，洪熙時有仁壽宮莊，其後又有清寧、未央宮莊；憲宗即位，以沒入曹吉祥地為宮

21　關於羊羔兒利與斡脫官錢，請參閱註20，〈斡脫錢與西域人的對華剝削〉，以及袁國藩，《從元代蒙人習俗軍事論元代蒙古文化》（商務印書館，民國62年），〈元代之斡脫官錢與羊羔兒利〉；亦見黃時鑒，《元朝史話》（北京出版社，1985），〈興販營運，百色侵奪民利——斡脫的商業高利貸活動〉。

22　錢穆，《國史大綱》，第卅五章。

中田,「皇莊」之名由此始,其後,莊田遍郡縣;武宗即位,踰月即建
皇莊七;其後增至三百餘處(《明史·食貨志》)。世宗初,派員到順天
府查勘莊田土地,僅此一府,即達20萬919頃(《明會要》)——而宋神宗
元豐八年時,天下官田只有6萬3393頃(《文獻通考》),由此可見明代公
田之多。至於皇莊田地面積,至少在武宗時,就已達5萬3000多頃,其
中極少部分是來自沒收罪臣的莊園,絕大部分是侵奪民田及士兵屯田而
來[23]。明初規定,王府莊田每一王爲1000頃,但世宗子景王侵占土田湖
陂達數萬頃,王無後,其莊田撥歸穆宗子潞王,致其莊田多至4萬頃;
神宗子福王獲賜莊田4萬頃(《明史》本傳)。其他諸王莊田亦多逾制,以
山西省爲例,明代封有晉王、代王與韓王,依例只應有3000頃莊田,但
卻實有1萬2443頃58畝,而且多在土壤較佳之處[24]。由於皇莊、王莊以
及其他統治階層,競用各種手段兼併土地[25],其所佔土地納稅很少,甚
至不納稅,而將稅糧轉嫁到一般農戶身上;據《明會要》,洪武廿六(1392)
年,田地總數爲850多萬頃,到了弘治十五(1502)年,反而減爲422萬多
頃(但據《會典》,則近623萬頃),這消失的一半,顯然爲皇室豪門所兼
併;另據《明會典》,洪武廿六年共徵夏稅秋糧2900多萬石,而弘治十
五年所徵稅糧亦近2700萬石,顯示一般農民的負擔於百年內幾乎增加一
倍,再因這些莊田均爲良田沃土,而一般農民的田地多甚貧瘠,以致其
負擔何止增加一倍[26]。

　　除生產工具中土地爲統治階層控制約半數外,明代還擴大礦產的國
營範圍。自漢武帝將鹽鐵收歸國營起,歷代因之,唐代增加礬之專賣,

23　弘文館出版社編著,《中國史常識——明清歷史》(民國74年),〈什麼叫「皇
　　莊」?〉——另據《明經世文編》卷88,武宗正德十六年,順王王府及北直隸莊
　　田已達「二十萬九百一十九頃二十八畝」,而《明會要》卻將此數字繫於初年。

24　陶希聖,〈明代王府莊田之一例〉,《食貨半月刊》第2卷7期。

25　譬如嚴嵩父子有田地兩萬七千多畝,見周石林,《天水冰山錄》。

26　弘文館出版社編著,《中國史常識——明清歷史》,〈什麼叫「皇莊」?〉。

其後，國家控制之礦冶，再增加金、銀、銅礦[27]。明代官營礦業擴大，計有金、銀、銅、鐵、錫、鉛、珠、水銀、硃砂、青綠、煤炭等[28]，但明初諸帝多不欲開礦，例如太祖曰，「銀場之弊，利於官者少，損於民者多，不可開」，成祖亦斥河池民言採礦者，仁宗與宣宗且填番禺坑洞，罷嵩縣泥溝礦（《明史‧食貨志》）。但至神宗時，卻礦使四出，稅局林立，「求礦不必穴，而稅不必商，民間邱隴阡陌皆礦也，官吏農工皆入稅之人也」（《明史‧田大益傳》）。這種擴大礦冶工作，是始於萬曆廿四（1596）年六月，其成本為政府與人民負擔，譬如該年命戶部與錦衣衛一同開採，其後多如此，在開採之中，則是「富者編為礦頭，貧者驅之墾采」（《明史紀事本末‧礦稅之弊》），但開採所得卻均入於內庫（《定陵註略》卷4）。這種擴大採礦的行動，是與民爭利，所以馮琦奏曰，「陛下欲通商，彼等（礦使）專困商」，「至於富民更蒙毒害，或陷以漏稅竊礦，或誣以販鹽盜木，布成詭局，聲勢赫然，及其得財，寂然無事」（《明史》本傳），於是激發一連串的民變與兵變：萬曆廿七年閏四月臨清民變；廿八年正月武昌民變；廿九年三月武昌民再變，五月新會民變、珠池盜起，六月蘇州民變，九月景德鎮民變；卅一年十二月，山西廣昌縣民變；卅四年正月雲南民變；卅六年四月遼東前屯衛軍變，六月錦州軍變；四十二年四月福州民變（《定陵註略》卷5）。

　　明代對於土地的直接控制，雖然妨礙農業的發展，但對元代嚴格控制的工匠制度，卻大為放鬆，即將工匠分為二等，一曰輪班，「三歲一役，役不過三月，皆復其家」；一曰住坐，「月役一旬，有稍食」（《明史‧職官志》）；其餘時間，則由工匠自我運用。這種工匠自由化，有助於明代工業發展。

27　參見侯家駒，《中國財金制度史論》（聯經出版公司，民國77年），第八章。

28　龔化龍，〈明代採礦事業的發達和流毒〉（下），《食貨半月刊》第1卷第12期。

　　清初對於土地之掠奪，厥為圈地，據（《清史稿‧食貨志》），「順治元年，……定近京荒地及前明莊田無主者撥給東來官兵，圈地議自此始……二年，令民地被指圈者速籌補給，美惡維均。四年，圈順直各州縣地百萬九千餘晌，給滿州為莊屯。……八年，帝以圈地妨民，諭令前圈占者悉數退還。十年，又令停圈撥，然旗退荒地與游牧投來人丁，仍復圈補，又有因圈補而並圈接壤民地者。康熙初，鰲拜專柄，欲以正白旗屯莊予鑲黃旗，而別圈民地圈補，……。聖祖親政，諭停止圈地，本年所圈房地俱退還。」

　　由此看來，清初圈地，至康熙六（1667）年聖祖親政時，才真正停止，其所退還的圈地，亦只限於當年所圈者。其實這種圈地方式，不僅實施於近畿，也且推行於各省，據清初《大清會典》，順治元年「題准圈撥地畝，按州縣大小，定圈地多寡，滿州自聚一方，阡陌室廬、耕作牧放，互助友助，令旗民各安疆理」[29]，這就是以後旗地或旗人區域之由來。不過，圈地比例應以畿輔地區為最高，前引《食貨志》資料，所云「圈順（天）直（隸）各州縣地百萬九千餘晌」（一晌六畝），僅指順治四（1647）年一年所圈面積。至於其總面積，有人研究，順治初年，是在近京五百里內，東起山海關，西到太行山，南至河間，北至長城的廣大地區內，不論有主無主，肆意大規模地圈占，圈地所到之處，主人立即被趕走，房屋田產全被掠奪，圈地計進行三次，共圈占用地16萬6665頃（似指畿輔而言），許多州縣百分之七、八十的田地被圈占，殘留的是一些薄鹹欠收，旱澇無常的貧瘠土地[30]。

　　畿輔被圈田地16萬6000餘頃的主要分配，是「各旗王公宗室莊田都萬三千三百餘頃，分撥各旗官兵都十四萬零九百餘頃」（《清史稿‧食貨

---

29 引自《古今圖書集成‧田制部》。
30 弘文館出版社編著，〈清初的圈地和「投充」是怎麼回事？〉（《中國史常識——明清歷史》）；並參見王慶雲，《石渠餘紀‧紀圈地》。

志》)。這些數字是來自《清通考》，順治初年，在畿輔三次撥給八旗(包括蒙古與漢軍)壯丁地14萬128.62頃(由畝折算)，另八旗宗室莊田1萬3338.41頃，計共15萬3467.03頃；屬於內務府的官莊，係近畿百姓帶地來投者，計立莊132(另有不立莊之285戶)，若按康熙年間每莊給地18頃計算，則至少有2376頃。另據《清會典》，八旗另有牧廠草場，譬如正藍旗牧馬廠地等莊，東西三十里，南北五十里。各省圈地面積不詳，但盛京方面於乾隆四十八(1778)年，退圈地達7724.7頃(《清通考》)。

此外，還有屯田，雍正二(1724)年，各省(不含新疆)屯田39萬4527頃99畝9分7釐(《清通考》)，比明初屯田還多出10萬多頃。連同前述畿輔之圈地，則清室直接控制的田地至少為56萬多頃——馬奉琛於《食貨半月刊》4卷6、8、9期，連續發表〈清初滿漢社會經濟衝突之一斑〉，除圈地外，還論及投充、投旗、領本貿易、京師圈房與分城居住等情況，更看出滿人對漢人之壓榨。

第三節　社會益趨管制

元人主政，蓄意製造種族性之四大階級：一為蒙古，亦稱國人，地位最高；次為色目，包括西域各部族，亦稱諸國人；第三等為漢人，指原受金人統治者，其中還包括高麗人；第四等為南人，即南宋所統治者，地位最低。而且社會上還有十色(即十等)之說，即按地位遞降排列而得一官、二吏、三僧、四道、五醫、六工、七獵、八民、九儒、十丐[31]。

單就四大階級看，其不平等待遇可下列事實看出：

---

31 鄭所南，《心史》；趙翼，《陔餘叢考》，卷42。關於「十色」之說，《世史正綱》於宋德祐二年載，「蒙古江南人為十等」，並云，「按宋謝枋得曰，大元制典，人有十等，一官二吏，先之者貴之也，……七匠八倡九儒十丐，後之者賤之也」。

　　從參政權看，計有下列不平等待遇：(1)各級官署首長，蒙古人優先，次爲色目人，而漢人、南人不與焉，《元史・百官志序》云，「其長則蒙古人爲之，而漢人、南人貳焉」；(2)一般高級官員，亦多爲蒙古或色目人所專有，葉子奇曰，「天下治平之時，臺、省要官皆北人爲之，漢人、南人，萬中無一二，其得爲者，不過州縣卑秩，蓋亦僅有而絕無者也」（《草木子》）；(3)管轄軍事則專任蒙古人，色目人已極少，而漢人、南人則絕不與也，徐霆於《黑韃事略》中註曰，「若行軍用師等大事，祇韃主自斷，又卻與其親骨肉謀之，漢兒及他人不與也」。

　　從刑罰規定看，彼此有很大差異：《元史・刑法志》云，「諸蒙古人因爭及乘醉毆死漢人者，斷罰出征，並徵燒埋銀」，但漢人即使只是毆傷蒙古人，即可致殺身之罪（〈董俊傳〉）；還曾有命令，「蒙古人毆打漢兒人，不得還報」（《通制條格》）；早於成吉思汗時就曾下令，殺一回教徒者罰黃金四十巴里失，而殺一漢人，其償值僅與一驢相等（多桑《蒙古史》卷2）[32]。

　　對於漢人（含南人），元人多方猜忌與提防，特立里甲之制，二十家爲一甲，以蒙古人爲甲主以監視之，衣服飲食惟所欲，童男少女惟所命（《爐餘錄》）。並立許多禁例：例如，(1)元世祖禁漢人持兵器、禁江南人民挾弓矢，甚至到順帝時，還禁漢人、南人執兵器（《世史正綱》）；(2)世祖時，禁江南農家用鐵禾叉（《農田餘話》卷1）；(3)禁習武藝（《元史・英宗紀》）；(4)禁田獵（《元史》世祖、仁宗、英宗紀）；(5)禁集眾買賣（《元典章》）；(6)禁集眾祠禱；(7)禁夜行（《元史・刑法志》）——至順帝時，更變本加厲；(8)禁漢人、南人，不得學習蒙古、色目文字；(9)曾兩次頒發悉括漢人、南人馬匹之令（《元史》本紀），這可能由於世祖至元二年禁漢人（嗣後定將擴及南人）騎馬（《大元馬政記・馬政雜例》）。

32　參見蒙思明，《元代社會階級制度》，第二章。

這些種種歧視，當然引起漢人不滿，亦就對蒙古官吏消極不合作，例如「蒙古人員因公在外，經行去處，百姓不肯應副（付）喫底（的），亦不與安下房舍」（《通制條格》卷28），導致社會對立與緊張。

元室對漢人、南人的歧視，越來越爲嚴格，是有其原因，蓋因漢人、南人中狡黠者與官員勾結，從而致富，例如「都城豪民，每遇假日，必以酒食招致省憲僚吏翹傑出群者欵之，名曰撤和（或即「撤花」）。……又江南有新官來任者，巨室須遠接，以拜見錢與之」（《山居新語》），「既平江南，以兵戍列城，其長軍之官，皆世守不易，故多與富民樹黨，因奪民田宅、居室，蠹有司政事」（《元史・兵志》）；在另一方面，原先高高在上的蒙古人，竟淪爲奴婢，例如，英宗曾「敕蒙古子女鬻爲回回、漢人奴者，官收養之」（《元史》本紀）。所以，元人政府採取很多對策，例如裁汰富人白身入官者之明令屢降，官錢贖養蒙人爲奴者之詔旨頻頒；增加江南地主之賦稅以殺其力，先科商賈末技以差役而削其富[33]。

明代爲漢人主政，並無歧視之舉，但卻蔑視人權，這可從太祖與成祖的殘酷行爲看出，太祖征婺州時，有人獻能詩少女，太祖云，「我取天下，豈以女色爲心，誅之於市，以絕進獻」，後擬納熊氏，有人諫曰，「熊氏已許參議楊希聖」，帝怒「命壯士以刀碎其齒」，不久，以故「劓希聖之鼻」。成祖更盡殺忠於建文的大官，多爲族誅，且將其女眷貶入樂戶、教坊，任人蹂躪[34]。其後，對大臣廷杖，列爲定制，可爲明例。甚至還蔑視人類的生存權，以殉葬言，自南北朝至隋唐宋元四代，用人殉葬的事，不見於記載，可能已大加革除，或大爲減少，但明代卻又實行生人從死[35]，例如，《明會要》卷17載，「英宗崩，遺詔罷宮妃殉葬。初、太祖崩，宮人多從死者。歷成祖、仁宣二宗皆用殉葬，多者

---

33 蒙思明，《元代社會階級制度》，第三章第二節。
34 李思純，《江村十論》（弘文館出版社，民國74年），〈說殉葬〉。
35 明人鄧士龍輯，《國朝典故》中〈國初事蹟〉與〈立齋閒錄〉。

至數十人。景泰帝以郕王薨，猶用其制。至是，遺詔罷之」；藩主亦有妻妾從葬者(《明史·周王有燉傳》)。

其次爲蔑視人民的居住權，有明一代除以狹鄉之民遷於寬鄉外，還曾大量移民，主要是強迫富戶遷徙，例如太祖於吳元(1367)年，徙蘇州富民實濠、梁；洪武三(1370)年，徙北平山後民三萬五千五百餘戶，散處諸府衛，籍爲軍者給衣糧，民給田，又徙沙漠遺民三萬二千八百戶屯田北平，並遷江南民十四萬戶於鳳陽；廿四年，「徙富民實京師。上懲元末豪強侮貧弱，立法多右貧抑富。至是，命戶部籍浙江等九布政司，應天十八府州富民，萬四千三百餘戶，以次召見，悉徙其家以實京師，謂之富戶」。成祖亦如法炮製，永樂元(1403)年，徙直隸、蘇州等十郡，浙江等九省富民實北京；二年，徙山西民萬戶實北京；三年，又徙山西民萬戶實北京，再徙直隸、浙江民二萬戶於京師，充倉腳夫(俱見《明會要》卷50)。

明太祖出身貧寒，可能對於富人有嫉憤之情，而且亦受到元末義軍中(如徐壽輝)「摧富益貧」口號之影響[36]，從而形成其「抑富右貧」政策，上述強迫富戶遷徙，即是遵循此一政策，而此「抑富」政策，亦表現在糧長制度上，該制始於洪武四年，以田多者爲糧長，專督其鄉賦稅。亦即包納賦稅，以致賠累不堪，世宗初，御史馬錄上疏曰，「江南之民最苦糧長，白糧輸內府一石，率費四五石」；嘉靖六(1527)年，尚書李承勛奏，「上司過刻者，視糧長爲寇仇，兌軍起運，包賠無算。家有千金之產，充糧長一年，有即爲乞匄者矣。家有壯丁十餘，充糧長一年，有即爲絕戶者矣。以致民避糧長之役，過於謫戍，官府無如之何。或有每歲一換之例，或爲數十家同充之條，始也破一家，數歲，則遍鄉無不破矣」(《明會要》卷51)。在這種情況下，使富民亦淪爲逃戶，宣宗宣

---

36 陳高華，《元史研究論稿》(中華書局，1991)，〈元末起義農民的口號〉。

德三(1428)年，定制：富戶逃者，發邊充軍；官司隱匿者，坐罪(《明會要》卷50)。

明太祖「右貧抑富」政策，在其主政時就已變質，這可表現於「贖罪」上。太祖即位之初，主要是以力役贖罪，但於洪武廿三年卻諭曰，「自今惟犯十惡並殺人者論死，其餘死罪，皆令輸粟北邊以自贖」；宣宗宣德二年諭，「今官吏軍民入未贖罪，自死罪至笞四十分十等，納米百石至二百石有差。納者，贓罪得不死，徒流以下皆復用；不能納者，雖笞杖久繫不釋」；憲宗時還定「納豆、納馬贖罪例」(《明會要》卷67)。按贖刑始自春秋，歷代多有，例如《唐律疏議·名例》中述及絞、斬二死刑，可以120斤銅贖之，但就明太祖「右貧抑富」理念而言，著實是一大諷刺，而且還變本加厲地反映在捐納為官上。

明人王圻曰，「貲算入官，昉於西漢，……唐、宋以來，亦間行之，大抵由軍興頓置，非得已也。我朝宣德以前，科貢之途入太學者，猶須精擇。至於景泰時，始開生員納粟、納馬入監之例，然是時多不過八九百人。……近年(諒係萬曆年間)太僕缺馬，戶部缺邊費，開例益濫，市井恆人，皆得借俊秀名目，輸粟入監，注選銓部者至數萬人」。按王圻所言，主要是指捐貲入國子監，其中亦有「注選銓部者」，事實上，明代納貲為官，比比皆是，始於代宗景泰元(1450)年，令軍民輸納者給冠帶，官吏罪廢者，輸草於邊得復職；次年，令民輸納者世襲武職；英宗天順八(1464)年，開納粟例，令胥吏得就選，富民授散官；萬曆中，殿閣中書無不以貲進者(均見《明會要》卷49)。就在「贖罪」與「納貲」交互運用下，金錢力量經常紊亂社會階層與倫理，令人啼笑皆非，譬如弘治十六(1503)年，御史劉洪奏：「浙江人張悅以罪發充軍，託病回籍醫治，至家援例納粟，授衛指揮，請革職，仍發原伍，其浙江布政司官許令納粟者，亦宜逮問」(《明會要》卷64)。

這種「錢可通神」的做法，固然牴觸明初「右貧抑富」的宗旨，但

卻有二效益：一爲「贖例，所以濟(明)法之太重也」(《明史・刑法志》)；
一爲增添社會階級的流動性。但因贖罪與納貲俱掌握於統治階層之手，
以致加強其對社會的管制，並削弱社會公平。

滿清原爲落後部族，其對人類生命之踐踏，尤甚於明室，太祖尤嗜
殺，「凡殺遼人十次，初殺貧人，後殺富人、惡人(即識字者)，名目不
一。有一次，殺不畜豬犬者，家無六畜，其意在逃也。遼人百僅存一」
(葉夢珠，《閱世編・紀聞》)。入關後，揚州十日，嘉定三屠，更是殺人
盈城。而且清初諸帝(由太祖至世祖)去世時，有后妃侍臣殉葬，皇后及
諸王(如岳託、多爾袞)死時，有侍女從死[37]；甚至八旗中下級官員棄世
時，亦有人生殉，據《清鑑綱目》，康熙十二年，才詔禁八旗奴殉主葬，
因「八旗舊俗，包衣佐領以下，奴僕皆隨主殉葬，至是，詔禁除之」。

滿人奴僕中，有很多爲漢人，蓋因太祖極端排漢，得漢人即分賜滿
人爲奴[38]。入關後，則強迫漢人投充，所謂「投充」，指的是滿清統治
者用威逼、恐嚇等方式，強迫失去土地而飢寒交迫的漢人投入滿族權要
門下，爲其耕田種地和供其役使；也有一些漢人唯恐田地房屋被圈占而
帶地投充。投充人於清初約有四五萬人。連同東北遷來的「壯丁」、俘
虜及置買奴僕，在北京附近就有近四十萬丁，是莊田的主要勞力[39]。有
些投充者，尚挾滿人之勢，以欺壓漢人，譬如順治四年三月，諭曰：「近
聞漢人不論貧富，相率投充。甚至投充滿洲之後，橫行鄉里」(《東華
錄》)──狐假虎威者尚如此，真正的滿人對漢人豈不是更狠似虎狼！

是以一般的漢人，亦深受不平等待遇，清高宗自己亦承認，「開國

---

37 馬奉琛，〈清初滿漢社會經濟衝突之一斑(三)〉，《食貨半月刊》4卷9期。

38 錢穆，《國史大綱》，第四十三章。

39 弘文館出版社編著，〈清初的圈地和「投充」是怎麼回事？〉(《中國史常識
　　──明清歷史》)；並參見王慶雲，《石渠餘紀・紀圈地》。馬奉琛，〈清初
　　滿漢社會經濟衝突之一斑(三)〉，《食貨半月刊》4卷9期。

之時，滿漢自有歧視」（乾隆五十六年《東華錄》）。這些歧視，除第一節
所述的結社集會之禁止，大興文字獄，以及第二節所云圈地外，還有其
他不平等待遇；首先是強迫漢人改衣冠之制，漢人素重衣冠，此所以孔
子曰，「微管仲，吾其被髮左衽矣」（《論語‧憲問》），而滿人入關，
卻強迫漢人薙髮，當時江南有「留頭不留髮，留髮不留頭」之言，殘忍
的「嘉定三屠」，就是漢人抗拒薙髮的悲壯故事（當時，江陰居民亦因「護
髮」而作大規模的反抗）；其次是即使漢人為官，其品等亦低於滿人，例
如滿洲大學士為一品，漢大學士僅係正五品，至康熙九年才改為二品，
該年並定滿洲郎中三品，員外郎四品，漢郎中與員外郎則只為正五、從
五品；第三，禁止漢人養馬，至康熙十年，才取消此禁令（俱見《清鑑綱
目》）；最後是禁漢人用鳥槍（《清史稿‧馬際伯傳》）。

　　在另一方面，對於滿人，清室則刻意呵護，除於入關時縱容彼等圈
地外，還常以布、棉、米賑濟八旗貧民，並且經常以鉅額內帑銀賑濟八
旗窮兵，世宗曾於雍正五年諭曰，聖祖曾發帑金五百四十餘萬兩，一家
賞至數百……其後又賜帑金六百五十餘萬……朕即位以來，賞給八旗兵
丁一月錢糧者數次，每次三十五、六萬」；對於旗下兵丁貧無妻室者，
官給貲嫁娶，無房屋者協助解決；滿人犯罪亦從輕發落[40]。

第四節　中學西傳與歐風東漸

　　中國與西方之接觸雖早，但接觸面較小，主要是限於波斯系統，而
西人能言中國者亦少，自元代起，則大為不同，這是由於元人混一歐亞，
自山海關至布達佩斯（今匈牙利首都），自廣州至巴士拉（中東港口），均在

40　王慶雲，《石渠餘紀》（北京古籍出版社，1985），〈記旗人生計〉；陳登原，
　　《中國文化史》（世界書局），卷四第三章。

一個政治主權統治之下，只要能通蒙古語，就可由中國前往歐洲，這在歷史上是空前與絕後的。橫貫中亞細亞道路，在元代比從前任何時期更爲繁榮，大汗的宮廷，尤其充滿了歐洲人和回教徒，他們均技有專精，可爲世用。東西兩大文化，中國系（朝鮮、日本、越南均屬之）與希臘羅馬系（今歐美各國均屬此系），以前皆獨立發展，不相聞問，至此乃發生接觸[41]。中國之四大發明中之三種，均於此一期間傳入歐洲。

四大發明中之造紙術，是於八世紀中葉，因唐將高仙芝所率大軍，在怛羅斯河附近爲大食人擊敗，被俘之唐軍中有造紙之技工，由是造紙技術傳播於中歐，而於12世紀傳至歐洲[42]。至於印刷術，則經由元人西征而傳至歐洲，其中還包括紙鈔與紙牌[43]。中國人發明之航海羅盤針與火藥，亦由元人傳入歐洲[44]。於此可見，中國四大發明之中的三種，是經由元人傳入歐洲。此外，中國人之算盤，亦由蒙古人傳至東歐[45]。

一般說來，兩個文化系統的接觸，最先相互學習的，厥爲科技，最後才是思想方面，中學西傳亦是如此，朱謙之曾將中國與歐洲文化接觸過程，劃分爲三大時期，第一時期是物質接觸（四大發明之西傳）；第二時期爲美術接觸，主要始於16世紀，中國的瓷器、漆器、風景畫及園林，次第傳入歐洲；第三時期爲思想接觸，亦始於16世紀，但於末葉，開始介紹中國經典給歐洲人[46]。第一本譯成歐洲文字（西班牙文）的思想性著作，乃是范立本所編的《明心寶鑑》，內有孔、孟、荀子、老莊、朱熹

---

41 李約瑟，《中國之科學與文明》（中譯本），第一冊，266頁；張星烺，《中西交通史料彙編》，第二冊，〈元代中西交通總序〉。

42 劉伯驥，《中西文化交通小史》（正中書局），第七章第二節。

43 張星烺，第七章第三節。

44 同上。

45 朱謙之，《中國思想對於歐洲文化之影響》（時代書局重印本），〈前論〉，第二編第一章；方豪，《中西交通史》（現代國民基本知識叢書），第三冊第十一章。

46 朱謙之，《中國思想對於歐洲文化之影響》，〈前論〉，第二編第一章。

等人言論,出版於1592-95之間,但四書譯本,則由利瑪竇於1591-94年,用拉丁文譯成,其後有多種中國經典被譯出[47]。在此期間,歐洲人士對於中國極爲嚮往,對於中國物質之歆羨,馬可索羅遊記可爲代表;在制度上,亦極爲推崇,L. A. Maverick於其1964年出版的《中國——歐洲楷模》(*China--A Model for Europe*, Texas)一書中,曾追敍當時歐洲的中國熱。其時,著名哲學家萊布尼茲與伏爾泰,法學家孟德斯鳩,經濟學家魁斯奈,均極醉心於中國文化——惟伏、孟二氏於晚年,對中國由推崇轉爲批判[48]。所以,有人認爲歐洲的文藝復興,受到中國文化的影響,即在13至16世紀,中國文化曾給文藝復興以物質的基礎,其後則給予精神基礎[49]。

　　上述歐洲啓蒙運動中的魁斯奈,爲重農學派領袖,主張完全競爭,其所以如此,是接受中國孔孟的自由經濟思想與荀子(及秦漢)的重農觀念;而近代經濟學鼻祖亞當　史密斯所著《國富論》,在市場機能方面,咸認是受到魁斯奈的影響,甚至於接受司馬遷於《史記·貨殖列傳》中所表達的經濟思想,以致當代的自由經濟學說,實以中國先秦與漢初儒家爲濫觴[50]。

　　元代中國與歐洲的密切往來,隨元亡而中止,直至明代中葉,亦即明武宗之時,葡萄牙人才來叩關,時爲正德十二(1517)年[51]。然後是耶穌會連續派人來華傳教,最先抵華的是范禮安,他於萬曆二(1574)年來華(其時葡人已佔澳門),但其後較爲著名的乃是萬曆十年來華的利瑪

47　王游,《明清之際中學之西漸》(商務印書館,民國68年),第二章。

48　朱謙之,《中國思想對於歐洲文化之影響》,〈前論〉,第四章。

49　同上,〈前論〉,第一編。

50　參見侯家駒,《先秦儒家自由經濟思想》(聯經出版公司,民國74年重訂再版),附錄中,〈儒家思想與經濟發展〉;以及侯家駒,〈經濟思想的中學西傳與西學東漸〉,《東吳經濟商學學報》第13期。

51　張星烺,《中西交通史料彙編》,第二冊,第137節與第151節。

竇，對於中歐文化交流卓有貢獻。明末來華的耶穌會士，以湯若望與南懷仁最著，自明崇禎至清康熙，均曾供職於欽天監，以後直至清道光十七(1837)年爲止，除教難時期外，欽天監監正一職，均由耶穌會士擔任；南懷仁後，仍有不少耶穌會士來華，且也帶來不少科技文明[52]。大致說來，明清兩代，歐洲傳來中國的知識，主要是在天文學與曆學、數學、機械工程學與物理學、軍器與兵制、生物學與醫學、地理方面[53]。

　　但是，這一時期來華的歐洲人士，不外商人與傳教士，由於中國文化優越，國勢強盛，商人只能在服從中國政府的規範下，作小規模的貿易以賺取巨額利潤；傳教士亦只有尊重中國固有的習俗與文化，利用西方科技以取信於國人，以便於傳播基督福音。實際上，中國與歐洲各國的人民與政府，彼此仍然陌生，成爲兩個互不了解的世界[54]。18世紀末期，歐人對中華文化的狂熱，開始消失，而中國國力亦因清高宗的好大喜功而大幅減退，但尚未自覺，仍以天朝自居，孰不知歐人已經看穿中國虛實，再加其帝國主義正方興未艾，所以，就在道光二十(1840)年發生鴉片戰爭，從此，清廷被迫與外國簽下一連串喪權辱國的不平等條約，亦才使國人大夢初醒，接受西方文化，最先只是震驚西方的船堅炮利，而要師夷之長以制夷，故有自強運動的發生，但於甲午戰爭中失利後，國人有更深一層的覺悟[55]，認爲須從制度改革做起，所以有康梁變法，畢竟敵不過既得利益集團，不旋踵而失敗，終而導致清室覆亡，從而亦結束中國的專制王朝。就經濟發展角度言，自鴉片戰爭前後起，中國產業結構暨產銷技術，亦有很大變革，成爲這個第三次一元體制時期

52　朱謙之，《中國思想對於歐洲文化之影響》，第二章。

53　方豪，《中西交通史》，第四冊。

54　李定一，《中國近代史》(民國48年)，第一章。

55　參見王爾敏，《中國近代思想史論》(商務印書館，民國84年)，〈清季知識分子的自覺〉。

的最大特色之一——這些將詳述於第廿一章附錄之中。

第五節　元代經濟擴大掠奪與明清對經濟的干預

　　元代政治爲中央集權,在經濟上控制土地、勞動、資金等生產工具,在社會上歧視漢人與南人,所以,在統治階層大事掠奪之時,全國經濟在區域經濟發展上極不平衡,所以,韓山童於順帝至正十一(1351)年舉事時,發出「貧極江南,富歸塞北」怨語(《草木子》卷3)。

　　除區域經濟發展失衡外,且因統治階層掠奪,引發官商勾結,從而導致貧富不均,譬如余闕說,「吳人之兼併武斷,大家收穀歲至數百萬斛,而小民皆無益藏」[56];「豪民陳清,素武斷鄉曲,……家貲累鉅萬[57];上都富民張弼殺人繫獄,賄賂「鉅萬萬」(《元史·楊朶兒只傳》);松江曹夢炎,僅所占澱山湖田即達數萬畝,積粟百萬,郡邑官爲之驅使,北人稱爲富蠻子[58];丁砂瞿霆發,有田二千七百頃,並佃官田,共及萬頃(《山居新語》);「泉州揚客爲海賈十餘年,致貲二萬萬」(《夷堅續志》丁)。就在這種貧富不均情況下,所以,只要有人揭竿而起,「人物貧富不均,多樂從亂」「當時貧者從亂如歸」(《草木子》卷3),連明太祖後來諭群臣亦曰,「曩與卿等初起鄉土,本圖自全」(《明大政纂要》卷2),可見元末群雄起事,除民族革命外,尚有經濟因子,陝西行台中丞張養浩有一首歌謠,道盡當時人民的悲慘生活[59]:

56　《青陽先生文集·憲使董公均役之記》。

57　《王忠文公集·僉庸田司事王公行狀》。

58　《農田餘話》上卷。

59　引自郭摩林、張立英,《華夏經濟春秋》(安徽人民出版社,1986),〈貧極江南富歸塞北〉。

　　哀哉流民！如鬼非鬼，如人非人。

　　哀哉流民！男子無褐袍、女子無完裙。

　　……

　　哀哉流民！死者已滿路，生者與鬼鄰。

　　哀哉流民！一女易斗粟，一兒錢數文。

　　即使是一般居民，其生活煎熬亦不下流民，元代詩人迺賢的〈新鄉媼〉，亦是寫得很沉痛[60]：

　　蓬頭赤腳新鄉媼，青裙百結村中老；

　　日間炊黍餉夫耕，夜紡棉花到天曉。

　　棉花織布供軍錢，借人輾穀輸公田；

　　縣裡公人要供給，布衫剝去遭笞鞭。

　　兩兒不歸又三月，只愁凍餓衣裳裂；

　　大兒運木起官府，小兒擔土填河決。

　　茅棚雨雪燈半昏，豪家索債頻敲門；

　　囊中無錢瓮無粟，眼前只有扶床孫。

　　明朝領孫入城賣，可憐索價旁人怪；

　　骨肉分離豈足論，且圖償卻門前債。

　　數來三日當大年，阿婆墳上無紙錢；

　　涼漿澆濕墳前草，低頭痛哭聲連天。

　　不過，元代經濟亦有其光明面，譬如〈新鄉媼〉詩中所云的「棉花

---

60 引自黃時鑒，《元朝史話》（北京出版社，1985），〈片帆鯨海得風歸，千柚烏涇奪天造——黃道婆和棉紡織技術的改進〉。

織布」，就是指元代棉紡業的發達。按棉紡技術是由黃道婆傳至江南，這與元室政策不太有關，但是，元人由於縱橫歐亞，對於海運亦連帶予以重視，從而有助於擴展對外貿易與改變漕運方式——均將詳述於第廿一章有關各節之內。

　　元代經濟業已凋敝如此，而明人於比較之下，且生歆羨之心，明末人士所著《無名氏筆記》曾云，「勝國時，法綱疏闊，徵稅極微，吾松僻處海上，稱樂上(尚)富，民以豪奢相尚，衣雲肩通袖之衣，足穿嵌金皂靴，宮室用度往往踰制。一家雄據一鄉，小民懾服，稱為野皇帝，其墳塋至今稱為某王墳。名士逸民都無心仕進，終元之世，江南登進士者止十九人而已。入明朝來，吾郡元魁繼出，文獻甲於天下，第民苦賦役，十室九空，無復往時豪富之風矣(《甲戌叢稿》)。其所謂「賦」是指田賦，至明末因加徵遼餉、練餉、剿餉、助餉，而使人民不堪負擔[61]；——單就遼餉支出言，崇禎二年已達銀513萬兩，次年更增至870餘萬兩[62]。在力役方面，「役一著肩，家便立傾，一家傾而一家繼，一家繼而一家又傾，輾轉數年，邑無完家矣」[63]。所以，李闖草檄中所云，「獄囚累累，士無報禮之心；徵賦重重，民有偕亡之痛」[64]，是有幾分事實的。

　　除苛捐雜稅及佔據田地外，明代為維護其政權，曾經頒布若干妨礙經濟發展的禁令，譬如鎖海與禁耕。關於前者，是由於防止竄居沿海島嶼的方國珍、張士誠餘黨勾結倭寇侵擾，危害剛建立的朱氏政權，所以，明初即厲行「海禁」政策，「片板不許入海」「海濱居民不許與外洋番人貿易」[65]，凡「將人口軍器出境及下海者絞」[66]；世宗嘉靖二年，夏

61　趙翼於《廿二史劄記》中記載「明末遼餉剿餉練餉」，而《明史‧食貨志》另記有「助餉」。

62　劉階平，《從白陽傳疏論晚明軍政》(商務印書館，民國58年)，頁32。

63　《明經世文編》卷39，〈革大戶行召募疏〉。

64　《通鑑輯覽明季編年》(台灣文獻叢刊，台灣銀行經濟研究室)，「甲申歲」。

65　民國《福建通志》卷267，《明史‧朱紈傳》亦有此說。

言云，「倭患起於市舶」「遂罷之」（《明史・食貨志》）。至於後者、可以鄖陽地區爲例，該地處於湖廣、河南、陝西、四川四省交界「土地肥沃，但因自元末起一直是叛亂的根據地，所以，明初派重兵趕出全部居民，「空其地」，嚴禁農民進入，但常有人違禁進入開發，至英宗末年，當地流民已達150萬人以上，明室派兵驅逐，至憲宗即位時，激起民變，成化二(1466)年敉平；但仍難禁止，成化六年，流入之農民達90萬人，爆發第二次民變；平定後，又有很多農民衝入，朝廷乃於成化十二年改爲安撫，建立鄖陽府，增加很多墾地。明末徐霞客於其《遊記》中，描述開發後的鄖陽景色說：「連逾山嶺，桃李繽紛，山芰夾道，幽艷異常，山塢之中，居廬相望，沿流稻畦，高下鱗次」，將如此肥美地方棄而不顧，是多麼可惜的事。總而言之，爲政治理由而鎖海禁耕，妨礙貿易與農業發展，亦即削減人民應該享有的經濟福祉。

無獨有偶地，清代亦在鎖海與禁耕上和明代如出一轍，其理由亦多在政治面。清初，爲防止鄭成功從海上與沿海人民結合。順治十八(1661)年，清廷正式發布「遷海」令，北起北直(河北)，中經山東、江南(江蘇)、浙江，南至福建、廣東，共六省，將沿海居民內遷，其房舍全部焚燬，遷居處與海岸線的距離，越遷越遠，凡三遷而界始定(《漫游紀略》卷3)，這些距離各地不一，例如山東爲四十里，福建爲三十里，廣東爲五十里[67]，一直到康熙廿二(1683)年才廢除[68]。清代頗重墾荒，順治十年與十二年，曾「准遼東招民開墾，有能招至一百名者，文授知縣，武授守備」[69]，但此後卻視東北爲滿人禁臠，禁漢人墾種，甚至於很多地方，滿人亦不得開墾，據《清史稿・食貨志》，「康熙二十五(1686)

---

66 《唐明律合編》卷8，〈明律、兵律〉。
67 李龍潛，《明清經濟史》（廣東高等教育出版社，1988），頁297。
68 同上，頁340。
69 《古今圖書集成・食貨門・田制》。

年，以錦州鳳凰城等八處荒地，分給旗民營墾，又遣徒人屯種盛京間壤。二十八年，定奉天等處旗民，各守田界，不得互相侵越。……（乾隆）五十五（1790）年，令奉天自英額至靉陽邊止，丈荒分畀城旗之無田者，除留圍場，葠山餘均量肥瘠配給，禁流民出口私墾，……。嘉慶十六（1811）年，令各關詰禁之」。其所謂「遣徒人屯種……」，是指因犯罪而充軍到東北的臣民，被強迫農耕，其中主要爲漢人[70]，顯示漢人只能以因犯身份才可以在東北（爲官方）墾種。〈食貨志〉云，乾隆五十五年才「禁流民出口私墾」，其實，正式禁令至少要上推到乾隆十一年，當時曾下令禁民出山海關[71]。其所以禁止開墾，除因係「圍場」、「葠（人參）山」外，還有出產東珠、貂皮，以及風水與邊防等理由[72]。無論如何，鎖海與禁耕，同樣地影響到清代貿易與農業的發展，而且其「遷海」政策對民生的傷害，尤過於明代，不僅其面積廣袤，囊括了絕大多數的海岸，而且由於焚居與格殺，使沿海人民生計與生命俱受到甚大的威脅，蓋因邊界確定後，即將界外民舍全焚，限居民二天內遷走，逾期派兵驅逐，若藏匿、違抗，立即格殺，其中尤以閩粵最爲嚴酷，如在福建，「令下即日，挈妻負子載道路，處其居室，放火焚燒，片石不留，民死過半，枕籍道塗」[73]。粵、閩、浙三省因遷海而廢棄的農田至少爲7萬2463頃[74]。

　　由於鎖海，對外貿易大爲減少，從而減少就業機會與每人所得，迫

70　關於充軍者在東北的屯種，參閱謝國楨，《清初流人開發東北史》（開明書店，民國58年）。

71　《古今圖書集成·食貨門·田制》，頁298、299。

72　《皇朝掌故彙編·內編·田賦三》載咸豐七（1857）年諭，「蒙古爾山地方有荒原百餘萬響，平坦肥腴，毗連吉林境界，並非葠貂禁地，亦與夷船經由之路無涉」；又載同治六（1867）年有關「游民和私墾禁地」之上諭云，「其有關風水者，仍當封禁，不得妄議」；《清史稿·食貨志》載，咸豐年間，「御史英焯謂，呼蘭蒙古爾山荒宜墾，尋以葠珠禁城，兼防邊務，竟不行。」

73　海外散人，〈榕城紀聞〉，《清史資料》第一輯。

74　同上。

使人民只好往農業部門討生活，但卻因若干地區可耕地禁耕，導致區域
發展的不平衡，而且降低人民生活水準，並使農村除隱藏性失業外，還
產生一種「亞摩擦性失業」，即一方面是人求地，另一方面是潛在的地
求人。但就長期經濟發展言，鎖海政策的不良影響尤甚於禁耕，蓋因鎖
海及其有關的思想，形成了閉關自守觀念，從而逐漸隔絕東西交通。在
另一方面，晚明與清初來華的歐人主要為傳教士，由於基督教義與儒家
思想難以相容，所以從晚明起，很多士大夫反對天主教，萬曆四四(1616)
年，即利瑪竇死後六年，發生逮捕中國教士教民的南京教案，而且士大
夫對天主教義的抨擊，一直延續到清初[75]。清聖祖雖優容歐洲教士，並
接受西方學術，但於康熙五七(1717)年亦曾頒禁止傳教之令；其後，天
主教神父涉及奪位之爭，所以，世宗繼立後，即因遷怒而禁習天主教[76]。
世宗是於雍正元(1723)年正式頒布禁教明詔，所有的歐人，除在京効力
外，一律送往澳門，各地天主教教堂均改為公廨、祠廟或義學；乾隆時
代(1736-95)，取締尤嚴，一再查禁內地的歐人與私習天主教者，外國教
士甚至有被處死者；嘉慶道光兩朝(1796-1850)，供奉內廷的歐人愈少，
最後連欽天監內也沒有他們的位置了；所以，郭廷以說，「這真是中國
史上的一件大事，影響到此後中國三百餘年(應為「近二百年」)的命運。
民族文化的競賽是無時或已的，進步是不可稍停的，否則是人不我待，
時不我予的」，「中國的科學原本貧乏，明清之際的研究生機，幾被雍
正乾隆父子所根絕」[77]。但在雍乾之時，歐洲卻出現了工業革命，例如
西元1767(乾隆卅二)年，英人哈格里夫斯(James Hargreaves)和稍後的阿

---

75 呂實強，《中國官紳反教的原因》(中央研究院近代史研究所專刊第十六種，
　民國55年)，第一章。
76 蕭一山，《清史》(現代國民基本知識叢書)，第二章。
77 郭廷以，《近代中國的變局》(聯經出版公司，民國76年)，〈中國近代化的延
　誤——兼論早期中英關係的性質〉。

克萊特（Richard Arkwright）發明紡織機，1769年瓦特（Watt）發明蒸汽機，1774年哥爾特（Henry Colt）開始用煤鑄鐵煉鋼——1776年，亞當・斯密（Adam Smith）的《國富論》出版。

　　假若當初明清不鎖海，持續宋元的對外貿易政策（明清貿易將於第廿一章述之，並將闡明此點），則經由貿易明瞭西方近代文明之發生，進而接受之，將不致因反基督教義而摒棄西方文明，從而，中國近代史將會重寫。

　　但是，明代中葉卻有資本主義萌芽現象，可見當時經濟發展亦有其光明面，這些情況將於下節專門討論之。

第六節　資本主義在明代萌芽？

　　近年來，中國大陸經濟史學界掀起一個熱烈的話題，那就是資本主義有無或何時在中國萌芽？到1987年為止，在發表的兩百三十多篇論文中，幾乎是一面倒地傾向「有」派，但在萌芽的時間上，卻有不同的看法，於是產生「戰國說」「兩漢說」「唐代說」「宋代說」「元末說」「明代說」及「清代說」，各自引據史實以證其說，但是，大多數是傾向「明清說」。

　　所有這些說法，都提出資本主義發生的前提，可惜得很，即使是大陸上自認是絕無僅有的「無」派中之尹進，其所舉出的兩個前提，亦難通過檢驗。他所提出的兩個前提如下：（1）商品經濟的較高發展，即達到能使商品生產者有憑商品生產賺取到剩餘價值並轉化為利潤的可能；（2）勞動力有成為商品的跡象，即社會上開始出現商品生產下的雇傭勞動[78]。

78　引自尹進〈中國封建社會內資本主義萌芽問題〉，見於孫健主編《中國經濟史

　　在檢驗尹氏這兩個前提以前，不禁想到西方經濟史名家Herbert Heaton於其 *Economic History of Europe* 一書第九章中，對於Gras教授所作的資本主義定義之批評。Gras氏的定義是說，「對歷史學家而言，資本主義只是一種經由資本的使用或投資以維持生活的制度」。Heaton批評道，「假若接受這一定義，則任何歷史時期，甚至於每一史前時代，只要人類使用工具，皆可稱爲資本主義。而且所有的經濟制度都是資本主義」。尹氏的兩個前提，亦有類似問題，因就其第(1)個前提言，這是從利潤觀點著眼，若此前提成立，則資本主義已於戰國時代在中國萌芽，因據《戰國策・秦策》「濮陽人呂不韋賈於邯鄲，歸而謂父曰，耕田之利幾倍？曰、十倍。珠玉之贏幾倍？曰、百倍。」足見當時是利潤導向。再拿第(2)個前提來說，這是從雇傭勞動著眼，同樣地，若此前提成立，則資本主義亦發生於戰國時代的中國，因據《韓非子・外儲說左上》，「夫賣庸而播耕者，主人費家而美食，調布而求易錢者」，可見勞力已商品化，而且農產品亦成商品。

　　其實，若要探索中國歷史上資本主義有否與何時萌芽，必須先從經濟制度性質著手，再從這些性質觀察資本主義特性。在這方面，德國經濟史學者桑巴特（Werner Sombart）有其不可磨滅的貢獻，他於其巨著《近代資本主義》（*Modern Capitalism,* 1902）中論及任何經濟制度都具有三個性質：(1)精神，指展望、目的與動機；(2)組織，包括將各生產要素結合在一起的途徑；(3)技術，含生產方法、設備與知識。桑氏認爲資本主義的精神，是追求利潤，而這種追求是沒有限制的，不考慮其對社會的影響，並且不受教會、國家或任何其他力量的管制；其組織必須是相當大的規模，其技術一定要顯示創新的開展（意謂科技的商品化），而且要包括審慎的設計與睿智的指導，即對手段與目的，作審慎的權衡。

論文集》（中國人民大學出版社，1987）。

再仔細地審視桑氏所說的資本主義三特性，實際上只適合工業革命開始後的工業資本主義，因據C. B. Hoover研究，資本主義至少可以分為三種形態，而且發生很早，就西方言，古埃及是專制的國家資本主義；希臘與羅馬是商業資本主義（中世紀歐洲盛行的重商主義亦應屬之）；然後是在十八世紀末葉發生於英國，擴及歐洲與北美、澳紐、南非的工業資本主義。他認為羅馬法在某些方面，比今天的英美法律，更富資本主義色彩，但其資本主義並未作進一步的發展。他並肯定地指出，「沒有工業技術，就沒有工業資本主義」；而這種資本主義的發展，必然帶來個人自由與民主政治[79]。

從桑氏所說的資本主義三特性看，就利潤動機言，中國先秦已具此條件；就組織言，唐代「定州何明遠大富，家有綾機五百張」（《太平廣記》卷243），可以稱得上相當大的規模。但所缺乏的，厥為創新的技術，因從漢末到隋唐，中國科技已有相當發展，但僅限於皇家使用與軍事用途。但至南宋之時，卻有創新跡象，譬如行軍所用的指南魚，已經變化為羅盤而用於航海，並且創造了火藥，是以，撇開自由，民主，南宋若能支持較久，或者沒有蒙古的崛起，則當時顯然有資本主義萌芽的可能。不過，中國科技發展有一致命傷，那就是家族技術保密，影響到技術的傳播，更妨礙到傳播過程中可能興起的改進與更上層樓的技術突破。這種家族技術保密之風[80]，唐宋以來尤為熾烈，例如中唐詩人元稹的〈織女詞〉云，「東家頭白雙女兒，為解挑紋嫁不得」；宋代，「亳州出輕紗，舉之若無，裁以為衣，真若煙霞。一州唯兩家能織，相與世世為婚姻，懼他人家得其法也」（《老學菴筆記》卷6）。

79　C. B. Hoover, "Capitalism", in *International Encyclopedia of the Social Sciences* （Macmillan, 1968）.

80　參閱趙岡、陳鍾毅，《中國經濟制度史論》（聯經出版公司，民國75年），第十章。

　　明清（實為明代）所以被視為資本主義萌芽，是因為在這一階段中，各種工業發展甚速，尤以江南地區為然，大致上松江是棉紡織業中心，蘇州為絲織業大本營，江西景德鎮則執陶瓷業的牛耳，廣東佛山鎮的冶鑄亦最為著名[81]，其中尤以棉紡織業係承元代黃道婆倡導之功，而為當時新興工業。不過，這些產業的發展，並不意味著工業資本主義在中國真正萌芽，而只是更明顯的追求利潤與較普遍的生產行業（意謂較多的小企業集中於某些地區），但並沒有突破性的工業技術出現與傳播，所以，嚴格說來，至少在清季五口通商以前，中國並沒有真正的工業資本主義萌芽，若說「有」，那只是商業資本主義的高度發展，尤以明清為然——明代起高度發展的商業資本主義，或者可說是近代商業資本主義，以別於一般說的商業資本主義，而且，具有現代經濟成長紀元或工業革命的三前提——詳見下章首節。

---

81 傅衣凌，《明清時代商人及商業資本》（台灣重印本），〈明清時代商人及商業資本發展概述〉；韓大成，《明代社會經濟初探》（人民出版社，1986），〈明代商品經濟的發展與資本主義萌芽〉、〈明代資本主義萌芽發展緩慢的原因〉；鄭昌淦，《明清農村商品經濟》（人民大學出版社，1989），〈緒論〉；《中國史常識——明清歷史》（弘文館），〈我國資本主義萌芽始於何時？狀況如何？〉、〈清代資本主義萌芽的發展情況怎樣？〉

第二十章
第三次一元體制下的社會環境與政府角色

此一期間，歷經三朝，元、清兩代，以少數民族入主中原，而被當時漢人視為異族，所以，在此二朝之初，漢人俱群起反抗：元世祖時，大臣曰，「江南盜起，凡四百餘處」（《元史紀事本末・江南群盜之平》），實皆抗元之義軍；清世祖時，義軍起事不下126次（《清史紀事本末・明起義軍之失敗》），其後，二朝亦均覆滅於民族主義浪潮之中，例如元末白蓮會首領韓山童即以宋徽宗八世孫自命（《元史紀事本末・小明王之立》）。

可能由於義軍行為之激盪，使人民對於政府之態度有所改變，敢於抗爭，再加王守仁「致良知」之學，著重返求諸己，激發自重自立之心，以致民智漸開，起而為自己求權利：其於平時，追求利潤之風較往昔為熾；遇有不平，則聚眾爭議。就後者言，明清不乏其例；單以明神宗一世而言，即有「地方激變」「太倉儒變」「杭州、湖州、松江民變」（《定陵註略》），明季則有東林、復社事件；清初文字獄雖多冤情，但亦不乏抒發胸中塊壘之士，其後，嘉慶時白蓮教，道光時太平天國起事，似亦可作如是觀。抗爭雖顯示民權觀念漸興，有助經濟環境之改善，但因

引發流血衝突，致有破壞投資環境之傾向，至於追求利潤動機日盛，則有助於經濟發展，本章第一節，將縱論之。

其餘各節大致與以上各編有關章節類似，但將述及五口通商後之多種變革，另增「財政之疲敝」一節，以說明此一期間，中央政府之窘態。鴉片戰爭後，中國面臨前所未有之變局，被迫學習西方器物科技及制度，此一歷程另以附錄（列入下章）方式處理，並以「強迫學習的歷程」為題。

第一節　民智漸開與逐利漸熾

中國思想傳至兩宋，演變為理學，以程朱一脈為正宗，主張格物窮理，以指引治學之道，這顯然是針對學者而言，而難以普及社會大眾。在另一方面，陸象山則主張明心自立，譬如他說，「今人略有些氣燄者，多只是附物，原非自立也，若某則不識一個字，亦須還我堂堂地做個人」，又對人說，「汝耳自聰，目自明，事父自能孝，事兄自能弟，本無欠闕，不必他求，在自立而已」（《宋元學案》卷58）。這是要求每個人自立自強，以發揮人性尊嚴。

可是，宋亡，陸學亦衰，於元代則不絕如縷，全祖望於《宋元學案》卷93作案語曰：「徑畈歿而陸學衰，石塘胡氏雖由朱而入陸，未能振也。中興之者，江西有靜明，浙東有寶峰，述靜明寶峰學案」。其所謂「徑畈」，是〈存齋晦靜息庵學案〉中的「徐徑畈先生霖」，徐霖為湯巾（晦靜）弟子，晦靜學於真德秀，後乃由朱入陸，徐霖當亦如此，其弟子謝枋得抗元殉節；其所謂「石塘胡氏」，是木鐘學案中的胡長孺，宋亡仕於元；至於「靜明」是指陳苑，「寶峰」則指趙偕，二人均為隱士，「由是，人始知陸氏學」。可能由於這些傳承，再經明初陳獻章、林光等人提倡，才有王陽明的「致良知」之說。其下的泰山學派，更具平民化色

彩，黃宗羲於《明儒學案》中序〈泰州學案〉曰，「陽明先生之學，有泰州、龍溪而風行天下」「泰州之後，其人多能赤手以搏龍蛇」。

泰州學派創始人王艮，原為灶丁，生於明憲宗成化十九(1483)年，卒於世宗嘉靖十九(1541)年[1]，正德年間從學於王陽明，其傳道也真是有教無類，門下有樵夫朱恕，陶匠韓貞，農人夏廷美，均深入群眾以普及教化，譬如韓貞「遂以化俗為任，隨機指點，農工商賈從之游者千餘；秋成農隙，則聚徒談學，一村既畢，又之一村，前歌後答，絃誦之聲洋洋然也」(《明儒學案·泰州學案》)。這樣普及性啟蒙，促使民智漸開，認識人性尊嚴，由自立自信，進而形成「赤手以搏龍蛇」的膽識，從而不畏權勢，遇有不平之事，則起而抗爭，以從事自力救濟。

元代義軍多因民族大義，或受飢寒驅使——明代正統、成化、正德年間迭起的民變，亦多由此[2]。但神宗萬曆年間的民變，縱然為反抗礦稅而動亂，但與以往大有不同，即非揭竿而起，攻城略地（明末流寇是另一型態），主要是基於義憤而爭公道，其對象除當地官府外，還有在鄉官員、仕紳與豪門，例如萬曆十(1582)年四月杭州民變，是因為堵柵力役中豪門免役而起（《定陵註略》卷7）；廿七年閏四月，山東臨清腳夫小民三四千名聚集，抗議「背負米豆生理之類盡行抽稅」；廿八年正月與廿九年三月，武昌居民千餘及萬餘，包圍湖廣稅監公署；廿九年六月初六日，蘇州「忽有二十七人，蓬頭跣足，衣白布短衫，手各持一芭蕉扇，遍走諸稅官家，焚毀其室廬長物，執其人榜之通衢，無不立斃。……如是者，諸稅官皆次第芟盡。至第四日，六門各有榜文云，稅官肆虐，民不堪命，我等倡義為民除害，今事已大定，四方居民各安生理，無得藉口生亂等語」；九月，江西景德鎮「冤民萬餘欲殺礦監潘相，燒焚廠房，通判陳

1　容肇祖，《明代思想史》(開明版)，頁150。
2　李光璧，《明朝史略》(弘文館，民國75年)，第三章第三節，〈明中葉民變的迭起〉。

奇可力行曉諭，乃散」（同上，卷5）；四十四年三月，崑山鄉官周玄暐為
土豪張惟惠構陷至死，鄉民數萬人，「競走惟惠家，焚劫之」；不久，
華亭鄉官董其昌之子因毆辱姻婦，鄉民萬餘人憤而焚其家（同上，卷7）。

　　這些事變均發生於長江流域或其附近，而泰州是在江蘇境內，以致
這些「自力救濟」，可能受到泰州學派精神之鼓舞。該學派創始人王艮
曾云，「知得身是天下國家之本，則天地萬物依於己，不以己依於天地
萬物」，又云，「天理者，天然自有之理也，纔欲安排如何，便是人欲」
「若以道從人，妾婦之道也」（《明儒學案》卷32，〈心齋語錄〉），是教
人頂天立地，順應自然；其再傳弟子顏山農，「平時只是率性所行，純
任自然，便謂之道」「游俠，好急人之難」（同上，〈泰州學案序〉）；山
農弟子何心隱亦任俠，嘗云，「達道始屬於君臣，以其上也，終屬於朋
友，以其下也。……惟友朋可以聚天下之英才，以仁設教，而天下自歸
仁矣，天下非統於友朋而何？」[3] 又力言意氣之正面作用，「意與氣，
人孰無之，顧落有大小耳。……戰國諸公之意之氣，相與以成道者也，
其所落也大，意落於小則濃，落於大則淡，氣落於小則壯，落於大則索，
恆人之意氣皆然也。……戰國諸公之小，惟孔門師弟大則可以議之。苟
徒議彼以落意氣，宗此以不落意氣，議非所議，宗非所宗者」[4]。這樣
獨立率性，落意氣，結友朋，當然會啟發民智掀起風潮，但卻遭到「衛
道」之士的批判，例如王世貞於其《弇州史料》後集〈嘉隆江湖大俠〉
中說，「嘉（靖）隆（慶）之際，講學者盛行於海內。而至其弊也，借講學
而為豪俠之具，復借豪俠而為貪橫之私。其術本不足動人，而矢志不逞
之徒，相與鼓吹羽翼，聚散閃倏，幾令人有黃巾五斗之憂，蓋自東越（王
陽明）之變為泰州，猶未至大壞，而泰州之變為顏山農，則魚餒肉爛，

3　《爨桐集》，卷三，〈與艾冷溪書〉。

4　《爨桐集》，卷三，〈答戰國諸公孔門師弟之與之別在落意氣與不落意氣〉。

不可復支」。黃宗羲則云，「諸公掀翻天地，前不見有古人，後不見有來者」（《明儒學案‧泰州學案序》），可能亦是指其啓民智，鼓風潮之事而言——清代順、康、雍、乾四朝文字獄中被害主角，多在長江流域，可能仍受泰州學派遺風之影響。

　　以上所述民智漸開（即認識自我與自我肯定）之例，雖是受到泰州學派的孕育與激盪，但亦由於工商發達，導致中產階級崛起，從而向威權挑戰，以爭取多方面的自由與平等——尤其是經濟面。在上章第六節中，曾經討論到中國資本主義萌芽時期，雖無確切定論，但可肯定地說，在明清時代，商業資本主義業已高度發展，且多主張是萌芽於明代中葉[5]——其實可說，自明中葉起，近代商業資本主義已在中國萌芽——此所謂「近代商業資本主義」，是指商業資本已開始有一部分投向工業生產。

　　據美國經濟學家顧志耐（S. Kuznets）研究，「近代經濟成長紀元」（始於英國工業革命），有其三前提，即世俗主義、平等主義與民族主義[6]。其所謂世俗主義，是指放棄形而上的追求，轉而追求形而下的經濟利

5　《中國史常識——明清歷史》（台灣弘文館版）於〈我國資本主義萌芽究竟始於何時？狀況如何？〉一文中指出，「十六世紀初期到十七世紀初期，包括了明代中期以後的嘉靖、隆慶、萬曆、天啓四朝的一百來年」，「江南手工業中，出現資本主義萌芽的行業，主要是絲織業。棉紡織品加工、陶瓷、造紙等行業中也有微弱表現」；李龍潛於其《明清經濟史》（廣東高等教育出版社，1988）第二章第三節，所述的「明中葉商品經濟的發展和資本主義萌芽的產生」，所舉例證多為萬曆朝事例。韓大成於其《明代社會經濟初探》（人民出版社，1986）中，曾以專文說明「明代商品經濟的發展與資本主義萌芽」，所舉之例，均為嘉靖以後，多為萬曆之時，傅衣凌於其《明代江南市民經濟試探》（台灣谷風版）〈導言〉中云：「中國資本主義生產萌芽的開始時，當以明代嘉靖（1572-1566）前後，也就是十六世紀為一轉折點，而首先在江南及沿海地區表現出來。」以上所說，實在只能說是近代商業資本主義在明中葉萌芽。

6　S. Kuznets, *Modern Economic Growth: Rate, Structure and Spread*（New Haven: Yale University Press, 1966）, pp. 12-14.

益，這一點在中國可從由士入商之例看出。尤其可從元、明間，宗教與
儒學之變革中看出。

　　第十七章第一節業已指出，唐宋禪宗與新儒家入世思想，以及宋代
起士商逐漸不分的情形，對於兩宋經濟發展有其貢獻。在這一時期開始
之初崛起的全真教，是以自食其力來自勵，王惲於〈大元奉聖州新建永
昌觀碑銘〉中說：「自漢以降，處士素隱，方士誕夸，飛升煉化之術，
祭醮禳禁之科，皆屬之道家。稽之於古，事亦多矣。徇末以遺本，凌遲
至於宣和極矣。弊極則變，於是全真之教興焉。淵靜以明志，德修而道
行，翕然從之，實繁有徒。……耕田鑿井，自食其力，垂慈接物，以期
善俗，不知誕幻之說為何事」[7]。至於元儒，則提出「治生」主張，元
儒重鎮——許衡曾云：「學者治生最為先務，苟生理不足，則於為學之
道有所妨；彼旁求妄進，乃作官謀利者，殆亦窘於生理所致。士君子當
以務農為生，商賈雖逐末，果處之不失義理，或以姑濟一時，亦無不可」
（《宋元學案‧魯齋學案‧附錄》）。元儒將治生範圍由務農擴大到商賈，
可見容許利潤導向的經濟行為。清儒沈垚在這方面曾予闡釋：「宋儒先
生口不言利，而許魯齋乃有治生之論，蓋宋時可不言治生，元時不可不
言治生，論不同而意同。所謂治生者，人己皆給之謂，非瘠人肥己之謂
也」（《落帆樓文集》卷9〈與許海樵書〉）。至於為甚麼「宋時可不言治生，
元時不可不言治生」？沈垚在另一封〈與許海樵書〉中說：「衣食足而
後責以禮節，先王之教也；先辦一餓死地以立志，宋儒之教也。餓死二
字如何可以責人？豈非宋儒之教高於先王而不本於人情乎？宋有祠祿
可食，則有此過高之言；元無祠祿可食，則許魯齋先生有治生為急之訓」
（同上）。其實，沈氏於此，意猶未盡，蘊蓄未發，即元儒除「無祠祿可
食」外，還有其他理由以「治生為急」，清初明遺民陳确在這方面，略

　　7　《秋潤先生大全文集》，卷58。

有補充，他於「學者以治生爲本論」中說，「豈有學爲聖賢之人而父母妻子之弗能養，而待養於人者哉！魯齋之言專爲學者而發」（《陳确集·文集》卷5），但仍未明言此一理由，而是余英時代爲說明，「陳确是明遺民，他的話自然隱含有不仕異族的意味」[8]。許衡以漢人仕元，雖官至集賢大學士兼國子監祭酒(卒諡文正)，但終內慚神明，故「嘗語子師可曰，我平生虛名所累，竟不能辭官，死後愼勿請諡立碑，但書許某之墓，使子孫識其處足矣」（〈魯齋學案〉），由此可見，許衡提出「學者治生最爲先務」論，很可能是爲不仕異族的士人指點一條出路。事實上，前面提及的在元代真正傳承陸學的陳苑、趙偕，即終生未曾仕元。陳、趙二人係以講學爲生，其他士人很多投身商賈，以致士、賈不分，例如「元時富人、陸道原，貨甲天下，爲甫里書院山長，一時名流咸與之游處」（楊循吉，《蘇談》）。

　　這種世俗化的趨向，至明代尤爲明顯，王陽明雖然指出，「若以治生爲首務，使學者汲汲營利，斷不可也！」但亦認爲「果能於此處調停得心體無累，雖終日作買賣，不害其爲聖爲賢。何妨於學？學何貳於治生？」（《傳習錄·拾遺》）而且還於〈節庵方公墓表〉一文中說，「古者四民異業而同道，其盡心焉，一也」（《陽明全書》卷25）。事實上，方節庵就是由士入商，這是當時的趨勢，明人曾於「家規」中告誡子孫說，「男子要以治生爲急，農工商賈之間，務執一業」[9]，其中尤以由士而商者多，歸有光於〈白奄程翁八十壽序〉云，「古者四民異業，至於後世而士與農商常相混。……(程氏)子孫繁衍，……並以讀書爲業，君豈非所謂士而商者歟？」（《震川先生集》卷13）。出身於新安商人家庭的汪道昆，於「誥贈奉直大夫戶部員外郎程公暨贈宜人閔氏合葬墓志

8　余英時，《士與中國文化》（上海人民出版社，1987），〈中國近世宗教倫理與商人精神〉。

9　張又渠，《課子隨筆鈔》卷2所引。

銘」中說，「大江以南，新都以文物著，其俗不儒則賈，相代若踐更，要之，良賈何負閎儒」(《太函集》卷55)——「良賈何負閎儒」這句話，說得何其理直氣壯！這表示商人的自負，更將世俗主義予以合理化。

前引《定陵註略》所云，萬曆十年杭州民變，是因諸柵力役中豪門免役而起，市民「謂一二荐紳是免應役者，相率焚毀其第」(《崔鳴吾紀事》)，他們說，「吾所苦，若豪有力者，獨不受役，訴監司郡邑若無耳者，是以不平」[10]，足見他們是要爭取平等；董其昌家被焚，雖因毆辱姻婦而起，但亦有要求平等之意義，當地人民聲討董宦之理由，是指董家「膏腴萬頃，輸稅不過三分；游船百艘，投靠居其大半；收納叛主之奴，而世業遭其籍沒；剋減三倉之額，而軍士幾至脫巾」，而且，婦孺還傳出「若要柴米強，先殺董世昌」(《民抄董宦事實》)，所以，傅衣凌認爲「這一爭鬥，有別於一般的爭鬥，在反對身分制的同時，又帶有發展私有經濟的目的」[11]。

明太祖於西元1367年大舉北伐，其檄文中有「驅逐明虜，恢復中華」「蓋我中國之民，天必命中國之人以安之，夷狄何得治哉」(《明洪武實錄》卷201)等警語，顯示要以嚴正的民族大義向北進軍。翌年，元亡，明代乃正式建立漢族政權，這是自晉惠帝永興元(304)年，劉淵自稱漢王起，漢人未能統一中華故土之時間，業已1064年了[12]。在中斷一千餘年後，漢人才真正建立民族國家。

從以上分析，可見到了明代中葉，顧志耐所謂的三前提(世俗主義、平等主義與民族主義)均已實現，所以，近代商業資本主義得於此時萌

---

10 王世貞，《張司馬定浙二亂志》。

11 傅衣凌，《明代江南市民經濟試探》(谷風出版社)，〈明代後期江南城鎮下層士民的反封建運動〉。

12 這1064年中，先是五胡亂華，後有南北對峙，隋唐雖曾統一，但其統治者有胡人血統，且胡化甚深，不能視爲純粹漢人政權；五代未能統一，其後唐且爲胡人政權，並自後梁起，契丹已崛起於北方，兩宋更與遼、金對抗，後亡於元。

芽。易言之，此三者可說是近代商業資本主義萌芽的必需條件，其充分
條件則是「法網漸疏」，政治干預經濟事務漸少，故人民在經濟活動中
逐漸取得自主權之際，其生活將漸趨富裕，即如《史記‧平準書》所記，
漢初，「網疏而民富」。此所謂「法網漸疏」，是見於《浙江通志‧風
俗》下轉引《太平縣志》曰，「明初地曠人稀，土田不過畝一金，是時
法尚嚴密，縉紳士庶罔敢侈肆，衣不過細布土縑，仕非達官不得輒用紵
絲，女子非受封不得長衫束帶，居室無廳事，高廣惟式。至宣德正統，
法網漸疏，奢侈竟起。成化宏治間役輕費省，生理滋殖，田或畝十金。
屋有廳事」──《明史‧食貨五》云，「關市之征，宋元頗繁瑣，明初
務簡約，其後增置漸多，行齎居鬻，所過所止各有稅」，其所謂「明初」，
可能即指宣、正、成、宏等朝，「其後」似應指萬曆年間征礦稅起。這
種政治減少對經濟事務的干預，是促使經濟發展的很大助力。大致說
來，由於宣、正的「法網漸疏」，成、弘的「役輕費省」，商業資本得
以萌芽，而於正德、嘉靖兩朝有蓬勃發展，例如，中國近代商業界中著
名的徽幫，就是在這一期間崛起。顧炎武於《天下郡國利病書》卷32
〈江南〉中，雖曾引述明代《安徽地志》所云，「徽郡係界山谷，山田
依原麓曰膌确，所產至薄，⋯⋯徽人多商賈，蓋其勢然也」，但在明中
葉前徽郡仍是「居則有室，佃則有田，薪則有山，藝則有圃」，但「至
正德末、嘉靖初則稍異矣，商賈既多，土田不重」，「至嘉靖末隆慶間
則尤異矣，末富居多，本富益少。」

　　江南若干市鎮亦於此一期間興起，以江蘇震澤縣為例，即有此明顯
傾向，據乾隆年間所修之《震澤縣志》卷4〈鎮市村〉所云，震澤鎮「去
縣西南九十里。元時村市蕭索，居民數十家；明成化中，至三四百家；
嘉靖間倍之」；平望鎮「明初居民千百家，百貨貿易如小邑，然自宏治
迄今，居民日增，貨物益備」；雙楊市「明初居民止數十家，以村名。
嘉靖間始稱為市，民至三百餘家，自成市井」；嚴墓市「明初以村名，

時已有邸肆，而居民止百餘家，嘉靖間倍之，貨物頗多，始稱爲市」；檀邱市「明成化中，居民四五十家，多以鐵冶爲業，至嘉靖間數倍於昔，凡銅鐵木坊樂藝諸工皆備」；梅堰市「明初以村名，嘉靖間居民五百餘家，自成市井，乃稱爲市。」

前云士商逐漸不分，是由於知識分子的「入世」與務實思想，將治生範圍由務農擴大到高賈，但亦何嘗不是受到利潤之吸引，茲引《花村看行侍者偶錄‧花村談往》所述一例爲證：

> 無錫嘉、隆間有三富翁，世所傳安國、鄒望、華麟祥也。……華號海月，父本有家諸生也。嘗館於京口，時京口地無紅菱，使館僮興販於錫之菇瀆，即海月本居地，六七日往來，利可十倍。又於館政暇，縱步金山江口，同牙行人等商南北貨物之翔沉，億則屢中，意念勃如也。子雲、露俱早慧，慨然曰，黃甲科名事可付兒曹。

海月曾以每百斤二錢銀之代價收購扳枝花，囤積「未閱月，正德帝爲宸濠反叛，督兵親征，……凡所經歷州縣，備供帳，設衾帳，皆需扳枝花，價已昂極，一斤對兩」，使海月得「銀幾百萬矣。海月之父爲秀才，其本人亦諒係修舉子業，而思「黃甲科名」，故有能力於他鄉設館授徒，但卻爲利潤誘引，先是兼販紅菱，後乃全力經商。

在工業方面，更是以利潤爲中心，明人張瀚記其遠祖張毅庵「家道中微」，而於成化末年，「購機一張，織諸色綾布，備極精工，每一下機，人爭鬻之，計獲利當五分之一。積兩旬，復增一機，後增至二十餘。商賈所貨者滿戶外，尚不能應，自是家道大饒。後四世祖繼業，各富至數萬金」（《松窗夢語‧異聞記》）。這顯然是因利潤累積而擴大經營，再因擴大經營而增加總利潤。

第二節　南方擔當財經重任

　　在這一時期，各朝政府財稅收入幾乎都依賴南方，先從田賦說起，在元代，凡歲入糧數總計1201萬4708石，其中腹裡227萬1449石，行省984萬3258石。行省中，遼陽7萬2066石；河南259萬1269石；陝西22萬9023石；四川11萬6574石；甘肅6萬586石；雲南27萬7719石；江浙449萬4783石；江西115萬7448石；湖廣84萬3787石(《新元史・食貨志》)。後三者稱爲江南三省，其所納之糧超過全國半數，其中江浙省納糧爲全國三分之一強；若就行省言，江浙一省所納之糧幾近一半，江南三省所納糧數，是行省納糧總額的三分之二強，由此足見元代財政主要依賴江南。在東晉與南朝之時，糧食多仰賴荊襄，而在此一時期，江浙所納之糧遠高於湖廣。元代歲漕改爲海運，悉倚江南，《元史紀事本末・運漕》後史臣曰，「元都於燕，去江南極遠，而百司庶府之繁，衛土編民之眾，無不仰給於江南，自伯顏獻海運之策，而江南之粟，分爲春夏二運，蓋至於京師者，歲多至三百餘萬石。」

　　明代似將江浙省析而爲二：一爲浙江布政司；一爲京師(後稱南京)直隸府、州(也許含有原江浙省以外之疆域)。但是，元代江南三省的主要部分，仍是明代的財政重要支柱，洪武廿六(1393)年，各布政司並直隸府州實徵夏稅秋糧米麥2943萬2350石；錢鈔4萬5530錠，絹28萬8546疋。當時十三布政司，屬於南方的，有浙江、江西、湖廣、福建、四川、廣東、廣西、雲南八個，連同直隸府州，其所繳納的米麥、錢鈔與絹，分別佔總額的63.77％，99.81％與74.31％。其中江西布政司米麥266萬4306石，錢鈔6405錠，絹1萬5477疋；湖廣布政司米麥246萬2436石；絹2萬6478；浙江布政司米麥275萬2727石，錢鈔2萬776錠，絹13萬9199疋；京師直隸州府米麥663萬7975石；錢鈔5644錠，絹3萬4393

疋[13]。此四者是元代江南三省，共計米麥14,517,444石，錢鈔32,825錠，絹21,554疋，分佔各別總額的49.35%，72.10%與74.7%，單就米麥言，明代江南三省在比例上，是低於元代很多，但在絕對數字上，明代卻遠高於元代。

顧炎武曾云：「丘濬《大學衍義補》曰，韓愈謂賦出天下而江南居十九。以今觀之，浙東西又居江南十九。而蘇松常嘉湖五府又居兩浙十九也。考洪武中（據諸司職掌），天下夏稅秋糧，以石計者，總二千九百四十三萬餘，而浙江布政司二百七十五萬二千餘，蘇州二百八十萬九千餘，松江府一百二十萬九千餘，常州府五十五萬一千餘[14]，是此一藩三府之地，其田租比天下為重，其糧額比天下為多。今國家都燕，歲漕江南米四百餘萬石，以實京師，而此五府者，幾居江西、湖廣、南直隸之半。……以蘇州一府計之，以準其餘。蘇州一府七縣（時未立太倉州）其墾田九萬六千五百餘頃，居天下八百四十九萬六千頃田數之中，而出二百八十萬九千石稅糧，於天下二千九百四十餘萬石歲額之內，其科徵之重，民力之竭，可知也已。」（《日知錄·蘇松二府田賦之重》）

依顧氏之言，蘇州府墾田佔全國墾田總數只有1.1%左右，但其所納之糧卻佔全國總糧額的9.6%，其苛重可知。其實，蘇州府尚轄7縣，而松江府僅3縣——西安府有36縣，開封、平陽各34，真定32，成都31，濟南30（《日知錄·州縣賦稅》），所以，清初松江人葉夢珠於其《閱世編》卷6〈賦稅〉中云，「吾鄉賦稅甲於天下，蘇州一府，贏於浙江全省；松屬地方抵蘇十分之三，而賦額乃半於蘇；則是江南之賦稅莫重於蘇松，而松為尤甚矣」。至於蘇松稅負特重問題，論者甚多，不擬

---

13 根據《明會典》卷24有關資料整理而成。
14 顧氏所列蘇、松、常三府糧額，是與《明會典》所載略有出入。

贅述。

上引《日知錄》云，「今國家都燕，歲漕江南米四百餘萬石……」，或許有人懷疑，明代定制，歲漕四百萬石，其中尚有北糧，為何「歲漕江南米四百餘萬石」？其中差別在於「腳耗」，《明會典》卷廿七，於〈漕運總數〉云，「歲運米四百萬石：北糧七十五萬五千六百石；南糧三百二十四萬四千四百石，內兌運三百三十萬石，改兌七十萬石。除例折外，每年實通運正耗糧五百一十八萬九千七百石」。就正額漕糧400萬石言，南糧約佔81.11%，循此，正耗糧518萬9700石中，南糧佔420萬9366石，故顧氏云，「歲漕江南米四百餘萬石」。

其所謂「兌運」，是指民運赴淮安、瓜洲，補給腳錢，兌與軍船領運；所謂「改兌」是令各軍徑赴水次領兌。顯然可見，兌運較為擾民，但就兌運米言，蘇州府65萬5000石，高於浙江全省(60萬石)，且高於山東(28萬石)與河南(27萬石)二省之和，松江府20萬3000石，超過江西省(40萬石)半數，常州府17萬5000石，超過湖廣省(25萬石)半數。這種由於兌運及其他運輸工作所產生的徭役，更使江南人民難以負擔，葉夢珠曾云：「吾鄉之甲於天下者，非獨賦稅也，徭役亦然，為他省他郡所無。而役之最重者，莫如布解、北運。即以吾邑(指上海縣)謂，布解每年一名，後增至三名，俱領庫銀買粗細青藍素布，僱船起運，至京交卸。北運每年二十三名，俱領漕米，辦上白粳糯米一萬三千餘石，僱船起運，至京交與光祿寺祿米，供用諸倉，必簽點極富大戶充之。次則南運，運至南京，每年二名。次則收催、坐櫃、秤收，概縣白銀二十餘萬兩，每年四十八名。次收兌、收銀，概縣里催之漕米一十一萬餘石，兌與運軍，每年三十八名，此所謂五年一編審之大役也。其小役則為十年一編審之排年、分催，皆以有土之民充之，而縉紳例有優免不與焉。」(《閱世編・徭役》)

到清代，南方賦稅在比例上更為增加，據《中國歷代食貨典・賦役

部》，康熙廿四（1685）年，天下田賦銀2444萬9724兩8錢6分6釐3毫；糧433萬1131石9斗1升8合5勺（另有草，從略）。就田賦銀言，江蘇368萬192.158兩；安徽144萬1325.519兩，浙江261萬8416.2兩，江西174萬3245.895兩；湖北92萬3288.823兩，湖南51萬7092.28兩，此六省田賦銀共爲1032萬3560.875兩，佔總額42.22%強；若再加上福建（76萬1616.6兩）、廣東（102萬7793.029兩）與廣西（29萬3604.839兩），則約佔全國田賦銀半數。若就田賦米（麥豆）言，江蘇36萬5571.74石，安徽16萬6427.71石，浙江134萬5760石，江西92萬5723.42石，湖北13萬8197.1石，湖南6萬5366.1石，共計300萬6746.07石，幾佔全國田賦米四分之三，其重要性可知。光緒廿五年，北方（直隸、山東、山西、河南、陝西、甘肅）諸省歲入總額爲銀2649萬1000兩，南方（江蘇、安徽、江西、湖北、湖南、浙江、福建、廣東）諸省歲入總額爲5771萬4000兩（商務印書館第14年鑑），後者爲前者的兩倍多。

若據漕運，則清代依賴南方，更甚於明代。清代漕運額，每年亦定爲四百萬石，據清初《漕運例纂》規定，各省漕運原額約爲南四北一之比；惟據《大清會典》，乾隆十八（1753）年奏銷冊計之，則爲南八北一；又據《戶部則例》，乾隆四十四年漕運額，則爲南十北一之比也[15]。

除田賦與漕運外，南方在商稅上亦扮演舉足輕重的角色。元世祖至元廿六（1289）年定天下商稅，腹裡爲20萬錠，江南25萬錠[16]；天曆年間（1328-30），行省商稅總額增至63萬6156錠6兩9錢[17]，其中江浙（26萬9027錠30兩3錢）、江西（6萬2512錠7兩3錢）與湖廣（6萬8844錠9兩9錢）三省，共負擔40萬403錠47兩5錢，幾佔九個行省總額三分之二。

明代有市肆門攤稅，共設稅局卅三處，其中，南方有廿四處，北方

---

15 引自錢穆，《國史大綱》，第卅八章。
16 《元史·食貨志》：一錠銀為五十兩。
17 據《元史·食貨志》計算而成。

只有九處。且因水運發達導致商業繁榮，故有船鈔之徵，而於河西務、臨清、九江、滸墅、淮安、揚州、杭州七處設關課徵，除前二處外，其餘均在南方，並且看出，全國商業逐漸集中於長江下游與運河兩條航線。萬曆六（1578）年，南直隸各府州商稅課鈔數，幾達一千四百萬貫，約占全國總額四分之一，可見南方之重要性。再若從南、北二京所在地的應天府與順天府來看，更可見南北之懸殊；該年應天府商稅門攤等課鈔，共336萬6382貫617文，餘鈔963萬9350餘貫；順天府九門並都稅等司門攤課鈔66萬5120貫，銅錢243萬2850文[18]。

清代各關稅銀於康熙廿五年共121萬9782兩，北方之關只有崇文門、左翼、右翼、張家口、殺虎口、天津與臨清七處，以致各關稅銀主要來自南方，其中淮安15萬728兩，揚州4萬4884兩，鳳陽7萬9839兩，蕪湖18萬3796兩，滸墅16萬8709兩，北新10萬7669兩，湖口15萬3889兩，贛關4萬1124兩，太平橋4萬6829兩，西新3萬3684兩（《中國歷代食貨典》卷126），共計103萬1151兩，約占全國總額六分之五。由此可見，清初商業已經集中於長江下游。

到了清季，可以代表商稅的厥為釐金，光緒十三（1887）年，全國釐金收入為1404萬9743兩[19]，其中安徽（47萬5432兩）、江蘇（228萬1132兩）、江西（132萬3712兩）、浙江（207萬6347兩）、湖北（131萬4557兩）、湖南（118萬4557兩）六省，共計865萬5738兩，約占總額的62%。再若加上福建（176萬565兩）、廣東（168萬5931兩）、廣西（67萬879兩）三省，則接近總額的91%。其中值得一提的厥為四川省，該年該省釐金收入為160萬1789兩，是釐金超過100萬兩的八省之一，由此可見，商業在宋代甚盛的四川，於元明兩代趨於沒落，但於清季卻又力爭上游了！

---

18 《明會典》卷35，參見錢穆《國史大綱》，第卅八章。
19 據《清會典》卷18計算而成。

第三節　人民生活

宋人魏了翁撰《古今考》，僅成一卷，元人方回續之，成續編三十七卷，有云：

> 予往在秀之魏塘王文政家，望吳儂之野，茅屋炊煙，無窮無極，皆佃戶也，一農可耕今（疑為「畬」）田三十畝，假如畝收三石或二石，姑以二石為中，……。且曰納主三十石，佃戶自得三十石，五口之家，人日食一升，一年食十八石，有十二石之餘。多常見佃戶攜米或一石或五七三四升，至其肆易香燭紙馬油鹽醯漿粉麩麵粉薑藥餌之類不一。

可見江南佃農於平時尚可稱溫飽，但若遇災荒，則嗷嗷待哺，陶宗儀於《輟耕錄‧檢田吏》條引袁介〈踏災行〉七古詩。詩中袁介自云考察災情時，遇老翁行乞，詰之，答云：「我是東鄉李福五，我家無本為經商，只種官田三十畝，延祐七（1320）年三月初，賣衣買得犁與鉏，……誰知六月至七月，雨水絕無潮又竭，……縣官不見高田旱，將謂亦與低田同，……男名阿孫女阿惜，逼我嫁賣賠官糧。……」

詩中老翁所云，「我家無本為經商」，但據當時一般小本生意亦只須幾十貫錢，《輟耕錄‧陰德延壽》條云，某巨商，「舟次揚子江，見江濱一婦，仰天大號，商問焉。答曰，妾之夫作小經紀，止有本錢五十緡，每買鵝鴨過江貨賣，歸則計本於妾，然後持贏（原作贏）易柴米，餘貲盡付酒家，率以為常。今妾偶遺失所留本錢，非惟飲食之計無所措，亦必被箠死，寧自沉。……」這是顯示，當時販賣鵝鴨之商人，其本錢為五十貫，而其利潤除供一家溫飽外，還可買醉。

關於官匠的待遇，據鞠清遠研究[20]，隸屬於政府的工匠，每天有米一升，每月有鹽半斤，白麵十五斤，鈔一兩五錢，衣服分冬夏二季。這種待遇很可能是指元初，《農田餘話》卷一云，元「得江南初，以一貫『中統鈔』準宋朝舊（原誤作里）會三十五貫，時米（原誤作來）沽一貫一石。後造至元鈔兼行，以一當五，……至是，米值十倍於前，以其中統（鈔）言之，十餘貫矣」。是以，官匠每月鈔1.5貫，可購米一石半，除本身外，另可供五人食糧，是以，工匠一家五口，勉獲溫飽[21]。由上述知元世祖末年，米價已達一石十餘貫；至大元(1308)年，米價廿五貫一石（《新元史》卷89），泰定二(1325)年減爲一石二十貫，致和元(1328)年再減爲十五貫一石。所以，《元史‧河渠志‧白河》云，「至治元(1321)年，……募民夫三千，日給傭鈔一兩，糙粳米一升」；「天曆三(1330)年，……募民夫三千，日支糙粳米三升，中統鈔一兩」。這表示，英宗至治元年，民夫每月除獲口糧三斗米外，另有鈔三十貫，約可購米一石二斗，甚或一石五斗，勉可養家活口；天曆二年，江南米價因飢荒而上漲，武昌城中曾貴至一百貫一石；《揭傒斯揭文安公文集》卷7〈董公神道碑〉云：「明年（天曆二年）天下大飢，武昌群豪控諸米商控羅（應爲糴），以徼大利。城中斗米至萬錢」。所以，次年，白河募民夫時，貨幣工資雖依舊例，但增加實物配給，以調劑之。假定當時米價爲五十貫一石，則天曆三年所雇民夫，除其本身口糧外，鈔銀可購米六斗，另加增加配給之六斗，共爲一石二斗，約與至治元年相當。是以，元代真實

---

20 鞠清遠，〈元代係官匠戶研究〉，《食貨半月刊》一卷九期。

21 惟據《通制條格》卷13〈工糧則例〉載，至元廿五(1288)年三月，「尚書省戶部分揀到各衙應支鹽糧人口，除請錢住支外，不曾請錢人戶，擬四口並隻身人口，除已分揀定四口爲則外，驗戶請糧戶數亦合一體，每戶多者不過四口，少者驗實有口數：正身月支米三斗，鹽半斤；家屬大口月支米二斗五升，家屬小口並驅大口（成年奴僕），月支米二斗五升，驅小口月支米七升五合」。則官匠一家連其本人，可獲五人口糧；如此，則鈔一兩五錢可供副食及其他用途。

工資約爲每月一石五斗（連同口糧），全年爲十八石，低於佃農所獲（三十石），佃農雖須自備若干資本財，所得仍較高，符合農業經濟學中的「農業階梯」之說。

明代也許由於人口眾多，而田地有限，以致佃農生活似較元代困苦，顧炎武於《日知錄・蘇松二府田賦之重》中云，「一畝之地，不能至三石，少者不過一石有餘，而私租之重者，至一石二三斗，少亦八九斗。佃人竭一歲之力，糞擁工作，一畝之費可一緡，而收成之日，所得不過數斗，至有今日完租，而明日乞貸者」。

仔細推敲，顧氏所云租額，也許仍與元代類似，即主佃各分產物一牛[22]，但因人口壓力，可能每一佃戶耕種少於上述元代之三十畝。例如正統十四（1449）年十二月，劉斌曾說，「蓋困窘之民，田多者不過十餘畝，少者或六七畝，或二三畝，或無田而傭佃於人」（《明英宗實錄》）。若是蘇、松佃農所耕與「田多者」相等，亦「不過十餘畝」，故生活困苦。但浙江紹興府，「田在遠鄉，如彩烟、三坑等處，（地租）或四分，或三分。如田以四石爲一畝，每石取租四斗，曰四分……近處，皆田主監收而均分之」（成化《新昌縣志・風俗・租生》）。則遠鄉佃農，縱耕十五畝，共產六十石，除納租廿四石後，尚餘卅六石，則其生活又較上述元代佃農爲優。

明代「匠戶二等，曰住坐，曰輪班。住坐之匠，月上工十日，不赴班者輪罰銀月六錢，故謂之輪班」（《明史・食貨志》）。十天輪銀六錢，是每天工資六分，一月一兩八錢。

明神宗建乾清、坤甯兩宮，自萬曆廿四（1596）年七月起，兩年完工，〈兩宮鼎建記〉卷上曾記：「每銀一兩鑄錢六百九十文，市上每錢四百

---

22 韓大成於《明代社會經濟初探》（人民出版社，1986）〈明代的佃戶〉一章中，述及山西與皖南之分租，甚至有主二佃一者。

五十文換銀一兩，給與夫匠工食則以五百五十文作銀一兩。每銀一兩收利一百四十文。然當時止給夫匠，令小委官按名給散，鋪車在窯一概不給，蓋夫匠雖曰散十萬錢，然人止得三二十文」。這一記載意味造錢690文，所需成本平均爲白銀一兩。兩宮建築預算是以白銀計算，但夫匠每日工資，是以錢發放，平均每人一日工資約爲25文（得「三二十文」之中），合官價爲銀4.55分，但若按市價則合銀5.56分，這顯然是「恤民」之舉。5.56分是按近「輪班」的6分，其所以較低，是「夫匠」中，既有技工級的工「匠」，亦有粗工級的民「夫」，而5.56分則是此二者的平均工資。

關於明代粗工的工資，可從當時納贖之例看出。據《明會典》卷176，笞一十的納贖似有三種方式：（1）做工一個月，或（2）納米一石（原文作二石）、或穀一石五斗[23]；或（3）納灰一千二百斤折銀一兩八分，另加甎七十個折銀三錢（或碎甎二千八百斤），或水和炭二百斤折銀四錢（或石一千二百斤）。由此看一個月粗工的工資是一石米，或1.38兩至1.48兩銀。就後者言，每日貨幣工資爲銀4.60分至4.93分——低於工匠的工資（6分）。

至於這些貨幣工資的購買力，可以白銀計算的米價表示之。據《明會典》卷29，歷朝之折色，米每石最低爲洪武卅（1397）年的銀0.25兩，最高爲嘉靖廿三（1544）年的一兩，其他時間則爲四錢、六錢、七錢、八錢、九錢不等。即使以每石一兩計，則粗工每月工資約可換取1.5石米，勉可提供一家五口之食糧。至於技工（匠），則可獲1.8石米，另據《明會典》卷189，官匠每月另支米三斗至五斗，是以足夠一家溫飽。

關於清代人民生活，可從乾、嘉時代洪亮吉之言中看出，他說：

今日之畝，約凶荒計之，歲不過出一石；今世之民，約老弱計

23　該卷所列之表，於納「米」一項內寫道，「米五斗，穀七十五升」，不知何本？

之，日不過食一升。率計一歲一人之食，約得四畝，十口之家，
即須四十畝矣。今之四十畝，其寬廣即古之百畝也。四民之中
各有生計，農工自食其力者也；商賈各以其贏以易食者也；士
亦挾其長，傭書授徒以易食者也。除農本計不議外，工商賈所
入之至少者，日可餘百錢；士傭書授徒所入，日亦可得百錢，
是士工商一歲之所入，不下四十千。聞五十年以前吾祖若父之
時，米之以升計者，錢不過六七，布之以丈計者，錢不過三四十。
一人之身，歲得布五丈即可無寒，歲得米四石即可無飢。米四石
為錢二千八百，布五丈為錢二百，是一人食力，即可以養十人；
即不耕不織之家，有一人營力於外，而衣食固已寬然矣。今則不
然，為農者十倍於前而田不加增，為商賈者十倍於前而貨不加
增，為士者十倍於前而傭書授徒之館不加增。且昔之以升計者，
錢又須三四十矣；昔之以丈計者，錢又須一二百矣。所入者愈微，
所出者愈廣，於是士農工賈各減其值以求售，布帛粟米又各昂其
價以出市，此即終歲勤勤，畢生皇皇，而自好者居然有溝壑之憂，
不肖者遂至生攘奪之患矣。(《意言・生計》)

　　洪亮吉是生於乾隆十一(1746)年，卒於嘉慶十四(1809)年，其《意
言》是成於乾隆五十八年。由於洪氏有「中國的馬爾薩斯」之稱——其
實，《意言》成書較馬氏《人口論》早五年，故於文中強調人口膨脹的
可怕，以致言過於實，譬如說，在五十年內，農、商、士各增十倍，就
是過分誇張的話。他說「五十年以前」，依其成書之年推溯，應為乾隆
三年，據考證，乾隆四年，浙江米每石為1.7兩銀[24]；乾隆五年，一兩銀

24　全漢昇、王業鍵，〈清中葉以前江浙米價的變動趨勢〉——見全漢昇，《中國
　　經濟史論叢》(新亞研究所，1972)。

在江蘇值錢700文[25]，以致一石米值錢1190文，每升近12文，並非「錢不過六七」——按此種銀、錢比價，是順、康、雍、乾四朝，錢價最高者，即使在乾隆四年，其他各省之比價是一兩銀值錢800文[26]，則每升米價更昂，而接近15文了。當時的工資，以雇農計，乾隆六年，山西每日工資爲錢10文，七年，山西每月工資爲銀4錢[27]；前者一月工資只能購米二斗，後者亦僅購米2.5斗左右，不足養一人。以此推論，士商收入亦可得知，足見洪氏是過份渲染，乾隆初年的豐足——但若是雍正四(1726)年，米每石1.2兩銀，錢845文值銀1兩，而雍正十年的雇農工資爲每日40文，則雇農每月工資可購米1.18石強，約可養活四人[28]，但米每升仍爲錢10文多，而非洪氏所云之廉。

　　乾隆五十年後，米價每石爲錢2.7兩，五十六年，每兩銀值錢1550文，而五十三年，江蘇雇農每月300文[29]。是以，一月工資只能買七升多米，因米價約達每升42文。就銅錢工資言，此時是與乾隆六年一致，但因米價與銀價俱爲提高，以致人民生活水準低落，究其原因，是與人口膨脹有關。

　　據《續通考》，元世祖至元廿八(1291)年，天下有1343萬322戶，6049萬1330口(内含游食42萬9118人，僧尼21萬3248人)。明洪武十四(1381)年，有戶1065萬4362；口5987萬3305，衡諸元初，戶數大減，可能是因將蒙古部分劃出，而且由於戰亂，亦將使戶口減少。永樂元(1403)年，有1141萬5829戶，6659萬8337口，這是有明一代，戶口統計上最高數字，譬如天啓元(1621)年，只有982萬5426戶，5165萬5459口。

25　彭信威，《中國貨幣史》(上海，1965)，頁823。

26　彭信威，《中國貨幣史》，頁823。

27　趙岡，陳鍾毅《中國經濟制度史論》(聯經出版公司，民國75年)，第五章，表五之一。

28　有關數字分見註24、25與27。

29　同上。

　　清初對於八旗人口統計，「已成丁者增入丁冊，其老弱幼丁不應入冊」，入關後亦如此，故其戶口統計，只記丁數，順治十八（1661）年，計有2106萬8609丁（《食貨典》）。另據《清通志》，康熙五十（1711）年，人丁2462萬1334口，次年，聖祖有「滋生人丁，永不加賦」之諭，即以五十年賦額爲準，惟十年後，只增46萬7850口——這可能是人民仍有疑懼，以致至雍正二（1724）年，仍然只有2528萬4818丁。但至乾隆十四年（1749）年，人丁增爲1億7749萬5039口（俱見《清通考》），二十五年內增加六倍多，足見此時之「丁」，實即人口，其中當有因「永不加賦」而增加者。嘉慶十（1805）年，天下民數3億3218萬1403人，咸豐十（1860）年，只有2億6092萬4675人，諒係洪楊之變，導致人口減少，但至光緒廿七（1901）年，增至4億2644萬7325人（俱見《清續通考》）。

第四節　財經官制[30]

　　此一階段包括三個朝代，但官制只有兩個類型：一爲元代；一爲明清。此二型三代有很大差別，以中央財政主管單位言，雖然都爲戶部；但元代卻有尙書三人，明爲一人，清爲滿漢各一人；其所屬單位編制，元代爲任務導向（見下述），明清則爲地區導向，即於戶部下每一行省設一清吏司，主管各該省錢穀等財政事宜，另輔以任務編組。

　　尙書人數多寡，主要係從民族著眼，譬如明代爲漢族主政，故尙書爲一人；滿人以少數民族入主中原，故尙書爲滿、漢各一人；至於元代，其民族主要爲四等，即蒙古、色目、漢人與南人，後二者均爲漢族，不知尙書三人，係分屬蒙古、色目與漢族[31]，抑係按地區分掌之，或採其

---

30 本節除另註出處外，悉本《新元史・百官志》、《明史・職官志》，以及《歷代職官表》中清代部分。

31 據趙翼，《廿二史劄記》中「元制百官皆蒙古人為之長」，則漢人與蒙古人並

他方式，殊難確知。

於編制上，當然應以任務編組爲基本，明清戶部雖按行省制設清吏司，惟明代於每一清吏司下，分設四科：（1）民科，主所屬省府州縣地理人物圖志，古今沿革，山川險易，土地肥瘠寬狹，戶口物產多寡登耗之數；（2）度支，主會計，夏稅秋糧存留起運及賞賚祿秩之經費；（3）金科，主市舶魚鹽茶鈔稅課及贓罰之收折；（4）倉科，主漕運軍儲出納科糧。就戶部職掌言，大致可分爲賦稅，漕運、財庫、金融與專賣五類。

一、賦稅：元代設行中書省，表面上是中央集權，但財政中主要部分的賦稅，卻由各行省主管，以致戶部直轄者，只有大都宣課提舉司，主要是課徵大都各市的商稅，明清的賦稅，主要是由各清吏司主管，更富中央集權色彩。

二、漕運：元代由京畿都漕運使司，下分運道、綱船與糧倉——後者有四十五座[32]，還有海道運糧萬戶府；明清均設漕運與倉場二總督，後者隸戶部專管糧倉，前者則是獨立單位，清代且增設河道總督，以分總漕之勞。

三、財庫：元代有四庫，其名稱均有「都提舉萬億」之稱，其下則有寶源庫（掌寶鈔玉器）、廣源庫（香藥紙劄諸物）、綺源庫（諸色段定）；賦源庫（絲棉布帛諸物）；明代有寶鈔廣惠、廣積、贓罰、甲字、乙字、丙字、丁字、戊字、承運、外承運、行用、太倉銀等庫；清代有銀、段定與顏料三庫，雖屬戶部，卻另有大臣管理。

四、金融：元代有諸部寶泉都提舉司（下設鼓鑄局與永利庫）、寶鈔總庫、印造寶鈔庫、燒鈔東西二庫、鈔紙坊、行用六庫；明代有寶鈔提舉司、抄紙局與印鈔局；清代金融是由戶工二部共管，最高階層是此二

（續）————————————

　　爲尚書之可能性不高。

32　《新元史》稱，「其屬倉七十有五」，是對《元史》「其屬七十有五」之誤解。
　　後者是指四十五倉與「滎陽等綱（船）凡三十」。

部督理京省錢法右侍郎，戶部有寶泉局，工部有寶源局，均可鑄錢。

五、專賣：元代有大都酒課提舉司，印造鹽茶礬銖等引局，大都河間等路都轉運鹽使司與檀景等處採用鐵冶都提舉司；明代有都轉運鹽使司、鹽課提舉司與茶馬司；清代專賣主要為鹽，專理監政者，長蘆、兩淮各一人，各省由督撫兼理，另有都轉運鹽使司與鹽道分設各處。

以上是政府的財政，至於宮中的財政，另有主管單位，元代太府監有內藏及左右藏庫，還有中政院，掌中宮財賦並番衛之士、湯沐之邑（下轄江浙等處財賦都總管府），以及輔翼皇太子的詹事院，其下亦有江淮等處財賦都總管府與各種財庫。明代無太府、少府，亦無宣徽院，但有宦官二十四衙門，其下有內府供用、司鑰、內承運、甲字、乙字、丙字、丁字、戊字、承運、廣盈、廣惠、贓罰等庫。清代內務府與財政攸關者，有廣儲司（主管銀、皮、緞、衣、磁、茶六庫）、會計司（核理內府幣項出納，及莊園田畝戶口徭役）與管理三旗納銀莊。

中央經濟職官，主要為公營事業供宮、府之用，元代在這方面種類眾多，其在初級產業，有：(1)屯田，計有永平屯田總管府，分司農司、行大司農司、大兵農司、大都督兵農司、軍民屯田使司；(2)畜牧，由兵部與太僕寺主管；(3)林業，大都留守司兼少府監下有凡山採木提舉司，另有上都採山提舉司；(4)園藝，少府監下有上林署；(5)農業加工，主要為宣徽院所屬，其下有尚飲、尚醞局，沙糖局、軟皮局、宏州種田提舉司，以及各處茶場；(6)土石，大都留守司下有採石局與四窰場，將作院下有大同路採砂所。此外，中政院下有管領種田打捕鷹房民匠等處萬戶府。

明代初級產業中的屯田由兵、工二部分掌（工部且有屯田司），畜牧則主要由苑馬寺與太僕寺主管，在馬政方面還聽命於兵部，其次為上林苑中的良牧署與光祿寺下司牧局，是豢養馬以外之牲畜；林業與園藝，均由上林苑主管；農產加工有內府的酒醋麵局與御酒房，另有光祿寺的

良醖、掌醢二署。

　　清代公營農業，主要是兩金川與新疆等處的屯田，由戶部四川清吏司兼管，戶部尚有井田科，掌覈八旗土田、內府莊戶，畜牧方面，內務府上駟院與慶豐司分掌御用馬匹與牛羊群牧之蕃息。其他方面的牧馬，則由兵部車駛清吏司主管；木材方面，由工部木倉與皇木廠掌理。

　　元代公營次級產業，有工部、將作院、大都留守司與武備寺四大系統：工部掌百工之政，下有諸色人匠總管府（轄梵像，出蠟二提舉司，銅、銀、鑌鐵、瑪瑙、玉石、木、油七局），諸司局人匠總管府（掌氈毯等事），大都人匠總管府（有繡院、紋錦總院），隨路諸色民匠都總管府（遍布各地，主要為織、染、修繕）；將作院掌造金玉珠翠犀象寶貝冠佩器皿刺繡緞紗等物，下轄諸路金玉人匠、異樣局與大都路民匠三類總管府，管理官民工匠；大都留守司下有修內司（宮中修繕）祇應司（王邸寺觀營繕），器物局、犀象牙局與甸皮局；武備寺掌繕戎器兼司受給，在製造方面，下轄諸路軍器人匠提舉司，各有甲、箭、弓、絃、武器，雜造等局或工局。

　　明代公營次級產業，主要由工部掌管，其次為宦官二十四衙門的一部分。明代工部實在是把前代將作監、武備寺，以及部分少府監的工作合併在一起（還兼辦部分的戶部工作，譬如鑄錢），其所屬營繕署，掌宮殿陵寢城郭壇場祠廟倉庫廨宇營房王府邸第之修建工程，另有軍器、皮作、鞍轡、顏料、雜造等局，以及文思院與織染所；都水清吏司還兼管舟車製造。宦官二十四衙門是指十二監、四司、八局，後者之中的兵仗、銀作、鍼工與內織染四局，是公營製造業。

　　清代公營次級產業，為工部與內務府掌理，工部營繕司工作與明代同，其屯田司並不管屯田，而是掌修陵寢及王公百臣官墳塋；另有製造庫（掌車輅儀仗之制，展采備物）、料估所（監估工程）與琉璃窯。內務府有關工作可分二大類：一為日用，如織造（供奉御用、宮用緞疋）與營造司（有鐵作、花爆作與油漆作，六庫中的鐵庫是鑄造鐵器）所掌；一為兵備，由武

備院主管，修造有關器械。

　　公營三級產業，此三代均不多，主要爲驛傳與漕運，前者由兵部掌管。此外，元代大司農司所掌邸舍，可以視爲商業；明初予以接收，將京師官店改爲宣課司，地方官店改爲通課司，似由公營改爲課稅；惟清代內務府官房租庫，掌內外城官方之租課，似又直接經營租賃業。此處值得一提的，乃是明代公營醫藥，歷代多有太醫院，但僅限御醫，對民間無甚貢獻，宋元雖有惠民藥局，但僅施藥，屬於社會救濟，缺乏經濟性；至於明代則擴大範圍，其太醫院將醫術分爲大方脈、小方脈、婦人、瘡瘍、鍼灸、眼、口齒、接骨、傷寒、咽喉、金鏃、按摩、祝由十三科，分而習之，三年、五年一試、再試、三試，按成績及資歷授醫官、醫生與醫士；縣置官醫，邊關衛所及人聚處，各置醫生、醫士或醫官，俱由太醫院考試甄選，歲末予以考績；各縣均設惠民藥局，凡軍民之貧窮者，給之醫藥。

　　對於民營各產業之監督管理輔導，亦可隨產業之區分而略述之。

　　對於初級產業，元代都水庸田使司，掌稻田水宜；都水監掌治河渠水利，另有五處都總制庸使司，以及在若干地方置團練宣撫勸農使司，主管勸農事宜。明初曾設司農司，但於洪武初年即罷，清代中央亦無勸農組織；農田水利工作，明清均由工部都水司主管。

　　關於民營次級產業，元代主要是控制工匠，而非其業務，明清則未明顯監督之，假若有，則似由工部主管。在民營三級產業的管理上，戶部宣課提舉司所屬有馬市、豬羊市、牛驢市、果木市，雖爲課稅而設，但亦可能涉及市場管理；大都留守司下的廣誼司，其前身爲覆實司辨驗官兼提舉市令司，當係大都市面之管理單位，都水監下大都河道提舉司，河南山東提水監，均管理河道。這方面的工作，在明清，亦屬工部範圍，主要是交通方面，例如明清工部都水司，對於道路津渠，時予葺治。

　　元代地方區分爲行省、路、府、州縣。行省左右司由郎中分管，左

司郎中所掌糧房與銀鈔房之科，屬於財政；右司郎中所掌工房之科，則屬經濟。路總管府下附屬單位中，屬於財政金融方面有平準行用庫、府倉、稅務司；屬於經濟方面有織染、雜造、軍器、生帛等局，以及軍資庫、醫學與惠民藥局，均為公營事業──對於民營產業之監督，可見於各路主管（達魯花赤）職掌中有關部分，譬如兼管勸農事、監驗度量衡。府、州官均「兼管勸農」，縣官則管「勸農營田事」，各縣多設醫藥、稅務與驛站等[33]。

　　明代地方政制，分省、府、州縣三級（道是虛級）。省布政使的財經職能有三：(1)十年會戶版，以登民數畝數；(2)水旱疾疫災疫則請於上蠲賑之；(3)凡貢賦役，視府州縣土地人民豐瘠多寡而均其數。其所屬財經單位，計有倉、庫，以及雜造、軍器、寶泉、織染等局。各省另有按察使，除提刑外，還巡察驛傳、水利、屯田等事。就一府而言，籍帳軍匠驛遞馬倉庫河渠溝防道路之事，雖有專官執掌，但知府皆總領而稽覈之；同知與通判則分掌清軍巡捕營糧治農水利屯田牧馬等事。知州與知縣工作主要是在財經方面，各州縣亦因所處地方不同，而間有驛站、稅課司、倉、織染雜造局、河舶所、批驗所、遞運所與鐵冶所。

　　清代地方政制與明同，惟每省行政長官為巡撫，布政使降稱藩司，司錢穀出納，其下有庫大使，間有倉大使。至於道員中的鹽法道、驛鹽道、糧道、河道、海關道與勸業道，均是財經官員，而主管地行政的各道，亦掌理河糧鹽茶，或兼水利驛傳，或兼關務屯田。各道多有庫大使，間有倉大使。各府知府與同知的財經職掌，是督糧與水利，間有倉、庫及茶引批驗所大使。知州與知縣下間有驛丞、閘官、稅課大使與河泊所官。

---

33 楊培桂，《元代地方政府》（浩瀚出版社，民國64年），第二至第六章。

　　以上所云清制，均指道光以前，其後，頗有改變[34]，譬如自道光以來，海疆日闢，始置北洋南洋通商大臣，關道及監督隸之，咸豐後聘英、美人士襄辦稅務，光緒廿三(1897)年始設稅務處總稅務司；宣統時於內閣中置督辦稅務大臣，掌主關稅，下轄總稅務司。卅二年，將戶部改為度支部，以財政處、稅務處併入(《清鑑綱目》)；次年設造幣總廠與戶部銀行(明年改為大清銀行，為中國銀行前身)；宣統元(1909)年，再設清理財政處；而度支部各司亦改為任務編組，將原來以各省命名的十四清吏司，改為田賦、漕倉、稅課、筦榷、通阜、庫藏、廉俸、軍餉、制用、會計十司。至於鹽政，宣統元年設督辦鹽政處，三年改為鹽政院，由大臣推掌。

　　在經濟方面，光緒二十四年設礦務鐵路總局，再設農工商總局，廿九年設商部，將此二局併入，卅三年再與工部合併，稱農工商部(《清鑑綱目》)，下設農務、工務、商務、庶務四司。該年改制時，另設郵傳部，下有船政、路政、電政、郵政、庶務五司，轄有郵政、電政、鐵路總局與交通銀行，並將原隸北洋大臣的船政、招商局，以及原隸工部的內地商船，改屬郵傳部。

第五節　稅制之演變

　　本節所說的稅制，主要是指傳統的田賦與徭役。

　　元太宗滅金後，於北方推行丁稅、戶稅與地稅，即於其八年決定：(1)每丁歲科粟一石，驅丁(奴僕)五升，新戶丁驅各半之(《元史・食貨志》)；(2)每二戶出絲一斤，以供官用，五戶出絲一斤，以與所賜之家(即每戶出絲0.7斤)；(3)每畝上田三升半，中田三升，下田二升半，水田

　　34　清代職官改制，除另註出處外，悉本《清史稿・職官志六》。

五升(〈耶律文正事略〉)。世祖平江南後,除江東浙西外,僅征秋稅,至元十九(1282)年,命江南稅糧依宋舊例,折輸絹雜物,旋令輸三分之米,餘均折鈔,以七百萬錠爲率,歲得羨鈔十四萬錠;其輸米者止用宋計斛(宋一石僅僅當元七斗)。成宗貞元二(1296)年,恢復江南夏稅,於是秋稅輸粟米,夏稅則輸以棉布絹絲,即將糧折算錢鈔,糧一石輸鈔3貫、2貫或1.5貫,因地制宜(《元史・食貨志》)。

南宋雖滅於至元十六年,但臨安卻於十三年失守,是年元世祖詔曰,「凡故宋之一切繫冗科差聖節上供經總制錢等百有餘件,悉免除之」(《元史》本紀),其動機是以和宋斗斛納糧之規定相同,均爲籠絡江南民心。而且終元之世,賦稅甚低,所以,明遺民於《無名氏筆記》(納於《甲戌叢編》)中云:「勝國時,法網疏闊,徵稅極微」。

明代賦役高於元代,在田賦上,明代乾脆就將這種兩稅稱爲夏稅、秋糧(前者雖以斂收錢絹爲主,但仍有少數糧食,後者之中亦含有少量錢絹)。洪武初,每畝官田科五升三合五勺,民田三升五合五勺,重租田八升五合五勺,蘆田五合三勺四抄,草塌地三合一勺,沒官田一斗二升,蘇松嘉湖等府田有高至七斗五升者;此外,每畝徵麻八兩,木棉四兩,另對南京附近六府,重租田一頃輸草十六束,輕租田加倍,較遠的十六府輸剉草,重租田一頃十八包,包各十五觔,輕租田加倍(《明會典》)。洪武時,秋糧已可折色(即稅糧可折算金銀鈔絹布),但至英宗正統九(1444)年,採取大規模折色行動,只准納銀,凡「米麥一石折銀二錢五分,南畿、浙江、江西、湖廣、福建、廣東、廣西、米麥共四百餘萬石,折銀百萬餘兩,入內承運庫,謂之金花銀,其後概行於天下。」(《明史・食貨志》)

明代徭役重,其方式是於洪武十四年,「命天下郡縣編賦役黃冊,其法以一百一十戶爲里,一里之中,推丁糧多者十人爲之長,餘百戶爲十甲,甲凡十人。歲役里長一人,甲首十人,管攝一里之事,……凡十

年一周，先後則各以丁糧多寡爲次」(《明太祖實錄》)。這是說，一里
有十位里長，輪流執役一年，率一甲十戶之戶長(甲首)應役。主要工作
是到各級衙門，「承符呼喚」「答應卯酉」[35]。關於後者，有人認爲是
每日卯時、酉時，應役者到指定衙門去報到[36]，其實，這是指，整個應
役時間，是由每天卯時(上午五至七時)到酉時(下午五至七時)，其所謂「答
應」，是類似現今的打卡或簽到與簽退——例如卯時答應，稱爲「畫卯」。
另一任務，是「每歲里長以其甲之十家，出辦上供物料及支應官府一歲
經常泛雜支費」(《天下郡國利病書‧福建》)。這些物料與雜支，是由應
役者負擔，里長出30%，其餘由小戶「甲首」分攤(《明英宗實錄》卷218)。
此外還有非經常性的雜役，譬如修路、築城、修城、修倉、修河等(《明
史‧食貨志》)。

這種賦役制度逐漸演變爲弊端百出，嘉靖九(1530)年，戶部言：「祖
宗立法不爲不嚴，而法飭民奸，弊端百出，那移、詭寄、飛走、灑派，
及故爲破析寄頓，妄作畸零帶附，或投以供名，或稱絕戶以影射」(《明
世宗實錄》)。其所謂「那移」，是將耕地以多報少，其中甚至捏造私地
爲官田；「詭寄」是找人頭戶，將己地寄於他人名下；「飛走」與「灑
派」類似，亦稱「飛派」，即將自己的負擔轉嫁給他人。這些弊端當然
導致賦役負荷不均，這種情況散見於《天下郡國利病書》之中，例如在
北直隸，「富者爲影射爲占冒，超然計口之外，故積年所簽派皆赤貧」；
在山東，「嘉靖中賦役橫出，門戶稍上破產相尋，於是黠者工其術於詭
寄分析，饒者恣其費於結納請託」；在山西，「今日賊良民之甚者，莫
大於里胥欺而低昂亂」；在湖廣，「阡陌其田無升合之稅，稅數十石者
地鮮立錐」；在江西，「數繁役重，……苦樂不均」；在浙江，「自洪

---

35 《海剛峰先生集‧里長參評》。
36 李龍潛，《明清經濟史》(廣東高等教育出版社，1988)，頁64。

武以來凡幾造黃冊矣，然今之糧皆洪武初年之糧，而今日之田則什二、三耗非洪武初矣。……甚有家無立錐之業而戶有田畝糧差之需」；在福建，「富者田連阡陌，坐享無苗之利，貧者地無立置錐，反多數外之賠」。

　　針對這種不均流弊，御史傅漢臣於嘉靖十年上疏，請「行一條鞭法，……通將一省丁糧均派一省徭役。……則徭役公平，而無不均之嘆矣」（《明世宗實錄》）。據葛守禮說，此一做法是實施於嘉靖二十年，他說，「嘉靖廿年來，有附循公，始變賦為一條鞭法。不開倉口，不論貧富，括其總數，一例均攤。下戶已累矣」（《葛端肅公文集‧與梁鴻泉中丞論賦役》）。但由「變賦為一條鞭法」看，可能只是實施於田賦方面，而且也許是局部性，否則，龐尚鵬巡按浙江時，亦不會奏請行一條鞭法。據《明會要》卷54引《春明夢餘錄》載，他所奏內容是：「其法，總括一州縣之賦役，量地計丁，丁糧畢輸於官。一歲之役，官為簽募。力差，則計其工食之費，量為增減。銀差，則計其交納之費，加以贈耗，以及土貢方物，悉併為一條，皆計畝徵銀，折辦於官，故謂之一條鞭，立法頗為簡便。嘉靖間數行數止。萬曆時，張居正當國，請下制申飭海內通行」——《明史‧食貨志》對一條鞭法內容之解釋，主要據此，並明言，自萬曆九（1581）年起「海內通行」。

　　一條鞭法主要是賦役合一，亦就是役歸於地，計畝徵銀，官府可以此銀之一部分雇工應役——此一方法，是和第一次多元體制下的丁租，恰成強烈對比，但在基本上，卻都是因時制宜，因於第一次多元體制下，地廣人稀，勞力為稀少性財貨，所以要以丁口為賦役對象；此時，地狹人稠，土地成為稀少性財貨，故以田地為課徵賦稅的唯一對象。這一辦法不僅使貧富之間的賦役趨於平均，也且使「歲」役之間負擔趨於平均，蓋且輪值之里長與甲首，其應徵役、雜役與上供、雜支，每年亦不盡相同，今用一條鞭，則趨於均平矣。

　　亦就是由於這種「計畝徵銀」簡易方法，導使明代政府易於提高田

賦（其中有代役之費）。譬如於萬曆四十六年，加派直省正賦（貴州除外），每畝加銀三釐五毫，是爲「遼餉」，次年再加三釐五毫，四十八年每畝再加二釐（畿內八府與貴州除外），連同前兩次，每畝共增九釐，遂爲歲額；崇禎三（1630）年，每畝再增三釐，八年，概徵每兩一錢，名曰「助餉」，十年，因糧輸餉，畝計米六合，石折銀八錢（即每畝增徵銀四釐八毫），又畝加徵銀一分四釐九絲（該年每畝共增一分九釐八毫九絲），稱爲「剿餉」，十二年，每畝再加「練餉」一分；此外，自天啓二年起，還有計畝攤派的州縣兵之餉[37]。負擔如此之重，難怪「民苦賦役，十室九空」（《無名氏筆記》）。

　　清人入關，首除明代加派之三餉（遼餉、剿餉、練餉），悉復明萬曆年間賦役制度，並採一條鞭法，即「以府州縣一歲中夏稅秋糧存留、起運之額，均徭里甲土貢雇募加銀之額，通爲一條，總征而均支之」。但大致上，東南諸省賦重而役輕，西北賦輕而役重。康熙年間年屢次蠲免局部錢糧（夏稅秋糧之意），聖祖曾云，「數十年來，除水旱災害例應豁免外，其直省錢糧，次第通蠲一年，屢經舉行，更有一年蠲及數省，一省連蠲數年者。前後蠲除之數，據戶部奏稱，共計已逾萬萬」。然後，於五十一年，聖祖有「盛世滋生人丁，永不加賦」之諭，嗣後每年均以康熙五十年賦額爲准，雍正元年再實行「攤丁入地」，即將丁銀攤入田賦計算，真正實行一條鞭法，乾隆末年徵銀2990餘萬兩，糧830餘萬石。在聖祖此論下，清廷雖不敢明目張膽地加賦，但於清季實行糧捐，以變相增加之，這些糧捐，是「如按糧加捐，規復徵收；丁漕錢糧，規復差徭，加收耗羨之類」（俱見《清史稿·食貨志》）。其實，變相加賦，嘉、道間即已有之，其方式是在田賦折色上，故意高抬銀價，例如道光八年，

---

37 參見《明史·食貨志》，並參見侯家駒，〈我國歷代軍費之籌措〉，《國立編譯館館刊》，民國74年6月。

「據奏，嘉慶年間，每兩收至三千一二百文，今有加至四千文者，以市價二千六百計之，折收幾於加倍」——到了咸豐年間，乾脆實行畝捐，例如咸豐四年，上諭「蘇州前年畝捐四斗」（《清續文獻通考》）。

清代田賦收入之錢糧，各地不一，為平衡地區發展，而將全國各省區分為「僅敷」、「不足」和「有餘」三類：兩廣、福建等省作為僅敷省分，錢糧均留作本省開支；江、浙、魯、晉、贛、湖廣、直隸等省為「有餘」省分，一部分須協濟「不足」省分（如川、康、黔、陝、甘等等），稱為協餉或協款，另一部分則解送戶部。凡留下供本省開支部分稱為「存留」；凡解交戶部或協濟他省者稱為「起運」。（見郭樞義等著，《清朝典制》，吉林文史出版社，1994，第六章第一節）

此一階段裡，元、清統治者為非漢族，但在賦役上，卻低於漢人主政的明代。

第六節　公田、專賣及雜稅

本節所稱公田，是指官田與屯田。元代官田，皆仍南宋之舊，世祖至元廿三年，以江南隸官之田，多為豪強所據，立營田總督府履畝計之（《新元史・食貨志》）。南宋到底有多少官田，可據趙翼《廿二史劄記・元代以江南田賜臣下》一文，略予推算：寧宗開禧三年，誅韓侂胄，將其被沒收田地，以及其他沒入之田，成立安邊所，其田租收入，「共收米七十二萬一千七百斛，錢一百三十一萬五千緡」，依常理言，此數字應為年收入，單依其所收之米言，假若每畝租一石，則安邊所所轄官田不下72萬畝，其後，於恭帝德祐元年，又以閻貴妃集慶寺田，賈貴妃演福寺田，撥入安邊所；另於理宗景定四年，賈似道在平江等六郡買田350萬餘畝，稱為公田；是以，南宋官田至少約有4萬2000餘頃——趙氏所謂元代以江南田賜臣下，當然是謂賜以官田，但據該文統計，亦只有4164

頃，不到江南官田十分之一（實則遠高於此數，已見上章析述）。

至於元代全國官田，當然不止4萬多頃，這亦可從其對佛寺賜田數目看出一些端倪；當時賜田最多的是大承天護國寺與大護國仁王寺（俱在大都），前者得到32萬多頃，後者亦超過10萬頃——實約10萬7000頃[38]；對其他佛寺的賜田，亦達3880頃[39]。是以，單是對佛寺的賜田，就超過43萬頃，而所賜之田應係官田，故依常理推斷，官田總額應該超過此數，惟依上章分析，賜田中有不少是民田。

元代公田之中，除上述官田外，還有屯田，屯田有軍屯、民屯與軍民合屯，其初純是軍事目的，「授之兵牛，敵至則禦，敵去則耕」，平宋後，則以經濟目的為主，譬如世祖至元十六年，置淮東淮西屯田打捕總管府，募民開耕連海州荒地，官給禾種，自備牛具，所得子粒，官得十之四，民得十之六，仍免屯戶徭役，為戶1萬1743，為田1萬5153頃39畝。其後，在各地屯田5000頃以上者，計有至元十八年，在德安等處屯田8879.96頃；廿一年置嶺北行省，屯田6400餘頃；廿二年置廣濟署，在保定等三路屯田1萬2600.38頃；廿三年置尚珍署，於兗州屯田9719.72頃，又立洪澤屯田萬戶府，為田3萬5312.21頃；廿四年，於灤州立屯，為田1萬1614.49頃；成宗大德四（1300）年，置大同等處屯儲總管府，為田5000頃（俱見《續通典》）。僅依這些大面積的屯田看，已近11萬頃，但至武宗至大元（1308）年，「中書有臣言，天下屯田一百二十餘所，由所用者多非其人，以致廢弛」（《新元史・食貨志》）。

明代屯田甚盛[40]，有軍屯、民屯與商屯三種。其中以軍屯最為重要，

---

38 蒙思明，《元代社會階級制度》（哈佛燕京社，1938），頁133。該書雖未明言大護國仁王寺之賜田，但該寺為世祖皇后所建，其在大都附近有田地逾6萬3000頃，在河間、襄陽、江淮等處亦有4萬3000頃，共10萬6534頃42畝有奇（《雪樓集・大護國仁王寺恆產之碑》），應為賜田無疑。

39 據趙翼，《陔餘叢考・元時崇奉釋教之濫》統計。

40 參閱孫媛貞，〈明代屯田制研究〉，《食貨半月刊》3卷2期。

其方式是，「邊地三分守城，七分屯種；內地二分守城，八分屯種。每軍受田五十畝為一分，給耕牛農具，教樹藝，復租賦，遣官勸諭，誅侵暴之吏，初畝收一斗」（《明史‧食貨志》）。大致上是耕三年後才納田賦(實為官租)。洪武年間，屯田29萬3583.49頃，嘉靖間增至56萬9923.04頃（《明會典》）。後因將與兵形同世襲，屯田被佔，再因軍丁逃亡，屯田荒廢，以致軍屯制度趨於崩潰[41]。民屯亦與軍事有關，譬如洪武四年，徙山後民一萬七千餘戶屯北平，又於「極邊沙漠之地各設千百戶，收撫邊民，無事則耕，有事則戰」，凡置屯二百五十四，開田1343頃；即使到了嘉靖間，遼東巡撫李承勛亦招逋逃3200人，開屯田1500頃（《續通典》），由於這是處於邊地，亦可能有其軍事意義。這些具有軍事目的之民屯，其待遇或許與軍屯類似。另據《明史‧食貨志》，民屯的「屯墾之人，非罪囚即無業貧民」，則其待遇將類似官田佃戶。所謂商屯，是因鹽法中的「開中」之制而產生，「明初募鹽於各邊開中，謂之商屯。迨弘治中，葉淇變法而開中始壞」（《明史‧食貨志》）。這是說洪武間，商人於大同倉入米一石，太原倉入米一石三斗，准一小引，所以，商人在邊地募人屯種，以就近輸糧，弘治五年，戶部尚書葉淇改為納銀，故商屯亦隨而中止。

　　除屯田外，明廷擁有大批官田[42]，所以，洪武(1377)年，賜勳臣公侯丞相以下莊田，多者百頃，親王莊田千頃；又賜公侯暨武臣公田，再賜百官公田，以其租入充祿；指揮沒於陣者皆賜公田。此處所說的莊田與公田，雖然均是來自官田，但有很大差別，即莊田為這些王公大臣永業，而公田則替代俸祿——惟賜予陣亡的指揮者例外，所以，洪武二十四年，公侯恢復歲祿乃歸賜田(應是公田部分)於官。照理說，這些官田

41　一清水泰初(方紀生譯)，〈明代軍屯之崩壞〉，《食貨半月刊》，4卷10期。

42　此處除另註出處外，悉本《明會要》卷53。

收入，應該歸於政府，可是，明廷卻逐漸化公爲私，將其化爲皇家莊田
（詳見上章第二節），蓋中葉以後，莊田侵奪民業，與明相終矣。至於官
田數目，《續通典》曾載，弘治十五（1502）年，官田59萬8456頃，其後，
很可能大爲增加，因爲弘治初，畿輔皇莊五，爲地萬2800餘頃，勳戚中
宮莊332，爲地3萬3100餘頃——此乃戶部尙書李敏所言，玩其語意，似
均爲官田，統計僅約4萬6000頃，按「畿輔」應爲順天府，而世宗初，
在順天府查勘莊田地土，共20萬919頃，增加近16萬頃，是以，在嘉靖
年間，官田至少有75萬頃，約佔天下耕地十分之一強——據《明會典》，
弘治十五年，天下田地爲622萬8058.81頃，萬曆六（1588）年，天下田地
爲701萬3976.28頃。滿人入關後，除接收前明的官田外，還大量侵占民
田，是所謂「圈地」，單是近畿，被圈田地就高達16萬6000餘頃（見上
章第二節）。但是到了康熙八年，聖祖先於三月下令，「將前明廢藩田
產給予原種之人，改爲民產，號爲更名地，永爲世業」（《淸通典》）；
又於六月廢除圈地令說，「比年以來，復將民間房地圈給旗下，以致
民生失業，衣食無資，流離困苦，自後圈占民間房地，永行停止」（《實
錄》）。

　　儘管如此，淸廷仍有多處皇莊；畿輔有莊373，地7587.39頃；盛京
有莊64，地7147.16頃；錦州有莊284，地1萬2268.26頃；熱河有莊132，
地5275.84頃；歸化城有莊12，地1014頃；打牲烏拉有莊5，地147頃；
駐馬口外有莊15，地270頃（光緒《淸會典》），共計886莊，地3萬3709.65
頃，遠低於明代之皇莊。

　　淸初，撥壯丁於曠土屯田，又近邊屯處築城，設兵以衛農人[43]，足
見是以墾荒爲主，入關後，因明之舊，衛屯給軍分佃，罷其雜徭。雍正
二（1724）年，各省（不含新疆）屯田約39萬4528頃（《淸通考》），其後稍減，

43　此處除另註出處外，悉本《淸史稿·食貨志》。

至乾隆十八（1753）年，不到26萬頃[44]，光緒年間，再減爲25萬餘頃。

　　在專賣方面，主要是集中於鹽、酒、茶三種產品[45]，現且分別述之。

　　在鹽的專賣上，元世祖於至元十三年平宋（實即佔領臨安）後，始立諸路鹽課鈔額，即仿宋代鹽鈔制，實施商賣；廿一年置常平鹽局，以平民間鹽價，顯然是官賣。但似以商賣爲主，每鹽一引，至元十三（1276）年爲中統鈔9貫，至仁宗延祐二（1315）年漲爲150貫，順帝元統二（1334）年，乾脆在京師置局，官自賣鹽（《元史·食貨志》）。明代亦行鹽引制，並仿宋代「折中」，普遍實施「開中」法，以官鹽交換民間運物至邊防，其法有六，即以鹽易米、馬、鐵、草、布或鈔——其中以鹽易米爲主，後廢。萬曆十五（1617）年，實行「綱法」，綱冊無名者不得參加，專商之制蓋源於此；在此法下，每引鹽430斤，納銀6兩。在消費方面，明代實施「戶口食鹽法」，大口月食鹽一斤，納鈔一貫，小口半之（俱見《明史·食貨志》）。清代鹽法，大致因明制損益，採取官督商銷、官運商銷、商運商銷、商運民銷、民運民銷、官督民銷等法，以前者採行最廣，此制實即明季「綱法」，但每引成本高達十餘兩。道光十（1830）年，兩江總督建議「票鹽法」，每引只須納銀2.051兩，連同運費只有5兩左右（俱見《清史稿·食貨志》）。

　　元初，酒的專賣是抽稅，一般的酒、稅率25％，葡萄酒6％——後降爲卅取一。世祖至元十五年禁私酒，廿二年，開放腹裡大都上都江南福建兩廣鄉村酒禁，惟每石須輸鈔一至五兩——至元十年，每石酒售鈔四兩，可見稅率之高。成宗大德八（1304）年，政府自行釀酒，到武宗至大三（1310）年，官營糟房有五十四所（《新元史·食貨志》）。明代對酒課稅，成化年間，麴稅爲2％（《續通考》），遠較元代爲低 。清初禁酒，

44　周金聲，《中國經濟史》（民國48年），第十一編第三章第一節。

45　參閱侯家駒，《中國財金制度史論》（聯經出版公司，民國77年），第八章。

惟於雍正五年起至乾隆七年，似已開禁，但非對酒的生產者徵稅，而似對酒舖課徵特許稅，即於此期間，曾對通州酒舖每月征稅，上戶銀一錢五分，中戶一錢，下戶八分；清季則對生產者征稅，而於直隸省征燒鍋稅，每斤錢十六文[46]。

元代對茶的專賣，是著重財政收入，明清兩代則以茶作爲對邊疆少數民族的貿易工具，即以茶易馬，明太祖時，曾易馬1萬3800匹，清順治二年易馬1萬1088匹。

元代雜稅，主要是指金銀珠玉銅鐵水銀朱砂碧甸子鉛錫礬硝鹼竹本等歲入之課；此外，尚有額外之課，其稅目有卅二，即曆日、契本、河泊、山場、窯冶、房地租、門攤、池塘、蒲葦、食羊、荻葦、煤炭、撞岸、山查、麴、魚、漆、醋、山澤、蕩、柳、牙例、乳牛、抽分、蒲、魚苗、柴、羊皮、磁、竹葦、薑、白藥。世祖至元七年，定商稅三十分取一（《元史·食貨志》）。廿二年，對於上都商稅減爲六十取一（《續通考》）。元季，似對水道徵通行稅，即順帝至元三年，立船戶納鈔法，船一千料以上者，歲納鈔六錠（《元史》本紀）。

這種船鈔法，至明代形成一種制度，即於宣德四（1429）年，在河西務、臨清等處立七個鈔關，令每船一百料，收鈔100貫（以千料計，高於元季700貫），八年降爲60貫，正統四（1439）年再降爲40貫，十二年後降爲20貫，景泰（1450）年又降爲15貫——此處鈔一貫並非等於錢一千文，譬如成化元（1465）年，每錢四文折鈔一文的明代商稅，一般是三十取一，主要是各種貨物稅，弘治間課鈔4618萬90貫，嘉靖廿三年增爲5206萬8109貫（《明會典》）。萬曆年間，因建兩宮三殿，乃自廿四（1596）年起，陸續派出太監至各省開礦、督稅、管鹽，隨而稱爲礦監、稅監與鹽監（《定陵註略·礦稅諸使》），自五年起至卅三年，得金1萬6705.93兩，

---

46 吳兆莘，《中國稅制史》（商務印書館），頁109-110。

銀688萬2244.2兩[47]，此外，尚有珍珠，紗緞、馬匹等物，均爲皇室私有。是以，分派太監開礦督稅，只是表面文章，其實，是把這些稅收化公爲私，由政府收入化爲宮中所有。在這種皇帝「大私」情況下，礦稅諸監亦營其「小私」，譬如，萬曆卅一年十月，山西巡撫白希繡上疏曰，「山西每年額解正稅銀四萬五千二百兩餘，俱已盡數解納，乃稅監孫朝止進銀一萬五千八百兩，餘銀侵匿不進，假稱拖欠」(《定陵註略・內庫進奉》)──竟然吞沒三分之二，可見明代稅收之漏洞；既漏於皇帝私人，再漏於經手太監。這些礦稅諸監，至光宗時才取消(《明會要》)。

　　儘管這些礦稅鹽監收入，有很大漏洞，但與一般商稅比，仍是很大收入，茲計算如下：按萬曆中，金一兩兌銀7.5兩[48]，故萬曆間各監所納黃金，折合白銀約12萬5287.5兩，以致其稅礦總額約700萬7532兩。以九年平均之，每年約77萬8615兩；前述嘉靖十九(1540)年商稅總額爲鈔5200餘萬貫，按當年銀、鈔價比，每萬貫鈔才折白銀一兩[49]，以致僅合銀5200餘兩；由此看來，各監每年收入是嘉靖年間全年商稅收入的150倍，不可謂不高。

　　清代頗重關、門之稅(即通行稅)，以康熙廿五年爲例，各關稅銀共121萬9792兩，而前一年各省雜稅只有67萬3881兩。這些雜稅的稅目是如下述：房地稅、當稅、牛驢馬豬羊稅、花布烟包稅、麵稅、酒稅、田產稅契、牙帖稅、海稅、抽印木植銀、河利銀、磚料銀、學租、　麻銀、棒栗折色銀、房租、經紀稅、杉板錢、商稅、鹽牙稅、船料銀、船稅、茶稅、鐵稅、鹽引、布稅、茶引、漁課、匹班銀、房基租、木筏稅、馬

<hr>

47　據《定陵註略・內庫進奉》統計，惟只計算其有數字可稽者。但此金銀數額，
　　並非完全來自礦稅、鹽，譬如黃金中含有萬曆廿六年，湖廣掘得唐代金器萬餘
　　兩，一半留用，一半進庫(故以五千兩計)；銀兩中包括贖銀與官民奉獻。
48　彭信威，《中國貨幣史》(上海，1965)，頁714。
49　同上，頁672。

牙稅、活稅、年例盤纏腳價銀、磨課、棉花店積極銀、褐毯雜稅、烟稅、彝民認納差期銀、屯租、草籽糧銀、漁油課、水碾磨課、牙行銀、油井銀、爐餉銀、旱路稅、魚苗銀、錫箔、糖、油榨等稅、差發銀、礦稅、蘆課(俱見《清會典》)。所須注意的,這些雜稅中,有很多是地方性。

清代雜稅最重要者厥為釐金,這是咸豐三(1853)年,太平天國佔領南京,清軍缺餉,太常寺卿雷以誠主江南餉事,乃採錢江之議,行釐捐。即對過往貨物征通行稅,其所謂「釐」,是值百取一之意,其後擴及各省(其金額見第二節)。除釐金外,還增列其他稅目,新稅中最為突出的是為鴉片稅,進口者稱為「洋藥」,咸豐九年,每百斤征稅銀30兩,光緒七年增為150兩,而土藥(國產鴉片)則征40兩,卅四年,對於鴉片膏每兩捐錢60文。此外,咸豐年間,於京師暫收房租,試辦布捐,並准福建抽收百貨釐金,喀什噶爾添設茶葉雜貨等稅,山西省城設立籌餉局,辦行商藥稅,且於十一年上諭中,提及指借、借捐、畈船捐、船捐、畝捐、米捐、饟捐、隄工捐、房捐、鹽捐、板捐、活捐;同治年間,准浙東辦百貨釐捐,值百抽九,浙江絲斤捐(每斤捐洋二角),湖北設新關專收竹木稅,吉林煙酒稅;光緒年間辦斗捐、印稅(後改名印花稅),普增菸酒稅,並對吉林所產秧葠草藥,一併酌予課稅,江蘇有抽地布稅,廣東有賭餉,湖北、河南、江南開辦協捐彩票,京師開辦各項車捐;宣統年間,普征田房稅契、出口米捐,還在福建辦轎捐,於張家口試辦煤、炭、柴、草四稅(《清續通考》)。

這一期間,海關稅收逐漸受到重視,先是,元世祖「既定江南,凡鄰海諸郡與番國往還互易船貨者,其(細)貨以十分取一,粗者十五分取一(是謂「抽分」),以市舶官主之」(《續通考》)。至元三十年實施市舶法則(23條),又另收三十分之一為稅(原來只有泉州如此,後來,上海、澉浦、溫州、廣東、杭州、慶元俱仿之),細貨稅率為13.33%,粗貨稅率為1%分,仁宗延祐元(1314)年修改法則,抽分加倍(俱見《元典章》)。明代

中葉以前，只允許朝貢貿易，即市舶附於貢舶而免徵關稅，但地方官卻予課徵，例如正德四年，廣東市舶司與地方官曾經爭取商舶徵稅管轄權[50]——但於嘉靖年間，廣東巡撫林富上言：「祖宗時，諸番常貢外，原有抽分之法，稍取其餘，足供御用」（《明史‧佛郎機傳》）。足見明初亦有關稅，且為中央稅(但可能是宮中收入，因市舶司常以太監領之)，其稅率或許沿襲元制；中葉後，似乎開放貿易，譬如萬曆十七年，廣東巡撫周實將東西二洋番船每年限為88隻，「其徵稅之規，有水餉，有陸餉，有加增餉。水餉者，以船之廣狹為準，其餉出於船商；陸餉者，以貨之多寡計值，其餉出於鋪商。……屬呂宋船者，每船另追銀百五十兩，謂之加增餉」（《粵海關志》）。清自康熙廿三年諭令開海徵稅(《粵海關志》)，關稅收入並不居於顯著地位(前述關門稅，實為國內重要口岸及城門之通行稅)，但自五口通商後，外人管理海關，徵出口稅，其稅率與進口稅同，故海關收入大增，光緒十三年，清廷歲入總額銀8421萬7395兩，其中海關收入為1931萬9099兩，後者佔前者22.94%[51]。

　　元代有包稅制，當時稱為「撲買」，宋子貞於〈耶律(楚材)公神道碑〉(《元文類》)中云，太宗時，「燕京劉思篤馬者，陰結權貴，以銀五十萬兩，撲買天下差發；涉獵發丁(西域人)者以銀25萬兩，撲買天下係官廊房，地基水利豬鴨；劉庭玉者以銀五萬兩撲買燕京酒課；又有回鶻以銀一百萬兩，撲買天下酒課，又有撲買天下橋梁渡口者」。這些官稅，雖然多為耶律楚材奏罷，但卻不絕如縷，甚至於民國年間尚有之，作者幼時曾於抗戰前，親見「理書」（？）——包稅者，至家收取田賦。

50　李劍農，〈宋元明經濟史稿〉（台灣版），第六章第三節。

51　趙淑敏，〈海關改制與中國財政〉，《政大學報》62期。

第七節　財政之疲敝

　　蒙古是寡頭政治，故其君主均以厚賜來籠絡宗室，是以，每年對諸王皇后公主駙馬等人，賜以金銀鈔絹緞絲棉等錢物。根據《續通考》所述，予以統計，每年至少賞賜金22錠，銀約2115錠，鈔9萬4987錠，絹緞2萬2617匹，另有絲十餘萬斤，還有棉、羊皮等物。單就錢鈔言，金銀每錠均50兩，而金一兩折銀10兩（《新元史·食貨志》），故上述金銀數額計爲銀11萬6760兩。按《續通考》詳述此等賞賜數字中，言及武宗皇后，可見當在仁宗之時，據《元史·仁宗紀》，帝即位不久，李孟奏曰，「今每歲支鈔六百餘萬錠，……內降旨賞賜復用三百餘萬兩」——惟據《武宗紀》，爲350萬錠，足見元廷每年賞賜，約當其正常歲出的半數以上，甚或六成——武宗即位時，歲入400萬錠，則賞賜佔歲入十分之九。

　　除每年例賞外，皇帝即位時，更有厚賜，例如成宗即位時，賜定西平王等四王各金500兩，銀5000兩，鈔2000錠，幣帛200匹，其他諸王金銀鈔幣八折計——元貞二年，定諸王朝會賜與：太祖位，金千兩，銀7萬5000兩，鈔2萬5000貫；世祖位，金500兩，銀2萬5000兩。英宗登極，其賞賜計金5000兩，銀78萬兩，鈔121萬1000貫，幣5萬7364匹，帛4萬9322匹，木綿9萬2672斤，布2萬3398匹，衣859襲，還有鞍勒弓矢（《元史》本紀）。如此即位散財，當然難以爲繼，以致後來，明宗即位時，有司只能「奉金千五百兩，銀七千五百兩，幣帛各四百匹及金腰帶二十，詣行在所，以備賜予」（《元史·文宗紀》）。

　　元廷另一重要負擔，乃是佛事支出，《元史紀事本末》特以〈佛教之崇〉一卷述之，趙翼且於《陔餘叢考·元時崇奉釋教之濫》中曰：「古來佛事之盛，未有如元朝者。邵戒三謂，元起朔方，本佛教，及得西域，世祖欲因其俗以柔其人，乃即其地設官分職，盡領之帝師。初立宣政院，

正使而下，必以僧爲副；帥臣而下，亦必僧俗並用。於是，帝師授玉印，國師授金印，其宣命所至與朝廷詔敕並行」；元代對各佛寺賜田，高達數十萬頃(已見於上節)，此外，世祖中統三年，作佛頂金輪會七晝夜，賜銀1萬5000兩，至元廿一年，立大法輪於大內，高百尺，廿五年，萬安寺成，佛像龕壁皆用金爲飾，英宗初，給鈔千萬貫，建壽安山佛寺——按「宣政院所轄官寺三百六十」，若以此千萬貫爲建寺平均費，以嫌過高，姑以二分之一計，則每寺建築費用至少爲500萬貫[52]，如此，則360寺的建築費用，即高達18億貫或3600萬錠，又冶銅50萬斤作佛像於其內，又作金浮屠於上都；內廷佛事，每年所費甚多，仁宗延祐四年，宣徽院歲供麵43萬9500斤，油7萬9000斤，酥2萬1870斤，蜜2萬7300斤，「他物稱是」。這些佛事的金帛支出，至少有兩個紀錄，均見於《元史》；一爲天曆二(1329)年，「佛事歲貢，以今較舊，增多金千一百五十兩，銀六千二百兩，鈔五萬六千二百錠，幣帛三萬四千餘匹」(〈文宗紀〉)；一爲順帝元統二(1334)年，「佛事布施費用太廣，以世祖時較之，歲增金三十八錠，銀二千三百四十兩，綿帛六萬一千六百餘疋，鈔二萬九千二百五十餘錠」(〈順帝紀〉)。兩相比較，元統年間佛事支出各項，除鈔外，均較天曆時爲高，所以，也許是「鈔五萬……」之誤，姑且假定鈔爲5萬9350餘錠——按元代，1錠金等於10錠銀，而1錠銀等於20錠鈔，則金銀折鈔1萬1680錠，共計鈔7萬1030餘貫。這些數字只是「增」加額，

52　《陔餘叢考》於此曾云，明宗「天曆二年建大龍朔集慶寺，給鈔萬錠」，若此
　　爲全部建築費用，則僅50萬貫；惟又云，文宗至順初，「命修鐵幡竿佛寺，賜
　　金百兩，銀千兩，鈔萬錠」，據《新元史·食貨志》，金1兩折銀10兩，再按
　　《續通考》記歲賜事，常云，「銀五十錠折鈔一千錠」，則1兩銀值鈔20貫，
　　如此，則該寺修理費即達54萬貫，以致大龍翔集慶寺建築費用應高於50萬貫很
　　多。再據《元史·文宗紀》，至順二年，創建大承天護國寺，以「鈔本十萬錠，
　　銀六百錠，助建本之需」，共計鈔11萬2000錠或560萬貫，而且這只是「助建」，
　　不是全部費用。所以，假定五百萬貫爲平均建寺費用。應屬合理。另據該紀，
　　文宗時，官寺已達367所，則建寺費用總額將高達18億3500萬貫。

假定世祖時佛事費用與此相等，則順帝時每年佛事支出，共計鈔14萬2060餘錠（合金銀折鈔），綿帛12萬3200餘匹，再加上前述數以萬斤計的麵，油、酥、蜜。由於元人佞佛，世祖至元28年，天下寺宇4萬2318區，僧尼21萬3148人（《元史本紀》）。

　　除賞賜與佛事外，宮廷支出亦頗浩大，例如天曆二年，單是豢養的鷹鶻獅豹之食，一年就支出13800錠；中正院臣官，皇后日用所需鈔10萬錠，幣5萬匹，綿5000斤，詔鈔予所需之半，幣給一萬匹——此時為正月，至十月，乾脆「以江淮財賦都總管府隸儲政院，供皇后湯沐之用」；次年，各客宿衛由萬人增為一萬四千人；文宗至順三年三月，割外府幣帛各千匹，輸之中宮，以供需用，六月，徵儲政鈔三萬錠，給中宮道路之用（《元史·文宗紀》）；由此可見後宮奢侈之一斑。

　　就是由於這些揮霍，使元廷財政時常捉襟見肘，例如世祖至元廿九年，歲入297萬8305錠，歲出則達363萬8543錠，赤字66萬238錠；成宗大德二年，右丞相完澤言，「歲入之數，金一萬九千兩，銀六萬兩，鈔三百六十萬錠，然猶不足於用，又於至元鈔本中借二十萬錠」；武宗即位不久（約四個月），中書省臣言，「帑藏空竭，常賦歲鈔四百萬錠，各省備用之外，入京師者二百八十萬錠，常年所支止二百七十餘萬錠，自陛下即位以來，已支四百二十萬錠，又應求而未支者一百萬錠」；仁宗即位不久，帑藏只剩十一萬餘錠（《元史》本紀）。

　　明代最大財政負擔厥為軍費，軍費主要支出為防蒙古人南下而設之「九邊」：據《明史·兵志》，「初設遼東、宣府、大同、延綏四鎮，繼設寧夏、甘肅、薊州三鎮，而太原總兵治偏頭，三邊制府固原，亦稱二鎮，是為九邊」。此九鎮均憑長城防守，據隆慶三（1569）年，霍冀《九邊圖說》載[53]：

53　引自華夏子，《明長城考實》（檔案出版社，1988），〈明長城的建置沿革〉。

遼東鎮原額馬步官軍9萬4693人，現為8萬1994人；原額馬7萬
7001匹，現為馬4萬3875匹；年例主兵銀16萬3998.5兩，客兵
銀4萬兩。

薊(州)鎮原額馬步官軍10萬9390人，現為9萬9246人；原額馬4
萬1321匹，現為3萬4328匹；年例主兵銀16萬5703.4兩，客兵
銀63萬3473.3兩。

宣府鎮原額馬步官軍15萬1452人，現為8萬3304人；原額馬5
萬5274匹，現額3萬2004匹；年例主兵銀12萬兩，客兵銀20萬
5000兩。

大同鎮原額馬步官軍13萬5778人，現為8萬3815人；原額馬5
萬1654匹，現為馬2萬3177匹；年例主兵銀26萬9638兩，客兵
預發，欽置銀8萬兩，添發銀6萬兩。

山西(亦稱太原)鎮原額馬步官軍5萬8526人，現為4萬7181人；
原額馬3萬6209匹，現為1萬4034匹；年例主兵銀12萬3300兩，
客兵銀10萬兩。

榆林(亦稱延綏)鎮原額馬步官軍1萬196人，現為5萬1611人；
原額馬4萬5940匹，現為2萬7851匹；年例主兵銀24萬7265.2
兩，客兵銀8萬兩。

寧夏鎮原額馬步官軍7萬1693人，現為3萬7837人；原額馬2萬
2182匹，現為1萬3892匹；年例主兵銀4萬6245兩，客兵銀2萬兩。

甘肅鎮原額馬步官軍9萬1571人，現為4萬7512人；原額馬2萬
9318匹，現為2萬2375匹；年例主兵銀5萬1497.8兩，無客兵銀。

另據《武備志》[54]，固原鎮原額官軍12萬6919人；現為9萬412人，

---

54 華夏子，《明長城考實》，〈明長城的建置沿革〉。

原額馬騾牛3萬2250匹,現為3萬3842匹;其所費之銀兩,按以上八鎮統計,現額官軍每人平均年餉為4.51854兩(包含主客兵例銀),依此類推,則此鎮年例銀為40萬8530兩。

以上九鎮於隆慶年間,共駐軍62萬2912人,年例銀計281萬4652兩[55]——而隆慶元年,各處夏稅秋糧等折銀116萬餘兩,各運司鹽銀共103萬餘,一共歲入約219萬餘兩(《續通考》),尚不足以付邊餉。萬曆廿三(1595)年,邊餉增至357萬餘兩,崇禎七(1634)年,御史郝晉云,「萬曆(應為『隆慶』之誤)末年,合九邊餉,止二百八十萬,今加派遼餉至九百萬,剿餉三百三十萬,業已停罷,旋加練餉七百三十餘萬,自古有一年而括二千萬以輸京師,又括京師以輸邊者乎?」(《明史‧食貨志》)這些軍費(邊餉),是指平時的軍事支出,若是加上戰爭,費用將更龐大,以萬曆廿八年為例,工科王德憲上疏曰,「國家歲入僅四百萬,而歲出輒至四百五十萬有奇。居恆無事,已稱出浮於入。年來意外之警,不時之需,皆因事旋加舊額,如寧夏用兵甫數月,約費餉銀一百八十八萬八千餘兩;朝鮮用兵首尾七年,約費餉銀五百八十三萬二千餘兩,又地畝米豆援兵等餉約費三百餘萬兩;平播之師,未及期年約費銀一百二十一萬六千餘兩,連川中湊辦,共約二百餘萬兩」(《續通考》)。

以上所云軍費或戰費,主要是指餉銀,若是計及糧草及運費,更將不貲,以延綏(榆林)鎮言,其所用糧草及運費,一年即達八百餘萬兩,據巡撫延綏右副都御史余小俊等,於成化八(1471)年奏曰:

> 虜寇自成化五年以來相繼犯邊,累次調兵戰守,陝西,山西供餽浩繁。今邊兵共八萬之上,馬亦七萬五千餘匹。略計今年運納之數,止可給明年二月。……如此虜今冬不北渡河,又須措

---

55 《明史‧食貨志》云,隆慶四年,邊餉又增至二百八十餘萬兩。

備明年需費，姑以今年之數計之，截長補短，米豆每石俱作值
銀一兩，共估銀九十四萬六千餘兩；每人運米六斗，共用一百
五十七萬七千餘人；每草一束，共估銀六十萬兩；每人運草四
束，共用二百五十萬人，往回兩月，約費行資二兩，共費八百
一十五萬四千餘兩。脫用牛驢載運，所費當又倍之。（《明憲宗
實錄》）

此815萬4000餘兩中，米豆草計費154萬6000餘兩，可稱爲有形支
出，其餘爲運費660萬8000餘兩。是無形支出，亦即社會成本。按延綏
鎮兵馬規模，在幾鎮中是爲中等，假定此鎮之有形支出與無形支出爲九
鎮平均值，則九鎮之米豆草支出共爲1391萬4000兩，加上281萬5000兩
例銀（軍餉），共約1672萬兩，是爲有形支出；九鎮運費爲5947萬兩，是
爲無形支出。二者合計約7619萬兩，此乃平時每年支出，可見其負擔
之沈重。據崇禎初年戶部尚書畢自嚴之《度支奏議堂稿》中有關奏疏，
萬曆年前，邊關年例不過46萬兩，其後漸增，萬曆十四（1587）年3786
萬兩，至崇禎二（1628）年，單是遼餉支出即達513萬兩，四年更增至7181
萬兩。

尤有進者，以上所述，僅及軍費中流動費用（尚未包括服裝），還未
計算其固定成本，固不論其武器裝備與馬騾牛等費用，單是長城的建
造，所費即甚龐大。按現今所見長城，主要爲明代所建，其長度，可從
九鎮所轄推算[56]，遼東鎮所轄「遼東邊牆自山海關抵開原，延亙二千餘
里」（《明孝宗實錄》，卷195，頁10）；薊（州）鎮所轄爲三部分，計長3005
里（《天下郡國利病書》）；宣府鎮邊 垣分六路，計長1116里（《宣化府

---

56 引自華夏子，《明長城考實》（檔案出版社，1988），〈明長城的建置沿革〉。

志》）)[57]；大同鎮邊垣分八路，約501里(《三雲籌俎考》)；山西鎮所轄長城歷年增建，據有關資料，計長1631里；榆林鎮邊牆東西長1770里123步(《榆林府志》)；寧夏鎮長城長387里；固原鎮長城長636里(俱見《北虜事跡》)；甘肅鎮「全鎮之地凡二千里」(《重修肅州新志》)。共長1萬3041里。

　　長城建築費用，可從盧象升於其「確議修築宣邊疏」(《盧象升疏牘》)中所云，予以推算。該疏曰：「每築邊牆一丈，雖甚省，約須工料食米等銀五十兩，其中或有舊牆並亂石土垣可固，通融計算，每丈必須銀三十兩，通計三百里；總該銀一百六十萬兩。加以三里一墩，五里一台，計墩一百，台六十。墩以土爲之，每座約二百金，台以磚石爲主，每座約六百金，並墩台守禦等具，壕塹等類又約該十餘萬兩」。從其築牆費用看，每里約5333.3兩，此乃大整修之工銀，或因舊牆並亂石土垣可固，新建之成本當然較高於此數。——則長城全部築牆費用爲6843萬7365兩；共須墩4347座，須銀86萬9400兩；共須台2608座，須銀156萬4800兩。是以，明代長城的全部建築費用，共爲7017萬5763兩，這還未包括「守禦等具」。假設折舊費用爲此總額的百分之一，則每年修繕費用亦約71萬兩銀。

　　明代另一重大支出，爲皇家開支，其中之一乃是宮廷費用。清初大學士等曾於康熙廿九年，以明清宮廷支出作梗略比較：故明宮內每年用金花銀(折糧銀)96萬9400餘兩，今悉已充餉；又查故明光祿寺每年送內所用各項錢糧24萬餘兩，今每年止用3萬餘兩。二者之和約銀121萬兩，已佔政府歲入400萬兩的30%以上，其實，這只是指宮廷支出中來自政府撥款的部分，由於宮中另有財源，所以，明宮支出遠大於121萬兩，

57　惟據盧象昇於〈確議修築宣邊疏〉(《盧象升疏牘》)中云，「宣府一鎮一千三百里之邊」。

康熙四十九年，清聖祖與大學士等閒談曰：「萬曆以後所用內監，有在御前服役者，故朕知之獨詳。明朝費用甚奢，興作亦廣，一日之費可抵今一年之用，其宮中脂粉銀四十萬兩，供應銀數百萬兩」(俱見《續通考》)。作者曾經初步列出嘉靖間每年宮廷支出項目：(1)內侍鞋帽，72萬兩；(2)聖旦千秋節，39萬1800餘兩；(3)銀盆水罐儀仗，13萬7500餘兩；(4)修繕柴炭，50萬兩；(5)膳差(不含米豆果品廚料)，36萬兩[58]。這些支出已達銀214萬9300餘兩，但至少仍須增加三項：(6)脂粉錢，40萬兩；(7)內侍例銀，據清聖祖於前述閒談中云，明季，內監至10萬人，假定平均每人年例銀為4兩(前述邊餉平均每人為4.5兩強)，則應為40萬兩(清聖祖所云脂粉錢，應係妃嬪歲祿，最多包括九千宮女之例銀在內)；(8)皇室衣飾，不應少於內侍鞋帽支出，假定亦為72萬兩。則宮廷支出每年至少約銀367萬兩，還未包括鳥獸飼料及宿衛等支出。是以，明宮支出，約等於國家歲入。

明代君主中，最為揮霍的厥為神宗，前述王德完疏陳財政窘狀時，言及「不時之需」，其中有一部分，即是當年(萬曆廿八年)，皇子婚禮須銀1064萬7000餘兩(包括珠寶等項估銀934萬3000餘兩，袍服工料銀100萬4000餘兩，衣料10萬餘兩，磁器20餘萬兩)；當時連同軍費、賑災等共需2600萬，在當時財政已呈赤字(歲入400萬，歲出恆為450萬)的情況下，當然難以負擔，所以，王氏疏請，「止營建以贍邊儲，停珠玉以垂燕翼，審採辦以濟國用，發內帑以救燃眉」——其所謂「止營建」，應是上節所云「兩宮一殿」，結果是「疏上不報」。可是，次年，為冊封皇三、五、六、七子為王，又使用各成色金2萬5261.44兩(《續通考》)。而且，神宗所葬之定陵，費銀800餘萬兩(《明會要》)，單是其墳墓即當國家兩年歲入，其侈靡可見。

明代另一皇家支出，應為宗室支出。明制，皇子封親王，府置官屬，

---

58 參閱侯家駒，《中國財金制度史論》，第十一章。

護衛甲士少者三千人，多者至一萬九千人，親王嫡長子(承襲)，年及十歲，立爲王世子，長孫立爲世孫，冠服視一品；諸子年十歲，即封爲郡王，其嫡長子及嫡長孫承襲，其餘諸子授鎮國將軍，孫輔國將軍，曾孫奉國將軍，四世孫鎮國中尉，五世孫輔國中尉，六世以下皆奉國中尉。在女性方面，皇女曰公主，壻曰駙馬都尉：親王女曰郡主，孫女曰郡君，曾孫女曰縣君，元孫女曰鄉君，壻皆曰儀賓(俱見《明會要》)。這些宗室的基本待遇甚高，且以祿米爲例，親王一萬石，郡王二千石，鎮國將軍一千石，輔國將軍八百石，奉國將軍六百石，鎮、輔、奉國中尉依次爲四、三、二百石；公主及駙馬二千石，郡、縣主及儀賓依次爲八百與六百石，郡、縣、鄉君及儀賓依次爲四、三、二百石(《明會要》)。這種宗室人數，是以幾何級數增加，就山西省而言，洪武時，惟封晉府一王，歲支祿米一萬石，至嘉靖時，增郡王，鎮、輔、奉國將軍，中尉而下共2851人，歲支祿米87萬餘石(《續通考》)——其實，到了嘉靖末年，山西宗室祿米已達212萬石，而山西存留的田賦，只有152萬石；當時宗祿總計853萬石，而天下供京師之田賦只有400萬石(《學菴類稿》)。

從以上分析，可以看出，無論是軍事支出還是皇家支出，都超過明廷歲入很多，而明帝又多不願撥內帑——神宗如此，崇禎帝亦如此[59]，故爲彌補這些巨大赤字，只有橫征暴斂，以致民不聊生，流寇四起。

清代宮廷支出，較明代節約，但仍約佔總歲出10%[60]。在另一方面，其宗室支出亦較明代爲少，但卻加上滿族的恩給。

清宗室封爵有十二等：和碩親王、多羅郡王、多羅貝勒、固山貝子、奉恩鎮國公、奉恩輔國公、不入八分鎮國公、不入八分輔國公、鎮國將軍、輔國將軍、奉國將軍、奉恩將軍，無爵則給以品[61]。其與明代大不

---

59 參閱侯家駒，〈我國歷代軍費之籌措〉，《國立編譯館館刊》14卷1期。

60 參閱侯家駒，《中國財金制度史論》，第十一章。

61 有關清代宗室(含覺羅)部分，除另註出處外，悉本《清會典》。

相同之處，乃是皇子不一定封王，由《清史稿‧皇子世表》看，太祖、太宗之子甚至有封爲將軍者，但自世祖起，皇子至少封爲貝子。親王以下，除一子襲封外，諸子至二十歲，例得推封，例如親王餘子封不入八分輔國公，其側福晉子封二等輔國將軍，別室所居妾媵子封三等輔國將軍。此外，奉恩將軍餘子不推封，爲閒散宗室。親王之子，未封以前，給一品官頂，郡王、貝勒應封之子，給二品官頂，貝子，入八分公應封之子，給三品官頂。在皇女方面，中官所出者爲固倫公主，妃嬪所出者爲和碩公主，其品級分別視親王與郡王；親王、郡王、貝勒、貝子與入八分公之女，依次稱郡主、縣主、郡君、縣君與鄉君，不入於五等曰宗女，給五品或六品俸。

宗室年俸有廿一等，親王1萬兩，世子6000兩，郡王5000兩，長子3000兩，貝勒2500兩，貝子1300兩，最低的奉恩將軍110兩；公主等俸十四等，固倫公主與其額駙700兩，縣君與額駙90兩，鄉君40兩（額駙無俸）。這些年俸中，每銀一兩，支俸米一石。單就宗室言，據《清史稿‧太祖以下皇子世表》統計[62]，光緒年間，計有親王12，郡王10，貝勒8，貝子5，鎮國公25，輔國公18，鎮國將軍25，輔國將軍34，奉國將軍54，奉恩將軍75。據以統計這些宗室支出[63]，每年僅支銀57萬4080兩（祿米數目相等），但未計算公主、格格等年俸。

清代有爵宗室不多的原因，至少有三：無嗣、革退與襲次已盡。據《清史稿》太祖以下「皇子世表」統計，無嗣者高達321人；革退者有173人，襲次已盡者有14人——此處「無嗣」，包括早卒及只言卒年而

---

62 承襲父爵而父爵較高者，若在光緒十年前，取子之爵，否則取父爵；若本人升爵，則取較高之爵。

63 統計體祿時，鎮國將軍有三等，取其二等，年支385兩；輔國將軍有四種，取其第二種，310兩；奉國將軍亦爲四種，取其第二種，210兩；奉恩將軍二種，取125兩；此外，鎮國公700兩，輔國公500兩；而且假定親王均有世子，郡王均有長子。

無侄輩繼襲者;「革退」包括緣事革退、因事告退、黜除宗室及處死者。「襲次已盡」還可能由於清代有「考封」制度,即宗室應封之子,須經考試,試以繙譯、馬步射:皆優者授應封之爵,兩優一平者降一等;一優兩平或兩優一劣者降二等;三平或一優一平一劣者降三等;一優兩劣或兩平一劣或一平兩劣或全劣者,皆停封。其應封奉恩將軍無等可降,處以二、三、四年停薪。

清代是以顯祖(努爾哈赤之父)本支為宗室,伯叔兄弟之支為覺羅。對於無爵之閒散宗室及覺羅,給予養贍銀米:閒散宗室(覺羅)年及二十(十八),月給銀3(2)兩,歲給米45(21.2)石,其無父幼子及身故無嗣,以近族之子過繼者,均不待及成年,一體給予;宗室殘疾不能行走者,月給銀2兩,歲給米42.2石;閒散宗室之子弟至十歲以及緣事革退宗室將軍,均月給銀2兩;宗室(覺羅)婚禮給銀100(20)兩,喪事120(30)兩;宗室房屋被火,每間恤銀5兩,無產業者每間10兩。是以,清代有爵宗室雖少於明代,但對閒散宗室與覺羅之照顧,似較明代為甚,以致其整個皇家支出,很可能與明代不相上下。尤有進者,滿清入關所依恃的旗營,至康熙年間三藩之亂時,已喪失其戰鬥力,但仍支付這些世襲旗軍之餉,至光緒十三年,支銀6441.21兩,米350萬4732石。亦可視為廣義的皇家支出。

其實,清代最大的財政負擔,還是軍費與戰費,再加上天文數字的賠款。在養兵之軍費方面,光緒廿四年,就歲需餉銀二千餘萬兩(《清史稿・兵志》),約占歲出四分之一強[64]。自乾隆起,各次戰役費用大致如下:乾隆時,初次金川之役二千餘萬兩。準回之役三千三百餘萬兩,緬甸之役九百餘萬兩,二次金川之役七千餘萬兩,廓爾喀之役一千有五十二萬兩,台灣之役八百餘萬兩;嘉慶時,川陝教匪之役二萬萬兩,紅苗之役 ,河南一省即請銷一千有九十萬兩,洋匪之役,廣東一省即請

---

64 光緒十七年歲出為七千九百餘萬兩。侯家駒,《中國財金制度史論》,第十章。

銷三百萬兩；道光時，初次回疆之役一千一百餘萬兩，二次回疆之役七百三十萬兩，英人之役一千數百萬兩；咸豐初，太平天國之役二千七百萬兩，其後，江南大營月需五十萬兩，徽寧防營月需三十萬兩，則一年亦千萬；同治時，曾國藩奏湘軍、回案五案，連同剿捻軍需，共請銷三千餘萬兩，李鴻章奏蘇滬一案二案，連同淮軍西征兩案，共請銷一千七百餘萬兩，左宗棠奏西征兩案，共請銷四千八百二十餘萬兩，此外，若福建援浙軍需，連同本省及台灣軍需，截至同治三年六月，已逾六百萬兩，四川湖南援黔軍需，歲約四百萬兩，積五年爲二千萬兩，雲南自同治二年至十二年，請銷軍需一千四百六十餘萬兩，而甘肅官紳商民集捐糧銀供軍需者五千餘萬兩；光緒時，中法之役用三千餘萬兩，此外還有甲午之役，西征、海防之餉。清　因戰敗而時有賠款，賠款金額且愈來愈高；道光壬寅江寧之約二千一百萬兩，咸豐庚申之約一千六百萬兩，光緒辛己伊犁之約六百餘萬兩，乙未中日之約併遼南還地二萬萬三千萬兩，辛丑之約賠款四萬萬五千萬兩，連同利息爲九萬萬餘兩。這些額外支出，當然不堪負荷，但在道光廿二年及以前，清廷財政時有歲餘，自此以後，國用大絀，常爲赤字(俱見《清史稿・食貨志》)。

　　從以上析述，足見此三代的財政不堪負荷，主要是來自皇家支出與軍費(廣義)，而前者且隨時間呈幾何級數增加，所以，革除帝制、肇建共和，對於財政大有裨益。

第八節　貨幣制度[65]

　　這一期間的貨幣制度，至少有兩個特色：一爲白銀成爲貨幣之主

65　本節除另註出處外，請參閱侯家駒，《中國財金制度史論》，第十四至第十六章有關部分。

流，且於期末，由銀兩變爲銀元——銅錢亦變爲銅元；一爲紙鈔雖由元明之改進，終究由盛而衰，至清代幾成絕響，但於清末卻出現近代鈔票。

元滅金繼宋，也承襲了金、宋幣制，即計價常以銀爲單位，但都普遍用鈔。在銀兩方面，世祖至元三(1264)年，楊湜任諸交鈔都提舉，請以平準庫白銀鑄成錠[66]，重五十兩，名曰「元寶」。至於銅錢，到武宗至元二(1309)年，才始行銅錢法，鑄錢二品：一爲漢文「至大通寶」小平錢，一爲蒙文「大元通寶」當十錢。其實，在此以前，還有至元通寶，「元貞通寶和元寶，以及大德通寶，但可能流行不廣；其後除短暫之幼主，明宗與寧宗外，均曾以其年號鑄錢，但仍以鈔爲主。

世祖中統元(1260)年始造交鈔，以絲爲發行準備，絲鈔一千兩易銀一千兩。是年七月，又造中統元寶鈔，成爲主要流行之鈔，其發行要點如下[67]：

一、鈔面以錢文爲識，其文以十計者四，曰十文、二十文、三十文、五十文；以百計者三，曰百文、二百文、五百文；以貫計者二，曰一貫、二貫。

二、方便流通，減少鑄錢，蓋因最低面額之鈔爲十文（其後嘗發釐鈔三種：二文、三文與五文——前二者旋廢，則五文鈔更可方便使用），不須持以換錢。

三、需用硬幣者，可持鈔至平準庫兌換。

四、鈔本（以銀或金兌之，即發行準備）初甚充足，發行額亦有限制。

每貫當交鈔一貫，或白銀半兩，這表示以絲爲發行準備之交鈔，業

66 錠爲鋌之誤，蓋鋌錠音似，見李劍農《宋元明經濟史稿》，第四章第二節。
67 魏源，《元史新編》，卷87。

已貶值一半。

至元廿四（1287）年，納吏部尚書劉宣之議，改發至元寶鈔，其主旨為寬列準備金，縮小發行額[68]，計分十一等，即比中統鈔增發五文與三百文兩種。其一貫折中統鈔五貫，或銀半兩，或金1/20兩——就銀鈔比價言，中統鈔只值當初的20％。該年發行新鈔508萬8285錠（中統鈔），累積額為1544萬5956錠；至元卅一年，累積額為29,619,347錠[69]，是年「八月，諸路平準交鈔庫所貯銀九十三萬六千九百五十兩，除留十九萬二千四百五十兩為鈔母，餘悉運至京師」（《續通考》）——因銀一兩值中統鈔十貫，故原來的準備額折算中統鈔應為936萬9500貫，或18萬7390錠，則準備只佔發行額的0.633％，現在鈔母降至19萬餘兩，準備率比率僅為0.13％；但若至元鈔發行之初，即有93萬餘兩銀為準備，則準備比率將提高為1.213％。從準備比率於至元卅一年大為降低看，即可看出幣值必將低落。但成宗於大德二年（1298）年借支鈔本20萬錠，若鈔本（母）仍是至元末的銀19萬餘兩或3849錠，只值中統鈔3萬8490錠，何以能借支20萬錠？尤有進者，武宗於至大元（1308）年，又借支鈔本710餘萬錠（《元史》本紀），足證至元卅一年所云諸路平準交鈔庫中所貯銀兩，並非發行準備的全部，意謂另有黃金為準備，而且京師所貯準備也許更多。從一般情形者，當時借支應該難以超過鈔本一半，所以，假定至大元年的鈔本不少於1430萬錠，而該年累積發行額為5587萬117錠[70]，是以準備比率至少為25.59％[71]。

但因物重鈔輕，武宗於至大二年，改發至大銀鈔，面額以銀表示，自

---

68 同上。

69 彭信威，《中國貨幣史》（上海，1965），頁597。

70 同上，頁598。

71 黃萬里於其《中國貨幣史》（台灣重印本）第四章云，「元初寶鈔之發行，政府亦設十分之三的現金準備」，雖未明言出處，但卻與此推算接近。

二兩至二釐，分爲十三等，每兩準至元鈔五貫或銀一兩，或金一錢。至
大四年，仁宗即位，收回至大銀鈔，仍是中統鈔與至元鈔發行。順帝至
正十(1350)年，更定「至正交鈔法」，廢中統寶鈔，發行「中統交鈔」，
一貫作銅錢一千文，或至元鈔二貫(《元史新編》)，似在恢復錢本位。改
變不久，物價騰躍，又值軍興，每日印造不計其數，京師鈔十錠易斗粟
不可得，所在郡縣皆以物貨相易，公私之鈔積壓不行，人民視之如廢紙[72]。

　　明太祖鑑於前代鈔法之弊，復鑄銅錢，後因政府責民出銅，人民甚
至銷毀器皿以獻，頗以爲苦。另因商人多喜用鈔而以用錢爲不便，乃於
洪武八(1375)年造「大明寶鈔」，分一貫、五百文、三百文、二百文四
等，廿二年，再造小鈔五種，計分十至五十文——終明之世，寶鈔之名
稱與面額皆不變，每鈔一貫，準錢千文，或銀一兩，或金二錢五分。行
鈔後，禁民間以金銀物貨交易、商稅兼收錢鈔，錢三鈔七，軍公人員薪
餉皆給鈔。大致說來，明鈔至少有四大特色，爲前代罕有：(1)分設機構，
各司其責；(2)名稱統一，前後一貫；(3)政府收支，多用寶鈔；(4)紙質
精良，不易破損。儘管如此，但卻有其致命傷，蓋因它既不像宋鈔之有
界期、定額，也不像元代紙幣有發行準備，故在舊幣照常通行，新幣無
限制發行情況下，幣值大跌，洪武廿五年左右，兩浙等地，鈔一貫大約
折錢160文；永樂二(1404)年左右，鹽一斤納鈔一貫(原一貫值鹽十斤)，憲
宗時(1465-87)，鈔一貫不能值錢一文，所以，弘治年間，寶鈔幾乎中止。
後來，天啓與崇禎年間，均曾議及復行鈔法，但終未恢復。

　　明代幣制，原先以鈔爲主，且常禁金銀作爲交易媒介，但民間有用
銀習慣，故此禁屢興屢廢，正德以後，官俸十分之九用白銀，十分之一
用銅錢。在此以前，丘濬就曾主張採取銀本位，即「以銀爲上幣，鈔爲
中幣，錢爲下幣，以中下二幣爲公私通用之具，而一準上幣以權之焉。……

72　全漢昇，《中國經濟史論叢》(新亞研究所，1972)，〈元代的紙幣〉。

每銀一分易錢十分，新製之鈔，每貫易錢十文。……銀之用、非十兩以上禁不許以交易」(《大學衍義補‧銅楮之幣》)。嘉靖以後，幾乎是本此精神，即各種銅錢，均與白銀發生聯繫，規定比價，成為複本位。萬曆九年推行一條鞭法，各種租稅都用白銀折納，「金花銀」即為一例；事實上，萬曆年間廣開銀礦，增加白銀供給，促使銀兩大為流行[73]。至於銅錢，太祖於稱帝前，即鑄「大中通寶」，後於洪武四年，鑄「洪武通寶」，凡五品，即當十、當五、當三、當二與小錢，後者重一錢，其餘各如其重，即至二錢重二錢。每一年號均鑄通寶，但新舊錢並行。

清初，雖有「天命(太祖年號)通寶」，但至順治二(1645)年，始定錢制，每文重一錢二分，凡七文準銀一分，舊錢則須十四文，禁用前代舊錢，惟崇禎錢暫許行使(《清通考》)，嗣後，此制雖有多次更迭，但於雍正十二(1734)年，每文重一錢二分似成永制。光緒卅一(1905)年，改定錢制，重量減半，每文重六分，卅四年再改鑄一文新錢，每文重量減至三分二釐，是為鑄造無孔錢之始——但就局部地區言，早在光緒廿六年，兩廣總督李鴻章，仿英仙士銅幣，奏請設廠試鑄，無孔，每枚重二錢，當制錢十文，稱為銅圓或銅元，俗稱銅板。清代亦用銀兩，大致有三種：(1)元寶銀，重約五十兩，亦有小至一兩者[74]；(2)中錠，重約十兩，形狀不一，但以類衡錘者最多；(3)小錁銀，又稱小錠，形如饅頭，重三兩至五兩不等；此外還有碎銀，又稱滴珠。清初即有各國銀元流入，但自鑄之銀錢，始於乾隆五十七(1792)年所鑄的「乾隆寶藏」，大的每枚重一錢五分，六枚當紋銀一兩；其後，各地有各式銀餅出現，但真正銀元是光緒十三年由廣東試鑄，重七錢三分(外國銀元中常用之墨西哥鷹洋，重七錢二分一)，有蟠龍紋，亦稱龍洋，並鑄二角與一角銀輔

---

73 彭信威，《中國貨幣史》，第七章第一節。
74 作者曾於澳洲見之。

幣，廿二年湖北跟進，其他各省相繼鑄造[75]。

　　清初亦曾發行紙幣，稱爲「鈔貫」，始於順治八年，以應江南軍費所需。十年後停止，共發行128萬餘貫。其後，政府未再發行紙幣，但市面上卻流通有典當業及錢莊發行之會票、銀票與錢票，甚至還出現外國銀行鈔票（當時稱為「番票」）。直至咸豐三（1853）年，由於太平軍進逼，乃發行兩種紙幣：一爲大清寶鈔，以制錢爲單位；一爲戶部官票，以銀兩爲單位。銀票一兩抵制錢二千，寶鈔二千抵銀一兩，於京城內外，招商設立官銀錢號爲收放兌換機關，由庫撥銀兩爲票本，民間納稅，准以鈔、票五成入納。咸豐末年，停止使用，足見是與清初紙鈔相同，均爲籌措戰費而發行，均因戰終而停止。光緒廿三年，中國通商銀行紙幣（實為兌換券），是我國現代正式鈔票之濫觴。卅一年，戶部銀行於北京發行鈔票，分庫平銀一百、五十、十、五、一兩等五種面額；卅四年易名大清銀行，發行一、五、十圓鈔票，有五成現金爲準備[76]。

第九節　信用制度

　　元代有官辦信用機構，稱「斡脫所」，世祖至元九年八月，「立斡脫所」，十一月，「蠲昔剌斡脫所負官錢」（《元史》本紀、《新元史·食貨志》），前者立於至元九年，後者則出現於至元二十年，足見斡脫所貸放者爲「官錢」，這次雖然免除債務人歸償的責任，但通常是運用官方力量以保障債權，譬如成宗時，「詔貸斡脫錢而隱逃者罪之，仍以其錢賞告者」（《蒙兀兒史記·鐵木耳汗本紀》），屠寄於此注曰，「斡脫，今譯作猶太，……時有斡脫總管府，其人善於經商，蓋元朝政府貸之以

75　彭信威，《中國貨幣史》，第八章第一節。
76　宣統元年，又增五十圓、百圓兩種。

鈔，轉貸於人，間接收其利者」。

屠氏此注，導使很多人認爲斡脫官錢，是指猶太人代替政府放高利貸[77]。實則不然，袁國藩認爲「『斡脫』，即《元史》之『斡兒朵』，《黑韃事略》之『窩裡陀』，《西遊記》之『兀里朵』，《遼史》之『斡魯朵』，《史記・匈奴傳》之『甌脫』也。蒙文爲orto，義爲宮殿，實即蒙古包。遼史國語解曰：『斡魯朵，宮也』，《黑韃事略》曰，『窩裡陀，猶漢駐蹕之所』，乃以之代表權貴之家。『官錢』者，以出自權貴之家，故稱也。是以『斡脫官錢』，即所謂『豪門資本』」[78]。袁氏之說，大致正確，但指「斡脫官錢」爲「豪門資本」，則謬甚，因爲「豪門資本」，是權貴之家經營貸款業務，在性質上，是爲私營，怎麼能由政府「立斡脫所」以辦理之？何況袁氏自己已云，斡脫，「義爲宮殿」，「猶漢駐蹕之所」，意即元帝居所，而元帝是元政府的代表，再加既云「官錢」，當係官方信用，所以，「斡脫官錢」應是指政府信用機關的貸款。

袁氏的「豪門資本」說，可能是受到《新元史・食貨志》中「斡脫官錢」記載之影響。該條是說，「斡脫官錢者，諸王妃、主，以錢借爲期，并其子母徵之，《元史》謂之羊羔兒息，時官吏多借西域賈人息，以償所負，息數相倍，更沒其妻子，猶不足償。耶律楚材奏令本利相侔，永爲定例，至元九年立斡脫所，以掌其應徵之事」。此條記載，亦頗爲模糊，以致很多人以爲「斡脫官錢」與「羊羔兒利」，是一體兩面[79]。

77　例如，陶希聖，〈元代西域及猶太人的高利貸與頭口搜索〉（《食貨半月刊》，1卷7期），孫克寬〈斡脫錢與西域人的對華剝削〉（《大陸雜誌》，8卷9期）。

78　袁國藩，《從元代蒙人習俗軍事論元代蒙古文化》（商務印書館，民國62年），〈元代之斡脫官錢與羊羔兒利〉。惟黃時鑒於《元朝史話》（北京出版社，1985），「興販營運，百色侵奪民利——斡脫的商業高利貸活動」中，認爲「斡脫」尚另有二義：一爲「請酒」；一爲「夥伴、商人」，並指出此處是指後者。

79　例如孫克寬〈斡脫錢與西域人的對華剝削〉；袁國藩，〈元代之斡脫官錢與羊

其實這是兩回事，而且是兩個階段；即羔羊兒利是民間借貸，主要盛行
於太宗九年以前；斡脫官錢是官方信用，始於至元八年。

所謂「羊羔兒利」，是按幾何級數計算，此即《黑韃事略·賈販》
條所云，「其賈販則自韃主以至僞諸王、僞太子、僞公主等，皆付回回
以錢，或貸之人民而衍其息。其息、一錠之本，輾轉十年之後，其息一
千二十四錠」──蓋自第一年末至第十年末，其本息爲2、4、8、16、32、
64、128、256、512、1024。其所以稱爲「羊羔兒利」。《收庵集·譚公
神道碑》曾予解釋：「稱貸於胡賈，因不能償，迫改立約，以子爲母，
譬以牸生牸牛，十年千頭」，易「牸(牝)牛」爲「羊羔」，故稱「羊羔兒
利」，因於蒙古草原，羊群較牛普遍，而且即使於清末，蒙人常以羊羔
易漢商貨物，立契曰，「存羊羔(母羊)一頭」，其羊仍歸蒙人代牧，漢人
於下半年起，每半年向蒙人取大羊一頭，一年兩頭；以此類推，存羊一
頭，一年後收取兩頭，兩年四頭，正是「羊羔兒利」[80]。由此可見，以幾
何級數計息的方式，乃是蒙古的傳統，俗稱羊羔兒利。元初，這些貸款
的本金，是自元帝與皇族提供，假手回回(或是色目人之總稱)以貸款，但
其原意，是給回回本錢以經營商賈之事，其原因可見徐霆於此處注曰，
「霆見韃人只是撒花，無人理會得賈販，自韃主以下只以銀與回回，令
其去賈販以納息，回回或自轉貸與人，或自多方賈販，或詐稱被劫而責
償於民」，這是說，蒙古貴族只會訛詐、恐嚇[81]，不善經商，故將其擄掠
之錢財，付予回回代爲經營，但責以一定利潤，回回用以經商，或轉貸
與官民，其利率定較原債權人所要求的利潤爲高，是爲「羊羔兒利」，
很可能由此而成爲蒙古高利貸的傳統。當時，借款者，除人民外，還有
官吏，蓋因「板蕩後，民耗弱，不任差徭，官從賈豎子貸子錢，以充貢

(續)────────────

　　羔兒利〉。

80　袁國藩，〈元代之斡脫官錢與羊羔兒利〉。

81　同上。

賦，謂之羊羔利。歲久來責，所負例配民伍」（《元名臣事略‧宣撫使張公》）；此外，官吏本身當亦借款，故於太宗時「丙申（太宗八年，西元1236年）……所在官吏，取借回鶻債銀，……請羊羔利，積而不已，……公為請于上，悉以官銀還，凡七萬六千錠，仍奏定今後不以歲月遠近，子母相俘，更不生息，遂為定制」（《元文類‧中書令耶律公神道碑》），意謂耶律楚材除請代償官吏債務外，還奏定「一本一利」原則，即貸款所付利息，累積至與本金相等時，即不須再納。這種「一本一利」原則，若是適用於長期貸款，則時間愈長利息負擔愈輕；惟因「不以歲月遠近」為限，以致貸款時間愈短，利息負擔愈重，所以，「壬子（憲宗二年，西元1252年），天下大科民戶，歲入銀四兩。民已無所予得，州縣迫徵不休，回鶻利之，為盡出母錢代輸，歲責倍償」（《收庵集‧磁州漷陽高民墳道碑》），雖然年利率高達100％，卻仍未違反「一本一利」原則，可見耶律楚材並不明瞭年利率的意義──但卻斬斷幾何級數的羊羔兒利計算方式。

　　是以，羊羔兒利是盛行於太宗八年及以前，私人高利貸的計息方式，但自該年起，羊羔兒利成為絕響，一本一利則成定例，經營高利貸的貴族，希望於短期內討還本息，乃使出蠻橫手段逼債，所以，世祖於中統三年，諭令諸王，「毋得將欠債官民人等，強行拖拽人口。頭匹，……違者罪之」（《新元史‧食貨志》）。

　　所謂「斡脫官錢」，是指官方信用，這是始於世祖「至元八年立斡脫所，以掌其追徵之事」，其所貸放者當為官方資本，否則，世祖怎麼能慷他人之慨，而於至元「二十年，蠲昔剌（取）斡脫所負官錢」[82]？而

82　袁國藩將「昔剌」釋為「失剌」或「實剌」，「義為黃」，而將「昔剌斡脫所」連讀為「黃斡脫所」（見〈元代之斡脫官錢與羊羔兒利〉）似為甚解，因為「剌」為「采取也」，是「辭源」釋「剌」的十三義中第二義。而且袁氏據此句（即「蠲昔剌斡脫所負官錢」），認定是「罷斡脫所」，更是誤解，因若如此，《新元史‧食貨志》於此句後不久，就不會說，成宗「元貞二年，詔貸斡脫錢而逃匿者罪之，仍以其錢賞首告者」──顯然可見，主其事者仍為斡脫所。

且還於「是年，詔未收之斡脫錢，悉免之；二十九年，復詔窮民無力者，本利免其追徵，中戶則徵其本而免其利」（俱見《新元史‧食貨志》）。明顯可見，「斡脫官錢」是與「斡脫錢」有別，後者即是自元初起即曾流行的蒙古皇族所放之高利貸，由於損及國譽，所以，世祖於至元元年，令諸王「不得以銀與非投下人爲斡脫」（《元史》本紀）。可是，禁者自禁，犯者自犯，以致成宗於「大德元年，禁權豪斡脫」。這些都是指斡脫私錢，但大德「五年，禁斡脫錢夾帶他人營運，違者罪之」，則指斡脫官錢。那些貸放斡脫私錢的皇族或貴族，當然會利用其權勢，透過官方管道，代索貸款，例如，「大德二年，諸王阿只吉索斡脫錢，命江西行省籍負債者之子婦」，後來雖因「省臣以江南平定之後，以人爲貨，久行禁止，移中書省罷其事」（俱見《元史‧食貨志》），但卻說明官方代索斡脫私錢債務之事，確爲事實。不過，有關官署，假公濟私以索斡脫私錢，則禁乘舖（驛）馬，違者杖一〇七，並革職，此即《元典章》云，仁宗「延佑六(1319)年，宣政院官人，每差往西番地面，招捕牌面，徵收斡脫等錢，多用舖馬，斷一百七，除名不敍」。

這些斡脫官錢，儘管有其官方色彩，但其本質仍爲高利貸，較具惠民的官立信用機構，乃是「廣惠庫」，是世祖於至元卅年，以鈔五千錠爲本設立的公營當舖（《元史‧百官志》）。當時，民間信用機構亦仍以典當爲主，稱解典庫，解典舖或解庫，並作一般性信用貸款，其利率大致爲每月3%至3.6%[83]，其中，寺廟可能扮演相當重要的角色，例如《元典章》記載，仁宗二(1313)年，江浙行省准中書省咨：「各處住持耆舊僧人將常住金谷掩爲己有，起蓋退居私宅，開張解庫」──這是由於元代寺產龐大，故有相當財力，趙翼於〈元時崇奉釋教之濫〉中，言及順帝「至正六年，復立大護國仁王寺，凡貸民錢二十六萬餘錠」（《陔餘

83　彭信威，《中國貨幣史》，第六章第四節。

叢考》)，其所謂「貸民錢」，固可釋爲順帝因建此寺而向民間借錢，但亦可解釋爲該寺係敕建，資金雄厚，而對民間放款26萬餘錠[84]。

明代亦秉承一本一利原則，並且同時規定月息上限，此即《明律‧戶律》規定：「凡私放錢債及典當財物，每月取利不得過三分，年月雖多，不過一本一利」。但在民間　陽奉陰違，表面上是遵奉一本一利，實際上是違反月息上限的規定，譬如陝西同官縣征收稅糧時，「刑繁民急，假貸求免，令豪右收息，逾月倍母」[85]；廣東欽州，「里甲均平徭差，雖有力之家，不免稱貸於客人。三數月間，一本而償一利。貧民無償，反覆加算，僅及一年，一兩而取七八兩」[86]——這是複利計算，利上加利，每次均未違背一本一利原則。尤有進者，這些放款經常是於貸放時先扣利息，譬如明末，上海借款，「大都借銀十兩，加除折利，到手實止九兩，佔足紋銀不過八兩幾錢，完串七兩有零」(《閱世編‧賦稅》)。但於明末，利率已有降低趨勢，艾南英曾云，「自南北兩直隸至十三省，凡開當鋪，例從撫按告給牒文，自認周年取自(息)二分」[87]。此外，據韓大成研究，這些典當業，還在逐漸減少勒索與放寬購買期[88]。這主要倒不是由於這些債權人大發慈悲，而是由於資本主義萌芽後，資金供給大爲增加。

利率降低，必將刺激工商業投資，甚或吸引高利貸業者投向工商業，《豆棚閑話》第三則中，敘述汪彥大典當商，命子汪華於蘇州開設典當，後來這家當鋪倒閉，汪彥擬給予資本再開，汪華卻說，「典鋪如今開的多了，不去做他。須得五萬之數，或進京販賣金珠，或江西燒造

---

84 蒙思明即作此解，見其著，《元代社會階級制度》(哈佛燕京社)，頁136。

85 鹿善繼，《鹿忠節集‧嘉祥縣警悉馬公墓誌銘》。

86 《林次崖集‧欽州驛傳議》。

87 艾南英，《天傭子集‧三上蔡太尊論戰守事宜書》。

88 有關明代高利貸詳情，請參閱韓大成，《明代社會經濟初探》(人民出版社，1986)，〈關於明代高利貸資本的幾個問題〉。

瓷器，或買福建海板，或買淮揚鹽引，相機而行」。汪華這番話正可道出當時的情景。

明代典當的名稱甚多，如解庫、解鋪、典庫、典鋪、解典庫、解當庫、典當鋪、當鋪、質庫、印子鋪等，有些是沿襲前代稱呼，有些則是新名詞，譬如「當鋪」就成為日後的通稱了[89]。其他信用機構，還有「錢鋪」與「錢莊」：前者見於《金瓶梅》第九十三回，馮金寶對陳經濟說，「昨日聽見陳三兒說，你在這裡開錢鋪」；後者則見於《隔簾花影》第卅六回，「來旺一向得了南宮吉的本錢，……開錢莊」。

清代亦像明代一樣，規定「每月取利，並不得過三分」（《大清律例·戶律》），但在實際上，債主放債，月利常達4%至9%，甚至還有「加一」「加二」與「加三」的計算，即月利高達10%至30%；嘉慶與道光年間，計算利息的方法，除以年計或月計外，還有計日收息，稱為「印子錢」[90]——這個名稱，不知是否來自明代的「印子鋪」？滿清王朝亦是來自少數民族，所以，其皇族亦像蒙古貴族一樣，經營高利貸業務，譬如，清世宗在藩邸之時，就開了不少當鋪，即位以後，又繼續增置[91]。高級官員亦參加高利貸行列，大學士和珅就擁有當鋪七十五座，本銀三千萬兩，銀號四十二座，本銀四千萬兩」（《庸盦筆記》卷3）——其中「銀號」，似是清代新創。

清代，當鋪遍布全國，乾隆年間，北京城內外，官民大小當鋪，共六七百座，湖北省漢口有39座，其他縣市鎮有385座。一直到晚清，當鋪數目繼續增加，光緒年間，單是山西省，交納當稅的鋪子就有1869座；廣東省廣州一府有1243座，其中南海、番禺兩縣就有556座當鋪。

---

89 彭信威，《中國貨幣史》，第七章第四節。

90 李龍潛，《明清經濟史》（廣東高等教育出版社，1988），第五章第二節。

91 韋慶遠，《明清史辨析》（中國社會科學出版社，1989），〈論清代皇當〉。

這些當鋪，就其資金來源來說，可分爲三大類，即皇當、官當與民當[92]：皇當，是由皇帝或皇室擁有與出資開設，前述世宗在藩與即位後開設之當鋪，均屬之；官當是由各級軍政衙門出資（是公營性質），或由貴族官僚擁有（是私營性質），前述和珅的當鋪，即屬後者；民當則是人民所擁有與經營的當鋪。

官方所經營的當鋪（一部分皇當與部分官當）中，有很多「生息銀兩」或「滋生本錢」，是由清帝撥出內帑，交給內務府或各省八旗衙門或其他機關，作爲母金，以滋生子金，作爲有關官、吏、兵的福利。大致上可分爲三個階段：即從康熙初年至雍正六（1728）年爲創辦階段，聖祖是運用生息銀兩，以推行召商承運銅斤，食鹽專賣與保證鑄幣的正常運行，世宗即位之初，逐漸形成制度，撥出九十萬兩銀給各旗，要他們買房招租或貿易取利，所生利潤除以年利10%納還內務府外，悉爲本旗人員福利之用；雍正七年至乾隆十八年（1753）年，爲定型階段，主要是用生息銀兩經營當鋪，譬如雍正七年五月諭，「賞給內府文武官員等生息銀四萬兩……派司員開設當鋪」（《內務府奏銷檔》），這可能是世宗總結其在藩時開設當鋪的經驗，而作出新的安排；後因弊端百出——主要爲主事者中飽，高宗乃於乾隆十九年全面「收撤」，是爲結束階段[93]。生息銀兩收繳後，一部分皇當與公營官當隨而萎縮，但私營官當鋪卻大爲發展，所以，和珅能有75座當鋪，還有那麼多銀號。

除銀號外，還有明代開始的錢莊，於清代大爲流行。一般說來，銀號主要工作是兌換和熔煉紋銀，而錢莊則經營銀錢兌換業務。錢莊雖遍於全國，但更盛行於長江流域，例如上海邑廟附近內園（即豫園）〈錢業

92　同上。

93　參閱《明清史辨析》中，〈論清代的「生息銀兩」與官府經營的典當業〉〈清代康熙時期「生息銀兩」制度的初創和運用〉〈清代雍正時期「生息銀兩」制度的整頓和政策演變〉〈清代乾隆時期「生息銀兩」制度的衰敗和「收撤」〉。

總公所重修記〉云，「蓋自乾隆至今垂二百年，斯園閱世滄桑，而隸屬
錢業如故」，惟當時錢莊，僅營兌換一項，資本甚小，大致設於南市一
隅；自開埠以後，外商來滬日增，外國銀行亦隨而來滬設立，我國商人
乃仿照之，改組錢莊一業，但營業範圍仍是限於現款往來收解，洪楊亂
後，上海人口激增，商務盛行，錢莊因時勢之需要，開始經營存放款[94]，
並續經營貨幣兌換，與代客保管財物；光緒初年，上海匯劃錢莊設於南
市者，並42家，設於北市租界者計63家，光緒中葉，貼票業務盛行，錢
莊因以高利吸收存款[95]，當時有「協和錢莊」，專營貼票事業，有以九
十餘元存入者，不屆一月，持存票取款，可得百元之數，這是由於當時
販賣鴉片者獲厚利，常向錢莊借款，於是錢莊競吸存款，所貼之利竟有
高達月息20%者，終於光緒十五、六年間，很多經營貼票業務的錢莊，
紛紛倒閉，以致全面影響到其他類型的錢莊，稱爲「貼票風波」[96]。

　　中國北方則是山西票號的天下，關於其起源，計有四種說法：（1）
起於隋末唐初──這是和唐代飛錢扯上關係；（2）起於明代中葉；（3）
起於明末清初；（4）起於清代乾、嘉[97]。關於起自明末清初的說法，頗
具傳奇色彩，日本學者認爲是李自成敗退山西，將金銀置於太原康氏院
落，康家拾得八百萬兩，用來創設票號[98]；至於票號經營的規則，則是
顧亭林、傅青主口授的方略[99]。關於這一傳說，陳其田不以爲然，高叔
康亦不接受[100]，衛聚賢則認同，且視其與標局同源[101]。但是，大致上

94　李權時、趙渭人，《上海之錢莊》（華世出版社重印，民國67年），第一章。

95　姚崧齡，《中國銀行二十四年發展史》（傳記文學社，民國65年），第一章。

96　李權時、趙渭人，《上海之錢莊》，第一章。

97　陳其田，《山西票莊考略》（華世出版社重印），第一章。

98　《支那經濟全書》，日本明治四十（1903）年出版，中譯本《中國經濟全書》第
　　三輯，第五篇，〈山西票莊〉。

99　衛聚賢，《山西票號》，頁3-13。

100 高叔康，〈山西票號的起源及其成立的年代〉，《食貨半月刊》6卷1期。

101 衛聚賢，《山西票號》。

都認爲票號是盛行於清代乾隆、嘉慶年間，其營業主要爲匯兌，其次爲存款與放款，同時還發行一種臨時便條，稱爲「小票」，面額自京平足銀十兩起至五十、一百、一千兩爲止；此外，還兼營辦貨爲副業。山西票號計有平遙、祁縣、太谷三幫，光緒年間計有49家票莊，分號計有414家，分布於21省（十八行省加東三省），蒙古與新疆，計83個碼頭（票莊分號所在地，行話稱為「碼頭」）。除山西票莊外，安徽、浙江等地亦曾設有11家票莊，惟聲勢弱得多[102]。

　　關於外國銀行，首先進入我國的，厥爲英商東方銀行，時爲道光廿六(1846)年，但不久停業，繼起者爲英商麥加利銀行，設於咸豐二(1852)年，十五年後，英商匯豐銀行成立，其後有英商有利、法商東方匯理、德商德華、美商花旗、日商橫濱、正金、台灣、朝鮮、三井、三菱、荷商荷蘭、比商華比、俄國道勝、義國華義等銀行相繼設立。至於本國商辦銀行，首推中國通商銀行、光緒廿三(1897)年設於上海，一切比照外商銀行成例。光緒卅一年設戶部銀行，卅四年改名大清銀行（辛亥革命後，改名中國銀行），經辦中央銀行業務；卅三年，設立交通銀行，承辦實業界信用[103]。

第十節　社會救助與福利

　　此處的「救助」，是包括救濟與幫助：前者是臨時性措施，譬如對災荒的救濟；後者是長期性措施，即對社會弱者的協助，其中有互助與官助。至於福利，則主要是指幫助中的官助。而且互助縱爲長期措施，但亦常作救濟之用。歷代救濟，主要爲救荒，宋人董煟於其《救荒全書》

---

102 陳其田，《山西票莊考略》。
103 姚崧齡，《中國銀行二十四年發展史》。

[104]中，首云：「救荒之法不一，而大致有五：常平以賑糶；義倉以賑濟；不足則勸分於有力之家；又遏糶有禁，抑價有禁。能行五者，庶乎其可矣。」後二者，是災區地方長官臨時舉措，可以不予討論，其他三者，元代均曾實施[105]。

常平倉是始於世祖至元六年，其儲糧來源：(1)豐年米賤，官增價糶之。米貴之時，官減價糶之，此乃常平原意；(2)和糴糧；(3)諸路倉所撥之糧(以上二者始自至元八年)；(4)以鐵課糴充之(始於至元廿三年)。每間常平倉約儲糧一千石，力求完固，若「近年損壞，罪及監造官，令出資修葺」。

上述常平倉，是「官助」性質，另有互助性質的義倉，是始於至元七年，其法是每社立一倉，社長主之，於豐年，各家按人口獻糧，大口獻粟一斗，小口半之；無粟者獻雜糧；歉歲則開倉給予社戶食之。

但是，真正的大規模救濟，是由政府撥糧、款賑濟，同時還對災區減免賦役，由於次數很多，《新元史·食貨志》特立「賑恤」以記載之。此外，還「勸分於有力之家」，譬如成宗大德十一年，就曾勸富民賑糧一百四十餘萬石，凡施米者，按其數量多少，授以院務等官。後來，發展為「入粟補官」，這亦就是董煐於《救荒全書》中所說的「鬻爵」，元代是「始於(文宗)天曆三年，時，各路亢旱，用太師答剌罕等言，舉而行之。」

在福利方面，主要是恤貧，世祖至元八年，令各路設濟眾院，以居貧民，十九年，各路立養濟院(沿用宋代名稱)一所。常詔各路，病者給藥，貧者給糧，甚至於「官給廬舍」，以及給予衣服。成宗大德五年，在大都與上都，實行「紅貼糧法」，即將貧戶姓名及其口數造冊，「逐

---

104 見清人俞森主編，《荒政叢書》，卷1。
105 本節所云元代措施，除另註出處外，悉本《新元史·食貨志》。

月對貼（似為糧票），以給大口三斗，小口半之」，價格按賑糶的三分之二收費。

在全民福利方面，則是顧及人民健康而模仿宋代設立惠民藥局，這是始於太宗九年，在燕京等十路設立，官給鈔五百兩為規運之本。世祖立為定制，而於中統三年，敕太醫大使與副使，管頒諸路醫生與惠民藥局，至元廿五年停罷。成宗大德二年予以恢復，惠民藥局悉以各路正官提調，上路總醫二名，下路與府、州各為一名，其所給鈔本，決定於民戶多寡，譬如腹裡為3780錠，行省中，以江浙2615錠為最高，甘肅的100錠為最低。

元代的養濟院與惠民藥局制度，明代持續之。洪武初，令天下置養濟院，以處孤貧殘疾無依者；宣德三年，令天下軍民貧病者，惠民藥局給與醫藥；天順元年，令收養貧民於大興、宛平二縣，每縣設養濟院一所於順便寺觀，日給二餐，有疾者撥醫調治，死者給與棺木；嘉靖六年，設在京師的養濟院，只收宛、大二縣孤老，各處流來男婦篤廢殘疾之人，於五城地方各備置養濟院一區，盡數收養，每人日給米一升；又令，凡在街行乞者，若為民籍送順天府發養濟院，若屬軍衛，則送旛竿、蠟燭二寺給養（南京亦如此）。此外，對於鰥寡孤獨頗為照顧，洪武十九年，對於這些弱者，免田糧，若不能自養，則每年給米六石；有田之孤兒，既免差役，責令親戚收養，無親戚，鄰里養之，其無田孤兒，每年給米六石。在「死葬」方面，洪武三年，令民間立義塚；宣德四年，於北京崇文、宣武、安定、東直、西直阜城門外，仿照宋代，各置漏澤園，並令通州、臨濟、沿河有遺骸暴露者，一體掩藏。

明代福利工作最值得一提的，厥為養老制度。洪武元年，詔民年七十以上者，許一丁侍養與免雜泛差役。十九年，詔所在有司，審耆老不係隸卒倡優，年八十九十，鄉里稱善者，備其年甲行實，具狀奏聞；貧無產業者，八十以上，月給米五斗，肉五斤，酒三斗，九十以上，歲加

給帛一疋，絮五斤；雖有田產，僅足自贍者，所給酒肉絮帛亦如之；應天、鳳陽二府富民，年八十以上賜爵里士，九十以上賜爵社士，皆與縣官平禮，並免雜差，正官歲一存間；著爲令（以上均見《明會典》卷80）。

對於災荒，明代有其法度，凡遇水旱災傷，則蠲免租稅，或遣官賑濟；蝗蝻蟲發，則委官打捕。不過，在賑濟方面，卻是越來越薄，例如洪武十八年，令天下有司，凡遇歲饑，先發倉廩賑貸，然後具奏；廿七年，定災傷去處散糧則例，大口六斗，小口三斗，五歲以下不與。但到成祖之時，似乎改變此一則例，譬如在永樂二年，定蘇松等府水潦去處給米則例，每大口米一斗，折合太祖時六分之一，六歲至十四歲六升，五歲以下不與，更刻薄的，乃是這種微薄賑濟，並非計口授糧，而是立有上限，即每戶最多止給米一石；其不係全災，內有缺食者，定有借米則例，一口借米一斗，二口至五口二斗，六口至八口三斗，九口至十口以上者四斗，候秋成，抵半還官。不過，對於婦孺，成祖還有一些仁慈，例如，永樂六年，令福建瘟疫死絕人戶，遺下老幼婦女兒男，有司驗口給米；八年，全被災去處，人民典賣子女者，官爲給鈔贖還。這一傳統，世宗亦曾遵守，而於嘉靖八年，對災區中有能收養小兒者，日給米一升，埋屍一軀者給銀四分；十年，以官銀收買遺棄子女，若民家有能收養至二十口以上者，給與冠帶。在激勵富人參與賑濟行列方面，明代亦有規定，嘉靖八年，凡仗義出穀二十石或銀二十兩者，給與冠帶，卅石、卅兩者授正九品散官，五十石、兩者正七品，俱免雜泛差役，出至五百石、兩者，另立牌坊，以彰尚義；十年，對於售糧與饑民時，每石減債一錢至五百石以上者，給與冠帶，一千石以上，表爲義門（均見《明會典》卷17）。

荒政至明代，由於累積經驗而大備，所以，清人俞森編撰《荒政叢書》之中，就曾收集明人林希元、屠隆、周孔教、鍾化民、劉世教、魏禧有關著作。另有清人陸曾禹根據這些經驗，寫成《康濟錄》，將荒政

整理爲三階段，每一階段均有其適宜措施，這三個階段的任務，首爲先
事之政，即在災荒之前採取措施，以減少災荒發生的可能性或縮小其發
生的衝擊力，這些措施有六：(1)教農桑以免凍餒；(2)講水利以備旱潦；
(3)建社倉以便賑貸；(4)嚴保甲以革奸頑；(5)奏截留(官糧)以資急用；
(6)稽常平(倉)以杜侵欺。第二階段的任務，臨事之政，其措施有二十：
(1)急祈禱以回天意；(2)求才能以捍災傷；(3)命條陳以開言路；(4)
先審戶以防冒恩；(5)借國帑以廣糴糶；(6)理囚繫以釋含冤；(7)禁遏
糶以除不義；(8)發積儲以救困窮；(9)不抑(糧)價以招商運；(10)開粥
廠以活垂危；(11)安流民以免顛沛；(12)勸富豪以助濟施；(13)乞蠲賑
以紓群黎；(14)興工作以飲餓夫；(15)育嬰兒以慈孤幼；(16)視存亡以
惠急需；(17)弭盜賊以息奸宄；(18)甘專擅以奮救援；(19)撲蝗蝻以保
稼穡；(20)貸牛種以急耕耘。第三階段的任務，是事後之政，其措施有
六：(1)贖難賣以全骨肉；(2)憐初泰以大撫綏；(3)必賞罰以風繼起；
(4)籌匱乏以防薦饑；(5)尙節儉以裕衣食；(6)敦風俗以享太平。

　　上述「臨事之政」，主要是救濟措施，而先事與事後之政，實爲社
會經濟建設，很多地方，類似現代開發中國家於發展之初，所採取的推
動經濟發展之政策。而且，即使在臨事之政中，亦有一些措施，類似當
代先進國家的反衰退政策，例如「興工作以飲餓夫」，就和現代爲促使
經濟復甦所推動的公共工程之財政政策如出一轍。

　　清代常平倉，是出庫藏於粟賤時市糶，並勸民出升斗以益之，間或
截漕以貯留各州、縣、衛，貯糧標準按當地人口等情況而分爲三萬、兩
萬、一萬六千石三等，光緒年間，全國常平倉共儲糧約三千四百萬石；
這些常平倉貯穀，於順治十七年規定，春夏出糶，秋冬糴還，平價生息，
以期便民，若遇災荒，即按數賑濟災民貧民。社倉是當收穫時，任由民
戶出粟麥，建倉貯之，以備鄉里借貸，大致上，貧者於春夏貸米於倉，
秋冬歸還，大熟時加10%息米，中熟、息米減半，下歲免息；義倉是與

社倉類似，但由當地士紳捐出，其處理方式是與社倉相同；康熙三十年議，直隸所捐米，大中小縣分存五、四、三千石，嗣後又令加倍貯存，若遇災荒，則用以賑濟，其留倉剩餘者，俱於每年三四月照市價平糶，五月上旬，須將平糶價銀盡數解貯道庫，九月上旬，則令各州縣買新穀還倉[106]。

關於經濟弱者的救助支出，《清會典》卷19，是列為「賞恤之款」，計有養濟院、育嬰堂與普濟堂。養濟院是收養境內鰥寡孤獨殘癱疾無告之人，其經費由地丁正項銀米及耗羨下分別動支。後二者多由當地官民捐助，亦可支用官發生息銀與公存銀；育嬰堂費用主要為雇用乳婦；普濟堂似為臨時救濟或收容機構，貧給飲食，病有醫藥，歿有斂瘞[107]。以光緒某年的廣東為例，養濟院支出銀1萬6524兩多，普濟、育嬰二堂，除動支租息銀1570餘兩外，並在洋船放關飯銀下撥補，又肇慶府及曲江縣普濟、育嬰二堂，動支生息銀432兩。

其他方面，諸如立義學，立義塚、建救生船[108]，以及秋冬收養無依幼孩，春季由其親屬領回[109]，均為地方官的職掌。

從明季開始，平常的救濟工作，有很多民間組織自動參與，其目的是為「行善」，其主要功能之一是「教化」。所以，自明季至清末，在救濟工作上，是官方與民間共同參與，而且時序愈積，民間在參與比例上亦愈高。

據時人統計[110]，自十三世紀末起，明清二代建立的善堂或慈善組織之種類與數目約如下述：

---

106 張壽鏞等編，《皇朝掌故彙編》（光緒28年出版），卷24。
107 同上。
108 黃六鴻，《福惠全書》，〈教養〉〈庶政〉。
109 徐炳憲，《清代知縣職掌之研究》（中國學術著作獎助委員會，民國63年），頁142、143。
110 梁其姿，《施善與教化——明清的慈善組織》（聯經出版公司，1997），附錄。

　　育嬰堂類共973個，最早是於1646年在江西贛縣建立，1850年以前建立者有579個，官立與民立（含無資料可稽者，餘仿此）分佔48.9％與51.1％；1850年後建有109個，民立竟佔72.3％。

　　普濟堂類共399個，最早是於1666年在江西袁州建立，1850年以前建立者有362個，民立者佔50.8％；1850年以後建有37個，民立者高達89.2％。

　　棲流所類共331個，最早是於1702年在河北廣平磁州建立，1850年前建立者190個，民立者只佔20.5％；1850年後建有45所，民立者猶達51.1％。

　　清節堂類共216個，最早是在1774年建立於江蘇吳縣，1850年前建立56個，民立者高達76.8％；1850年後建有160個，民立者降為65.9％。

　　施棺局類共589個，最早是在1564年建立於江蘇章練，1850年者建立355個，民立者高達91.3％；1850年後建有234個，民立者佔88％。

　　綜合善堂類共338個，最早是在1661年建立於杭州，1850年前後分別建立116個與222個，民立者分佔83.6％與90.5％。

　　其他善堂類共743個，最早建立是為1398年建於福建晉江的存卹院，1850年前後建立的分別為298個與445個，民立者分佔90.5％與80.9％。

　　上述育嬰堂類似今日的育幼院，普濟堂與棲流所是收容窮人的處所，類似今日的流民收容所，清節堂則是收容寡婦，以鼓勵其守節，且因這些寡婦多育有孤兒，所以，其中有廿二所附有義學，更顯示這些慈善組織的「教化」性。

第廿一章
第三次一元體制下的經濟暨產業發展

　　這一期間，中國遭遇前所未有的變局：一為漢人心目中的「異族」（蒙、滿）入主中原；一為「天朝」受到「番邦」的威脅。此二者對於這一期間的經濟與產業發展，均有其深刻的影響，而且是交互的影響。

　　由於「異族」入主，漢族若干知識分子義不帝秦，拒絕出仕，其中有些人為生計而不得不投身工商業，致有促進經濟發展的作用。在另一方面，於此一階段末期，西風東漸，促使中國朝野逐漸覺醒，致有新式工商業的出現。但從對外關係看，元代威震歐洲，想不到清末竟仰洋人鼻息，辜鴻銘於宣統年間作《張文襄幕府紀聞》，其上卷有云，「廄焚，子退朝，曰、傷人乎？不問馬。今日地方一有事故，內外袞袞諸公，莫不函電交馳，曰、傷羊乎？不問民。」「羊」者、洋人也。蒙古因地跨歐亞，故元代對外開放，而明清則因海禁而閉關自守，否則以鄭和時代的航海技術，豈不領先歐洲人而縱橫七海！明末清初，知識分子業已對傳統政治有所反省（例如黃宗羲《明夷待訪錄》中的〈原君〉〈原臣〉〈原法〉），若再佐以「致良知」的陽明學說，則政治將趨於民主化，更將有助於經濟發展，惜因滿清以蕞爾小族入主大邦，內心恐懼，對知識分

子採高壓政策，大興文字獄，影響到思想的開放，從而影響政治與經濟的發展。

至於本章架構，大致上是與前各編的類似章節接近，但卻涉及西風東漸後的各種發展，惟有關的關鍵性強迫學習歷程，則另述於本章附錄。

第一節　公共建設：交通與學校

此處所說的公共建設，可分硬體與軟體兩大類：前者分陸運與水運，水運中亦將涉及治水，而陸運中將會揭示滿清之鐵路；後者則將論及學校之設立，由於此乃人力資本之形成，故亦視爲影響經濟發展之公共建設。

成吉思汗西征班師後，將其廣大領域分封四子：即以裡海以北及花剌子模之地（今俄國的大部分）給長子朮赤；以今東西土耳其斯坦一帶給次子察哈台；以葉密立河一帶（今阿爾泰山一帶及新疆北部）給三子窩闊台；並遵幼子守產的舊俗，乃以蒙古舊疆給予四子拖雷[1]。各封地皆縱橫萬里，而統屬於大汗，每一封地由中心至邊境，馳馬須一個月，若由蒙古大帝國之中心至邊境，則馬行須一年[2]。其後，經由征戰，前者更爲擴大，形成欽察汗國，而與察哈台汗國與窩闊台汗國並立，至於拖雷之子忽必烈擁有中國全境，且爲大汗，並封其弟旭烈兀，立伊兒汗國，今伊朗、敘利亞及俄屬中亞細亞南部[3]。是以，由大都（北京）至四大汗國，必有便捷之道路，以資連繫。單就中國本部（包括大都週圍之「腹裡」）言，有974處陸路驛站，439處水路驛站，陸站中有牛鋪、轎站、步站、

1　《姚從吾先生全集・元朝史》（正中書局，民國70年），第三講。
2　高越天，《蒙古史綱》（中華書局，民國61年），上篇二（六）。
3　黎傑，《元史》（大新書局，民國51年），第一篇第一章第三節。

馬站與狗站（限遼東）（《元史・兵志・站赤》）。

　　在水運方面，元代漕運雖以海路為主，但貨物的南北運送，仍仗大運河。惟元初，運糧「自浙西涉江入淮，由黃河逆水至中灤旱站，陸運至淇門入御河（即隋代永濟渠），以達京師；後又開濟洲泗河，自淮至新開河，由大清河至利津河，入海接運，因海口沙壅，又從東阿旱站運至臨清入御河」（危素，《元海運記》），以致無論走那條水路，都無法與御河直接銜接。所以，元廷一直在山東尋覓新運道，而於至元廿六年，「開河置牐，引汶水達舟於御河」，河長二百五十餘里，建牐一牐，是為會通河，使東南貨物直達燕京。至元廿九年，疏鑿通州至都河，而於通州高麗莊入白河，總長一百六十四里多，是為通惠河（俱見《元史・河渠志》），自此，江淮水運，可由臨清入御河至直沽，由白河入燕京，使南北運輸更為便利。

　　洪武廿四年，黃河決於原武，會通河淤塞。明成祖遷都北京，而於永樂九年，重開會通河，由濟寧州至臨清，長385里，深一丈三尺，廣三丈二尺，由工部尚書宋禮主其事；十三年，又命平江伯陳瑄鑿通清江浦，自淮安城西引湖水入淮，於是，南北運河完全暢通，全長三千餘里[4]。惟明代運河有白漕、衛漕、閘漕、河漕、湖漕、江漕、浙漕之別，而清之靳輔，自康熙十六年起任河督，廿五年，以運道經黃河，風濤險惡，自駱馬湖鑿渠，歷宿遷至清河仲家莊出口，名曰中河，糧船北上出清口後，行黃河數里即入中河，直達張莊運口，以避黃河180里之險，議者多謂靳輔此功不在明陳瑄鑿清口之下（《清史稿・河渠志》）。

　　這一期間，河患日烈，河工或治河，是為當時重要的公共工程，而且亦是重要的歲出，譬如乾隆卅一年，歲入銀四千數百萬兩，河工支出卻達三百八十餘萬兩（《清史稿・食貨志・會計》）。由於經驗累積，亦出

4　參見傅維鱗，《明書・河漕志》。

現了若干治河能臣，譬如元代的賈魯，論治河有疏、濬、塞三法，爲後世河臣所服膺；明之潘季馴體察水性，凡所設施與議論，證以近代科學原理，頗多符合；清之靳輔，既察水性，又審水勢，將不易收拾之黃河、淮河，次第整理就緒[5]——其中，賈魯治河，議者以爲是王景後一大成績[6]。

這一階段末期的交通建設，則是清代建鐵路，西方鐵路始於1825年，而中國鐵路卻於四十年後才出現，那就是同治四(1865)年，英商於北京宣武門外，鋪設長一里多的鐵路，試行小火車。這原爲宣傳表演，但卻爲步兵統領衙門勒令拆毀。九年後，英商怡和洋行組淞滬鐵路公司，築上海至吳淞口鐵路，長約九哩，光緒二(1876)年五月正式通車，但於次年九月間，由中國政府以銀28.5萬兩買回，並予拆毀。二十年後，議築滬寧鐵路，由吳淞至江寧(南京)，先築淞滬，後築滬寧；前者於光緒廿三年完工；後者以管理權交換英國的325萬鎊貸款(實收九成)，而於光緒卅四年完工。

中國鐵路的真正開始，乃是唐山至胥各莊間的運煤鐵路，長僅18華里，光緒七年完工，原以騾馬拖車，次年才改用機車。十一年，組開平鐵路公司，收買唐胥鐵路，並展築至蘆台，成爲完全商辦的鐵路。十三年再通車至天津，十八年通至灤州，二十年通至山海關；西端則於廿三年通至北京永定門。關外部分於廿五年通至錦縣，宣統三(1911)年延至瀋陽，正名爲京奉鐵路。

在台灣方面，劉銘傳於光緒十二年奏請建立基隆至台北的鐵路，十七年十月通車，十九年再通至新竹。

以上所說，是中國鐵路的濫觴，而清代於光緒卅年，完成膠濟鐵路，

---

5 宋希尚，《歷代治水文獻》(中華文化出版事業委員會，民國43年)，第一章。
6 申丙，《黃河通考》(中華叢書)，〈歷代治河考〉。

由青島至濟南，幹支線計長232公里；卅一年，築成株(洲)萍(鄉)鐵路；卅二年完成京漢鐵路，由北京正陽門至漢口玉帶門，共長1214公里；卅三年完成正太鐵路，由石家莊達太原，計長242公里，道(口)清(化)鐵路於同年竣工，長約150公里，該年還築成南京至下關的15公里鐵路；宣統元年，隴海鐵路汴(開封)洛(陽)線通車，長183公里，該年，滬杭甬鐵路中，上海至杭州完全通車，並完成(北)京張(家口)鐵路，該路是由詹天佑任總工程師，為中國人自備工款自築鐵路之嚆矢；二年，滇越鐵路通車，國境內長464公里；三年，完成 廣(州)九(龍)鐵路，長182公里，(天)津浦(口)鐵路，長1109公里，亦已接軌——惟黃河鐵橋尚未成功。此外，粵漢鐵路已於光緒卅年開工，隴海鐵路開徐(州)海清線則開工於卅一年，宣統元年西潼線開工，三年，同蒲鐵路亦已開工，而且，早於光緒廿二年起，即曾規劃湘桂鐵路。在關外，宣統三年完成齊(齊哈爾)昂(昂溪)鐵路，長50華里，而且，吉(林)長(春)路亦已開工[7]。

　　據《清史稿·交通志》，上述之京漢、京奉、津浦、京張、滬寧、正太、汴洛、道清、廣九、吉長、株萍、齊昂等鐵路為官辦；另有商辦的浙江、新寧、南潯、福建、潮汕等鐵路，全長770華里，資金2635.7萬餘銀元。惟清廷於宣統三年四月，宣示鐵路政策：幹路均歸國有，枝路准商民量力酌行；從前批准鐵路各案，一律取銷；如有抵抗，即照違制論。於是，引發各省保路風潮，尤以四川為烈(《清史紀事本末·鐵路國有政策》)，從而，釀成武昌起義，清廷雖曾先後派趙爾豐與端方為川督，予以強力鎮壓，但於起義後，此二人亦分別為民軍與亂軍所殺(《清鑑綱目》)。

　　鐵路國有化，實出於當時郵傳大臣盛宣懷的主張。郵傳部是設於光

7　清代所建鐵路，參閱凌鴻勛，《中國鐵路志》(世界書局，民國52年)，第一章，第十五章與第十六章。

緒卅三年，在交通建設方面，除鐵路外，還主管郵政與電報。中國原無郵政機構，五口通商後，來華各國僑民乃自設信局，咸豐十一年（1861）年訂約，駐京公使郵件付總理衙門交驛代寄，同治五年，改由總稅務司彙集，遞天津、寄上海。光緒二年，總稅務司英人赫德建議創辦郵政，四年始設送信官局於北京、天津、煙台、牛莊，以赫德主其事；九江、鎮江亦繼設局，是為中國試辦郵政之始；十六年命通商口岸推廣舉辦。嗣後，推廣設局，截至宣統三年，郵局（含代辦處）計6,201所，郵路計38.1萬里，每面積百里，通郵線路7.49里；該年郵件3億6221萬6239件，包裹為302萬3872件，盈餘六萬九千九百餘兩。中國電報之設置，是與軍事有關，光緒五年，直隸總督李鴻章始於大沽北塘海口礮台設線達天津，次年，上疏曰，「用兵之道，神速為貴」，請設南北洋電線，即由天津至上海，正線與支線共長三千餘里。疏入報可，踰年工竣。十年，法越事起海防，急設線北塘，以訖山海關，遞及於營口、旅順，江督左宗棠設長江線以通武漢；粵督張樹聲則設廣西線以達龍州。十一年，奉天至朝鮮仁川完成電線。台灣以瀕海要區，十四年，並設水陸線。十五年，從練兵大臣穆圖善之言，自吉林省城設線至松花江南岸。十八年，陝甘總督奏設肅州至新疆省城，及於伊犁、喀什噶爾。廿一年，中日戰爭，亟慮直東一線有阻，接設老河口至西安，江蘇境內亦擴增不少線路。宣統元年，桂撫張鳴岐因邊備，設枊邕電線二千三百餘里。至此，直、蘇、粵、桂、滇、魯、鄂諸省，設局多至二十餘所，其他各省亦十餘局或數局。除電報外，光緒廿五年，盛宣懷疏請設電話，是以，北京、天津、奉天、福州、江寧、漢口、長沙、太原皆設之（《清史稿·交通志》）。

　　蒙古人雖於馬上得天下，但亦知教育之重要性，元世祖於中統二（1261）年詔曰，「諸路學校久廢，無以作成人才，今擬選博學洽聞之士以教之」。至元六（1269）年復詔曰：「諸路雖設有學官，所在官司例皆視同泛常，不肯用心勉勵……今徧行各路，如遇朔望，自長次以下，各

率僚屬俱詣文廟，焚香禮畢，從學官詣講堂，同諸生及願從學者講論經史，更相授受，……所在鄉村鎮店，選有德望學問可爲師表者，於農隙之時依法訓導」。廿四年，立太學於大都。廿八年，命各路各縣學內設立小學，選請老成之士教之；或自願招師，或自從其父兄者，聽便；其他先儒講學之地與好事之家出私錢贍學者，並立書院，書院設山長一員——凡師儒之命於朝廷者曰教授，路府上中州置之，命於禮部、行省及宣慰司者曰學正、山長、學錄、教諭、路州縣及書院置之（《新元史‧選舉志》）。

　　元代書院甚盛，《日下舊聞》曰，「書院之設，莫盛於元，設山長以主之，給廩祿以養之，幾遍天下」，其所以如此，當然是由於政府提倡——其中亦有不少私立書院。相形之下，明代書院則是厄運連連：先於嘉靖十七（1540）年，朝臣以書院聚生徒，供億科擾，且倡邪說，收無賴，乃下令撤毀書院（《續通考》）；次爲萬曆初，張居正惡士大夫競相講學，盡革各省書院爲公廨（《明紀綱目》）；天啓五（1625）年，魏忠賢惡東林黨人，毀天下書院（《春明夢餘錄》），惟明代書院及私人講學，仍不絕如縷[8]。

　　明代待學校甚厚，其學校有二：曰國學——即國子監；曰府州縣學。洪武二年，太祖初建國學，並諭曰，「京師雖有太學，而天下學校未興，宜令郡學皆立學校」，於是大建學校，府設教授，州設學正，縣設教諭各一，俱設訓導，府四、州三、縣二，生員之數，府學四十人，州縣以次減十，每一生員每月給食米六斗及魚肉。天下儒學教官四千二百餘人，生員無數，可說是「教養之法備矣」「此明代學校之盛，唐宋以來所不及也」。以上所謂「生員」是秀才，須經「進學」考試。應試者爲童生，多就讀於私塾。國子監學生則稱「監生」，亦即以前之太學生，

8　參閱盛朗西，《中國書院制度》（華世出版社重印），第二與第四兩章。

待遇甚爲優厚，築室以居之，厚給廩餼，歲時賜布帛文綺襲衣巾韡，正旦元宵諸令節俱賞節錢；馬皇后積糧監中，以養諸生妻子；未娶者賜錢婚聘及女衣二襲，月米二石；諸生在京日久，皆遣歸省，人賜衣一襲，並給鈔五錠爲旅費（俱見《明史‧選舉志》）。永樂二年規定，監生25名用膳夫一人，宣德二年，額設膳夫300名（《明會典》卷220），依此推知，明代太學生約爲7500人。

清代學校雖仿明制，但教養之法遠遜於明代，譬如太學生待遇，內班生每月只給膏火銀一兩，外班生二兩（《清會典》卷76），而且有限額，至乾隆時，內班生才增爲180名，外班生仍爲120名（《清史稿‧選舉志》）；至於縣學則形同虛設，康熙年間曾任知縣的黃六鴻於其所著之《福惠全書》卷25，〈生童課試〉項中云，「邇生儒學諸生月課，杳矣無聞」。但若干地方之書院，對於學子待遇尙甚優厚，譬如《寶晉院志》記載該書院學生有三種，即孝廉（舉人）、生員（秀才）與童生；孝廉上上卷八名，上卷八名，每月膏火40千，獎資3000文；生員超等與特等各40名，每月膏火136千，獎資2600文；童生上取與中取各40名，每月膏火104千，獎資2300文。

惟清季震於列強船堅砲利，擬從教育著手，試圖改革學制，其沿革約分兩期：一爲無系統教育時期，即由同治初至光緒辛丑（1901）以前；一爲有系統教育時期，自辛丑迄宣統末。其初，由於急需養成繙譯與製造船械及海陸軍之人才，所以，首先設置京師同文館（後增算學館）、上海廣方言館、福建船政學堂及南北洋水師武備學堂；光緒廿一（1895）年，湖北設自強學堂，分方言、格致、算學、商務四門；天津設頭二等學堂，各修學四年，頭等擬外國大學；廿三年，上海設南洋公學；廿四年，設京師大學堂，並諭各省大小書院一律改爲兼習中西學之學校，並以省會之大書院爲高等學堂，郡城之書院爲中學，州縣之書院爲小學。辛丑後，將京師大學堂分爲大學院、專門分科大學、豫備科，並附設仕

學、師範二館。大學院主研究，不立課程；專門分科大學分政治、文學、格致、農業、工藝、商務、醫術七科，修業時間爲三年；豫備科分政科與藝術（前者爲人文社會，後者爲科學），各爲三年卒業——仕學館與師範館也如是。各省高等學堂亦即大學豫備科，仍分政、藝二科，另外得附設農工商醫高等實業學堂，均爲三年卒業；中學堂四年卒業，得附設中等農工商實業學堂及師範學堂；小學堂分高等，尋常二級，各爲三年，其下爲四年蒙學。兒童自六歲起入蒙學、十歲入尋常小學，此七年爲義務教育。小學卒業獎給附生（秀才），中學卒業獎給貢生，高等學卒獎給舉人，大學分科卒業獎給進士（《清史稿‧選舉志》）[9]。其後雖略有損益，但仍以此爲基礎。

第二節　農礦業之發展

本階段內，在五口通商以前，農業仍爲最主要的產業，所以，歷朝開國之初多予重視，譬如蒙古人本爲遊牧民族，卻於入主中原後，頗知重農，採取了不少措施；明太祖爲和尚出身，執政後卻要減少僧侶，以增加農業勞動力。相形之下，滿清就顯得有所不足了，入關好幾年後才知道重建農業。

元世祖即位之初，首詔天下：國以民爲本，民以衣食爲本，衣食以農桑爲本。當時與以後，採取一連串措施，主要可從四方面說明之。首先是設立主管機關，中統元（1260）年，命各路宣撫司，擇通曉農事者充隨處勸農官；次年立勸農司；至元七（1270）年立司農司。專掌農桑水利。其次是頒行農業規範，世祖先於中統元年頒農桑輯要之書於民（《元史‧食貨志》），繼於至元六年，命中書省采農桑事列爲條目，頒行州縣（《元

9　參閱王鳳喈，《中國教育史》（正中書局，民國78年），第十一章。

史》本紀），七年又頒農桑之制十四條（《元史·食貨志》）。第三是提供生產財，例如中統三年，詔給懷州新民耕牛二百頭以種水田；至元元年，詔以牧地分給無田農民（《元史》本紀）；至元七年，於地高水不能上者，命造水車，貧不能造者，官具材木給之。最後是建立農民組織，至元七年規定，凡鄉村區域，五十家立一社，擇高年曉農事者一人爲社長，免其力役，凡種田者，立牌橛於田側，書某社某人於其上，社長以時點視勸誡，不率教者籍其姓名以授點官責之；社中有疾病凶喪之家不能耕種者，眾爲合力助之；一社之中，災病多者，鄰近兩社助之（俱見《元史·食貨志》）。

明太祖於元至正廿六（1366）年爲吳王時，即諭中書省臣曰，「爲國之道，以足食爲本，大亂未平，民多轉徙，失其本業」（《實錄》），所以，採取一連串的重農務本政策，其基本措施有三。首爲鼓勵墾荒，而於洪武元（1368）年下詔，規定「各處荒閑田地，許令諸人開墾，永爲己業，與免雜稅差役，三年後，並依民田起科租稅」（《明典章》），其所謂「荒閑田地」，並非原荒，而係拋荒，尤其是戰亂中，原有主人逃難而淪爲荒田，今若開墾，若原主歸來，將滋生糾紛，故特予以補充規定，「州郡人民因兵亂逃避他方，田產已歸有力之家，其耕墾成熟者，聽爲己業，若還鄉復業者，有司於旁近荒田內如數給予耕種」（《實錄》）。其次爲增加勞力，明太祖雖爲和尚出身，卻考慮到「一人爲僧，則一夫不耕」[10]，而要「嚴行禁約，不使滋蔓」[11]；洪武六年，還以「釋老教行，僧道日多，蠹財耗民，莫此爲甚」，詔令全國、府、州、縣止存大觀寺一所，僧道並居，後來硬行規定，「民年四十以上始聽出家」[12]。此乃消極地增加農業勞力，在積極方面，是招徠流民與用囚犯墾荒：前

10　余繼登，《典故紀聞》，卷12。

11　《禮部志稿》序。

12　引自李龍潛，《明清經濟史》（廣東高等教育出版社，1988），頁12。

者如洪武三年，招誘流民與無地農民，開墾「北方近城」荒地；後者如洪武五年，詔罪當戍兩廣者，悉發臨濠屯田（《續通考》）。此外，太祖曾於洪武五年詔令因戰亂「爲人奴者即日放還，復爲民」（《實錄》），亦是積極地增加農業勞力。

　　第三是講求水利，太祖立國之初，即以康茂才爲都水營田使，諭之曰，「比因喪亂，堤防頹圮，民廢耕耨，故設營田司以修築堤防，專掌水利」，並詔所在有司，民以水利條上者，立即陳奏，以便親覽；洪武四年，修復廣西靈渠三十六陡水，可溉田萬頃；八年，濬涇陽洪渠堰，溉涇陽、三原一帶田二百餘里；廿四年，濬定海、鄞二縣東錢湖，溉田數萬頃；廿七年，諭工部，「陂塘湖堰可蓄洩以備旱澇者，皆因地勢修治之」，乃分遣國子生及人才遍詣天下、督備水利，凡開塘堰4萬987處（《明會要》卷53），河4162處，陂渠堤岸5048處（《日知錄·水利》）。

　　就在這些激勵措施下，明初墾田數字在直線上升，洪武十四年，全國耕地只有366萬7715頃（《實錄》），廿六年，卻增爲850萬7623頃（《明史·食貨志》）——其中或許有不少是來自隱田的清查，但據《實錄》，自洪武元年至十六年，新墾田地共爲180萬5211頃（最多的一年，是洪武七年，墾田92萬1124頃，最少的是元年之770頃），佔耕田總額21.22%。

　　相形之下，清初對於關內農業就顯得太不重視了。順治元（1644）年清兵入關，即令將「近京各州縣民人無主荒田′，及明國皇親駙馬公侯伯太監等死於寇亂者無主田地」「盡行分給東來諸王勛臣兵丁人等」；次年又下令將河間、灤州、遵化等府州縣「無主之地，查明給與八旗下耕種」（《世祖實錄》），這就是著名的「圈地」，所圈之地雖說是「無主田地」，實則不然，以玉田縣爲例，明末，「原額民地五千二百一十六頃八十畝……順治二年以後……止剩民地六百一十七頃五十一畝」[13]。順

---

13 李昌時等，《玉田縣志》，卷13。

治四年，再下令，在近京各府縣內，「不論有主無主地土，撥換去年所圈薄地，並給今年東來滿洲」(《實錄》)，實則「撥換」之地多係「鹻薄屯田」、「遠者七八百里，近者亦三四百里」(《清通考》)，更多的是，「圈地所到，田主登時逐出」[14]。但在另一方面，圈給八旗官兵的田地，也是「歷年並未收成，因奉命出征，必須隨帶之人，致失耕種之業，往往地土曠廢」(《世祖實錄》卷80)。至康熙五(1666)年止，圈地面積共16萬6838頃[15]，再加上各省旗營官兵所佔土地六萬頃[16]，共22萬6838頃，約佔當時全國耕地總面積五百餘萬頃(《聖祖實錄》卷20)的5％。是以可說，當時5％以上的農地未予充分利用，不能不說滿清政府在打擊農業。

　　但於另一方面，卻在激勵墾荒，順治元年，定開墾荒地之例，令各地方政府將荒地分給流民及官兵屯種，有主者，令原主開墾，官給牛種，三年起科；三年，將墾荒工作列為地方官考績——十五年，規定督撫一年內開墾荒地二千至八千頃以上，道府一千至六千頃以上，州縣一百至六百頃以上，衛所五十至二百頃以上，分別議敘；八年，以山海關外荒地甚多，准許人民出關開墾，十年，議准遼東招民開墾，有能招至一百名者，文授知縣，武授守備，百名以下六十名以上者，文授州同、州判，武授千總，五十名以上者，文授縣丞、主簿，武授百總，招民數多者，每百名加一級。嗣後，卻禁止漢人出關墾種，但對關內各省墾荒，仍仿此例，康熙十年，准貢監生員民人墾地二十頃以上，試其文義，通者以縣丞用，不能通曉者以百總用，一百頃以上，文義通順者以知縣用，不能通曉者以守備用——十三年，准各省候選州同、州判、縣丞及舉、貢、監生有力招民者，授以署縣職銜，俟開墾起科，實授本處知縣(俱見《清通考》)。順治時，新墾田地皆以三年起科(即免賦役三年)，康熙十年，

14　史惇，《慟餘雜記‧圈田》。

15　嘉慶《大清會典事例》卷135。

16　康熙《大清會典》卷135。

再寬一年，十一年，寬至六年，十二年規定十年起科，但於十八年，恢復六年起科，廿三年再恢復三年後起科（《清通志》）。

在水利方面，亦乏善可陳，尤其是灌溉工程，據現有資料，順治一朝，只於十六年，修浙江海鹽縣海塘廿一丈，次年再修六十丈；康熙一朝水利工程主要爲排水、防洪、防汛與運道，灌溉工程甚少，較著者爲十二年修河南安陽縣之萬金渠，引洹水溉田（俱見《清通考》）；四十八年，濬甘肅寧夏宗澄堡李洋堡二渠，引黃河水溉田（《清通志》）。

真正重農措施，是始於聖祖親政以後，除加強墾荒與治水外，首推農田私有之強化與保障，其工作方向有二：一爲積極地推行官有田地民有化；一爲保障農民的私有財產。二者均著手於康熙八年：前者是於三月，令「將前明廢藩田產給予原種之人，改爲民產，號爲更名田，永爲世業」（《清通典》），這些更名田主要是直隸、山西、山東、河南、湖北、陝西、甘肅等八省，據統計，後七省更名田的面積爲16萬6829頃21畝[17]；同年六月，頒布廢除圈地令，「比年以來，復將民間房地圈給旗下，以致民生失業，衣食無資，流離困苦，自後圈占民間房地，永行停止」（《實錄》）。這些保障與擴大私有化的措施，本來就有增加人民務農的誘因，而聖祖卻又進一步蠲免賦役，將此誘因更爲擴大。康熙四十八年，戶部庫存銀已達五千餘萬兩，聖祖乃決定自五十年起，各省分三年輪流免輸錢糧一次，三年中，計免「天下地丁」賦銀3800餘萬兩，而且自五十一年起，開始實行「盛世滋生人丁，永不加賦」（俱見《清史稿·食貨志》）。此法原意是謂該年起增加的人口，不再負擔丁稅，但在實際執行上，並非如此，而是於五十五年，按戶部建議執行，即以新增人丁，補足五十年徵糧丁冊所列之舊額，如一戶之內開除（除名之謂）一

---

17 商鴻逵，〈略論清初經濟恢復和鞏固的過程及其成就〉，《北京大學學報》，1957年第2期。

丁，新添一丁， 即以所增抵補所除，倘開除2或3丁，本戶抵補不足，即以親族之丁多者抵補，又不足，即以同甲同圖之糧多者頂補，如有餘丁，歸入滋生冊內照報(《清通典》)。在這種情況下，雖然康熙五十年全國有2462萬1334人，至六十(1721)年增爲2735萬5462人，增加額達270餘萬人，但其中滋生人丁不加賦者僅46萬7850人；不過在長期中，卻使人口統計透明化，以致到乾隆廿七(1762)年，全國人口突破兩億，而高達2億47萬3275人。四十一年間增加六倍多(俱見《清通考》)。

在這一期間，農學著作頗爲豐富，中國歷史上有五大農書(漢代的《氾勝之書》，北魏賈思勰的《齊民要術》與宋代陳敷的《農書》)中，有兩本出現於此一時代：一爲元人王禎的《農書》；一爲明人徐光啓的《農政全書》。前者成書於元世宗皇慶二(1313)年，有十三萬六千多字，內容分三大部分：一爲〈農桑通訣〉，包括農業史與主要耕作技術；一爲〈百穀譜〉，敘述各種糧食，菜蔬、瓜果、竹木等栽培方法；一爲〈農器圖譜〉，繪出各種農具和農業機械圖281幅，均有文字說明。該書甚至於談到肥料的價值與使用，以及品種的改良。《農政全書》是出版於徐光啓身後，而於崇禎十二(1639)年刊行，全書五十多萬字，六十卷，十二大目：前三卷講「農本」，記述歷代有關農業生產與農業政策，以及各家議論：接著講「田制」，是史的論述； 於「農事」目中，蒐集歷代各種耕作方法，以及有關農業季節、氣候的知識；「農器」目是繪出各種傳統的農業生產和農產品加工的工具——談到水利時，亦繪出各種灌溉工程與水利機械，並介紹西洋水利；最後講「荒政」，詳列救荒政策與措施。清季，則有賴昌纂譯的《農業全書》、計三編十六卷，以及農學會出版的《農學叢刻》廿三種，均曾引進西法[18]。

這一期間，亦普及或引進若干新興農作物，其中最著者厥爲木棉，

---

18 張援，《大中華農業史》(商務印書館，民國10年)，第五章第十八節。

王禎《農書》云，「木棉自桑土既蠶之後，惟以繭纊爲務，殊不知木棉之爲用。夫木棉產自海南，諸種蓺作之法，駸駸北來，江淮川蜀，即獲其利，至南北混之後，商販於此，服被漸廣」。元初，司農司編寫的《農桑輯要》，對於此一新興作物——棉花的栽培與加工技術，介紹得甚爲具體。其次是菸草，原產於美洲，自哥倫布發現新大陸後，先傳至歐洲，西班牙人佔領菲律賓亦種之，我國輸入之始，約當明代萬曆年間，由葡商於閩、粵各地出售呂宋菸草，或稱雪花菸[19]；福建因而種植，《職方典・漳州府物產考》引府志云，「菸草種出東洋，近多蒔之者」。玉蜀黍亦產於美洲，亦於明代傳入，明人田藝蘅於其《留清日札》中稱爲「御麥」或番麥。此外，尚有甘藷，於明季自南海傳入，所以，徐光啓於其《農政全書》中，列舉種植甘藷的十三大優點，詳細介紹其栽種、培育、加工和儲藏的方法，爲之推廣。這四種新作物中，前兩種是經濟作物，有助於明清兩代工業的發展；後二者爲糧食作物，有助於人口的增加，前述清代乾隆時人口大增，雖然歸因於「滋生人丁，永不加賦」，但這兩種糧食作物的普遍種植，足以支持新增人口，亦不失爲因子之一。

在礦產方面，元代比宋代更爲開發，金礦計有卅八處，雲南有十一處居首，湖南、四川與江西，依次爲八處、六處與四處，有二處者計有安徽、湖北與河北三省，其餘爲山東、熱河、吉林各一處；銀礦有廿三處，雲南有五處居首，河南四處居次，山東與河北各有三處，江西與山西各有二處，有一處者則有浙江、廣東、湖北與熱河；鐵礦有四十三處，湖南以十處居首，江西、雲南、福建、浙江、河北依次有七、六、五、四、三處，有二處者爲安徽與四川，有一處者爲廣東、山東、山西與陝西；鉛礦有六處，浙江與福建各二，廣東與湖南各一；錫礦有五處，浙江有二，福建、湖南與廣東各一。此外，銅礦、水銀、硃砂各四處，由

19　唐啓宇，《重要作物》（商務印書館），第九章第一節。

於銅礦遠較宋代(十四處)爲少,所以,元代更依賴紙幣[20]。

明初,以金銀礦最爲民害,太祖拒絕開採,但洪武末年,仍於福建、浙江置礦場。成祖則廣爲開採,擴至陝州、湖廣、貴州,並增浙、閩之課。英宗下詔封閉坑穴,景帝時以盜礦者多,復開浙閩銀場(《明史·食貨志》),不久因礦脈細微,開採不易,復罷之(《明會要》)。實際上,明代金礦之開採,經常是得不償失,例如永樂時,開黑山金礦,督夫六千人,三閱月,止得金八兩(《明史·彭誼傳》),成化間開湖廣金礦,歲役五十五萬人,死者無算,得金僅五十三兩(《明史·食貨志》)——另據《明會要》,「僅得金三十餘兩」。所以,明代各朝,封閉之時較多,但於神宗萬曆廿四年,因建兩宮,廣爲開礦,派中官至各地督導,稱爲「礦監」,據(《明史·食貨志》),自廿五年至卅三年,「諸璫所進礦稅銀幾及三百萬兩」,其中有若干係礦金、礦銀與樣金、樣銀,據(《定陵註略·內庫進奉》),共進礦金5270.6兩,樣金28.23兩,礦銀29萬6168兩,樣銀9764兩;顯示金銀俱有者計有廣東、廣西、遼東、四川、江西、湖廣、雲南、河南、浙江、山東、陝西、真保等處;只有金礦者爲橫嶺與薊永;僅有銀礦者爲儀真與福建(以上全係礦監、稅監甚或珠監——後者僅限廣東)。這是由於獻礦洞者踵至,無地不開,中使四出,皆給以關防,併偕原奏官往,礦脈微細無所得,勒民償之;而奸人假開採之名,乘勢橫索民財,有司稍忤意,罪以阻撓,富家巨族則誣以盜礦,良田善宅則指爲下有礦脈,卒役圍捕,辱及婦女(《明會要》)。再加同時派出稅監,至各處搜括,以致海內人心洶洶思亂,民變四起,故光宗即位,以遺詔盡罷天下礦稅(《明史》本紀),但元氣已傷,導致明室於不久後覆滅。

洪武六年,置江西、山東、陝西、山西各鐵冶,凡十三所,歲輸鐵746萬餘斤,河南、四川亦有鐵冶。這些鐵冶在本質上爲官營,所以太

20　王志瑞,《宋元經濟史》(商務印書館),第三章。

祖於洪武十八年，罷各布政司鐵冶，末年，復盡開，令民得自採煉，每三十分取其一。其後，正德九(514)年，於廣州置鐵廠，恢復官營，以鹽課提舉領之，禁私販，如鹽例；嘉靖卅四(1555)年，再開建寧、延平諸府鐵冶。在銅礦方面，明初，惟江西德興，鉛山有銅場，其後，四川梁山、山西五台、陝西寧羌、洛陽及雲南皆開採，兼得水銀青綠。成化十七(1481)年，封閉雲南南州銅坑，但自嘉靖至萬曆年間，因鑄錢、屢開雲南諸處銅場，久之，所獲漸少，以致到崇禎時，遂括古錢以供爐冶焉(《明史·食貨志》)。

　　清初，鑒於明代競言礦利，舉國惶然，於是，聽民採取，輸稅於官[21]。但於金銀礦，則一直抱持禁採態度，至道光末年才改弦更張；順治初，開山東銀礦，八年罷之；康熙間，遣官監採山西、陝西、山東銀礦，廿二年停止，並諭「開礦無益地方，嗣後有請開採者，均不准行」[22]；世宗即位，群臣多言礦利，相繼疏請開礦，均不准行，或嚴旨切責[23]；乾隆初，亦予禁止，譬如二(1737)年諭[24]，凡產銅山場實有裨鼓鑄，准報開採，其金銀礦悉行封閉，惟其後卻相繼開採貴州、陝西、甘肅、伊犁迪化等地金礦，以及貴州之銀礦；嘉慶年間，凡疏請開礦者，均奉旨申飭；道光初年，封禁甘肅金廠，直隸銀廠，但於廿八(1848)年大弛礦禁，這可能是受到廿二年南京條約之刺激；咸豐二(1852)年，以寬籌軍餉，招商開採熱河、新疆及各省金銀礦；光緒初年開直隸銀礦與甘肅、黑龍江金礦，廿二(1896)年下詔，開辦各省金銀礦場，於是有直隸、蒙古、四川、湖南、浙江、黑龍江、新疆之金礦，四川之銀礦。

---

21 有關清代礦業，除另註出處外，悉本《清史稿·食貨志》。
22 惟據《清通典》，此諭是康熙四十三年發出。
23 據《清通典》，雍正元年開採雲南馬朧底銀廠；三年，開採雲南古學銀廠；六年，定湖南、廣西金砂以及廣西銀砂課例。可見其「不准」，只限官營。
24 據《清通典》，此乃乾隆三年，申定礦廠事宜例中之語。

　　在其他礦產方面，清廷則不禁採，順治十四年開古北、魯峰等鐵礦，乾隆五年開山東煤礦，而且乾隆初年，廣東各地銅鉛礦均行開採，百餘年來，雲貴兩湖兩廣川陝贛直，報開銅鉛礦以百數十計，而雲南銅礦尤甲各省。同治十三(1874)年，海防議起，直隸總督李鴻章、船政大臣沈葆禎請開採煤鐵，以濟軍需，上允其請，命於直隸、台灣試辦；光緒八年，兩江總督左宗棠，以製造船礮機器所需，煤鐵最爲大宗，開辦江蘇煤鐵。嗣是以次，修築鐵路，煤鐵益爲當務之急，於是煤礦有吉林、直隸、奉天、江西、山東、安徽、湖北、河南、山西、浙江、江蘇、湖南、廣西、陝西等地，鐵礦有直隸、湖北、廣西、江西、貴州等處，皆先後開採；九年，詔各省煤鐵招商集股舉辦。此外，兩廣之錫，湘川浙之鉛，湘黔川及兩廣之銻，陝甘與新疆之石油，山西與奉天之硫黃，湖南之雄黃，均次第採煉，或在經營主體上，有官辦，或商辦，或官商合辦；在採煉方法上，有用土法，亦有用西法。

　　在礦政方面，光緒廿四年，詔設礦務鐵路總局於京師，以王文韶、張廕桓主之，奏定章程廿二章，准華商辦礦假貸洋款，華洋合股設立公司，自是，江西萍鄉煤礦借德款，湖北大冶鐵礦借日款，浙江寶昌公司借義款，直隸臨城煤礦借比款。廿五年，江南籌辦農工礦路各學堂，兩湖復籌設高等礦業學堂，也須借外債。廿八年，外務部改定礦章，凡華洋商人得一體承辦礦務（意味外商可以獨資經營礦業，而不必合資），惟必報部批准。惟是年皖撫許英人凱約翰承辦皖南一帶礦產，嗣以專辦銅陵之銅官山，打約定期百年，佔地38.4萬餘畝，引發安徽紳民抗爭，以銀四十萬兩贖回；法人彌渠石取得雲南楚雄一帶礦權，英商立樂德援例擬索大理等七府礦，堅拒未允。於是，舉國上下，咸以保全礦產爲言，各省紛設機構，以統籌礦務，計有四川保富公司、福建礦務總公司、山西保晉公司、安徽礦務總局，類能集合股富，鳩貲開辦；兩湖則於所屬礦地，勘明圈購，以杜私售。卅一年，商部以洋商私佔礦地礦山，疏請申

明約章，以維權限，尋奏設各省礦政調查局，以勘明全國礦產，嚴禁私賣。

第三節　科技暨工業發展

　　在科技方面，首先介紹元代的的兩位傑出人物，朱世傑與郭守敬。朱世傑是數學家，集宋人代數學之大成，而於成宗大德七（1303）年，作《四元玉鑑》，將以前須以籌算計算的一元高次方程式，擴爲四元方式，而且，其另一著作，《算學啓蒙》一書中，列有〈釋九數法〉，適於珠算之使用[25]，而算盤亦確於元代開始使用，元末陶宗儀於《輟耕錄》卷廿九〈井珠〉中，提及「算盤珠，言撥之則動」，至明初則已盛行[26]。

　　郭守敬亦爲數學家，但其主要貢獻是在天文學方面，李約瑟認爲中國歷代對黃道斜度的測度，「其準確度以郭守敬的達到最高峰」[27]。他於全國各地設立廿七個測景所，在當時，是全球空前的，其所編製的《授時曆》，於至元十八（1278）年正式頒行，以365.2425天爲一年，比地球繞太陽一周的實際時間只差廿六秒，與現在國際通行的格利哥里曆的周期相同，但後者卻整整晚了三百年[28]。

　　明中葉起，西方科技傳入，在數學與天文方面，頗著績效，將於稍後予以簡介，此處是將重點放在本土之科技專家。循此，明人李時珍值得一書，其所著《本草綱目》，是有史以來最偉大的藥學巨著，全書共190多萬字，分爲16部，62類，50卷，計收載藥物1892種，比前人增加

25　李儼，〈中國算學之起源及其發達〉，《科學雜誌》，18卷9期（民國23年9月）；李約瑟（陳立夫主譯），《中國之科學與文明》（商務印書館），第四冊，頁83-86。

26　呂炯，〈中國珠算之起源〉，《東方雜誌》，25卷14期（民國17年4月）。

27　《中國之科學與文明》，第五冊，頁178。

28　《中國史常識——隋唐五代宋元》（台灣翻印本），頁316-318。

374種；載入藥方1萬1096個，比前人增加4倍；同時繪製1110幅插圖，以便辨認各種藥物形態。該書完成於萬曆六(1578)年，採取較爲科學的分類方法，而歐洲的植物分類學家直到1741年才提出類似的分類方法。該書增加的新藥物或藥物的新功能，乃是當時的新發現與李氏本身的體驗，前者如白蠟蟲，後者如他發現曼陀羅花有麻醉成分，延胡索有止痛效果。在醫學上，明洪武元(1368)年，王履著《醫經溯洄集》，明確指出溫疫與傷寒的不同，開闢了認識傳染病的道路。其經明末吳有性的《溫疫論》，清代葉天士的《溫熱論》，吳塘的《溫病條辨》，王士雄的《溫熱經緯》，使溫病學說成一體系。

其次要說到宋應星，他於崇禎十(1637)年，出版其所著《天工開物》，全書18卷，總結了中國農工生產的傳統技術，但在當時世界，卻開創了不少紀錄，譬如在農業方面，冷浸田使用「骨灰蘸秧根」，是使用磷肥的最早記載；利用不同蠶蛾品種雜交而「幻出嘉種」，是改良品種的生物科技。在工業方面，紡織業所用的提花機，操作靈便，能織出各種精美絲綢，是當時全球最先進的紡織機；鑄造業所用的大型失蠟精密鑄造，砂型鑄造(鑄鐵)，滲碳熱處理(強化金屬表面)等方法，都相當先進；冶金業所用的「灌鋼」與「煉鋅」，均開世界紀錄。本書還附有191幅以生產過程爲主的生動插圖，不僅記錄了中國傳統技術的實況，也且有若干幅(諸如提花機、鑽井設備、軋蔗車、大型澆鑄錘鍛千斤錨、階梯式瓷窯、玉石加工磨床)，是世界上較早的科技圖錄。

西學東漸，實以利瑪竇(Matthaeus Ricci)來華啓其端，利氏於萬曆廿八年來華，十年後逝世。生前廣介西方科學。但西學對中國科技影響較大者厥爲曆法與軍器。利氏居北京時，深知曆法與中國政治間有重要關係，致書歐洲耶穌會，請派優秀天文學家來華，以備日後助修曆法，該

會乃派熊三拔(Sabbathino de Vrsis)東來，而於萬曆卅四年抵北京[29]。但於利氏死後，才有機會參與，那是萬曆卅九年，因曆官推算多謬，乃命龐迪我(Didacus de Pantoja)與熊氏參預測驗工作(《明史・意大里亞傳》)[30]。但真正利用西法修曆，是在崇禎年間——似始於崇禎二年[31]，由徐光啓推薦湯若望(Johann Adam Schall Von Koln)與羅雅谷(Jacobus Rho)等，以西法參較，開局纂修，名爲《崇禎曆書》，雖因明亡而未及頒行，但識者以爲較原用之「大統曆」嚴密(《明史・意大里亞傳》)。湯氏且於清初掌欽天監，其後有南懷仁(Ferdinand Verbiest)等人續任此職[32]。

嘉靖二年，佛郎機(葡萄牙)人寇廣東新會，附近軍民逐退之，並生擒其首別都盧等42人，官軍得其礮，即名爲佛郎機，進之於朝，九年秋，用之於墩臺城堡。於此期間，葡人且踞香山澳壕鏡爲市(今稱澳門)(《明史・佛郎機傳》)。葡人且於該處設鑄礮廠，天啓二(1622)年，明廷遣使至澳門，命耶穌會士羅如望(Joannes de Rocha)、陽瑪諾(Emmanuel Diaz)、龍華氏(N. Longobardi)等製造銃礮；次年召用艾儒略(Julius Aleni)、畢方濟(G. Sambiaso)等，於是至者不僅教士，即凡在澳門之西人，俱隨之而來，或製造武器，或馳驅疆場——其後，荷蘭人至，其礮尤巨，曰「紅夷」[33]。「紅夷」被誤稱「紅衣」，清太宗於天聰五(1631)年，初造紅衣大將軍礮成(《實錄》)。

這一期間，受到西學影響，且學以致用者厥爲明末徐光啓，除主持修曆外，還負監督製造火礮之任。此外，在曆法上，李文藻頗爲精通；

29　張星烺，《歐化東漸史》(台灣重印本)，第二章第二節。

30　惟張星烺於《中西交通史料彙編》(世界書局)，第二冊，頁428云，熊三拔於「天啓年間，欽取修歷」。

31　方豪，《中西交通史》(中華文化出版事業委員會，民國44年)，第四冊第一章，頁1。

32　阮元，《疇人傳》(世界書局)，卷45。

33　張星烺，《歐化東漸史》，第二章第一節。

在製礮上，徐氏門人孫元化亦能承繼其師。至清代，研究西洋曆法有成者，厥為梅文鼎一家[34]。可惜這些科技，對於工業發展無甚助益。

在工業方面，元代值得一提的，乃是棉紡織業之崛起，而這種新興工業竟然是由一位命運多舛的農家婦女——黃道婆，擔負傳播的使命。據說，她為松江烏泥涇鎮（今上海華涇鎮）人，幼為童養媳，因不堪虐待，藏於海船逃至海南島崖州，居住卅餘年，學習到當地黎族較為先進的棉紡技術，而於元成宗大德初年（約在1295-96年）返回故里，引進黎族使用的紡織工具，並予改進，發展出「捍、彈、紡、織」等整套器具：「捍」為攪車，又名軋車、踏車，以去棉籽；「彈」是彈鬆棉花所用之椎弓，其弓長四尺多，比以前所用大幾倍，並用彈力絕大的繩為弓弦；「紡」即紡車，其腳踏紡車可同時紡三個紡錠；「織」是織布機，其所用提花機，可以織出許多美麗的花布。在紡織技術上，她授以錯紗、配色、綜線、絜花等法，其所織成的被、褥、帶、巾上，織有折枝、團鳳、棋局、圖案字等花飾，鮮艷如畫。且由她將「崖州被」織造方法授予鎮上婦女，一時「烏泥涇被」聞名全國，遠銷各地。於是，烏涇鎮以及松江成為新興紡織中心，該鎮長期傳誦一首歌謠；「黃婆，黃婆婆，教我紗，教我布，兩隻筒子兩匹布」[35]。這種先進的棉紡技術，很快地傳播到長江中下游廣大地區，元人熊澗谷所作的「木棉歌」，頗能描寫當時江南農村棉紡情況：

> 秋陽收盡枝頭露，烘綻青囊翻白絮，田婦攜筐採得歸，渾家指作機中布。大兒來覓襦，小兒來覓褲；半擬償私債，半擬輸官賦。竹籠旋著活火薰，蠹蟲母子走紛紛；尺鐵碾出瑤空雪，一

---

34 方豪，《中西交通史》，第四冊第一章第三節，第四章第三節與第五節。

35 《中國史常識——隋唐五代宋元》（台灣翻印本），頁320-321。

弓彈破秋江雲。中虛外泛搓成索，晝夜踏車聲落落；車聲繞冷催上機，知作誰人身上衣？……

到元末，單是烏涇鎮就有千餘戶從事棉紡，至明代，烏泥涇所在的松江，成為全國的棉織業中心，贏得「衣被天下」的美譽。

這種棉紡工作，本是農村副業，後來傳至城中，明人曹蕃，《郡乘補》云，「紡織不止鄉落，雖城中亦然。里媼晨抱紗入市，易木棉以歸，明旦復抱紗以出，無頃刻閒。織者率日成一匹，有通宵不寐者」（引自《古今圖書集成‧職方典》，卷690）。且由松江傳至崑山、嘉定、常熟、海寧、嘉善等地[36]。由於棉紡是副業，生產者均為散戶，其產品由中間商（主要為牙行）收買，再轉售予遠商，許仲元《三異筆談》卷3：「張少司馬未貴前，太翁已數致富累巨萬，五更篝爐，收布千匹，運售閶門，每匹可贏五十文，計一晨得五十金」。至於遠來的「富商巨賈操重貲而來市者，白銀動以數萬計，多或數十萬兩，少亦以萬計。以故牙行奉布商如王侯，而爭布商如對壘，……。至本朝而標客巨商罕至，近來多者所挾不過萬金，少者或二、三千金，利亦微矣」（《閱世編》卷7）——這是指至清初，遠商至松江販布者大為減少，這可能是由於棉紡生產的擴散。清代前期，不僅是松江（含上海）、蘇州與無錫成為三大棉織業中心，且擴展至杭州與南京[37]。《白下瑣言》卷八曾說南京情況：「道光庚子，靜齋叔父在常州奔牛鎮及浙江石門、斜橋等處，僱員織工來省，捐資備棉紗，於孝陵衛一帶設機織布，令絨機失業男婦習之，價廉工省」，這亦顯示，至清代中葉後，棉紡工作已由家庭副業擴大為工場。這種大型工場亦因棉紡織業向南北擴展而擴大，譬如，十九世紀上半

---

36 童書業，《中國手工業商業發展史》（木鐸出版社，民國75年），頁268。

37 同上，頁350-351。

葉，直隸寧津縣大柳鎮統泰升雜貨店兼營的軋花工場，雇用工人至一百多人（見北京圖書館存《統泰升帳簿》）；同一時期，廣州附近有棉紡織作坊或工場2500家，工人約5萬人，平均每一工場有工人20名[38]。

至於絲織業則主要爲大規模生產，是爲供應內廷所設的織造，固無論矣，即使是民間，自元代起，即有絲織工場之設立，如元末徐一夔於《始豐稿‧織工對》中曰，「余僦居錢塘之相安里，有饒於財者，率居工以織，每夜至二鼓，一唱眾和，其聲歡然，蓋織工也。……杼機四五具，南北向列，工十數人，……。工對曰，……吾業雖賤，日傭爲錢二百文，吾衣食於主人，而以日之所入養吾父母妻子」。至明代，民營絲織工場亦仍存在，例如，陸粲於《庚巳編》卷四中說，蘇州鄭灝家有「織帛工及挽絲傭各數十人」。至清代，絲織業重心似由蘇杭移至南京一帶，亦是工場型態，且規模擴大，當時稱爲「機業」，業者稱爲「機戶」：

> 金陵機業聚於城西南隅者，……乾嘉間，通城機以三萬打，……開機之家謂之帳房，機戶領織，謂之代料，織成送緞，主人校其良楛，謂之雠貨。其織也，必先之以染經，經以湖絲爲之（緯則用土絲）。經既染，分散絡工，絡工、貧女也，日絡三四窠，得錢易米，可供一日食。……染坊則在柳葉街，船板巷左近，蓋秦淮西流水，以之漂絲，其色黝而明，尤於玄緞爲宜，猶之鎮江大紅，常州果綠，蘇州玉色，西湖杭色，皆遷地弗能爲良也（陳作霖，《鳳麓小志》卷3）。

文中所云，「染經」，是指染絲；其實，棉織業亦如此，《消夏閒記》云，「前明數百家布號，皆在松江楓涇、洙涇樂業，而染房、踹坊

---

38 童書業，《中國手工業商業發展史》，頁352。

商悉從之」——其所謂「踹坊」，是指染布後再進行踹布，其法是「下
置磨光石版為承，取五色布捲木軸上，上壓大石如凹字形者，重可千斤，
一人足踏其兩端，往來施轉運之，而布質緊薄而有光」（《本棉譜》）。

　　這些染、踹業在明清頗為壯大，萬曆時，曹時聘奏曰：「（蘇州）染
房罷而染工散者數千人」（《明實錄》卷361）；雍正八年，李衛奏曰，「且
在細查（蘇州）閶門外一帶，充包頭者共有三百四十餘人，設立踹房四百
五十餘處，每坊客匠各數十人等，查其踹石已有一萬九百餘塊，人數稱
是」（《雍正硃批諭旨》第42冊）。

　　除紡織業外，元代瓷器工業也有相當發展，元人蔣祈於〈陶記略〉
說：

> 景德鎮陶昔三百餘座，埏埴之器，潔白不疵，故鬻於他所，皆
> 有饒玉之稱。其視真定紅瓷、龍泉青秘，相競奇矣。……若夫
> 浙東西，器尚黃黑，出於湖田之窰者也；江湖川廣，器尚青白，
> 出於鎮之窰者也。盌之類，魚水高足，碟之發暈海眼雪花，此
> 川廣荊湘之所利。盤之馬蹄檳榔，盂之蓮花菱角，盌碟之繡花、
> 銀繡、蒲唇、弄弦之類，此江浙福建之所利，必地有擇焉者。……
> 惟販之所須耳。兩淮所宜，大率江廣閩浙澄澤之餘，土人貨之
> 者，謂之黃掉。黃掉云者，以其色澤不美，而在可棄之域也。……
> 窰有尺籍，私之者刑；釉有三色，冒之者罪。

　　這篇文字，是指出景德鎮的產品多樣化（湖田為地名，在景德鎮南
岸），有多種顏色與式樣，其行銷方式，是投各地所好，惟兩淮所須，
卻為「江廣閩浙」各地退貨的次品（即「黃掉」）。當時政府對於瓷之生
產，有嚴格管制。

　　明代陶瓷技術比前代高明，宣德年間所製之鑪即為精品，秦暘谷於

〈宣爐說〉中盛讚，「其質料之美，鍛鍊之精，皆非民間所能辦。其料乃暹羅風磨生礦之洋銅，及日本之紅銅，加以倭源之白黑水鉛，賀蘭國之洋錫，至天方之番礞砂，三佛齊之紫碃，渤泥之紫礦臙脂石，琉球之安瀾砂，以及石青、石綠、硃砂、文蛤、古墨，雲南白黑碁子等，皆所以助其色澤之用。爰自八鍊、十鍊，以至十二鍊，而後成。有棠梨、熟梨、豬肝三色，⋯⋯」[39]。且因這些外來顏料，增加青花瓷之美觀，據〈說陶〉云，「至正統三年，乃以青花白地瓷器爲禁品，詔云敢仿造宮樣及貨賣餽遺官家者，處以死刑，全家戍邊」；但「迨嘉靖萬曆時，復令饒州窯場，以五釆續施瓶罍槃洗諸器，所作花鳥人物，工好寡雙，粲溢千古，而青瓷乃爲減色」——這是說，五彩瓷出，才使青瓷減色，而清代五彩瓷尤勝於明代，康熙後期，「乃剙（創）造美人霽紅，脫胎釆，及蘋果綠、豇豆紅、蒲桃紫、金星蠟茶諸色。因物象形，辟灌精釆，珠光寶色，萬國咸珍，而黑質釆章之品，最爲西人所重，不惜鉅萬高貲，購致一器」[40]。

　　清代五彩瓷勝於明代的地方，主要是「洋彩」，即「圓彩白器，五彩繪畫，摹仿西洋」。此外，還有兩種新技術：一爲「吹釉」，即「以徑寸竹筒，截長七寸，頭蒙細紗，蘸釉以吹」；一爲「輪車拉坯」，「車如木盤，下設機局，俾旋轉無滯，則所拉之坯方免厚薄偏側」（唐英，〈陶冶圖說〉）。

　　明清陶瓷，均以景德鎮爲生產中心，但宜興陶與廣東的石灣陶，已自明代崛起，前者見於《桃溪客語》，「陽羨瓷壺，自明季始盛，上者至於（似應爲「致與」）金玉等價」[41]；後者見於屈大均《廣東新語》卷16，「石灣多陶，業陶者亦必俟其工而求之，⋯⋯故石灣之陶遍二廣及海外之國」。

39　引自黃濬，《花隨人聖盦摭憶全編》（聯經出版公司，民國68年），〈宣爐〉。

40　同上，〈說陶〉。

41　同上，〈宜興茶壺〉。

　　明代另有兩種工藝，是空前的：一爲冶金；一爲造船。前者表現於永樂大鐘上，該鐘爲銅鐘，鑄於永樂年間（約在1420年前後），高6.75米，最大直徑3.3米，重9萬3000斤，爲世界最大的鐘王，而且亦是全球銘文最多的大鐘，其裡外通鑄漢、梵文書寫的佛教經咒23萬多字，在鑄造上，深合聲學發音和振動力學原理，鐘聲可及方圓百里，現存北京大鐘寺（原名覺生寺）[42]。另一佐證，乃是鄭和下西洋時，曾於印尼爪哇中部西旺岸（Simongan）海岸停留（現稱三寶壟），有一船沉沒，其鐵錨於1940年掘出，雖埋於海中、地下（後隆爲陸地）逾五百年，「剛出土時，遍體銀灰閃閃，毫無銹損的跡象」[43]。

　　在另一方面，鄭和下西洋（即南洋）所乘寶船之大，足見當時造船工藝之發達，其所「造大船修（長）四十四丈，廣十八丈者六十二」（《明史》本傳）。近人管勁丞認爲這樣長闊之比約爲七與三的情況，是不可能的，因爲現代軍艦長闊之比約爲九與一；他並根據南京下關靜海寺鄭和所立之殘碑云，「永樂三年乘駕二千料海船並八櫓船……」，認爲二千料船是二十隻一百料船的合體，由此推定該船只有16.6丈長，2.43丈闊[44]。周鈺森雖未直接反駁管氏意見，但卻引述宋人朱彧《萍洲可談》，稱航行南海及印度洋一帶之船型，「船幅寬廣，殆成正方形」，足見史載寶船長闊之比並非不可能；他且按明代《龍江船廠志》各種船型之尺度，以長深及底寬之相乘積六折計算，再折合庫平制（民國公布）31.6立方寸爲一升，得出一百料平船總容積2328石，四百料戰座船總容積16萬9967石，並假定上述寶船爲二千料船，則該船總容積爲67萬3756石[45]。至於

42　大鐘寺古鐘博物館編，《鐘林・大鐘寺與鐘王》。

43　鍾遐，〈威靈顯赫震南邦——印尼三寶壟三保廟爲歷史存眞蹟〉，民國75年10月21日《聯合報・副刊》。

44　管勁丞，〈鄭和下西洋的船〉，《東方雜誌》43卷1期（民國36年）。

45　周鈺森，《鄭和航路考》（海運出版社，民國48年），第四章第二節。

二千料船,是否爲「修四十四丈,廣十八丈」之寶船,固須進一步考證,但是,管氏認爲「二千料船是二十隻一百料船的合體」的推算,確爲錯誤,蓋因體積是立方,怎能運用此一簡單算術!由此看來,管氏甚至不瞭解中國古代田制的計算,隨便翻閱《周禮・地官》的任何「注」「疏」,均可發現方十里不是十個方一里的合體——這只是平方而已,姑從《古今圖書集成・食貨門・田制部》中繪圖看,就知道,「井方一里」「爲田九百畝」;「成、方十里」「爲田九萬畝」;「同、方百里」「得出稅田九百萬畝」。

清代中葉,機械業似甚發達,陳作霖於《鳳麓小志》卷三〈記機業〉中曾云,南京「織緞之機」器,共由一三七項零件組成,其所用材料,則包括鐵、銅、石、木、竹、筋等物——機房其他用具,則有卅四種。

鴉片戰爭後,清臣懾於列強船堅炮利,進而創建軍用工業,開創了新式工業。這種軍用工業是以安慶內軍械所爲濫觴,該所是曾國藩創辦於咸豐十一(1861)年,以手工爲主試製大炮,並曾建成中國第一艘小火輪,惟技術不佳,輪船行駛遲鈍,槍彈半空開花,次年乃派容閎(首位留美歸國)赴美採購機器[46]。就在這一年(同治元年或1862年),李鴻章在蘇州設製礮局,可製短礮與礮彈,同治四年,在上海虹口收購洋人機器鐵廠一座,乃將製礮局併入,改稱江南製造總局;六年,兩江總督曾國藩請移至滬南高昌廟附近,佔地七十畝,建築船塢,局務擴大,自六年五月至十二年十二月,共收江海關二成銀約288萬4500兩。其製造業務主要有三:一爲輪船,分船、鍋爐、汽機三門,以洋匠三人領數百華工從事之,至光緒二(1876)年,造汽船七艘(夾板商與小鐵甲兵船除外),載重量有高至2800噸者;一爲槍砲,最初造英法美兵槍馬槍,其後能造後門

---

46 凌耀倫,熊甫(主編),《中國近代經濟簡史》(四川大學出版社,1988),第三章第二節。

槍；一為火藥彈子，每日出藥千磅，出林明敦彈子五千顆[47]。但生產力不高，一月出槍不過百餘支；大砲一年出一尊或兩尊，射程過短，且一小時只能射七或八發；至光緒二十年，共造船僅十五艘，只能供海岸巡緝之用，難以擔負作戰任務。光緒卅年，局、塢分家，獨立之江南造船廠實行商業化經營，才有新的起色[48]。

同治五年，左宗棠於福州附近，奏設馬尾船政局，經費指定閩海關洋稅，原計五年內造船16艘，經費不逾200萬兩，但至十年底，造成下水者僅6艘，另3艘正在建造，但所用經費已逾340萬兩[49]。主事者為法人，但於光緒十年，中法戰爭中，其所造的15艘木殼船艦悉被法軍擊沉。戰後，船廠有所振作（主事法人已於同治十年離職，派往歐美留學者亦已陸續返國），主要用自己技術製造鐵殼船艦21艘[50]。亦就在同治五年，通商大臣崇厚奏設天津機器製造局，次年告成，再三年由李鴻章接辦擴充，設有機器、鑄造、淋硝、強水、水雷、粟色火藥等分廠或車間，佔地數百畝，其效率高於江南機器製造局。光緒十四年，張之洞任兩廣總督時籌建槍炮廠，兩年後，張氏調任湖廣總督，亦將該廠移到漢陽，稱為湖北槍砲廠，光緒十一年才陸續開工，以湖北土藥（鴉片）稅與川楚鹽斤加價款撥用，每年生產槍三千餘枝，砲60尊，子彈百餘萬發，砲彈數萬顆，九年後，槍產量增為一萬五千枝，砲百餘尊。以上所舉，是軍用工業中較為重要的工廠，此外，其他省份亦陸續建立軍用工業，據統計，從中央到省，一共設立了19個軍用工廠，工人約一萬至一萬三千人，經費為4500萬兩[51]。

47　龔俊，《中國新工業發展史大綱》（台灣重印本），第三章。

48　凌耀倫，熊甫（主編），《中國近代經濟簡史》，第三章第二節。

49　龔俊，《中國新工業發展史大綱》，第三章。

50　林慶元，《福建船政局史稿》（福建人民出版社，1986），第四章。

51　凌耀倫，熊甫（主編），《中國近代經濟簡史》，第三章第二節。

　　這些新式軍用工業當然是官辦，但在另一方面，民用工業除「官辦」外，還有「官商合辦」與「官督商辦」：前者是由政府出資外，另收商股，但由官員掌握經營大權；後者資本全部或大部分由商股承擔，但由政府委派官吏管理。從同治初年到19世紀底，這一類共創辦二十多個，資本共1700萬兩，兩萬餘工人的企業[52]，主要是與軍用工業有密切關係的煤鐵業與交通運輸業──後者與前者業已分述於本章第一與第二兩節，其次是利潤優厚的棉、毛紡織業。

　　紡織業中，官辦者有蘭州機器織呢局與湖北紗布官局；官商合辦者有華新紡織新局與湖北繰絲局；官督商辦者有上海機器織布局；其中以上海機器織布局與湖北紗布官局規模最大。蘭州機器織呢局原名甘肅織呢總局，爲中國新式紡織工業鼻祖，由左宗棠籌設於光緒二年，四年完工，有織機21台，每日製呢廿匹，惜開工不及一年，因左氏他調而停頓。上海織布局係創議於光緒八年，李鴻章奏請設立之理由，是因進口洋貨，以洋布爲大宗，「近年各口銷數至二千二三百萬餘兩」，但於十六年才籌備，十八年正式成立，次年卻因火災而全燬，重整後，有6萬5000紗錠，600台織布機[53]，惟後爲盛宣懷家族私產。湖北紗布官局成立於光緒十五年，有3萬紗錠，布機1000台[54]。

　　五口通商後，外人漸來中國投資設廠，其初，均借華商或合辦名義，而不敢明目張膽，後因馬關條約（訂於光緒廿一年三月一日）第六條第四項中，言及通商口岸，「以便日本臣民，往來僑寓，從事商工業製造所」，外人乃公開在華設廠製造。外人在華經營之工廠，以棉織業最早，光緒廿一年，上海新建之外商紗廠，已有怡和、老公茂、瑞記（英）、瑞記（德）與鴻源（美），資本額共爲421萬5800兩。該年，英商太古洋行於營口經

52　凌耀倫，熊甫（主編），《中國近代經濟簡史》，第三章第二節。
53　龔俊，《中國新工業發展史大綱》，第四章。
54　凌耀倫，熊甫（主編），《中國近代經濟簡史》，第三章第二節。

營新式製油業。次年，英商於上海設增裕麵粉工廠，廿六年，俄人於哈爾濱設滿洲製粉公司（廣源盛）。該年，英商設瑞鎔機器輪船工廠於上海。其後，外資工廠日增，計有紡織、麵粉、製油、造船、火柴等業；以國籍言，英人最多，德次之，俄、法、美、日又次之[55]。

在外商勢力高張下，滿清政府有所覺悟，認定官辦等政府主導之企業，在效率上不足與外商抗衡，乃決定激勵民營企業及研究發展工作，總理各國事務衙門於光緒廿四年訂頒獎勵辦法：規定凡發明造船械槍砲等器新法者，頒特獎，專利五十年，發明日用新器者，給工部郎中實職、專利卅年；仿造西器製法，未流傳中土者，給工部主事職、專利十年。卅二年，農工商部奏定「實業賞爵草章」，凡辦一千萬元以上之實業者賞男爵，二千萬元以上之實業者賞子爵；且自廿九年起，以個案處理方式，對於若干國人工廠商品，只征五％貨物稅，無論運往何處，一概免徵釐金[56]。

在這些激勵，以及國人要急起直追的危機感下，民營企業得以發軔。先就棉紡業言，原由官商合辦的華新紡織新局，後由商股完全收買，改名恆豐紗廠。其後，另有裕源、裕晉、大純、通久源（在寧波）四個紗廠出現。激勵辦法頒布後，民營棉紡業更見蓬勃，自光緒廿九年至卅四年，註冊的新式紡織業共有廿四家，泰半集中於江蘇，上海尤多。麵粉業方面，第一家民營企業，是光緒五年設於天津的貽來牟機器磨坊；廿三年有福州麵粉廠的成立；廿六年，上海有阜豐，南通有復新，無錫有茂新；廿九年有通州機器磨坊；哈爾濱有雙合盛火磨，且自該年起至卅四年止，註冊的麵粉廠為12家；集中於東北與長江流域，後者是以上海、無錫與漢口為中心。在繅絲業方面，則悉為本國民營天下，先是於同治

55　龔俊，《中國新工業發展史大綱》，第五章。
56　同上，第五章及其第六章。

十一年，廣東南海出現繼昌隆繅絲廠，用新法繅絲，兩年後發展到5家，至光緒二十年代，已發展到數十家，使廣州成為中國繅絲中心之一；另一中心為長江流域，主要開始於光緒八年，至廿七年，計有36家，凡9592釜，規模以武昌絲局為最大，但家數卻集中於上海，計有28家。一般說來，自光緒廿九年至卅四年，註冊的民營新式工業，凡127家，資本共3219萬9800元，另1071萬7000兩；其中除上述三大產業外，還有瓦陶、菸草、碾米、電燈、榨油、蠟燭、火柴、玻璃、機械等業[57]。

歸納說來，清季新式工業之設立，實以光緒廿一(1895)年為關鍵，該年三月簽約馬關條約，正式准許外商來華投資設廠，從而，亦更刺激國人設立新式工業，據張玉法於《近代中國工業發展史》(桂冠圖書公司，民國81年)一書中探究，在1841-1894年的54年間，中國之外資企業與華資企業分別為150家與151家，平均每年設立不到三家，但1893-1910年的16年間，外資與華資企業各增97家與498家，平均每年各增6家及36家。

在馬關條約簽訂後，國人投資新式工業者如此成倍數性增加，可能與政府的獎勵有關，1903年底，商部奏准頒行「獎勵華商公司章程」，對於華商集資多寡，分別給予不同品級的頂戴和顧問官，顧問議員等榮銜，例如凡集資二千萬元者，可授頭等顧問官與加頭品頂戴，集資三百萬元者，可授頭等議員加五品銜；1907年農工商部(工、商等部於1906年合併而成)修訂頒布「獎給商勛章程」，將原訂受獎門檻大為降低，即凡集資八百萬元者，即可獲頭等顧問官加頭品頂戴，集資一百萬元者，可獲頭等議員加五品銜；同年，該部還頒布「華商辦理農工商實業爵賞章程及獎牌章程」(俱見《大清光緒新法令》)，凡集資創辦企業的華商，根據資本額多寡，分別獲得一、二、三等子爵、男爵，和三品卿，四品

57　龔俊，《中國新工業發展史》，第五與第六兩章；凌熊二氏合編，《中國近代
　　經濟簡史》，第三章第三節。

卿爵賞及獎牌。在這種獎勵下，華資企業乃呈倍數性增加，據上述張玉法之研究，1895-1900年的六年之中，華資企業只增52家，但1901-1905年的五年間，則增加103家，1906-1910年這五年中，更增加340家。

第四節　工匠與行會

上節所謂「工業」，主要是指製造業，因而涉及工匠，而元、明兩代工匠制度尤其值得一提，故闢此節，且因性質相近，特將原應於商業中談及之行會，亦予併入。

元代將工匠編籍爲匠戶，給予嚴密控制。匠戶大致上可以分爲係官匠戶與民匠兩大類，且以前者居重要地位。係官匠戶分隸工部，將作院、大都留守司等中樞機構及地方官府，設官管理之：一般是於一百匠戶以下設院，五百戶以下設局，五百戶以上設提舉司；但在南方，世祖於至元廿四(1287)年規定，五百戶以下設院，二千戶以下設局，二千戶以上設提舉司；提舉司上面有時設總管府，但直接管理匠戶工作者，厥爲「作頭」(工長)[58]。江南匠戶編制較大，是由於元軍滅宋時，「籍江南爲工匠，凡三十萬戶」(《元史·張惠傳》)。

一般說來，係官匠戶來源有三：

一、**俘虜**——蒙古以遊牧民族崛起，最缺乏者爲工藝，故凡攻陷城邑，對於工匠輒免其死，例如，元兵將陷金都汴梁時，本擬屠城，耶律楚材馳入奏曰，「將士暴露數十年，所欲者土地人民耳，得地無民將焉用之」？太宗「猶豫未決」，楚材再曰，「奇巧之工，厚藏之家，皆萃於此，若盡殺之，將無所獲」，太宗才予首肯(《元史》本傳)。這番話

58　參閱黃時鑒，《元朝史話》(北京出版社，1985)，〈百技效能，各有其屬——匠戶和手工業狀況〉。

中，最能打動元太宗之心者，厥為「奇巧之工」，亦即工匠。前述江南工匠「三十萬戶」，就是指這些俘虜，且因此一事實，以致很多人被俘時冒充工匠以自救，故〈張惠傳〉中於「三十萬戶」下云，「惠選有藝者，僅十餘萬戶（編為係官匠戶），餘悉還為民」。

二、括取——即強迫民匠編為匠戶，例如世祖至元十六年三月，「括兩淮造回回礮新附軍匠六百，及蒙古、回回、漢人、新附人，能造礮者，俱至京師」（《元史》本紀）；「是時江淮新國，刱為規制，抽戶為工」（《牧菴集·呂君神道碑》）。

三、招募——這可能是以匠戶享受的優厚待遇，吸引技術高超之「巧匠」自願編為匠戶，譬如，世祖至元十七年十一月，「詔江淮行中書省招巧匠」，復於十九年，「禁人匠提舉，擅招匠戶」（《元史》本紀）。

四、培訓——元人亦教若干人等以工藝，期能培養匠戶，譬如「中統五年命招集析居、放良、還俗僧道等戶，習諸色匠藝，立怯憐口總管府以司其造作」（《元史·百官志·隨路諸色人匠都總管府》）；此外，《元史·鎮海傳》云，「先是，收天下童男童女及工匠，置局弘州。既而得西域織金綺紋工三百餘戶，及汴京織毛褐工三百戶，皆分隸弘州」，顯見這些「童男童女」，是在學習工藝。

據《元文類·工典總敘》，計有玉工、金工、木工、搏埴之工、石工、採椽之工、皮工，以及氈罽畫塑之工，「聚之京師，分類置局，以考其程度，而給之食，復其戶，使得以專於其藝」（〈諸匠〉條）。其所謂「給之食」，是工匠的糧米，每月在四斗與二斗五升之間，另有戶麵十五斤，有時給鹽半斤；工資為每月鈔一兩五錢，衣服則分冬夏兩季發給。所謂「復其戶」，是指免其差役或絲銀——至少在成宗大德七（1303）年前是如此[59]。

但在另一方面，這些匠戶亦有其義務，除終生為匠以服務官府外，

---

59 鞠清遠，〈元代係官匠戶研究〉，《食貨半月刊》1卷9期。

其子女亦須承襲,而無擇業自由,甚至於其婚姻亦全由官府作主:譬如,「諸匠戶子女,使男習工事,女習黹繡,其輒敢拘刷者禁之」(《元史・刑法志・戶婚》);世祖中統二年,「出工局繡女,聽其婚嫁」(《元史》本紀),此一記載顯係特例,足以反證匠戶婚姻係由官府決定,《通志條格》中「良嫁官戶」與「擅配匠妻」二條,可作爲例證。此外,並嚴禁匠戶私自營業,或挾帶造物,《元典章》卷58,曾記至元十九年旨,「匠人每(們)根底,他每的生活,休帶造者,在前這般聖旨有來,如今又帶造有。今後休帶造者!聖旨了也,欽此」;大德十一年規定,「已復諸人及各局院人匠,私下不得再行織繡挑銷貨賣。如違,除賣買貨物沒官,仍將犯人痛行治罪」。

匠戶工作場所悉爲公營事業,致常有中飽情事,例如,《元史・耶律楚材傳》就曾記載太宗「時工匠製造,靡費官物,十私七八」。因此,其生產效率甚低,就織造業而言,歷代最複雜的錦緞織機不過是平均每一織機配合兩三名工匠,但元代建康織染局,平均每機工匠20名;又如中統年間的官營氈罽工場,共有工匠兩萬戶,歲造羊毛氈大小3250段,平均六個人一年才生產一段毛氈[60]。生產力如此低落,公營事業本質固然難辭其咎,但其主因之一厥爲匠戶太多,所以,在世祖之時,就設法裁減之,其方式是給予牛具、驅使屯田,或者乾脆注銷匠籍,放還爲民:前者如至元七年,「徙謙州甲匠於松山,給牛具」,廿五年,「以忽撒馬丁爲管領甘肅、陝西等處屯田等戶達魯花赤,督幹端可夫合兒工匠千五十戶,屯田」;後者如廿七年,「放保工匠楚通等三百四十戶爲民」(俱見《元史》本紀)。但據鞠清遠依《元史・百官志》與《元典章・織品》統計,終元之世,係官匠戶計有19萬3727戶[61]。

60　趙岡、陳鍾毅,《中國經濟制度史論》(聯經出版公司,民國75年),第九章。
61　鞠清遠,〈元代係官匠戶研究〉,《食貨半月刊》,1卷9期。

　　明代在基本上，是保存了元代的匠戶制度，其來源有七：（1）元代係官匠戶，此爲匠戶中絕大多數；（2）抽選人民充當，如洪武十三(1380)年，「起取蘇浙等處上戶四萬五千餘家，填實京師，壯丁發給各監局充匠」（《天下郡國利病書・江南應天府》）；（3）因罪籍充，如《明會典・刑部・工律》載，「凡民間織造違禁龍鳳文（段匹）、紵絲、紗羅買賣者，……機戶及桃花挽花工匠同罪，連當房家小起發赴京，籍充局匠」；（4）犯官眷屬，如「建文中，奸臣正犯已受顯戮，其家屬初發教坊、錦衣獄、浣衣局並習匠」[62]；（5）一般民匠，《明會典》卷189，除提及「官匠」外，還提到「官民匠」與「軍民匠」，並提及「天財庫民匠一十八名」「司鑰庫民匠一十五名」；（6）匠戶家屬，《明會典》卷189亦載，隆慶年間清理匠籍時，曾經規定，「逃亡年久者不准收補，止將裁革見在老弱數內查係的（是）親子孫，精通藝業者，准結送本部，發清匠司考核，開送該科驗實送監」「各監局人匠遇有老疾事故，經開清匠司註銷，實果乏人，不分軍民（匠），俱要的（是）親兒男弟姪，結送考核，工科驗實，方准頂補」；（7）有意培訓，如成化十二年「全留守等衛餘丁印綬監習學匠藝者，月支米三斗」（《明會典・工匠二》）。

　　依此看來，明代匠戶範圍比元代爲廣，即包括民匠在內，故於洪武年間，有工匠23萬2089名（《明會典・工匠二》）。工匠子孫欲充工匠，亦須「精通藝業」「工科驗實，方准頂補」，足見匠戶並非世襲[63]；而

62　皇甫錄，《皇明紀略・歷代小史》。

63　李劍農於《宋元明經濟史稿》第三章中，引劉昌《懸笥瑣探》所記，五墨匠陳宗淵隨同中書等人廿八名練習書法，「不敢儕諸人之列」，後經特旨削其匠籍，才「得入士流」；再舉《明會典》卷20所載，軍、匠不能分戶；並舉《明史・食貨志・賦役》云，「凡軍、匠、灶戶，役皆永充，死若逃者，於原籍勾補」從而認爲匠戶「世世承襲，不能脫籍」。其實，「役皆永充」，以及陳某削籍事，均應指工匠本人，而非指其子孫；至於匠戶不得分家一事，可能是防止工匠逃亡時，無人可以追查之故。因此，李氏所引事例，均難確定明代匠戶爲世襲。尤其是弘治十八年，清查匠籍時，規定「里書人等脫漏埋沒人匠一名，將

且如此限制，亦可顯示明代工匠待遇優厚，以致吸引工匠子孫希能繼承舊業。明代工匠制度要比元代寬鬆，除不世襲外，還免差役，洪武十九年，「免其家地役」，廿六年改為「免二丁」；上工時，除給工資外，還予伙食津貼，譬如洪武十一年，「令凡在京工匠上工者，日給柴米鹽菜」，廿四年「令工匠役作內府者，量其勞力，日給鈔貫」；而且在主食給予上很慷慨，譬如景泰元（1450）年，「令在京各監局及各廠上工軍匠，光祿寺不關飯者，月支米一石，關飯者五斗」（俱見《明會典・工匠二》）。

但是，最大的寬鬆之處，厥為明代工匠可將大部分時間用於自己經營上。因據《明史・職官志・工部》，「凡工匠二等：曰輪班，三歲一役，役不過三月，皆復其家；曰住坐，月役一旬，有稍食」[64]，「輪班者隸工部，住坐者隸內府內官監」（《明會典・工匠一》）。「凡輪班人匠……驗其丁力，定以三年為班，更番赴京輪作三月，如期交代，名曰輪班匠，仍量地遠近以為班次，置勘合給付之，至期齎至部聽撥」。這

<hr>

（續）—————————

本身充匠，二名三名以上，子孫永遠充匠」（《明會典・工匠二》），可見世襲是一種懲罰，不世襲才是通則。

64 《中國史常識——明清歷史・明代工匠制度與元代工匠制度有那些不同？》中，認為「分輪班、住坐、存留三類」，「存留工匠是因特殊需要而在地方作工的工匠，直接由本地官府負責管理，不必到京師應役」。則純係誤解，蓋因「存留」是意謂裁減工匠時留下服務者，亦即未被裁掉的工匠，譬如，隆慶元年，「令清查內官等監，各官匠於原額一萬七千一百七十八員名，內除逃亡不補外，裁革老弱六百二十二員名，存留一萬五千八百八十四員名，著為定額」。該文作者之所以誤會「存留」為工匠之一種，可能係受下列文字迷惑：「嘉靖十年奏准，差工部堂上官及科道官、司禮監官各一員，會同各監局掌印官，清查軍民匠役，革去老弱殘疾有名無人一萬五千一百六十七，存留一萬二千二百五十五名，著為定額」。遇缺，該部清匠官足於額內簽補，各該管內外官員不許奏請招收，違者聽本部並科道官劾治」（《明會典・工匠二》）。而且這些文字恰在列舉各地工匠人數及所繳代班銀兩之後，以致可能導使該文作者誤以為「存留工匠是……在地方作工的工匠，直接由本地官府負責管理，不必到京師應役」。其實，這些「存留」下來的工匠，主要是指「住坐」工匠，尤以嘉靖十年所存留者為然。

表示每三年至京師上工三月，其餘時間則可在原居地自我營業。後來改
爲彈性處理，按行業改爲一至五年一班不等：五年一班者爲木匠與裁縫
匠；四年一班者爲鋸、瓦、油漆、竹、五墨、妝鑾、雕鑾、鐵、雙線等
匠；三年一班者爲土工、熟銅、穿甲、搭材、筆、織、洛絲、挽花、染
等匠；二年一班者有石、艌、船木、箬篷、櫓、蘆篷、餞金、縧、刊字、
熟皮、扇、釱燈、氈、毯、捲胎、鼓、削藤、木桶、鞍、銀、銷金、索、
穿珠等匠；一年一班者有表背、黑蒸、鑄、繡、蒸籠、箭銀砵、刀、琉
璃、剉磨、弩、黃丹、藤枕、刷印、弓、鏇、釭窰、洗白、羅帛花等匠；
共12萬9983名，62種工匠。到景泰五年，二年及三年一班者，一律改爲
四年一班，但一年一班者仍舊。這些輪班工匠，每隔一段時間，要從各
省居處赴京工作三個月，加上往返時間，不僅有跋涉之勞，抑且中斷其
本身經營的業務，所以，後來演變爲「輪銀代工」或「班匠輪銀」制度，
成化廿一（1485）年奉准，輪班工匠有願出銀價者，每名每月南匠出銀九
錢，北匠銀六錢，免予輪班，不願出銀者仍舊當班。其後，則將南匠輪
銀降低到與北匠相同，即每名每班（三個月）一律徵銀一兩八錢，遇閏（增
一個月）徵銀二兩四錢，止解勘合到部，批工領回，如無勘合者，雖納
匠價，仍解人赴部者理勘合下落。後於嘉靖年間，改爲南直隸等處遠者
納價，北直隸等處近者當班，各從民便。嘉靖四十一（1562）年，將班銀
改爲每年徵收，即以舊規四年一班，每班輪銀分爲四年徵收，每名每年
納銀四錢五分（均見《明會典·工匠二》）。至於住坐工匠，悉在京師工作，
宣德五（1430）年，令南京及浙江籌處工匠，起至北京者，附籍大興，宛
平二縣，仍於工部食糧，這可能是由輪班改爲住坐，故仍隸工部。嘉靖
年間，這些住坐工匠共1萬2255名，以兵仗局的3163名爲最多，其種類
遠較輪班爲多，上述輪班工匠62種中，除土工、穿甲、艌、船木、櫓、

削藤、琉璃、黃丹、羅帛花九種外[65]，均見於住坐工匠之中。此外，還有賤紙、摺配、裁曆、合香、象牙、硯瓦、神帛、鑵兒、釘餃、竹篾、錫、鍍金、鈒花、減鐵、鎖、雙線、毛襖、碾玉、冠帽、草帽、鑽珠、泥水、斜皮、綿線、麻鞋、釘帶、履鞋、纏糉、畫、油傘、纓巾、網中、涼胎、邊兒、綿、磨鏡、刺金、涼衫、打線、香、釘底、鏡兒、抹金、利金、鞭子、花、氈子、鬃巾、幫巾、楦頭、打角、纓子、砍轎、水繩、弦、護衣、鋪箸、肚帶、打綿、事件、腰機、油黏、斫磨、拔絲、罕答皮、繩、掙磨、骨作、撚糉、燒珠、彩漆、𪓌、攢絲、描金、花氈、簾子、纓、穿交椅、銅、車、背金、交椅、傘、草席、鍼、顏料、金泊、綿花、牙、秤、紙、澆燭、揭俎、桃花、刻絲、染紙、紡綿花、緝麻、撚綿、織羅、撚金、簟、搥紙、絡緯、裁金、包頭、臙脂、三梭布、蔲、駝毛、結糉、駝子、彈綿花、旗、皮、大器、廂嵌、磨光、累孫、皮帽、刷牙、剪子、鎖子、針、星兒、鞋帶、木梳、線子、笙、喇吧、神箭、甲、火藥、篦子、毬棒、銅鼓、嚮銅、牌、銼、打角、糉鞋、機等匠。是以，從輪班與住坐工匠的種類看，明代工匠行業至少有204種，而且分工甚細，以金飾言，就有餙金、鍍金、刺金、抹金、利金、描金、背金、裁金、撚金、金泊10種。這些住坐工匠，一月上工十天，歇二十日，若工少人多，量加歇役——對於輪班工匠亦復如此，即使在輪班期間，若「無工可造，(則)聽令自行通作」(以上均見《明會典·工匠二》)。從這些規定看，足見明代工匠，無論是輪班還是住坐，都有足夠時間經營自己業務，這可能也可作為明代資本主義萌芽的解釋因子之一。

　　清代官屬工匠範圍大為縮小，致末形成一套制度，就《清會典》言，

---

65 輪班中的箬蓬與蘆蓬兩類工匠，類似住坐中的箬蓬工匠；黑窯與缸窯兩類工匠，同於窯工。

工匠是散見有關部門，就「掌天下造作之政令」的工部尚書言，其職掌中言及工匠，計有16大類與53小類。16大類是指金、木、竹、藤、石、瓦、土、絲、帛、革、角、筋、紙、漆、畫、染等工。金工下有鏨、花、鍇、釘鉸、鏇、鑲嵌、鈒花、鏒、鍍金等匠9種；木工有木、鋸、雕刻、妝鑾等匠3種；竹工有劈竹、刮竹、攢竹、編竹、膠合、箍等匠6種；藤工有紮藤、纏藤等匠2種；石工有開鑿石、占斧石、疊落石、剔洗石、區光石、磨光石等匠6種；瓦工有瓦、砍甎、拔草鈎抿等匠3種；土工有刨、平地、夯築等夫3種；絲工有結絲、綆等匠2種；帛工有裁縫、結綵等匠2種；革工有硝皮、絨皮等匠2種；角工則只有角匠1種；筋工有捶筋、撕筋、纏筋等匠3種；紙工有樺紙、砑邊、摺紙、裱、裝釘等匠5種；漆工有漆、油等匠2種；畫工有繪畫、貼金等匠2種；染工有染、涷等匠2種。嚴格說來，土工缺乏技術，故稱「夫」，而非「匠」，因此，清代工匠應該只有15大類與50小類。

這些分類與有關部門官匠的分類不盡相同，例如戶部江南清吏司主管的織造，所用工匠計有掉、搖、刷、打邊、挽花、織等工6種；兵部武庫清吏司所云「匠役」，則有鐵、鞌、鈒、銅、箭、弓等匠6種；工部四司官匠中有木、鋸、搭材、釘鉸、琉璃、網、裱、裁縫、綵子、界劃、枡木等匠11種；工部製造庫「辦五作之用」，此五作是指銀、鈒、皮、繡、甲，其所掌理的匠役，銀作有大器、鈒花、鑽銀、鍍金、打銅、剉銅、拔絲、打金、窩鈕、銅鎖、化銀等匠11種，鈒作有剔鑿、剉、鈒鈒、砑、什件鐵、鑽眼、鐵鎖等匠7種，皮作有縫皮、氈、熟皮、粉皮、藤皮、條兒、染皮、油漆、薰皮、纓子等匠10種，繡作有繡、裁縫、毛襖、畫等匠4種，甲作有甲葉、臂手、腰刀、盔、錚磨、鐵、箭等匠7種——其有關的簾子門神二庫擁有之工匠，除已列上述五作外，尚有轍、扇、條、銷金、木、樸、皮、鏇、銅、簾、繩、絆、絡線、纏絨、染、釘鉸、草席、劈竹、毯、糊扇、錫、瓦、鋸、石、裱、

彩漆、油、粧鑾、貼金、鐙、餙金、結綵、筋、藤、雕鑾、剉等匠37種；內務部武備院下四庫（北鞌、南鞌、甲、氈）計有恩甲鞌、恩甲鍍、鍍、裁縫、刀銷、涮金、銅、鐵、弓、箭、鞄頭、錫伯鞄頭、韂皮、韂底、楦、氈、恩甲染氈、染氈等匠18種。其中除少數外，餘均未見於上述16大類之中。此外，管理三陵的盛京工部侍郎有黃瓦窯、塑、瓶瓦、鉛、木、鐵、席、灰等匠八種；內務府廣儲司有銀、銅、染、衣、繡、花、皮七作，其中銀作有化銀、鍊金、素絲、斬金花、大器、鈕子、琺瑯、點翠、梅洗、玉、數珠、小刀等匠12種，銅作有化銅、銅、錫、拔絲、匠索、鑄銅、撥蠟、上泥、燒古、胎鈒、打銅、洗鏡、琵琶等匠13種，染作有染、彈棉等匠2種，衣作有裁縫、毛毛、帽、條等匠四種，繡作有繡、捼等匠2種，花作有花、絡絲、條、絃等匠4種，皮作有熟皮、鐙、穿珠、米家、絲鐙、繚絲、牙、刷尾、鷹帽、韂韉、堆紗、彈墨等匠12種。

這些官匠種類與上述16大類所列雷同者，只有雕刻粧鑾（實分雕鑾、粧鑾）、瓦、木、鍍金、劈竹、鍍、鋸、裱、畫、染、裁縫、釘鉸、鈒花、油漆（油匠亦包括在內）14小類，以致原來50小類中尚有36種未列入官匠之中。除雷同的14小類，官匠中另有127小類，易言之，清代官匠有141類；或者可以說，連同工部所掌，清代官民工匠共可分為177小類──不過，官匠小類中含有皮、石、筋、銅等概括性工匠名稱。

至於這些官匠的組織，工部製造庫與內務府武備院略顯端倪；前者各作及二庫均有領催；後者於領催之上，另有司匠（八品）、副司匠──內務府廣儲庫領催之上只設司匠，為八品或無品級。由此可見，領催似為工頭，司匠則為直接主管的官吏。另據八旗都統所轄左右翼鐵匠局職掌云，「凡鐵匠之學習於武備院者，二年而代」，可見武備院除鐵匠外，還培訓其他有關工匠；依此類推，內務府織造與工部製造庫，亦可能有教學機能。

關於清代官匠之待遇，似分兩種：一為計件論酬；一為薪給制。前者是如織造下的工匠，「或計以絲之斤兩，或計以疋」──但亦有「或計以日」者。後者普遍給予糧、錢，譬如工部四司工匠每季支米九斗，遇有工程，每日給錢六十文；其製造庫領催月支銀二兩，工匠銀一兩糧，均各每季支米三石七斗五升，惟簾子、門神二庫工匠，每人僅月支米七斗五升。內務府工匠亦採薪給制，但非採齊頭式，而有其等級差別：廣儲司是按技巧熟練程度區分；武備院則按種類別。廣儲司工匠在基本上是每月支一兩錢糧，惟特等精巧者為二兩錢糧，頭等精巧者錢糧為一兩五錢；在實物配給上，每人每日豆腐四兩，老米七・五合，羊肉二兩，鹽三錢，煤一斤，炭一兩(疑誤)；其召募民匠，每年自二月一日至九月卅日，定為長工，每日給制錢一五四文，自十月一日至正月卅日，定為短工，每日給制錢一三四文。武備院四庫弓匠月支四兩錢糧；穿甲拜唐阿，各作恩甲匠役，鞄頭作司匠、鞄頭匠長、錫伯鞄頭匠、親隨弓匠、弓匠，備箭處，箭匠長，錫伯箭匠，均支三兩錢糧；釐板作領催，熟皮作領催，鍛作領催，銅匠、沙河氈作領催，鞄頭作、三旗鞄頭匠，箭廠三旗箭匠，備箭處箭匠，帽作領催，均支二兩錢糧；其餘匠役均支一兩錢糧；若因事值班，弓匠長、箭匠長、弓匠與箭匠，每日給食侍衛官飯，氈庫匠役，每日給食拜唐阿官飯。

上述廣儲司召募民匠的待遇，在本質上是與各織造「或計以日」的方式相同，事實上，織造官是屬於廣儲司，所以，廣儲司有大量民匠。或者可以說，清代官府用工匠，有很大部分是依賴民匠市場。因此可說，清代工匠制度又較明代鬆弛。

民間工匠亦漸形成類似西方工會的無形組織，進而集體要求增加工資，當時稱為「齊行增價」；若未達成目的，則集體罷工，當時稱為「叫歇」。以蘇州為例，踹工於康熙卅二(1693)年，以罷工方式要求調高工

資，官府雖然出告示禁止，亦爲罷工者撕毀，但終爲鎮壓[66]。四十年捲土重來，且於罷工中同心互助，出力出錢，故於罷工時，「千百踹匠景從，成群結隊，抄打竟無虛日。以致包頭畏避，各坊束手，莫敢動工開踹者」，各坊停工幾近一年[67]。由於這種有組織的集體議價，至康熙五九年，工資得以調高到，每踹布一匹，工銀一分一厘三，若米價上漲至一兩五錢一石，則每踹布一千匹，另外貼補銀二錢四分[68]。除踹店外，蘇州機匠則結成「行幫」，以集體議價方式，爭取工資之提高，尤其是雍正十二(1734)年，蘇州府長州、元和兩縣機匠進行大規模的罷工行動，迫使機戶讓步、對機匠每月發給「酒資及按件而計」的工資；這樣罷工行爲雖爲官府立碑禁止，但總算有些收穫[69]。

除蘇州機匠組織行幫外，廣州紡織業，打石業和佛山的陶瓷業，綾帽業工匠們，亦有自家組織，稱爲「西家行」——以示與東家(雇主)抗衡，每遇工匠有不滿(包括提高工資)之時，即由「西家行」的「先生」出面，向雇主交涉，雇主因怕罷工，不得不作一些讓步[70]。

罷工是民間工匠對抗雇主的利器，同樣地，商人則用罷市行動，以抗議官府，早於康熙十九年，安徽省蕪湖縣全體商民罷市三天，抗議蕪湖鈔關額外苛徵，連民船所載日用柴米等物，亦俱予抽稅[71]；乾隆卅三(1768)年，福建浦城縣令侵害商民，激起全縣商民罷市，而且從此，福建「罷市相習成風」[72]。

無論是罷工還是罷市，都須有一團體來發動，此一團體不一定是上

66　《明清蘇州工商業碑刻集·蘇州府爲永禁踹匠齊行增價碑》。

67　《明清蘇州工商業碑刻集》，〈蘇州府約束踹匠碑〉。

68　同上，〈長州吳縣踹師條約碑〉。

69　同上，〈長州縣永禁機匠叫歇碑〉。

70　廣東省文史研究館，《三元里人民抗英史料》(中華書局，1978年)，頁183。

71　彭澤益，《中國近代手工業史資料》，第一卷，頁464。

72　同上，頁465。

述的「行幫」或「西家行」，但必然有一種組織，此一組織就是行會。
自唐宋以來，行會就是各行業與官府打交道的工具，此一時期亦是如
此，例如《明史・食貨志・上供採造》載，「弘治元年，命光祿減增加
供應日，初、光祿俱預支官錢市物，行頭吏役因而侵蝕，乃令各行先報
納而後償債」，此處的「行頭」即是各行組織的為首之人。

關於專業技術人員的行會，《儒林外史》提供一些明清時期的情況，
其第廿四回標題為「鮑文卿整理舊生涯」，是說鮑文卿本為戲子，回到
南京重操舊業：「他這戲行裡，淮清橋是三個總寓……，總寓內部排著
一班一班的戲子牌，凡要定戲，先幾日在牌子上寫個日子」「鮑文卿卻
是水西門總寓掛牌。他戲行規矩最大，但凡本行中有不公不法的事，一
齊上了庵，燒過香，坐在總寓那裡，品出不是來，要打就打，要罰就罰，
一個字也不敢拗的」。此處的「總寓」是其行會會址，行會的任務則是
接戲派角與排難解紛，以及執行懲處工作。

清人筆記所載同治年間，蘇州金泊工血案一事，更可由此看出工匠
行會的一些規矩。陳其元於《庸閒齋筆記》中，以「小說誤人」為題記
之：

> 小說家無稽之語，往往誤人，岳傳載張浚（應為張俊）害岳武穆
> 後，為諸將咬死，於是吳俗遂有咬死人不償命之說。同治壬申，
> 蘇郡有飛金之貢。先是、業金泊者，以所業微細，自立規約，
> 每人須三年乃授一徒，蓋以事此者多，則失業者眾也。其時有
> 無賴某者，以辦貢為名，呈請多授業徒，用赴工作。既得批准，
> 即廣招徒眾，來從學者，人贄六百文，一時師之者雲集。同業
> 大忿，於是援咬死人不償命一言，遂群往持其人而咬之，人各
> 一口，頃刻而死。吳縣令前往檢驗，計咬傷處，共一百三十三
> 口；……乃取始謀先咬者一人論抵。

　　黃鈞宰亦於其《金壺七墨・金壺逸墨・金箔作》中，敘述此事，指出死者爲董司，「違眾獨二徒，同行聞之，使去其一、不聽。眾忿甚，約期召董議事於公所。……」。由此可知這一類行會至少有下列職能：(1)行會爲維持利潤，以限制工匠供給爲手段，期能達成其限制競爭的目的；(2)行會有議事場所——即公所；(3)對於違規者先予勸誡，若不改正，則聚眾予以懲處。

　　全漢昇於其《中國行會制度史》第七章〈近代的手工業行會〉中，臚陳了天平、泥作、木匠、竹工、石作工、金屬工、銅業茶花、金銀玉工、銅器、帽業、裁縫工、機房及機工、染業、彈棉業、裱業與漆業等十六個行會的行規或公議。雖然內容駁雜，但可歸納出下列五個要點：

　　一、限制勞力供給——主要爲限制學徒名額與期限，通常只限一名，多以三年滿期；所用夥計須向行會報備；長期受雇者不得另做外工，更不准外行幫做。

　　二、減少彼此競爭——統一對外定價，彼此不搶生意，並統一商品規格。

　　三、劃一員工待遇——規定員工工資，以及夜工加班的時間，並禁止彼此挖角。

　　四、自我彼此約束——保證商品品質，並對工作人員的品行與勤惰有所要求(若品行不端或惰工者，同行不得復用)。

　　五、違者予以懲處——違規者多予罰款。

　　上述16種行業中，已有若干具商業行會色彩，但因主事者多出身於工匠，故仍視爲專業技術人員行會。商業行會則由同業商人所組成，這些商人不一定是親自操作，所以不必爲工匠出身，這主要是由於近代商業資本主義在明代中葉萌芽，資本累積大增，企業規模擴大，經營者與技術人員逐漸分途，前者身分是業主，被界定爲商人。但同業商人所組

織的商業行會，起初可能是與地緣性強烈的商幫有密切關係，茲以明清著名的徽州幫與山西幫爲例說明之——其所以擇此二幫，是因「富室之稱雄者，江南則推新安，江北則推山右。新安大賈，魚鹽爲業，藏鏹有至百萬者，其他二三十萬，則中賈耳。山右或鹽或絲，或轉販，或窖粟，其富甚於新安」[73]。

　　徽州山多地瘠，人民不得不向外發展，其活動範圍首爲金陵、蘇州、揚州與上海，旁及江浙內地城鎮，其次爲兩湖，並擴及四川，再次是深入閩北與廣東；其所經營的商業，主要爲鹽筴、糧食、木材、航海、典當、倉庫、旅館、蠶絲、茶葉、陶瓷等業，且多兼營金融[74]。徽商特色是宗族合夥，譬如程「長公乃結舉宗賢豪者得十人，俱人持三百緡爲合從，賈吳興新市。……，久之，業駸駸起，十人者皆致不貲」[75]；休寧、歙縣「兩色人以業賈故，挈其親戚知交而與共事，以故一家得業，不獨一家得食焉而已。其大者能活千家百家，下亦至數十家數家，且其人亦皆終歲客居於外，而家居者亦無幾焉」[76]。所以，「徽州俗例，人到十六歲，就要出門學生意」[77]。

　　山西幫的情況亦爲類似：「山西人多商於外，十餘歲輒從人學貿易，俟蓄積有貲，始歸納婦。納婦後仍出營利，率二三十年一歸省，其常例也」[78]；「平陽、澤、潞，豪商大賈甲天下，非數十萬不稱富，其居室之法善也。其人以行止相高，其合夥而商者，名曰夥計。一人出本，眾夥共而商之，雖不私而無私藏。祖父或以子母息丐貸於人而道亡，貸者業舍之數十年。子孫生而有知，更焦勞強作，以還其貸。則他大有居積者爭欲得斯人

73　明人謝肇淛，《五雜組》，卷4。
74　傅衣凌，《明清時代商人及商業資本》（台灣重印本），〈明代徽州商人〉。
75　汪道昆，《太函集》，卷61，〈明處士休寧程長公墓表〉。
76　金聲，《金太史集・與歙令君書》。
77　艾衲居士，《豆棚閒話・朝奉郎揮金倡霸》。
78　紀昀，《閱微草堂筆記》。

以爲夥計，謂其不忘死肯背主也。則斯人輸少息於前，而獲大利於後，故有本、無本者，咸得以爲生。且富者蓄藏不於家，而盡散之爲夥計。估人產者，但數其大小夥計若干，則數十百萬產可屈指矣。」[79]——這些「夥計」，當然多爲「出本」者的宗族鄉黨。

除徽、晉二幫外，尙有江蘇洞庭、福建、廣東、陝西等地商人，其所被稱爲「幫」者，俱係在本籍以外地區經商，而且人數眾多，彼此相濡以沫，故被外人目之爲「××幫」。這些商幫的產生，亦連帶地促進了會館的發展，全漢昇認爲中國地跨寒熱溫三帶，各地農業出產不同，技能亦有別，這些同業者跑到他鄉經營時，爲維護自家利益，遂組成商幫，並建立會館，故會館一面是同鄉的團體，一面又是同業的組合，可說是同鄉的行會[80]——全氏所說的「幫」，除商幫外，還有手工幫與苦力幫，但從下述，將可看出會館主要是由商幫贊助。故以商幫爲主，即以全氏自己所說，漢口四川幫的藥材商人組成藥幫，船舶業者組成船幫，各在四川會館內設置藥幫公所、船幫公所，以處理幫務；上海四明公所內，酒幫有濟生會，魚幫有同養會，石器幫有長勝會，酒產幫有崇德會，南貨幫有永興會，竹器幫有同興會，合稱「寧波幫」。

關於會館起源，一般多依明末劉侗、于奕正編撰的《帝京景物略》，認爲會館是創於16世紀中葉（約爲嘉靖三十年後）以後，但何炳棣則以爲是始於十五世紀初的永樂年間，開始是本鄉官宦俱樂部，逐漸推廣到收容本鄉公車及謁選之人，其中亦曾仕商並容，並得在當地經商的同鄉捐助，但至清代、京師及省城的會館則漸變爲試館[81]。何氏雖不否認會館具行會性質，但不太確定會館爲同鄉的行會，因爲他所考察的會館中，大多數省邑會館是超業緣的地緣組織，只有少數是地緣兼業緣的組織；

79　明人沈孝思，《晉錄》。

80　全漢昇，《中國行會制度史》（食貨出版社，民國67年台再版），第六章。

81　何炳棣，《中國會館史論》（學生書局，民國55年），第二章。

　　至於各行業的公所，只有少數具明確的地緣性，其餘多為超地緣的同業最高統制決策的機構，具有調劑各業內較小地緣單位的作用，如清代蘇州綢業的弋襄公所、漢口的錢業公所[82]。

　　這些公所就是商業行會，其經費來源有四，即賦課金（含月捐、貨物稅與回扣）、加入金、罰金與捐款。支出可分三類：（1）會員遭遇破產或其他不幸時，公所酌支救濟金；（2）每逢年會或紀念日，公所酌支娛樂費，預備演戲酬神及小宴會等事；（3）向政府納稅。一般商業行會多訂立行規，舉凡該業重要事件，多由公所頒發規約，由同行各店互相遵守。這些規約且多刻於石碑，代代沿守。各行業規約內容不一，主要項目大致為：（1）開業；（2）員工；（3）同業競爭之禁止；（4）度量衡、貨幣、經營習慣；（5）會費；（6）會議；（7）投訴；（8）制裁；（9）善舉；（10）祭祀。行會規約的效力，且將及於非會員的同業，例如上海荳米業公所規定，「往來客商，務須投行銷售；如私自銷售，查出、公（共）同議罰」；上海粉麵行規，「如有假冒戚友，強賒硬借，由同業者公同送官究辦」[83]。

　　從商業行會支出內容看，其與工匠或專業人員行會最為不同之處，乃是對會員之濟助，使商業行會亦成為互助性組織，這可能是由於商業行會成員財力較為雄厚之故。再從其規約內容及其效力看，可知經商者必須參加當地同業行會，否則不能經營；入會後必須遵守行規，尤其是不要與同業競爭；若是同業間或其他行業間發生糾紛，則由行會調停或出面交涉；對於違規者，整個行業採一致行動以劃清界限。由於是行動一致與阻礙競爭，所以，近代商業行會在本質上是聯合壟斷的機關。

82　同上，第六章。

83　全漢昇，《中國行會制度史》，第八章。

第五節 商業暨都市發展

　　蒙古帝國地跨歐亞兩洲，所以，元代的國內外交通均甚發達，從而促進商業與都市的發展，重要的如大都（北京）、西安、太原、大同、涿州，臨清州、襄陽、杭州、南京、鎮江、揚州、蘇州、泉州、澉浦（海鹽）與廣州等，其中最主要的是大都、南宋舊都的杭州，以及大貿易港泉州之大都市——後者涉及對外貿易，將述於下節。

　　元代以北京爲大都，實出霸突魯之建議，其初，世祖在潛邸時，曾語霸突魯曰，「今天下稍定，我欲勸主上駐驆回鶻，以休兵息民，何如？」對曰，「幽燕之地龍蟠虎踞，形勢雄偉，南控江淮，北連朔漠，且天子必居中以受四方朝覲，大王果欲經營天下，駐驆之所非燕不可」。世祖憮然曰，「非卿言，我幾失之」[84]。惟先稱中都，直到至元九年才改爲大都（《元史・世祖本紀》）。其皇城周圍1206丈，南城周圍5328丈[85]。

　　從海道、河道和陸道有許多商品進入大都，使大都成爲當時全國最大的商業中心。其南面偏東的文明門外，是通惠河所經地方，故爲「舳艫之津」；東面偏南的齊化門外，是江南商客聚居場所；而西面偏南的平則門一帶，則是「西賈之派」。城內有兩個主要商業區：一在城中心鐘、鼓樓的周圍，有緞子、皮帽、帽子、鵝鴨、珠子、沙剌（珠寶）、鐵器、米、麵等市。天歷年間（1328-30），天下商稅總額爲銀4697萬6544.4兩，其中大都即有515萬311.4兩，佔總額十分之一強，足見其商業繁榮[86]。

　　杭州爲南宋舊都，元初仍甚繁華，據《馬可波羅遊記》：「城中有商賈甚眾，頗富足，貿易之巨，無人能言其數。應知此職業主人乏爲工

84　《古今圖書集成・職方典・京畿總部紀事》，引《丹墀獨對》。

85　同上，〈京畿總部彙考〉。

86　黃時鑒，《元朝史話》，〈憧憧十一門，車馬如雲烟——大都的商業〉。

廠長者，與其婦女，皆不親手操作，其起居清潔富麗，與諸國王無異。此國國王有命，本業祇能由子承襲，不得因大利而執他業。」（馮承鈞譯本，頁570-571）

明代因復漕運，大運河通行無阻，且因近代商業資本主義萌芽，商業更為發展，張瀚曾概述當時各地區商業中心如下：

> 余嘗宦遊四方，得習聞商賈盈縮。京師……四方財貨駢集於五都之市，……以故畜聚為天下饒。……南北舟車並集於天津，下直沽、漁陽，猶海運之故道也。河間、保定，商賈多其途，實來往通衢。……
>
> 河南當天下之中，開封其都會也，……商賈樂聚。……河以西為古雍地，今為陝西，……西安為會城，……至今西北賈多秦人，然皆聚於汧、雍以東，至河華沃野間，而三原為最。……河以北為山西，……以太原為省會，而平陽為富饒。大同、潞安倚邊寒薄，……然多玩好事末。獨蒲坂一州，富庶尤甚，商賈爭趨。
>
> 南則巴蜀，……成都其會府也。綿（州）、敘（州）、重（慶）、夔（州），唇齒相依，利在東南，以所多易所鮮。……
>
> 洛陽以東，泰山之陽為兗，其陰則青，……濟南其都會也。西走趙、魏，北輸滄、瀛，而川陸孔道，並會德州、臨清、濟寧之間。……
>
> 大江以南，荊楚當其上游，……武昌為都會。郢（陽）、襄（陽）……其民寡其積聚，多行賈四方，四方之賈亦雲集焉。
>
> 沿大江而下為金陵，……五方輻輳，萬國灌輸，三服之官，內給尚方，衣履天下，南北商賈爭赴。……
>
> 自金陵而下，控故吳之墟，東引松（江）、常（州），中為姑蘇，其民利魚稻之饒，極人工之巧，服飾器具，足以炫人心目，而

志於富侈者，爭趨效之。

盧(州)、鳳(陽)以北，接三楚之舊，苞舉淮揚，……煮海之賈操巨萬貲，以奔走其間，其利甚巨。

自安(慶)、太(平)至宣(城)、徽(州)，其民多仰機利，捨本逐末，唱權轉轂，以遊帝王之所都，而握其奇贏，休(寧)、歙(縣)尤夥，故賈人幾遍天下；良賈近市利數倍，次倍之，最近無能者，逐什一之利；其株守鄉土而不知貿遷有無，長貧賤者，則無所比數矣。

浙江，……嘉禾邊海，東有魚鹽之饒；吳興邊湖，西有五湖之利；杭州，其都會也，……米資於北，薪資於南，其他實鹵而文侈，然而桑遍野，繭絲綿苧之所出，四方咸取給焉；雖秦、晉、燕、周大賈，不遠數千里而求羅綺繒幣者，必走浙之東也；寧(波)、紹(興)、溫(州)、台(州)並海而南，跨引汀、漳，估客往來，人獲其利；嚴(州)、衢(州)、金華郭徽饒，生理亦繁，而竹木漆柏之饒，則萃於浙之西矣。

江西，……南昌為都會，多設智巧，挾技藝，以經營四方，至老死不歸；……獨陶人窯罐之器為天下利；九江據上流，人趨市利；南(康)、饒(州)、廣信，阜裕勝於建(昌)、袁(州)，以多行賈，而瑞(州)、臨(江)、吉安尤稱富足；南贛谷林深邃，實商賈入粵之要區也。

福州會城及建寧、福寧……民多仰機利而食，俗雜好事，多賈治生，不待危身取給，……故其民賤嗇而貴侈；汀(州)、漳(州)人悍嗜利，……而興(化)、泉(州)地產尤豐，若文物之盛，則甲於海內矣。

粵以東，廣州一都會也，北負(南)雄、韶(州)，兵餉傳郵，仰其權利；……高(州)、廉(州)、雷(州)、瓊(州)濱海，諸夷往

來其間，志在貿易，非盜邊也，顧奸人逐番舶之利，不務本業，
或肆行劫掠耳。廣以西⋯⋯桂林為都會；⋯⋯南寧、太平，控
遏兩江；蒼梧開府，雄鎮一方；多珠璣，犀齒玳瑁金翠，皆自
諸夷航海而至。⋯⋯

滇南，⋯⋯食不待賈，而賈恆集，以丹砂朱汞金碧珍貝之所產
也。⋯⋯

貴陽首思南，⋯⋯土無貨殖，⋯⋯而況商賈萬里來投，安能有
固志哉！（《松窗夢語》卷4）

　　張氏這番話，既臚陳各地商業中心（多為省會），又概述各地所產與
民情，以及對外貿易。各地商賈則述及陝西、山西、湖廣、兩淮、皖南、
江西、福建、廣東，這些都是當時的重要商幫，對於徽幫著墨尤多，因
其利潤豐厚，即「良賈近市利數倍，次倍之，最下無能者逐什一之利」。
由於商業資本主義萌芽，明代各地交易頻繁，以江西廣信府的鉛山縣而
言，是一較為閉塞的地區，但卻有來自四面八方的商品：

其貨自四方來者！東南福建則延平之鐵，大田之生布，崇安之
閩笋，福州之黑白砂糖，建寧之扇，漳海之荔枝、龍眼，海外
之胡椒、蘇木，廣東之錫、之紅銅、之銅器；西北則廣信之菜
油，浙江之湖絲、綾綢，鄱陽之乾魚、紙錢灰，湖廣之羅田布、
沙湖魚，嘉興西塘布，蘇州青、松江青、南京青、瓜州青、紅、
綠布、松江大梭布、小中梭布，湖廣孝感布，臨江布，信陽布，
定陶布，福建生布，安海生布，吉陽布，粗麻布，書坊生布，
漆布，大刷竟，小刷竟，葛布，金溪生布，棉紗，淨花，子花，
棉帶，褐子衣，布被面，黃絲，絲線，紗羅，各色絲布，杭絹，
綿綢，彭劉緞，衢絹，福絹；此皆商船往來貨之重者。（《鉛

書》卷1）

明代商業規模很大，譬如於萬曆間，

> 蘇州臬橋西偏有孫春陽南貨鋪，天下聞名，鋪中之物亦貢上
> 用。……其為鋪也，如州縣署，亦有六房：曰南北貨房，海貨
> 房，腌臘房，醬貨房，蜜餞房，蠟燭房。售者由櫃上給錢，取
> 一票，自往各房發貨，而管總者掌其綱，一日一小結，一年一
> 大結。自明至今已三百三十四年，子孫尚食其利，無他姓頂代
> 者[87]。

再如明代徽人

> （阮）長公將以歙為苑囿，蕪湖為豐沛。既而業大起，家人產具
> 在蕪湖城內外，築百廛以待傲居。……中外傭奴各千指，部署
> 之，悉中刑名[88]。

這些大規模的商業悉由民營，且多為零批甚或零售業。但在另一方
面，明代曾於南北兩京建立「塌房」，集牙行、堆棧、徵收商稅、批發
業務於一身。由於是官辦，亦稱官店或官房（《明會要‧食貨》）。明初，
先在南京建立塌房，貯藏之商貨於售出時，將貨款分為三十分，塌房扣
下其中十分之一，即稅錢、房錢與免牙錢各一分。成祖遷都後，於北京
也建塌房，其後，塌房普建於各地重要商埠。劉若愚於《明宮史》，曾

87　錢泳，《履園叢話》，卷24，〈孫春陽〉。
88　汪道昆，《太函集》，卷61，〈明賜級院長公傳〉。

經列舉北京寶和店等六官店某年經售各地商品如下：

> 貂皮約一萬餘張，狐皮約六萬餘張，平機布約八十萬匹，粗布
> 約四十萬匹，棉花約六千包，定油河油約四萬五千簍，芝麻約
> 三萬石，草油約二千簍，燒酒約五萬簍，荆油約三萬五千簍，
> 南絲約五百馱，榆皮約二十馱，北絲約三萬斤，串布約十萬筒，
> 江米約三萬五千石，夏布約二十萬匹，瓜子約一萬石，腌肉約
> 二百車，紹興茶約一萬箱，松蘿茶約二千馱，雜皮約三萬餘張，
> 大曲約五十萬塊，中曲約三十萬塊，面曲約六十萬塊，京城自
> 造細曲約八十萬塊，四直河曲約五十簍，四直大曲約十萬塊，
> 玉約五千斤，豬約五十萬口，羊約三十萬隻。

一年之內有如此大的交易量，足見其規模。

　　明代商業與都市發展有一大特色，那就是工商業市鎮的興起，這些市鎮主要是勃興於明中葉以後，而且多在江南，上章第一節所說的震澤縣各鎮即是一例，此外，有歸安縣的雙林、菱湖、烏程縣的南潯、烏青等鎮，均爲絲業產地；另如嘉定縣的新涇市，鎮洋縣的鶴王市，金匱縣的安鎮，松江的楓涇、朱涇等鎮，均爲棉業產地。這些市鎮勃興的原因，至少可以歸納爲四種說法：一爲使用白銀所引起的社會變革與國內商品交換的頻繁[89]；一爲工匠制度的改變與農戶及農產品間交換的增加[90]；一爲人口壓力下，農村乃向副業發展[91]；一爲是對外貿易的擴展，尤其是澳門的開闢，使中國享有大量的貿易順差，從而湧入大量白銀，使明政府得以推行以銀代役的「一條鞭法」，刺激了城鄉的商品生產及有關

89　傅衣凌，《明代江南市民經濟試探》(台灣重印本)，〈導言〉。
90　鄭昌淦，《明清農村商品經濟》(人民大學出版社，1989)，〈緒論〉。
91　趙岡，〈明清江南市鎮的絲業與棉業〉，《大陸雜誌》，82卷3期。

地區的經濟繁榮[92]。

　　到清代，這種市鎮更爲發達，例如浙江桐鄉縣濮院鎮，明萬曆中以紗綢業興起，至乾隆間，已是「萬家烟火」的紗綢中心，爐頭鎮原爲爐頭村，乾隆年間成爲「以冶鑄爲業」的市鎮，其「釜甌鼎鼐之製，大江南北皆仰賴矣」[93]，江蘇吳江縣盛澤鎮，明嘉靖時，才是一百多戶「以綾綢爲業」的小市，至乾隆間，便成爲「居民百倍於昔，綾綢之聚亦且百倍，四方大賈輦金至者無虛日」[94]；山東長山縣的周村，原是一定期市，至雍乾時期，便成爲「圜圚肆厰，咸依繞岸，服賈牽牛負販而過者，日不啻千百計」[95]。

　　如此發展，幾乎無縣無鎮，有些市鎮發展甚速，甚至凌駕府縣，而與省會齊名，譬如當時所謂的四大鎮：朱仙鎮（河南開封縣）、景德鎮（江西浮梁縣）、漢口鎮（湖北夏口縣）、佛山鎮（廣東南海縣）。後二者且是天下四聚[96]之二，另外二聚則爲北京與蘇州——其中，漢口鎮於清季開放爲通商口岸後，發展尤速，與武昌合稱爲武漢，而其繁榮則在武昌之上。

　　一般說來，清代區域間商業活動，是循河運、海運與陸運而發生。在河運方面計有三條重要路線：一爲溝通直隸和長江流域的南北大運河水系，其當南北要衝地位者爲山東臨清，一爲從四川而東下的長江水系，漢口爲其商品的轉運站；一爲珠江水系的西江，南起廣州，西入靈渠可達湘江與長江，是溝通嶺南與華中的紐帶。海運主要路線有二：一爲北洋航線，從江蘇崇明繞山東半島至天津，或由上海至關東；一爲南

92　參閱費成康，〈重新評價澳門在東西方文化交流中的地位〉（澳門，「東西方文化交流」國際學術研討會，1993）。

93　嘉慶《桐鄉縣志·市鎮》。

94　乾隆《吳江縣志·市鎮》。

95　嘉慶《長山縣志》，卷13。

96　劉繼莊於《廣陽雜記》卷4說，「天下有四聚：北則京師，南則佛山，東則蘇州，西則漢口」。

洋航線，由廣東至上海，或由福州至台灣。陸運方面，遍布各地，較遠者如北京通往新疆、西藏及外蒙古，商人結幫成派，組成龐大商隊，以牛馬、車輛運載棉布、綢緞、茶葉、瓷器去交換牲畜和皮貨[97]。

中國官僚、貴族經營商業，時有所聞，南北朝時達到高潮，歷久不衰，但至宋代因理學盛行而稍戢。元代起於游牧，不受理學拘束，所以，斡脫官錢與羊羔兒利大起（見上章九節），這是由於蒙古貴族生長於草原，不諳經商，只好由色目人手放高利貸，但其漢人官員仍多經商，例如主張海漕的朱清、張瑄「二人者，父子致位宰相，弟姪甥壻皆大官，田園宅館偏天下，庫藏倉庾相望，巨艘大舶，帆交番夷中」（《輟耕錄》卷5）。明代又是漢家天下，官員經商風氣又熾，甚至包括皇帝在內——始於明武宗，可能由劉瑾倡議，「創立皇店，內自京城九門，外至張家灣，河西務等處，攔截商賈，橫斂多科」（《實錄》，卷108）。宗室諸王起而效尤，如肅、韓、楚、沐四蕃王，在陝西平涼、慶陽、臨洮、鞏昌四府的房店鋪面，就有三千三百多間[98]。至於一般官員經商者亦不少，嘉靖二十年，車邦祐對京城內外諸勛戚店舍普有調查，其報告中說，「內惟郭勛事迹為多，餘則英國公張溶，廣安伯張鎮，皇親指揮錢維恒、夏勛、方士段朝用等」，其店舍有「幾千餘區」，除京師外，郭勛在南京、淮安、揚州、臨清、徐州、德州等地，「皆置有私店」（《實錄》）——這些均指開設店鋪而言，其實，這些官僚勛戚的觸角，遍及商業很多角落，譬如行商中鹽，販造錢鈔，賃丹取利，造房出租，對邊疆各族通商，以及對外貿易等[99]。

清代官員經商風氣亦盛，例如康熙年間，高士奇與其「親家陳元帥

---

97 引自李龍潛，《明清經濟史》，頁428、429。

98 王毓銓，〈明代的王府莊田〉，《歷史論叢》第一輯。

99 韓大成，《明代社會經濟初探》（人民出版社，1986），〈明代權貴經營的工商業〉。

夥計陳季芳開張緞號，寄頓各處賄銀資本，約至四十餘萬」，又與王鴻緒等「合夥生理，又不下百餘萬」；徐「乾學發本銀十萬兩，交鹽商項景元於揚州貿易，每月三分起利。……又本商陳天石新領乾學銀十萬兩，開張當鋪」(均見《東華錄》)。這三個人俱出身於文學侍從，竟有此雄厚經營資金與濃厚經商興趣，其他官僚經商情況當可想而知。乾隆時，「和珅開設當鋪七十五座，本銀三千萬兩；銀號四十座，本銀四千萬兩；古玩鋪十三座，本銀二十萬兩」(《庸盦筆記》卷3)。甚至於到清季，湘鄉新貴在湖南不僅廣置田宅，也且經營票號典當，販賣私鹽，並插手多種大宗買賣；李鴻章雖久　為京官，但其家人卻在家鄉安徽合肥開設典當，又在燕湖的十里長街上，佔有店面十之七八[100]。

第六節　對外貿易之起伏與移民

蒙古滅金以前，已與中亞有貿易往來，大致是回回商人東來，蒙古商隊西往，成吉思汗進攻花剌子模，即因後者殺害蒙古商隊所引起。蒙古滅花剌子模、哲伯和速不台後，再西征至東歐，打開了東西陸路交通的大道，回回商人更源源而來。太宗由大都和林至察合台汗都城阿力麻里(今伊犁)，沿途設立站赤(驛站)，再有站赤通往波斯，此即回商來往之路線。其貿易貨品，進口者為駝鳥氈毯珍珠等，出口者為綢緞羅綺、瓷器、漆器、薑桂等項；其運輸工具多賴駱駝，商人常成群結隊而來，多者一二百頭，少者亦數十頭，世稱為回回商隊[101]。

除陸路外，元代還有海上貿易，那是宋招撫使蒲壽庚殺宋宗室以泉州降，壽庚久任提舉泉州舶使，沿海漸定，世祖復命壽庚等招致海外各

---

100 凌耀倫，熊甫(主編)，《中國近代經濟簡史》，第二章第二節。
101 黎傑，《元史》，第五篇第一章第三節。

國，依宋制互市[102]。故於至元十四年，復立泉州市舶司，次年，詔行中書省唆都、蒲壽庚等曰：「諸蕃國列居東南島砦者，皆有慕義之心，可因蕃舶諸人宣布朕意，誠能來朝，朕將寵禮之，其往來互市，各從所欲」(《元史》本紀)。讀此詔文，足見世祖對於海外貿易之熱切，所以，廿一年，遣船入番，由政府直接經營海上貿易，「官自具船，給本，選人入番貿易諸貨，其所獲之息，以十分為率，官取其七，所易人得其三；凡權勢之家，皆不得用己錢入番為賈，犯者罪之，仍沒其家產之半」(《續通考》)。從這一行動看，元廷是要以官方力量壟斷海上對外貿易，後來，允許權勢之家下番，但須「依例抽解」(《通制條格．市舶》)。

其實，元代對於海上貿易態度，並非一以貫之，以市舶司為例，世祖至元十四(1277)年在泉州、慶元(寧波)、上海、澉浦四處，設市舶司，後增廣州、溫州、杭州三地；武宗至大四(1311)年革除，仁宗延佑元(1314)年，復立市舶提舉司於廣州、泉州與慶元，復立市舶庫於杭州，七年再革，英宗至治二(1322)年復置[103]。整體看來，元代海禁雖有兩次，但前後只有五年。

元代海上貿易的管理，主要是兩套法規：一為至元卅年頒布的市舶則法廿三條(實為廿二條)(《元典章》)；一為延祐元年所定的市舶法則廿二條(《通制條格》)，茲將二者重要內容比較於下：

一、**稅率**——則法抽分為粗貨十五分取一，細貨十分取一，泉州另徵舶稅卅分之一；法則抽分加倍，並普徵舶稅；此等抽分均普用於一切人等(包括權要與僧道)。

二、**出航**——二者均規定各處舶商於冬汛北風發船，次年夏汛南風

102 羅香林，《蒲壽庚傳》(現代國民基本知識叢書第三輯，民國44年)，〈蒲壽庚行實考〉。

103 參閱孫葆，《唐宋元海上商業政策》(正中書局，民國58年)，第三章；《續通考》卷26〈通制條格．市舶〉。

回帆；發舶前，大船請公驗，柴火小船請公憑，明填所往何處，不許越過他國；若不請驗憑，或越界貿易，許人告捕治罪，船物沒官；回帆時，止赴原市舶司抽分，不得越過地處法則處罰較嚴，對違反的舶商、船主、綱首、事頭、火長均予杖責，並以半數沒官物付告發人。

三、番船——番船南船，請給公驗公憑，或回帆時有被風遭劫事故，須往官司陳驗得實，否則依例斷罪——法則的處罰與上述類似。

四、禁例——則法規定金銀銅錢鐵貨男婦人口，不許下海私販諸番物，如到番國不復回者，須於原領驗憑內明白列出，說明緣故，違者罪船主；法則卻嚴予處理，禁止出海貨物擴大到包括絲綿、段疋、銷金、綾羅、米糧與軍器，違者，對舶商至火長等人均予杖責，船物俱行沒官，並以其半數賞告發人。

在通商港口中，泉州是當時第一大港，據《伊本巴都達遊記》說，「泉州城甚大，為世界最大商港之一，城中織造天鵝絨及緞，品質均極優良。港中船舶極多，大者約有一百，小者不可勝記。其中回回商人，則另成一市」。

其所提及的「緞」，即泉州出產的「刺桐緞」，遠銷歐洲，享有盛譽，英、法、德語稱緞為Satin，即是「刺桐」阿拉伯語音譯Zaytuni的轉化。就在這些情況下，使元代海上貿易逐漸超越陸路，宋代海外貿易雖稱繁盛，但其貿易夥伴不到60個國家和地區，其海船只航行到印度西南的故臨（即元代的俱藍），而元代貿易夥伴卻增加到140個，其海船經常出現於阿拉伯海[104]。

這一期間，由於蒙古西征，引發東西雙方加速交流，而在此以前，歐洲人深信大地東端為伊甸園所在，故希東方為其強大的盟友，以對抗回教，教皇Inocencio四世與法國路易九世國王，曾先後於1245年與1253

---

104 黃時鑒，《元朝史話》，〈帆舶至市，蠻夷交關——興旺的海外貿易〉。

年，分遣卡爾比納（Giovanni del Pian de Carpine）與盧布魯克（Willelm de Rubruck）二教士訪問蒙古帝國。當時蒙古分別由太宗皇后與憲宗執政，此二人是否曾謁見之，不得而知，但前一教士卻虛構報告曰，「中國人有新舊約及教皇生平事蹟，並在如同教堂的樓裡向上帝和基督祈禱」[105]。後經馬可波羅之宣揚，歐人才真正知道元帝國富裕的一面，但究因東西隔絕，中國的改朝換代，並不爲多數歐人所知，以致到明孝宗弘治五（1492）年，哥倫布遠航目的，仍然宣稱要想到達蒙古大汗的大都，結果是誤打誤撞地發現了美洲新大陸。可能由於未曾找到航向中國的新路線，更激發了當時歐洲主導國之一的葡萄牙企圖瞭解中國之雄心，其國王D. Manuel一世於1508年，遣塞羅拉（Diogo Lopes de Segueira）東來，賜以詔書，賦予任務，要求

> 探明有關秦人之情況：他們來自何方？路途有多遠？何時往馬六甲或其他地方互市？攜何貨物？每年數量多少？船隻形式如何？是否在未來的當年返回？在馬六甲或其他地方有無代理商或商站？係富商？屬懦夫？還是驍勇善戰類？有無武器槍炮？衣著如何？其他關於他們的情況亦一併諮詢：係基督徒或異教徒？國土多大？有多少個國王？是否存在不遵奉其法律和信念之摩爾人或其他任何民族與之共處？倘若不是基督徒，那麼信奉甚麼？崇尚甚麼？遵循甚麼樣的風俗習慣？國土伸展至何處？與那些國家為鄰[106]？

從此詔書內容看，足見葡王對中國是一知半解，但卻急欲探索之，

---

105 彭慕治（Jorge Morkey），〈中葡早期關係之雙向探討〉（澳門，「東西方文化交流」國際學術研討會，1993）。

106 彭慕治（Jorge Morkey），〈中葡早期關係之雙向探討〉。

三年後，葡萄牙即攻佔馬六甲，以接近中國。且自1514年，多次由馬六甲派艦至中國沿海偵察，且曾進入廣州，終於在1535年(嘉靖十四年)正式佔據澳門[107]。其後，西班牙、荷蘭等西方列強接踵前來。

西方列強恃船堅砲利以侵凌中國，固屬非是，但其謀求通商之動機，亦不容抹殺；但於此一時期前後，中國卻在閉關自守，主要是明清兩代的「海禁」政策；兩相比較，足見中國當局之自甘落後。明清海禁，主要是基於政治甚或國防理由，而且時間均比元代長得多，以致長期對外漠視。

明初，可能由於張士誠、方國珍餘黨中「強豪者悉航海，糾島倭入寇」(《松窗夢語》卷3)，乃進行鎖海政策，李劍農據《續通考》卷26云，「洪武二十七年正月命嚴禁私下諸番互市者」，認為「是為明代鎖海之始」[108]，實則不然，因據《實錄》，太祖於洪武四年十二月就曾宣布「仍禁瀕海民不得私出海」。且從「仍禁」二字看，可見是重申前令而已，以致《明史・宋紵傳》斷云，「初，明祖定制，片板不許入海」，應該早於洪武四年；該句後接著說，「承平久，奸民闌出入，勾倭人及佛郎機國人互市」，朱紵於嘉靖廿六年巡撫浙江，以鐵腕治之，廿八年為御史所劾，仰藥自盡，該傳結尾云，「紵死，罷巡視大臣不設，中外搖手不敢言海禁事。……撤備弛禁，未幾海寇大作，毒東南省十餘年」——〈食貨志〉亦云，「紵既黜，姦徒益無所憚，……而海上無寧日矣」，顯示，鎖海禁令是與明代相終始，只是時嚴時弛而已，即使從穆宗隆慶元(1567)年到明末，亦僅為部分開禁。

相對地說，清代海禁時間就短得多了，大致上是始於1661年，而於1683年終止。其動機亦是政治性，完全是要孤立以廈門為復明根據地的

---

107 黃鴻釗，《澳門史》(香港商務印書館，1987年)，第一、二章。
108 李劍農，《宋元明經濟史稿》(台灣重印本)，第六章。

鄭成功，早在順治十一(1654)年，漢軍房星煥即獻議：「海船所用釘、
鐵、麻、油，神器(砲)所用焰硝，以及粟帛之屬，島上所少，皆我瀕海
之民闌出貿易，交通接濟，今若盡遷其民入內地，斥(拆)為空壤，畫地
為界，仍屬其禁，犯者坐死，彼島山窮寇內擾既斷，來無所掠，如嬰兒
絕乳，立可餓斃矣」(康熙《漳州府志》本傳)；十四年，鄭成功叛將黃
梧於「密陳滅賊五策」中，亦提出「山東、江、浙、閩、粵沿海居民盡
入內地」的主張[109]，其後，施琅復言之，乃於十八年七月丁末(世祖已
於該年正月去世)，「諭戶部：前因江南、浙江、福建、廣東瀕海地方，
逼近賊巢，海逆不時侵犯，以致生民不獲寧處，故盡令遷移內地」[110]，
其所謂「前因……」，可能是指十七年九月，以「海氛未靖」，「遷同
安之排頭、海澄之方田沿海居民，入十八堡及海澄內地，酌量安插」(《實
錄》)之行動。真正大規模的行動是始於順治十八年八月，派員至有關
各省「立界」，築垣牆，派兵戍守[111]。

當時「遷海」的範圍，是北起於直隸，中經魯、江、浙，南至閩、
粵，共六省，立界距離不一，如山東為離海四十里，廣東為五十里，福
建反而只有三十里[112]。凡居民出此界者殺無赦，如在福建寧州，「每
處懸一碑曰，敢出界者斬」(乾隆《福州府志‧祥異》)；在廣東，「民有
闌出咫尺者，執而誅戮，而民之以誤出牆外死者，又不知幾何萬矣」
[113]。海禁措施，當然影響到對外貿易，杜臻曰：「故事，直隸天津衛、
山東登州府、江南雲台山、浙江寧波府、福建漳州府、廣東澳門，各通
市舶，行賈外洋，以海禁暫阻」[114]——其所說澳門亦在海禁之列，則

109 江日昇，《台灣外紀》，卷11。
110 出自《清聖祖實錄》，卷4。
111 同上，卷33。
112 引自李龍潛，《明清經濟史》，頁297。
113 屈大均，《廣東新語‧遷海》。
114 杜臻，《粵閩巡視紀略》，卷1。

似不確，因當時對西洋商船雖然亦有限制，但只許駛舶澳門，與澳門商人進行交易，並且規定大小船不得超過廿五艘[115]。

　　「遷海」不僅阻礙對外貿易，抑且嚴重影響到沿海人民生計，所以，若干大臣時以「復界」為議，例如，康熙四（1665）年，福建總督李率泰遺疏稱，「數年以來，海禁甚嚴，遷移之民盡失故業，宜略寬界限，俾獲耕漁，稍蘇殘喘」（《東華錄》）；七年，福建水師提督施琅，廣東巡撫王來任也上疏請求復界，清廷以「海氛未靖」為由拒之，但默許「以海邊為界，……聽民出田界外」[116]。後因三藩之亂與鄭經在沿海活動，且於十七年再頒「遷海令」，直至廿二年三藩平息，鄭克塽投降，康熙皇帝才正式廢除遷海令（《實錄》）。但仍禁止商人前往南洋從事貿易活動，且嚴令在南洋一帶經商的中國人，三年內歸國，否則，「不得復歸故土」（《續通考》）。

　　明代為鎖海曾定不少禁律，以阻擾對外貿易，其要點可歸納如下[117]：

　　一、限建遠洋船隻──命令所有海船改為不適深海使用的平頭船（即不得建為尖底）；凡擅造二桅以上違式大船，並將違禁品運往國外販賣者，正犯處以極刑，全家發邊衛充軍。

　　二、禁止商品出口──將紬、絹、絲、綿、緞匹、銅錢、鐵貨等重要商品，列為禁止出口貨物；凡私運下海者，杖一百，貨、船沒收。

　　三、禁止買賣香料──當時香料多為進口，故規定凡私買或販賣蘇木、胡椒至一千斤以上者，俱發邊衛充軍，貨物沒收。

　　四、禁止豪紳參與──凡豪勢之家出本辦貨，參與對外貿易，縱未

---

115 童書業，《中國手工業商業發展史》，頁378。
116 光緒《高州府志‧記述一》。
117 參閱李金明，《明代海外貿易史》（中國社會科學出版社，1990），第五章第一節。

親自出海，亦發邊衛充軍，貨盡入官；凡窩藏出口貨物，裝運下海者，以竊主問罪，枷號三月，鄰甲知情不舉，枷號一月。

儘管在這種高壓政策下，明代對外貿易卻不絕如縷，發展兩種形態截然不同的貿易：一為官方容許的貢舶貿易；一為民間自行的走私貿易。所謂「貢舶貿易」，可以明人王圻所說詮釋之：「凡外夷貢者，我朝皆設市舶司以領之，……許帶方物，官設牙行與民貿易，謂之互市。是有貢舶貿易即有互市，非入貢即不許其互市」（《續通考·市糴考》）。這是意味各國來華朝貢時，得以在貢舶中附帶貨品來華出售，由於在海禁下，正式對外貿易幾告停頓，以致這些舶來品奇貨可居；再加上明廷以天朝上邦自居，其對貢使及隨員之賞賜，經常高於貢品價值數倍；故外邦「慕利」，偏愛於東來朝貢。明廷為減少負擔，經常以規定進貢次數與人數來限制之[118]。

以日本為例，於永樂初年，日本貢品，有史可稽者，只有永樂元年一次，那是幕府足利義滿將軍（《明史》稱之為日本國王源道義）所貢，執禮甚恭，但僅為馬20匹，硫黃1萬斤，瑪瑙大小32塊，金屏風3副，槍1000柄，大刀100把，鎧1領，匣硯1面，扇100把。但次年，明廷賞賜絲、紗、絹、漆器、瓷器等。四年，又賜白金千兩、織金及諸色綵帶200匹，綺繡衣60件，銀茶壺3，銀盆4，綺繡紗帳衾褥枕席器皿諸物。五年，再賜花銀1000兩，銅錢1萬5000貫，另有錦、絲、羅、紗、絹、珍珠、玉器等什物[119]。另據《弇山堂別集·四夷來朝之賞》，永樂三年給日本國王源道義的賜品中，有銅錢150萬，翌年又給1500萬，另給王妃500萬。此所謂永樂四年所賜的銅錢1500萬，當然是上述永樂五年的「銅錢一萬五千貫」，而該年另有給足利夫人的5000貫；依此，則永樂三年的1500

118 李金明，《明代海外貿易史》，第二章。
119 木宮泰彥（陳捷譯），《中日交通史》（三人行出版社，民國63年），第八章。

貫銅錢，亦應記入上述永樂四年的賜品中。單是這兩年所賞賜的金銀銅錢，即達白金與花銀各1000兩，銅錢2萬1500貫，即使日本每年貢品和永樂元年相同，其價值亦低於賞賜很多，事實上，永樂三年十一月，只是義滿使者來華獻對馬海寇30人，四年五月明使送此使者返日；同年八月明使返國，義滿亦派使者來華，其貢品不詳，但可能與永樂元年相似，因爲義教於宣德七（1432）年恢復對明朝貢後（第一期止於永樂十七年），有例可稽的貢品清單，是與永樂元年幾乎相同；五年八月，明使又送該使者返日[120]。永樂四、五年（中國記載爲三、四兩年）的賞賜，均爲明使攜去，作爲對日本幕府將軍夫婦的賜與，至於日本使者及隨員當然另有賞賜。兩相比較，真所謂「厚往薄來」，使日本在朝貢中獲利良多。

但在另一方面，日本貢舶往來所攜的出口品與進口品，更是奇貨可居，大發利市。日本對華的出口品主要爲倭刀，其成本每把爲800至1000文，但明廷給價卻高若干倍；頭兩次俱爲每把1萬文，第三次5000文，第四、五次3000文、第七次定爲1800文[121]——正顯示供給增加，價格下降之市場機能；亦揭示貿易可以拉平兩國價格。自華進口貨中，生絲當爲要項，中國每斤值銀1兩，但在日本卻售5貫，即5兩銀，毛利4倍；再因白銀一兩在中國值錢700-800文，在日本僅值250文[122]，是以，以日本白銀易中國銅錢，亦是獲利頗豐的交易。單就「附送物」（出口品）而言，其獲利更多，以明景泰四（1453）年爲例，據《大乘院日記》記載，這批附送物，在日本的總價值約爲2000至2500貫，但明廷給價3萬貫，獲利十多倍[123]。難怪日本要借進貢之名而佔貿易之利[124]，蓋因其最主

120 木宮泰彥（陳捷譯），《中日交通史》，第八章及第九章與附錄〈中日交通年表〉。

121 同上，第九章。

122 彭信威，《中國貨幣史》（上海，1965），頁680。

123 郝毓楠，〈明代倭變端末考〉，《中國史研究》，1981年第4期。

124 木宮泰彥（陳捷譯），《中日交通史》，第八章。

要的財政收入來源，是寄託於貢舶貿易[125]。

如此看來，似乎明廷損失頗大，其實不然，明廷亦從中獲益：先是課徵高稅(抽分)，其稅率爲50%；再以低價買進，高價賣出，以宣德八(1433)年爲例，日本入貢附帶蘇木，明廷每斤給鈔一貫買之，但卻分發給京師文武官員充作薪俸的一部分，作價每斤50貫[126]。

這種貢舶貿易的盛衰，是與海禁嚴寬有密切關係，大致上，海禁愈嚴，則海外諸國朝貢次數愈多，以暹羅爲例，從洪武三年至卅一年海禁最嚴的29年中，暹羅朝貢35次，平均每年一次多，但自隆慶元(1567)年部分開禁，到崇禎十七(1644)年明亡的78年中，暹羅只朝貢14次，平均約五年半才一次[127]。在貢舶貿易中，輸入物品，大致可分爲香料、原料、海外奇珍、珍禽異獸、手工製品、軍用品、藥材七大類；輸出品(主要為賞賚品)則以各種絲綢、棉布、瓷器、鐵器、銅錢、麝香、書籍等[128]。

鄭和下西洋，一般多以爲是奉命追捕惠帝(《明史》本傳)，但卻可能是成祖想重振貢舶貿易，以顯示萬國來朝的氣勢，蓋因明太祖常對一些有越軌行爲的貢使，採取「卻其貢」「絕其往來」的懲處手段，以致洪武末年，只有琉球、真臘、暹羅三國來朝，成祖乃視貢舶貿易爲重振聲威的手段，於永樂三年派太監鄭和下西洋[129]。其所謂西洋，即今日所謂之南洋，據明人張燮《東西洋考》。西洋是指交趾、占城、暹羅、下港、柬埔寨、大泥、舊港、麻六甲、啞齊、彭亨、柔佛、丁機宜、思吉港、文郎馬神、池悶等國，而鄭和七次遠航所到之處，則較此爲廣。

---

125 白井信義，《足利義滿》(吉川弘文館，1960)，頁178。

126 李金明，《明代海外貿易史》，頁30——此處說對附進物「抽分一半」，但於36及37頁，又云，對「朝貢使者放寬限制，予以免稅優惠」。

127 徐啓恆，〈兩漢至鴉片戰爭期間的中泰關係〉，《中國與亞非國家關係史論叢》(江西，1984年)，82頁。

128 李金明，《明代海外貿易史》，第二章第三節。

129 李金明，《明代海外貿易史》，第二章第二節。

梁啓超曾就馬歡《瀛涯勝覽》與費信《星槎勝覽》二書，參互考釋，認為鄭和其經歷四十國[130]：(1)馬來半島以東有十五國，有占城(Champo，秦林邑池)、靈山(在下交趾)、真臘(即柬埔寨)、俾崙(Pulo Candore，下交趾極南之島)、賓童龍(Cope Padaron，柬埔寨海岸一岬角)、暹羅、彭坑(Punnang，即彭亨)、東西笠(Singapore，即柔佛，今新加坡)、龍牙門(Strait of Lingga，馬來半島與蘇門答臘島之間小島)、交爛山(Billiton Island，在瓜哇海中)、假馬里丁(Carimata Island，在婆羅洲西南)、麻逸凍(Pulo Bintang，或指為巽他群島中邊丹)、爪哇(即下港)、重迦羅(Madura，亦在瓜哇海中)、吉里地悶(池悶是其訛稱)；(2)滿剌加諸國凡四(惟僅列舉三國)，有滿剌加(Malacca，即麻六甲)、亞魯(Aru Islands)、九州山(Fulo Sambihon)；(3)蘇門答臘諸國凡七，有舊港(Paleambang，亦稱三佛齊)、蘇門答臘(Sumatara，即啞齊，乃今亞珍Achin一隅之地)、南浡里(Lambri，亞珍之西鄰，或即大泥，因張燮曰，「即古浡泥也」，明代隸暹羅)、那孤兒(一名花面王國)、黎代、龍涎嶼(Pulo Way，亞珍東北之小島)、翠藍嶼(Andaman Islands，為馬來半島至印度之中間站)；(4)印度諸國凡七，有榜葛剌(Bengal，或譯孟加拉)、柯枝(Coohin，印度半島西南端)、大小葛蘭(Quilon)、古里(Calicut)，錫蘭、溜山洋(Madive Islands)；(5)阿拉伯半島諸國凡五，有佐香兒(Djeffer)、阿丹(或譯亞丁)、忽魯謨斯(Orimuz，波斯灣中之島)、天方(Mecca，今譯參加)、剌撒[131]；(6)阿非利加沿岸諸國凡三，有木骨都束(Magadoxo——或即澳門海事博物館鄭和航海圈所示的Mogudisco)、卜剌哇(Prawa)、竹步(Juba)。

---

130 引自鄭鶴聲，《鄭和遺事彙編》，第四章，另據江鴻生，《最早的中國航海家——鄭和》(台灣中華書局，民國75年)，鄭和航海計為8次，其第2次(永樂5年)未列入《明史》，以致一般人以為只航海七次。

131 據今日澳門海事博物館展示之鄭和七次遠航電動地圖，鄭民第六、七兩次均曾經過吉達(Jeda)，不知是否即剌撒。

持此與張燮所云諸國作比較，國家數目超過張氏所云者很多，但張氏列舉而梁氏未曾言及者尚有丁機宜、思吉港與文郎馬神三國，惟據張氏云，前二者均為「爪哇屬國」，後者則以在暹羅境內，因「王出乘象，或泛舟，以繡女自隨」，似與近代暹羅國王行徑類似。另據澳門海事博物館鄭和航海圖所示，鄭和最後兩次航行，還曾到達阿拉伯半島的阿曼（Oman）與非洲東海岸的蒙巴隆（Mombaca），足見鄭和遠航路線超過今日之南洋。

由於負有拓展對外貿易的責任，鄭和遠航艦載有大量出口貨，計有青花磁器、麝香、燒珠、青磁盤碗、樟腦、橘、雨繖、湖絲、金、銀、鐵鼎、鐵銚、銅錢、段疋、紬絹、絲棉等。載回之進口貨計有5金類17種；珍寶23種；布50種；藥品22種；食品3種；香類29種；動物21種；用品8種；顏料8種；木料3種[132]。

貢舶貿易固然是海禁政策下的產物，但卻是明廷容許的由外國人進行之海上貿易；此政策另一副產品，則為明廷禁止的由本國人進行之走私貿易。後者主要是由於厚利誘人，嘉靖廿三年，有云，「其去也，以一倍而博百倍之息；其來也，又以一倍而博百倍之息」（《實錄》）。這是意謂以銀一兩易貨出口，至少可售得百兩；再以此款購外國貨進口，則至少可售得萬兩。真若如此，誠屬一本萬利，事實當非如此，只是誇張其厚利而已。

當時，走私貿易大約可以分為四種型態：一為出遠洋，巡赴東北亞與東南亞各國從事長途販運貿易的民間商人，經常是幾十艘結隊同行；一為沿海守禦官軍執法犯法，私自遣人或役使軍士，利用所轄海船到國外從事走私貿易，以圖私利；一為奉命出使外國的官員乘機載運私貨，或夾帶商人至國外進行走私貿易（常為明廷所容許）；一為在沿海一帶走私——嚴格

---

132 方豪，《中西交通史》，第四冊第十三章。

說來，這是國內走私貿易。從事走私貿易的港口，多懸居於海洋之中，譬如浙江定海的雙嶼，廣東的南澳，還有福建詔安的走馬溪[133]。

這些走私貿易中的第一種型態，實在是一走私集團，其本身常有武裝，從而演變爲「海寇商人」，實際上，「寇與商同是人也，市通則寇轉而爲商，市禁則商轉而爲寇，始之禁，禁寇，後之禁，禁商」[134]。後來，由於海防鬆弛，這些海寇商人乃勾引倭人入侵，釀成「嘉靖倭患」。當時，海寇商人首領王真，是與日本及東南亞進行走私貿易，因海禁正嚴，在中國沿海無立足之地，乃「造巨舟方一百二十步，木爲之城，樓、櫓四門備具，上可馳馬，容二千人，踞（日本）薩摩州之松浦，僭稱徽王」，不時派遣部屬流劫中國沿海諸郡縣[135]。

福建由於地瘠難耕，以海爲生，海禁使民無所得食，乃鋌而走險，以致在嘉靖倭患的數萬海寇中，漳、泉人就佔其大半[136]。所以，福建巡撫譚綸於嘉靖四三（1564）年，在回籍守制之前上疏陳「善後六事」，其中之一即爲「寬海禁」，蓋因閩人濱海而居，非往來海中則不得食，自通番禁嚴而附近海洋魚販一切不通，故民貧而盜愈起，宜稍寬其法」（《實錄》）。另因海防軍費龐大，故有人獻議開放海禁，俾「得海上之稅，以濟海上年例之用」[137]。因此，於隆慶元（1567）年，明廷同意部分開放海禁，即於福建漳州海濱月港，准許私人出海貿易[138]。

月港貿易對象，除上述張燮所稱的西洋各國外，還有其所謂的東洋列國，計有呂宋、蘇祿、貓里務、沙瑤呐嘩嗶、美洛君、文來、雞籠、淡水（《東西洋考》），此外還有日本與紅毛番。由於開禁部分原因有其

---

133 李金明，《明代海外貿易史》，第五章第二節。

134 胡宗憲，《籌海圖編·嘉靖平倭通錄》。

135 謝杰，《虔台倭纂·倭績》。

136 胡宗憲，《籌海圖編·嘉靖平倭通錄》，〈經略一·敘寇原〉。

137 唐樞，〈復胡梅林論處王直〉，《明經世文編》卷27。

138 李金明，《明代海外貿易史》，第六章。

財政目的，乃於海澄設關征稅，以充兵餉，開始是由原海防館主管，後於萬曆廿一年改名督餉館。這些貿易稅可以分為三類：(1)引稅，類似現行的引港費及進出口簽證手續費，其費用於萬曆三(1575)年，東西洋每引稅銀三兩，雞籠、淡水稅銀一兩，後來加倍；(2)水餉，其本質為船舶稅，依萬曆三年規定，航行西洋者，船闊一丈六尺以上，每尺抽稅銀五兩，一船該銀八十兩，然後按船隻大小，累進徵稅，每增一尺，多徵五錢銀，增至二丈六尺以上闊船，每尺抽稅銀十兩，一船該銀二百六十兩——航行東洋者，每船按上述規定，七折徵收；(3)陸餉，才是真正的貿易稅，但似無進口與出口之分，始於萬曆十七年，採取從量稅方式[139]，但亦按商品價值而有高低，譬如上等冰片10斤，徵銀3.2兩，成器象牙100斤，徵銀一兩，獐皮100張，徵銀0.06兩，米一石徵銀0.014兩，四十三年，約降低13.6%，即按原額大致上打8.64折徵收——在降低前，東西二洋稅銀一年有27.087兩多(均見《東西洋考‧餉稅考》)。

此處所稱的督餉館，實與宋元時期的市舶司無異，但因明代市舶司主要是管理貢舶貿易，故另設此館以徵收私人貿易之關稅，而且只有海澄一處。至於市舶司，則於多處海港設立，但時設時廢，據《明史‧食貨志》，洪武初，設市舶司於太倉、黃渡，尋罷；復設於寧波、泉州、廣州、寧波限通日本，泉州通琉球，廣州通占城、暹邏、西洋諸國，不久又罷；永樂三年，以諸番貢使益多，乃置驛於福建、浙江、廣東三市舶司以館之，福建曰來遠，浙江曰安遠，廣東曰懷遠——這是意指恢復了寧波、泉州、廣州三市舶司；不久，又設交趾雲南市舶司，以接西南諸國朝貢者；嘉靖二年，日本使者分道入貢，互爭真偽，市舶中官納賄右袒，倭人乃大掠寧波，以倭患起於市舶，遂罷之；卅九年

---

139 葡萄牙使者皮來資雖說，「胡椒稅為百分之二十，蘇木為百分之五十，其他貨物為百分之十」(李金明，《明代海外貿易史》，第七章)，可能是將明代從量稅稅率，按當時商品價值折算為從價稅觀察，以便作成本與收益之比較。

復三市舶司，四十四年又罷之；萬曆中再復之。由於市舶司利厚，多以太監委之。且因廣東市舶司主管西洋諸國貢舶貿易，船舶來往不絕，導致若干專業城鎮勃興，例如南海縣佛山鎮，原來只是「堡」而已，永樂後，「番舶始集，諸貨寶南北巨輪，以佛山為樞紐，商務益盛」，居民達「幾萬家」[140]。

清代在「遷海」時期，亦承襲明制，實行貢舶貿易，以廣東為例，由鹽課提舉司兼管市舶提舉司事務，辦理貢舶貿易事宜，大致上是接待貢使，管理隨船貨物，並限制貢期、貢船與人數，譬如康熙三年規定「暹邏國貢期三年一次，貢道由廣東上，並限制「進貢船不許過三隻，每船不許過百人」，後又宣稱，「貢使所攜貨物，願至京師貿易，則聽其自運，或願在廣東貿易，督撫委官監視之」，貨物則一律「抽丈納稅」[141]。貢舶貿易當然不能滿足國民需求，於是乎，走私貿易隨之而起，且為豪強主控，譬如雄踞廣東的藩王尚之信，即曾主使藩商沈上達進行走私貿易，《清聖祖實錄》卷25載，「自康熙元年奉文禁海，外番船隻不至，即有沈上達等勾結黨棍，打造海船，私通外洋，一次可得利銀四五萬兩」。此外，亦有若干民間商人從事走私貿易，正如康熙廿三年上諭曰，「向雖嚴海禁，其私自貿易者，何嘗斷絕」（《實錄》）。

「開海」後，對外貿易恢復正常，而於康熙廿四年，沿海設置海關，「江南駐松江，浙江駐寧波，福建駐泉州，廣東駐廣州」[142]——另說此四處是在廣州、漳州、寧波與雲台山[143]；又有說是在廣東澳門、福建漳州、浙江寧波、江南雲台山[144]。一般說來，關稅分為正稅與雜稅

---

140 民國《佛山忠義鄉志》，卷12、卷14。
141 梁廷枏，《粵海關志‧貢舶一》；《清通考‧市舶互市》。
142 王士正，《北歸志》。
143 引自李龍潛，《明清經濟史》，頁439。
144 黃鴻釗，《澳門史》，頁118。

兩類。正稅是和明代的陸餉與水餉類似：前者是對進出口貨物課徵從量的貿易稅，例如「番布衣每百斤稅五錢」，「天鵝絨每匹稅四兩」等（《嘉慶戶部則例》卷87）；後者稱船鈔，或梁頭稅，即對商船課稅，起初分東西洋船各別以不同標準課稅——此處所說的「東洋」，包括明代所稱的「西洋」；此處所說的「西洋」則指歐洲。東洋船分為四等，一等船面積18平方丈，徵稅銀1400兩；二等船面積15.4平方丈，徵稅1100兩；面積12平方丈為三等船，徵600兩；四等船面積8平方丈，徵400兩。東西洋船的船鈔較高，故其一、二、三等船，依次徵稅3500兩、3000兩與2500兩，直至康熙卅七年以後，才依東洋船例徵收（均見乾隆《清會典則例》卷47）。雜稅則稅目繁多，主要有分頭、擔頭、規禮、耗羨等等：分頭是加徵的貨物從價稅，擔頭是對課物加徵的從量稅——可能是對貴重的細貨，加徵從價稅，對粗貨則加徵從量稅；規禮是關務人員索取的陋規，多少不等；耗羨亦稱火耗，加二徵收，雍正以後減半[145]。

這四個海關中，以粵海關最為重要，但只主管對外貿易的課稅事宜，當時稱為行稅；至於外省來廣東貿易的貨物，則課住稅——這是由於廣東自明代起，在對外貿易上漸形重要（或與澳門崛起有關），所以，明代沿海走私貿易中，有「走廣」之稱。至清代則可能成為風尚，以致「走廣」貨物增加，從而廣州的商行可分為兩類：一稱「金絲行」，經營國內貿易；一稱「洋貨行」，專門經營對外貿易[146]——乾隆初，「金絲行」改名「海南行」，「洋貨行」改稱「外洋行」，簡稱「洋行」[147]。康熙二十五年規定，凡「來廣東本地興販，一切落地貨物，分為住稅，報單皆投金絲行，赴稅課司納稅；其外洋販來貨物，及出海貿易

---

145 引自李龍潛，《明清經濟史》，頁439、440。

146 李龍潛，《明清經濟史》，頁439、440。

147 馮自強，〈清代廣東十三行〉，明清廣東省社會經濟研究會編，《十四世紀以來廣東社會經濟的發展》。

貨物，分為行稅，報單皆投洋貨行，候出海時，洋商自赴關部（粵海關）納稅」[148]。

這些洋行各設關口岸均有，但以廣州最盛，《粵海關志》云，清代「設關之初，番舶入市者僅二十餘柁，至則勞以牛酒，令牙行主之，沿明之習，命曰十三行」。梁嘉彬曾引明末清初人屈大均的廣州竹枝詞：「洋船爭出是官商，十字門開向二洋，五絲八絲廣緞好，銀錢堆滿十三行」，並考證出記載此詞的《廣東新語》，於康熙廿六年前已行於世，暗示「十三行」可能在粵海關設立前即已存在[149]。詞中所云「十字門」，是指澳門對面海中，有四島嶼遙相對峙，形成海上十字路，番舶由東西二洋經此航向澳門，可見自明季起，十三行是針對經由澳門之對外貿易而勃興。

各洋行為減少彼此競爭，乃於康熙五十九年十一月間成立公行（實似公會），次年，粵海關監督命令未加入公行之商人不得與外人接觸，若有欲作瓷器貿易者須納20%之貨價予公行，茶葉買賣須納40%。新入公行者則應納銀一千兩，並列入三等行——頭等行在外洋貿易中佔一全股，二等行佔半股，三等行佔四分之一股。該年因英商抗議，公行聯合行為暫時中止[150]，其後，公行時存時散：乾隆十（1745）年起，清廷於行商中選擇殷實者為「保商」，令其統納出入口稅款；十九年起，凡外船之船稅、出口貨稅、貢銀及清廷所需之珍品，俱由「兩位行商負責保證，並規定十三行內任何一行倒閉，各行要負責分攤清償債務，從而形成「保商制度」；二十年，清廷重申行商承攬茶葉、生絲、布匹綢緞、糖、大黃、白鉛出口貨的貿易；廿二年，清廷限制對外貿易，廣州成為全國唯一通商口岸，廣東十三行遂一躍而成為壟斷全國對外貿易的組織；廿五

---

148 李士禎，《撫粵政略・分別住行貨稅》。
149 梁嘉彬，《廣東十三行考》，〈十三行制度名稱溯源考〉。
150 同上，〈自公行始至外洋行成立之十三行考〉。

年，九家行商請准設立公行，其首領稱「總商」[151]。但於卅六年，兩廣總督徇英商之請，解散公行；嗣後，洋行破產停歇者常有所聞；道光廿二(1842)年南京條約第五條云，「凡大英商民在粵貿易，向例會歸額設行商承辦，今大皇帝准以嗣後不必照向例，凡有英商等赴各口貿易者，無論與何商交易，均聽其便」，於是乎，十三行行商專攬對外貿易之制度終告廢除[152]。

在洋行制度期間，對外貿易亦在發展之中，以1750(乾隆十五)年至1800(嘉慶五)年的五十年間爲例，每十年作一比較，則進出粵海關的商船數目依次爲207、220、300、538、518艘；同一期間關稅收入依次爲銀472萬5312、498萬8405、562萬9767、927萬1536、1017萬5210兩[153]——這是包括船鈔在內，單就關稅言，至同治三(1864)年，其收入只有787萬2000海關兩，十年，則突破千萬元，而增爲1121萬6000兩，光緒十三(1887)年，再突破兩千萬兩，而爲2000萬541兩，廿八年，突破3000萬兩，而爲1兆2000萬7000兩，至宣統三(1911)年，是爲3618萬兩[154]。純就關稅收入來說，其佔財政收入之比重，於光緒年間，常在20%左右，以十三年至十九年爲例，此一比重是在22.94%(十三年)與19.25%(十六年)之間[155]。

五口通商是始於道光廿二(1842)年，次年，定洋貨稅則，值百抽五；廿四年定船鈔，150噸以上者，每噸納銀五錢，以下者每噸納銀一錢。咸豐十(1861)年，以英人李泰國爲總稅務司，幫司各口稅務(《清史稿·食貨志》)。在此以前，若干海關「有夷人幫同司理稅務」(《清續通考》

---

151 馮自強，〈清代廣東十三行〉。

152 梁嘉彬，《廣東十三行考》，〈自外洋行成立至洋行制度廢止之十三行考〉。

153 梁廷柟，《粵海關志·貢舶一》，卷10，卷24。

154 Hsiao Liang-Lin, *China's Foreign Trade Statistics 1864-1949* (Harvard University Press, 1974), pp. 132-133.

155 趙淑敏，〈海關改制與中國財政〉，《政大學報》62期。

卷30），致有奏議曰，「該夷……爲我稽查偷漏，是以近年夷稅，較開市之初，加增三四倍」。李泰國原在江海關任稅務司，支出雖多，稅收更爲倍增，咸豐九年爲兩廣總督借用，以整頓粵海關，月餘即有轉機，故次年被任爲總稅務司[156]。但十一年，總稅務司由英人赫德接任（《清續通考》卷30）。

在稅則方面，因進口貨或國產貨須行銷內地，咸豐八年加徵子口稅，值百抽二五（意謂2.5％），如願一次輸納，洋貨在進口，土貨在經過第一關納稅給票後，他口不再徵，船鈔輸納後，四月內不重徵。十一年，定長江及各口通商章程，洋貨入江，於上海納正稅及子口稅，土貨出口納出口稅，復進口時完一正稅，准扣二成，若完半稅不扣二成，再入內地，仍照納稅釐。其後，於光緒廿八（1902）年，曾與英國定裁釐加稅之約，進口稅仍爲「值百抽五，加一額外倍半之稅，以抵撤釐金，子口稅及各項稅捐，至於土貨出口稅，總數不得逾值百抽七五之稅」——依此，則進口稅計徵12.5％從價稅，而出口稅稅率則不逾7.5％，「尋與美日大西洋各國，均定此約，卒以事費調查，迄未能實行也」。直至宣統三年，更定東海關各口稅則，爲值百抽二五，再收一二五（計爲3.75％），內地捐所有規畫，概行裁免（《清史稿・食貨志》）。

此一時期中，於對外關係上，鄭和下西洋是一大事，除政治經濟意義外，並啓發中國向南洋移民之運動。華人向南洋移民，雖始自唐代，但寥若晨星，惟自鄭和七次下西洋後，則如雨後春筍，突然增加不知有多少倍了[157]。據《明史・婆羅洲傳》，「萬曆時爲王者，閩人也，或云鄭和使婆羅，有閩人從之，因留居其地，後來竟有其國而王之」。《蘇

---

156 均見《籌辦夷務始末》，咸豐朝。
157 有關移民的資料，除引自《東西洋考》、《清史稿》及近人著作外，悉本徐玉虎，《鄭和評傳》（中華文化出版事業委員會，民國47年），第三章第四節，其所引資料悉仍其舊。

祿史》亦記，14世紀時，有中國使者黃森屏（Ongung Ping）至浡泥，後任支那巴擔加總督。其女嫁文萊（Byunei）第二蘇丹阿合曼（Akhmed），凡20傳以迄今（Boring Gould，砂撈越史）。美洛居（Molucca）盛產香料，華人往來貿易，以致留寓者亦眾，萬曆間，荷、葡爲爭美洛居構兵，當地華僑遊說二國，得以和平解決（《明史·美洛居傳》）。呂宋因近漳州，華人多往，甚至久居，名曰「壓冬」，後聚有數萬人（《明史·呂宋傳》）。華僑既久居海外，勢力日增，有爲當地官吏及執政，如漳州人張某爲渤尼那督（Datn）（《明史·浡尼傳》），饒州人朱復，南安人蔡璟相繼爲琉球國相，其來華使者亦多爲閩籍華僑（《明史·琉球傳》）。另據《東西洋考》，成化間，汀州士人謝文彬，以販鹽下海，飄入暹羅，因仕其國（卷2），故曰，「闍婆、真臘，故島外繁華地區，……渤尼、三佛齊，亦雄視諸部，而或以守祧、或以易姓，華人逋入，司彼國鈞。」（卷3）

至清代，「司彼國鈞」最著者，厥爲乾隆間，鄭昭爲暹羅國王（《清史稿·暹羅傳》），羅芳伯爲西婆羅洲蘭芳共和國民選總長（即總統）[158]。但至十九世紀，華人卻於苦力貿易下，大批以「賣豬仔」方式前往南洋，於1830至74年間，移居者不下三百萬人。南洋華僑約分福建、廣東、潮州、客家與海南五幫，其比例依次爲38%、25%、21%、15%與3%。但若將居住泰國佔華裔八成的潮州人均視爲華僑，則潮州幫應爲第一——前述鄭昭雖爲土生華僑，惟其父鄭鏞爲潮州澄海人[159]。

同樣以「豬仔」方式移民的，主要爲美國，其待遇又低於南洋，清末以此爲背景之短篇小說，計有〈苦社會〉、〈黃金世界〉、〈苦學生〉、〈劫餘灰〉、〈僑民淚〉、〈豬仔還國記〉等篇，近年，有人將其輯爲一冊，再益以與外商有關之〈拒約奇談〉，連同〈人鏡學社鬼哭傳〉短

---

158 羅香林，《西波蘿洲羅芳伯所建共和國考》（民國50年）。
159 吳主惠，《漢民族的研究》（民國57年），第十章。

文，名爲《中國人的根》(文化公司，民國75年)。該書「提要」曾引1959
年2月《讀者文摘》一文，說華人是於1849年抵舊金山，接受低廉工資，
做白人不願做的採礦工作，後因略有儲蓄與人數增加，引發白人排華；
但1865年，美國要鋪設東西橫貫鐵路，又輸入不少華工，在嚴冬時候，
華工在積雪15呎，風雪交加的高山上，每天工作12小時，後來，隨著鐵
路線的進展，他們又到氣溫高達華氏120度的內華達州沙漠中工作。但
每次鐵路築好，這些勞苦功高的華工就立即遭到解雇，連做養路工的機
會也沒有。華工轉而做其他白人不願做的工作，如開鑿運河，修築堤岸，
伐木，墾荒(曾將40萬英畝的海洋變爲良田)，到了1880年代，在美國的華
人約25萬，多在加州，但該州卻通過一個法案，向華人課徵歧視性人頭
稅，禁止華人入籍，甚至於剝奪了他們即使爲了保護自己而在法庭上作
證的權利，以致華人紛紛回國，直至1930年中葉，據李長傅統計，整個
北美洲，華人只有18萬6450人——其中美國只有7萬4954人(1930年資
料)：但南美洲有17萬4897人，此外，澳洲有5萬533人，歐洲有2萬8300
人，非洲9500人。亞洲最多，高達1113萬6568人。全球華僑共計1158
萬2252人(見所著《中國移民史》，商務)。

第七節　元明清財經得失

　　此一階段，經濟上最大的缺陷，厥爲政治力量涉及經濟領域，蓋因
其在政治上的專制程度遠邁第二次甚至第一次一元體制。其所以如此，
是因爲這三個朝代中，就有兩個由少數民族主宰，他們以較低文化程度
的民族入主中原，其統治的對象卻是文化悠久與人口眾多的漢族，所
以，採取高壓手段以立威。其中唯一的漢人主政之明代，卻因朱元璋父
子(太祖與成祖)個人猜忌與刻薄，廢除相制與大肆殺戮，形成絕對權威
的專制制度，清代因之。是以，就政治對經濟的影響看，此一階段，實

可區分為元代與明清，其最明顯的分別，是對外經濟關係：元代仍承南
宋遺風，重視對外貿易，尤其是海上貿易；明清兩代則均實施海禁，漠
視對外貿易。本來清代鎖海時間不長，不致發生嚴重影響，但在心態上，
卻導致對外的漠視。

　　清代於收復台灣後，雖於康熙廿四（1685）年，取消海禁，允許外商
到廣州、漳州、寧波、雲台山自由通商，但於乾隆廿二（1757）年，卻取
消其他口岸，只許在廣州通商；但不能直接與中國商人交易，一切須通
過滿清政府特許的「公行」來進行。兩年後，清廷頒布「防夷五事」，
以進一步限制外商在廣州的活動：（1）禁止外商在廣州過冬；（2）外商抵
粵後由行商管束稽查；（3）禁止華人向外商借領資本及作外商僕役；（4）
嚴禁外商雇人傳遞信息；（5）外國船舶處派營員彈壓稽查。嘉慶十四
（1809）年，又頒布「民夷交易章程」，規定兵船不准擅入內港，外商不
准久住澳門；道光十一（1831）年再採一些限制措施，除重申以上規定
外，更禁止外商偷運槍砲、私雇買辦，以及禁止外商乘轎，外國婦女進
城，限制外商擅自出入所住商館。在出口方面，亦有很多限制：一為出
口數量的配額，譬如茶葉每年出口不得逾五十萬擔，大黃不得逾一千
擔，生絲每船不得逾一萬斤；一為禁止一些貨物出口，如糧食、五金、
硝磺、書籍，特別是銀兩等，均不許外商攜出[160]。

　　明清兩代鎖海或海禁之時，正逢西方史學家所說的「商業革命」，
時間為西元1300至1700年[161]——西方經濟思想史學家亦認為1500-1750
年為重商主義時期，18世紀更進入工業所導出的資本主義時代，西方國
家尤其是英國，正在積極尋求貿易尤其是自由貿易的機會，而明、清兩
代政府還在變本加厲地閉關自守，尤其是昏庸的道光皇帝更作許多不合

---

160 均見凌耀倫、熊甫主編，《中國近代經濟簡史》（四川大學出版社，1988），頁43。
161 周恃文譯（E. M. Burns著），《西洋文化史（下）》（黎明公司，民國82年），第五
　　篇第十六章。

理的人身限制，終而釀成鴉片戰爭，成爲一連串不平等條約的始點。

這些不平等條約對中國的傷害，主要是在政治面，即對主權之傷害，對於經濟的衝擊，則集中於短期，因就長期言，這種衝擊將形成刺激，使朝野起而重視生產方式，甚至經濟制度的改革。但是，衝擊中國經濟發展最大的，厥爲關稅自主權的喪失，先是於「江寧條約」第10條規定，中國關稅則例，「宜秉公議定」，本無任何約束，但於1843年7月所訂的「中英五口通商章程」中，規定關稅稅率爲5％；其後，1858年簽訂的「中英天津條約」之27條，規定「此次新定稅則……再欲重修時，以十年爲限」。這完全是滿清官員的無知，在不知不覺中，將可自主的關稅稅率之決定，拱手讓出口國家參與協定，而且稅率如此之低，且於十年不能協議變更[162]。

本來一個國家在經濟發展之初，常從經濟著眼以制訂關稅稅率，亦即通常所稱的保護性關稅，其基本目標有二：一爲保護國內有關的夕陽產業，給予它們喘息餘地，以便其轉型；一爲保護國內新興的幼稚工業，俾免它們受到外來衝擊而夭折。基於這兩個理由，進口關稅稅率可以訂得很高，甚至於可以高到100％以上；在另一方面，則不徵出口稅以鼓勵出口，亦是一種扶植國內工業之道。可是滿清政府對於出口卻亦課以相同於進口稅的稅率，亦爲5％或7.5％[163]。尤有進者，當時中國國內廣

---

162 漆樹芬，《經濟侵略下之中國》（帕米爾書店，民國59年台一版），頁199-100。

163 其後，進口貨加子口稅至進口稅率計爲7.5％，出口稅率亦如此。據當代經濟學家分析，最適貿易稅是進口稅率與出口稅率相等，如此，則進口與出口恰可平衡──參見E. Helpman & P. R. Krugman, *Trade Policy and Market Structure*（The MIT Press, 1989）. 循此，清季列強有關中國進口稅率與出口稅率同等課徵之決定，似是最適之決策。其實不然，此最適境界至少有下列條件：（1）是二國二物模式；此二國經濟發展程度相若，且均爲市場經濟；（2）此二物市場均爲完全競爭，反觀清季貿易夥伴眾多，而非一國對一國之交易；有關國家發展程度不一，尤其是中國處於傳統經濟狀態，且於一元體制下，經濟恆常受制於政治；是以，中國若干出口貨容或處於競爭狀態，而列強市場則多爲寡占。

徵厘金，而於天津條約第28條規定，外國貨運銷內地時，只須繳納2.5
％的進口稅，就可免除一切新稅而通行無礙；反之，中國產品要運銷國
內他處，則須繳多次厘金。在國際經濟中，外國人最多只要求地主國的
國民待遇，而清廷卻以超國民待遇畀予外人，其結果是貿易逆差的迅速
擴大與國內產業的大幅衰退。

　　從清季48年（1864-1911）的對外貿易看，除1864，1872至76年外，其
餘43年均為逆差，而且在迅速擴大，逆差於1865年為178.9萬上海兩白
銀，到1911年擴大為9416.6萬海關兩，且於1905年出現高達2萬1921.3
萬海關兩的逆差[164]。

　　明清兩代，棉紡織一向成為農村工業主幹，但於1872-90年的18年
內，洋紗進口量增加20.6倍，洋布增加27％，以致有人在1893年慨然言
之：「洋布洋紗……華民皆採購用，而中國之紡婦織女束手坐困者，差
千百萬人」；此外，冶鐵與鐵器製造業與榨油業等亦均受到嚴重影響
[165]。

　　清季以來所訂的不平等條約，多為城下之盟，而且多有賠款，以致
形成財政上極大的負擔。這些賠款屬於軍費範圍，而明代財政崩潰，則
主要是由於軍費負擔沉重，其另一負擔，則是宗室的支出。這種支出，
亦構成元、清兩代的財政負擔——元代國祚短暫，雖不見其宗室數目呈
幾何級數增加，但統治者對諸王作賄賂式的賞賜，成為財政上一大支
出。

　　由於財政困難，乃對人民橫征暴斂，尤以明清二代末年為然，這些
苛捐雜稅，明代已見前述，主要是在田賦上附征遼、練、剿、助四餉；
清季亦征田賦附加稅，而且與時俱增，以河北定縣為例，其每畝附加稅

---

164 均見凌耀倫、熊甫主編，《中國近代經濟簡史》，第二章第三節。
165 同上，頁223。

如以1899年為100，則1903年為137.7，1907年為355.9，八年之內增幅高達2.5倍[166]。顯然可見，這是在增加明顯制度成本，不利於經濟成長尤其是農業生產。至於明、清兩代的海禁政策，以及清季所訂的不平等條約中損及本國企業部分，都在提高不明顯制度成本。至於明神宗派出礦監、稅監大事搜刮，增加人民徭役負擔，則是增加明顯制度成本，亦升高不明顯制度成本：前者是指天子派太監至各地監督開礦與征稅事宜，以增加人民的財務負擔；後者是指人民力役增加，減少其本身生產工作，甚至改變其經營範圍與方向。

相對於明、清二代，元代的賦稅較低，但卻進行資源掠奪，尤以土地為然，這是對產權的漠視，亦即對私有財產制度的破壞，如此，將降低生產誘因，所以，可視為不明顯的制度成本之提高；且因產權制度有助於交易成本之降低，今因產權受損，從而提高交易成本。再因官府在放高利貸，提高市場利率，以致生產成本亦為之提高。

以上所說財經缺失，主要是來自政府面，但是，社會面亦有重要缺失，那就是在人口膨脹而耕地有限的情況下，土地兼併加速，田租大為提高，這種情況是與時俱增，到了清季更愈演愈烈，甚至於在乾隆十二(1747)年，湖南巡撫楊錫紱就曾說過：「近日田之歸於富戶者，大約十之五、六，舊時有田之人，今俱為佃耕之戶」[167]，表示有大量自耕農淪為佃農，以致在租地的市場上需求增加，競爭激烈，從而導致田租升高，清季田租是「上則畝止(正)租二石，中或一石五六斗，下則畝率一石」；而明清江南地區每畝產量，是「上田三石，中田二石，下田一石左右」[168]。兩相比較，可見出租土地多為上田或中田。若是下田，則佃農將一無所得，是以或可斷言，上、中二租額，應是就上田而言，如

---

166 李文治，《中國近代農業史資料》（三聯書店，1957），第一輯，頁105。

167 同上，頁75。

168 同上，頁100。

此，則田租約佔產量的2/3至3/4，可見租額之高，嚴重地影響到農民中佔多數的佃農之生活。這雖然是農業社會人地比例大增的必然現象，但因所涉及得來財富的不公平分配，不能不說是「政府失靈」效果！

顧志耐(S. Kuznets)將工業革命以來的時程，定義爲「現代經濟紀元」，其中包含著技術變動、制度變動與信念調整三類因子，後者是屬於思想面，亦就是形成資本主義的三前提(世俗主義、平等主義與國家或民族主義)；技術變動是20世紀的最主要特徵，是指科技發明，並應用於經濟性生產，以提高人類的物質福利；制度方面，則涉及公司組織，證券交易所、工會等之出現[169]。

這三類因子，在這一階段的明清期間，都曾或多或少地出現。思想方面三前提，已於上章評論，此處則分述另二類因子，先說技術變動，此處所說的技術變動，在廣義上，有現代所指的「創新」(innovation)之意義，除新工具與新方法外，還包含新產品與新原料。

農業方面，在工具與方法上，先有成化廿一(1485)年，陝西創造「木牛」，由二或三人駕駛，「一日可耕三四畝」(《棗林雜俎》卷下)——這與清人李調元於其《南越筆記》(卷6)中，所記載的廣東「木牛」，可能是同類之物；明人王征總結這些經驗、設計出代耕機，即於田頭兩端各置一木絞盤，各有一人司之，互相絞動以牽引木犁，另以一人扶犁頭(《新製諸器圖說》)。在新產品方面，則於明代引進甘藷、玉米、菸草，以及元末明初擴大生產的棉花。

在工業上，新工具與新方法，主要是在棉紡業方面：紮棉工具，萬曆以後，將明初的無足繰車，改爲四足腳踏繰車，一人能完成三人的紮棉操作，句容式的繰車「一人可當四人」；萬曆後，紡車亦大爲改進，

---

169 S. Kuznets, *Modern Economic Growth: Rate, Structure and Stread*(Yale University Press, 1966).

由手搖改爲腳踏，工匠手足並用，一手可握三至五管(線)，表示效率提高數倍；彈鬆棉花的彈弓，原爲竹弧繩弦，萬曆後，「以木爲弓，臘絲爲弦(《農政全書》卷35)，使弓沉重有力，弦勁緊堅韌彈力強，從而亦提高效率。在紡織方面，福州所用緞機原爲五層，弘治間，織工林洪將其改爲四層，稱爲「改機」(《古今圖書集成·考工典·織工部》)；漢浣鎮出紗綢，萬曆年間，機戶沈大德將土機改造爲「紗綢機」，「所產之綢質細而滑，且柔韌耐久」(《漢川所聞記·織作》)；隨著絲織工具的改進，其生產方法亦在進步，譬如專織綢緞的「花機」，其中「花機」高1.5丈，由織匠與挽花工二人操作之，織匠於「棧門」下，專司織緯，挽花工於花機上，專爲提經，二人根據圖案中花木鳥獸的形狀變化，相互協調，經緯交織，即可完成複雜瑰麗的畫面(《天工開物·乃服》)。當時，織機很多，單是蘇州市場上常見的，即有綾機、絹機、羅機、紗機、綢機和布機等六種，每種織機的結構都不盡相同，基本上達到了專用化的程度(崇禎《吳縣志》卷29)。其他工業亦於此一時期，採用機械裝置，利用畜力、水力等新動力進行生產，例如四川井鹽業，「製盤駕牛，牛拽盤轉，轆轤絞緪，汲(鹽)水而上；南方製糖業，使用「糖車」，以牛榨出蔗汁(《天工開物》〈井鹽〉〈造糖〉)。此外，江西一帶利用水轉運磨碾稻穀(《農政全書》卷18)；西北平涼地區利用用水力治麴、造紙(《天下郡國利病書·陝西上》)；明末，已用鉛鑄活字印刷，「視印核尤巧便」(《金台紀聞》)，萬曆時還發明「拱花」「餖板機」發印，印刷品「五色繽紛，爛然奪目」(《十竹齋箋語》序)。

　　就明初言，棉花是農業的新產品，卻也是棉紡織業的新原料。棉紡織業中的松江三紗木棉布與三梭布，幅寬三尺餘，細密似綢，價值昂貴，成化十六年，較一般棉布價格高四至五倍(《明憲宗實錄》)，因爲這是新產品。湖州的包頭絹業，於「正(德)嘉(靖)以前，南溪僅有紗帕，隆(慶)萬(曆)以來，機杼之家相沿此業，巧變百出」(乾隆《湖州府志·物

產》）；松江的暑襪與蒲鞋亦於此時成爲新產品，「松江舊無暑襪者……
萬曆以來，用龍墩布爲單暑襪，極輕美，遠方爭來購之，故郡治西郊，
廣開暑襪店百餘間，合郡男婦皆以做襪爲生」「自宜興史姓者客於松，
以黃草結岩鞋甚精，貴公子爭以重價購之，謂之史大蒲鞋」（《雲間據
目抄・論風俗》）。製糖業此一期間的新產品有白糖、冰糖、頑糖、獸糖
（《天工開物・造糖》）。

這些技術變動或創新，主要是提高生產效率（惟新產品的效率主要是
在增加需求方面），而亞當・斯密則認爲分工對效率貢獻厥偉。明代很多
工業亦分工甚細；江西鉛山造紙，除將竹絲浸水、甌蒸、曝曬等工人外，
還有扶頭舂碓、檢擇、焙乾等專業技工（萬曆《鉛書・食貨》）；景德鎮
精品瓷器，「共計一杯土力，過手七十二，方克成器」（《天工開物・陶
埏》）。

在制度變遷上，棉紡織業可作代表，康熙《松江府志》引明正德七
（1512）年所修之府志稱，「紡織不止鄉落，雖城中亦然，里媼晨抱紗入
市，易木棉以歸，明晨復紗以出，無頃刻間，織者半日成一匹」。此乃
顯示紡、織分工，織者應爲專業，而紡者則多爲家庭副業。這些織者可
能是自傭的機工，後來逐漸形成作坊，而成機戶或機房，萬曆年間，蘇
州「機戶出資，機工出力，相依爲命久矣」（《明神宗實錄》，萬曆二十
年七月）。清初，蘇州「城之東皆習機業，……工匠各有專能。匠有常
主，計日受值，……無主者立橋以待！織工立花橋；紗工至廣化寺橋；
以車紡絲者曰車匠，立濂溪坊，什佰爲群，延頸而望」（《古今圖書集成・
職方典・蘇州府風俗考》）。清中葉後，這些機房規模擴大，稱爲「賬房」，
同、光年間，蘇州城有五十七家大「賬房」，這些「賬房除自行設機督
織外，大都以經緯交織工，各就織工居處，雇匠織造、謂之機戶」（《吳
縣志・物產》）。可見自萬曆以來，集中生產的工場制度在逐漸形成之中。
事實上，鴉片戰爭後，中國業已建立不少新式工廠。

在組織方面，上一階段即已出現，當時稱爲「行」，宋元至明初，稱爲「團行」，明中葉後，稱爲工商「會館」，後又稱爲「公所」「公會」，蘇州工商會館，自明萬曆以來，至少有工商會館四十七所，其中建於明代的有三所，康熙與乾隆年間各建十六與十三所[170]。

元代「羊羔兒利」擾亂金融市場，明代規定月息3％爲上限——此一習慣至抗戰前夕，仍沿行於中國，至少在長江流域是如此。當時信用機構主要爲當鋪、錢鋪與錢莊，後者可能是清代長江流域「錢莊」的前身，而北方之票號亦於清初出現，經營銀錢匯兌業務。這些信用機構在組織與經營上，雖不能與西方的銀行業務同日而語，但在當時，不能不說是新的信用制度。

以上是從顧志耐的三類因子，檢視明清兩代經濟發展情況，可見自明代中葉起，這些因子逐漸在中國浮現，從而有中國資本主義在明代的萌芽，其主要地區爲長江流域，而明亡後，抗清最烈者，亦在此一地區，誰說「商人無祖國」　這反而說明「倉廩實則知禮節，衣食足則知榮辱」。明代之所以能出現資本主義萌芽，一方面是明代中葉起「法綱漸疏」，使工商業者有較大自由的活動空間；另一方面，是改進了工匠制度，讓這些工匠有較多的自由使用與發揮的時間與空間。這些具有自由放任傾向的政策，降低一元體制下的專制，統制與管制的色彩，再加大一統下經濟活動空間大，有利於區域間分工與交易的進行，例如江南紡織業所用棉花，是仰賴北方供給，而北方則要江南之棉布，此即「吉貝（棉花）則泛舟而鬻諸南，布則泛舟而鬻北」（《農政全書》卷35）；棉布生產中的織造和漿染工序，是分別在松江與蕪湖進行，此即所謂「織造尙松江，漿染尙蕪湖」（《天工開物·布衣》），蕪湖漿染業所用原料，來自外地，而福建的藍靛卻「利布四方」（萬曆《閩大記·食貨志》），廣州織造的綢

---

170 引自李龍潛，《明清經濟史》，頁416。

緞，亦「必用蘇蠶之絲」(《崔南叢述》引明《廣州府志》)。

可惜這種情況因明代覆亡而中挫，清代在生產技術上發展不多，這可能與其大興文字獄以箝制思想有關。

第八節　小結：天朝淪為弱國

這一期間末，中國的國際地位，可說是從九霄雲外掉入十八層地獄；期初的元廷，其背後的蒙古帝國，地跨歐亞，其富裕程度，亦使歐洲人目瞪口呆；但至明代中葉，葡萄牙已以蕞爾小邦，先滅中國屬邦滿剌加，再占本土澳門，西班牙占據中國屬邦呂宋，並進占台灣北部，荷蘭兩度襲據澎湖，再踞台灣南部；清代之鴉片戰爭，更將中國藩籬突破，形成列強瓜分的局面。

但在主觀上，中國向以天朝上國自居，對外的關係，只有他國來朝入貢，中國冊封恩賞，並無近代外交關係與國際貿易的觀念——明清貢舶貿易，雖是厚往薄來，但仍維持，旨在顯示「朝廷寬大之意」，褒彰「遠人歸慕之心」(引語來自《明太宗實錄》卷22)。這一心態，或可肆應於南洋及東北亞，卻難面臨文藝復興後勃興的西方重商主義。而西方列強已能明瞭中國虛實，所以，遠在1586(萬曆十四)年，呂宋總督主教等上書西班牙國王菲立浦二世曰，「據報稱：中國人皆怯懦無勇，兵隊皆以乞丐組成。請以一萬或一萬二千西兵征服中國，即不能得全國，至少亦可占領濱海數省」；1792(乾隆五七)年，英使馬戛爾尼來華，通商使命雖失敗，但卻觀察到中國軍隊不堪一擊，並說，「余今始知中國朝廷之政略與自負心相關聯，彼欲凌駕諸國而上，而對實際所見不遠，不知利用之方，惟防止人智之進步，此終無益於事也。」[171]

---

171 引自李定一，《中國近代史》(民國48年)，第一章與第二章。

但在另一方面，中國朝廷仍渾然不知，懵然不覺，直至1816（嘉慶廿一）年，英使阿美士德來華，拒行跪拜禮，嘉慶皇帝仍以「中國為天下共主，豈能如此侮慢倨傲？」為由，當日將其遣下，並諭曰[172]：

> 但念爾國王數千里外奉表納貢，爾使臣不能恭敬將事，代達悃忱，乃爾使臣之咎，爾王恭順之心，朕實鑒之。特將貢物內地理圖、畫像、山水人物收納，嘉爾誠心，即同全收。並賜爾國王白玉如意一柄，翡翠朝珠一盤，大荷包兩個，小荷包兩個，以示懷柔。……天朝不寶遠物，凡爾國奇巧之器，亦不視為珍器。爾國王其輯和爾人民，慎固爾疆土，無間遠邇，朕實嘉之。嗣後無庸遣使遠來，徒煩跋涉，但能傾心效順，不必歲時來朝始稱向化也。俾爾永遵，故並敕諭。

全篇內容真個是「侮慢倨傲」之至，可說是埋下24年後鴉片戰爭的禍因。甚至於在鴉片戰爭以後，當時以開明著稱的梁廷枏，於1843年撰《海國圖說》序言中，曾言「荷蘭以助剿海逆，貢市最先，而意大理亞次之，博爾都噶爾維又次之，嘆咭唎又次之。嘆咭唎雖奉冠帶，稍後，而貢獻頻頻，一時貢順，實出熱忱，未嘗以其使臣之失儀、辱命而盡絕」，該書第四部分為〈粵道貢國說〉，即縷述這些國家進貢情況。於戰敗之後，此一開明分子尚自我陶醉如此，當可想見戰前中國之氣象。

中國於此期間，由盛而衰，其原因雖多，但歸納起來只有三個，即政治、經濟與文化三因子。就政治情勢看，西方自英王約翰於1215年簽署大憲章（Magna Carta）以來，政治日益民主，而中國卻於此一期間，政

---

172 同上書，第一章；郭廷以，《近代中國的變局》（聯經出版公司，民國76年），〈中國近代世變的由來〉。

治上更趨專制，且自明太祖起廢除宰相制度，形成君主之獨裁，在在與時代潮流背道而馳，更助長君主自大之氣燄，終而導致外侮。

在經濟方面，主要是由於明清兩代漠視對外貿易，實行其海禁政策。明代倭寇之亂，實在起於鎖海政策，使走私者形成的海寇，由於難以進行貿易，進而與日本浪人勾結，形成猖獗的倭寇，鄭曉於《皇明四夷志》中云，「大抵賊中皆華人，倭奴直十之一二」。從倭之海寇首領王直曾於嘉靖卅五年，對浙撫胡宗憲之使者表示：「我輩昔坐通番嚴禁，以窮自絕，實非本心，誠令中國貰其前罪，得通貢互市，願殺賊自效」（《實錄》），足見其與倭寇勾結，是與海禁有關。由於鎖海導致海寇與倭寇之亂，明廷乃於東南沿海置以重兵，單就福建一省而言，除內地軍衛外，還增置鎮、永、平、東邊海四衛；玄鍾、銅山、陸鰲、莆禧等邊海十三所；增築邊海城垣大小五十餘處，統兵十萬，費糧百萬；於外又增烽火、小埕、南日、浯嶼、銅山五寨，玄鍾一澳，洪淡等四巡司[173]。所以，嘉靖中，福建巡撫都御史於〈請計處倭酋疏〉云，「臣計山東浙直閩廣，備倭兵餉，歲不下二百萬(兩)」（《東西洋考》卷11）——一年200萬兩白銀的軍費，不易給人明晰概念，但據《續通考》，嘉靖十一年，明廷歲入，除實物外，僅為銀243萬兩，由此可見備倭軍費之浩大，後來且因九邊告急而有三餉之徵，終而導致明廷覆滅。這是一齣由政治影響到經濟，再由經濟反擊到政治的悲劇，其中關鍵與鎖海政策很有關係。

滿清海禁政策，在軍費上，雖不像明代那麼浩大，但其社會成本有過之而無不及；前述遷海時期，沿海田園荒蕪，犯禁處死者無數，已難計算其社會成本；後來採取之閉關自守政策，幾與外界隔離，終而釀成巨禍，使中國淪為次殖民地，其社會成本更難推估。

---

173 馮璋，〈通審舶議〉，《明經世文編》，卷280。

　　清聖祖雖於征服台灣後開放海禁，並指定廣州等四處爲通商口岸，但於康熙五十六(1717)年，爲恐本國商人至南洋勾結海寇，進行反清活動，乃嚴禁中國商人前往南洋貿易，只許外人來華，雍正五(1727)年解除此一禁令，乾隆十二(1747)年，復行禁止。乾隆二十年，英國兵船至寧波港，清廷爲恐寧波成爲澳門第二，乃於廿二年，關閉一切商館，停止廈門、寧波、定海等港口的貿易，限制外國來華商船在廣州一口貿易，並規定外商不准和官府直接交往，全部由公行商人承銷與代購，並「承保稅餉」，即代外商辦理關稅，關於糧食、五金、軍火、書籍均嚴禁出口，絲茶等出口品亦有數量的限制；廿四年，又訂「防夷五事」[174]——此即兩廣總督李侍堯奏准約束外商五事：(1)外商在省住多，永行禁止；(2)外人到粵，令寓居行商館內，並由行商負責管束稽查；(3)內地商人借領外商資本，及外商雇用漢人役使，並行查禁；(4)外商雇人傳遞信息之積弊，永行禁止；(5)外船收泊處所，酌撥警員引壓稽查[175]。同年，禁止英商在寧波逗留(《清史稿》本紀)，可見清廷於兩年前停止寧波等港口貿易，而英商仍然前往。

　　乾隆時期有關對外貿易之規定，實較康雍之時爲嚴，隔絕中國人(包括官員)與外國人之接觸，形成真正的閉關自守，從而，對西方的科技與政經社會進步情況，一概不知，越發加深自大自滿的心態，以致演變爲「眾人皆醒我獨醉」的局面，這就醞釀成爲阻礙進步的文化因子。在雍乾嘉三代，正是歐洲歷史進步最速、變化最大的時期，產業革命、交通革命、政治革命、哲學、政治、經濟、科學上的新理論、新思想、新發明，蜂擁而起，日新月異；而中國卻於閉關自守下故步自封，文化僵固，且因大興文字獄，使思想更定於一尊，知識分子被迫走上考據工作，

---

174 引自李龍潛，《明清經濟史》，頁529。

175 梁嘉彬，《廣東十三行考·自公行起始至外洋行成立之十三行考》。

甚至疏於義理；相形之下，當然落後很多，其中關鍵，又與限制對外貿易有關。

由於國勢與經濟力量密切有關，所以，鎖海政策後遺症主要仍然反映在經濟上，這可從三方面來說，首先是由出超變爲入超。在對外貿易上，中國一向處於優勢，保持巨大出超，以致外商須運送大量白銀前來，據統計，18世紀中葉，廣州一地流入的白銀，平均每年在百萬至四百萬兩之間[176]。這種出超的形成，實在是來自中國對外貿易的限制，所以，引發當時西方列強之首的英國尋求對策，即爲防止英印銀兩過量流出，故以鴉片輸出爲手段，嘉慶元(1796)年，輸至廣東的鴉片約千餘箱，四年頒禁令，英國改爲走私偷運，數量反而增加，至1830年代末期，平均每年運入三萬箱，自1811-1839年，鴉片輸入數字可稽爲38萬4846箱[177]。每箱平均價格爲650銀元[178]，則中國爲鴉片支出共爲2億5000萬餘銀元，以致自1829年(道光九)年起，中國呈現逆差，迫使清廷於道光十三年頒布銀兩輸出禁止令[179]，但銀兩卻因逆差擴大而加速流出，至道光十七年，「廣東海口每歲出銀至三千餘萬，福建、浙江、江蘇各海口出銀不下千萬，天津海口出銀亦二千萬」[180]。終而激發清廷採取斷然手段，引起1840年的鴉片戰爭。五口通商後，中國雖偶見出超，但以逆差居多，據1870-1911年的正式統計，自1870-1911年的42年間，除1872-1876年的連續五年爲出超外，其餘各年中國均爲入超[181]，貿易逆差共計19億8781萬4000海關兩銀，其中若干年，逆差甚大，以1905年爲例，入超

---

176 引自李龍潛，《明清經濟史》，頁531。

177 翁之鏞，《中國經濟問題探原》(正中書局，民國45年)，第九章。

178 凌耀倫，熊甫(主編)，《中國近代經濟簡史》，頁46。

179 翁之鏞，《中國經濟問題探原》，第九章。

180 《鴉片戰爭資料叢刊》，第一冊，485頁。

181 A. Feuerweker著，林載爵譯，《中國近百年經濟史》(華世出版社，民國67年)，上篇，表16。

佔出口金額比例竟高達96.2％。這麼高的貿易逆差，當然讓一個以農業為主體的經濟社會難以負擔。

其次是人民負擔加重，其重荷來源至少有二；一為銀、錢比例變化；一為因賠款而增加的稅負。前者是因白銀的淨流出，導使銀貴錢賤，乾隆六十年，白銀一兩合制錢千文，嘉慶廿三年則增至一千三百餘文，道光廿七年，增為兩千文[182]。由於升斗小民係以制錢為交易，而繳納賦稅卻要按銀折算，所以，在「銀價愈昂，錢價愈賤」情況下，「小民完糧納課，均需以錢易銀，其虧者咸以為苦」[183]。由於要付出大量賠款，清廷乃大幅增稅，其方式有三：(1)延長厘金徵收；(2)增收鹽稅，稅率約增一倍；(3)徵收田賦附加稅，稱為畝捐，各地不一，少者增加15％，多則數倍，尤以四川為最，其大縣由每畝一兩提高到10.5兩[184]，這些附加稅捐當然都落在人民雙肩，以致民生困苦。

最後則因喪失關稅自主權與內河航運權，使洋貨長驅直入，使原本蓬勃的國內棉紡織業、冶鐵及鐵製造業隨而解體[185]，民生益為凋敝。

在這些情況之下，中國不淪為弱勢，其可得乎？

平心而論，促成這些不平等條約簽訂的西方列強，其原始動機，只是追求政治上對等往來，經濟上自由貿易，這可從南京條約以來歷次不平等條約內容中攸關經濟部分中看出。這些內容可以歸納為下列十項：(1)邦交平行，對等往來；(2)增開口岸；(3)廢除公行制；(4)外人居留(後劃地為租界或租借地)、設領事、領事有裁判權；(5)協定關稅；(6)投資設廠生產；(7)可擁有礦權與築(段)路權；(8)內河航行權；(9)商品與勞務之自由進出口；(10)片面最惠國待遇。

---

182 彭信威，《中國貨幣史》，第八章。

183 道光二年，御史黃中模語，見《清代外交史科》道光朝卷一。

184 凌耀倫，熊甫(主編)，《中國近代經濟簡史》，頁92-95。

185 同上，頁96-105。

其中第(1)項：列強是追求政治地位對等；第(2)(3)(9)項，則是列強追求貿易上的自由。從今日觀點看，第(10)項最惠國待遇，是符合關貿總協定(GATT)或世界貿易組織(WTO)的「無歧視原則」；第(6)項投資設廠生產，則演變到現在，是各國獎勵外人投資，即使是第(4)項外人居留問題所衍生的租界，主要是由於當時中國缺乏適合世界潮流的民法與商法，其作如此措施，在動機上，是和今日很多國家制定特別法設立經濟特區類似，其最大之不同；乃是今日之特區，是在主權獨立的國家管轄之下，而不會有妨礙主權的治外法權。第(5)項協定關稅，其用意可能與今日貿易夥伴間關稅磋商類似，但因清廷之無知，於不知不覺間喪失關稅自主權，難以扶植國內幼稚工業；至於(7)(8)兩項，即使在今日的區域經濟統合中，亦僅見於高層次的統合階段，而清廷懵然被迫接受，使國人經濟權益大為外溢。

第廿一章附錄
強迫學習的歷程[1]
——近代中國現代化的肇始

　　無可諱言地，中國現代化是開始於鴉片戰爭以後，所謂「現代化」，據第十五版《大英百科全書》說，首先是視為西化或歐化，蓋因這是始於歐洲，然後才向外擴散。在另一方面，F. W. Riggs則認為，「現代化並不指一種特殊的變遷，如工業化、西化、或希臘化，而是指一種『歷史的相對性』的現象，指一個社會或國家，自願或非自願地發生的一種『形變之鏈』的過程，而這種形變乃在減少他自己與其他他認為更進步、更強大或更有聲威的社會之間文化的、宗教的、軍事的或技術的差距者」[2]。

　　Riggs這番話的後半段，很像《社會科學國際百科全書》（1968）在「現代化」一詞釋義中，所引用馬克思的一番話：「對工業發展較少的國家而言，工業發展較多的國家，只是顯示其本身未來的形象」。此一引語，是在顯示後進國家要縮短其與先進國家間的差距，尤其是經濟方面。

---

1 此一標題取自學生陳善瑜博士論文，《強迫學習的歷程——近代中國市場經濟的新階段》（1997），以下所引資料，除另註來源外，均本此文。
2 引自金耀基，《從傳統到現代》（時報文化公司，1978年新版），頁158。

　　從上述，可見現代化是一過程，無論是由歐洲向外擴散還是形變之鏈，對後進國家言，都表示是一種學習歷程。中國現代化既然是始於鴉片戰爭之後，顯示是「非自願地」參加形勢之鏈，故稱爲「強迫學習的歷程」。

　　鴉片戰爭，使中國屈辱，接受城下之盟，並從此被迫簽下一連串不平等條約——這是從中國史學家立場而言，但從市場經濟觀點看，這是經濟自由化、國際化的過程，是以這些條約中，能爲此一過程立下里程碑者，主要只有兩個，一爲1842年簽訂的中英南京條約；一爲1895年的中日馬關條約。在前一條約中，規定貿易自由化；在後者中，是容許外資來華自由設廠。本文旨在說明，自由貿易與自由設廠對中國經濟的衝擊，以及中國朝野的回應，從而促進中國的現代化，這些將分述於一、三兩節。

　　但是1840年的鴉片戰爭，英國戰艦的砲火，擊破中國王朝迷夢，使中國面臨空前未有的變局，如何因應此一變局，使當時朝野議論紛紜，其主要論點將析述於第二節，以彰顯強迫學習過程初期的特色：抗拒與掙扎。

南京條約：自由貿易的擴展

　　早期的中西貿易，並無條約規定，全由中國的「防夷章程」支配，此章程初爲廣東地方所訂，後經中央批准，一再補充修訂，其主要內容有六：(1)限令夷人寓居廣州城外洋行夷館；(2)禁止夷人閒游，每月只准二或三次到附近花園散步；(3)禁止在廣東過冬，貨銷事竣即須隨船回國，或往澳門居住；(4)禁止番婦來省；(5)禁止進城；(6)不准擅自遞稟。凡此條款，均責成行商執行。海關征稅，分爲船鈔與貨稅二種，正項鈔稅似屬有限，夷商最大負擔，厥爲官禮與陋規，簡稱規禮或規例，名色繁雜，在乾隆年間，已有六七十種之多；另有「行用」，由行商對

易售之夷貨，抽取3％貨款，以備攤還商欠（其後，抽收範圍擴大，抽取比率甚至有高達6％者）。所謂商欠，是指行商欠夷商之款，鴉片戰爭發生前一年，夷債金額高達三百萬元[3]。

鴉片戰爭是發生於道光二十(1840)年，中國爲英國打敗，而於廿二年被迫簽訂南京條約，次年再簽訂補遺性虎門條約。此二條約主要內容有六：(1)取消朝貢式貿易，邦交平衡，對等往來；(2)廢公行；(3)增開商埠，設居住地；(4)協定關稅；(5)最惠國待遇；(6)領事裁判權。這些內容大致可以區分爲三大類：第一類爲政治面，亦即第一項所說平等的外交、貿易關係；第二類是經濟面，即2至5項的自由貿易規範；第三類是法律面，亦即最後一項的司法審判。其後各種條約，亦多沿此三方面發展。

政治面，是將君臨萬國的天朝「貶」爲國際社會的一個成員，中英(外)之間的貿易，不是夷族對上國的朝貢，而係平等互惠；官員文書往來，使用平衡字眼，互派大使。至於文化層面，允許外國人邀請中國人教中文，並可採購中國書籍，以及居住地的許可等項。

經濟面，廢除公行，是消除中間行商的聯合獨占，外商礙與任何中國國內商人進行貿易——但這並不意味中國行商無用武之地，而是轉變爲買辦。門戶開放後，外商數目日漸增加，買辦人數亦在直線增加，他們是親身參與外國企業經營的第一批中國人，在19世紀後半葉，暨20世紀之初，是中國現代化肇始的先驅分子。

通商口岸由一處開放爲五處，再由沿海而內河，甚至內陸邊關，至宣統三(1911)年，前後共開84個商埠[4]。開放之初，仍沿用廣東貿易時

---

3 郭廷以，《近代中國的變局》（聯經出版公司，民國76年），〈中國近代世變的由來〉。

4 嚴中平等，《中國近代經濟史統計資料選輯》（科學出版社，1955），頁41-48中，列有商埠105個，但其中至少有21個是於民國年代開放。

期規定，將外商的活動範圍與貿易地點，限制於商埠之內，後乃放寬，外商得赴他地遊歷、貿易。

在所開口岸，外商得攜眷居住，並立定界地，設有領事，其後演變為租界，而有自主性的相關公共事務之出現。但自咸豐八（1858）年簽訂天津條約後，外國商船得以航行中國內河，則有違國際慣例。

協定關稅之演變成關稅自主權的喪失，對於後進國家言，實為重大損失。這一方面，是由於中國有關官員的顢頇，昧於事實與知識；另一方面，則是當時清文宗心理的不平衡，他寧可關稅全免，亦不願北京駐使，惟恐外人盡窺京師虛實[5]。

最惠國待遇當時稱為「利益均霑」，曾紀澤使英時，曾批評此項不符合國際公法[6]，當有所據，但此一條款實為二次大戰後，關貿總協（GATT）主要精神（無歧視原則）所寄，而1840年代，列強之間對外競爭甚為激烈，而英國竟願將其血戰得來的勝利果實與列強共享，若非基於他們之間可能存在的攸關貿易之協議，則是英國的推己及人的博愛精神。循此，仍可視此項是自由貿易之規範。

租界與領事裁判權，最妨礙中國主權，尤其是1854年，上海租地人會通過「上海英法美租界租地章程」，上海租界乃據此章程成立工部局，提供公共服務並擁有徵稅權力。再加上領事裁判權，使列強在中國領土上形成國中之國。領事裁判權又稱治外法權，所謂法權，大都為有關殺傷案件的處理，亦以中英之間居多。在虎門條約簽訂以前，依大清律例，「化外人有犯，並依律問斷」，惟英人常指稱中國法律不公，抗不交兇，中國即予強制，甚至拘其貨長，停止貿易，以致糾紛常起，從而漸由中國單獨裁判，進而漸變為中英會審，現在則歸英人自理[7]。

---

5 郭廷以，《近代中國史綱》上冊（香港中文大學，1986），頁132。

6 王爾敏，《中國近代思想史論》（商務印書館，1995），頁26。

7 郭廷以，《近代中國的變局》，〈中國近代世變的由來〉。

在南京條約衝擊下，貿易自由化在近代中國漸次展開，自1858年起，鴉片正式解禁，一併解禁而可出口的，有銅錢、米糧和軍火原料。兩年後，勞動力可自由移動，從而有大量華工遠赴外洋。貿易亦在擴大之中，且於1896年前，中國都享受順差，從海關資料看，清季的貿易結構有顯著變化，這可劃分為兩個階段予以觀察：一為1842-1880年；一為1881-1910年。在前一階段，中國進口以鴉片、棉布為主，出口則以絲、茶為大宗。這顯然是基於比較利益：中國出口勞動密集產品，進口資本密集產品。在後一階段中，出口仍以絲、茶為主，但其重要性在快速遞減，這是持續以比較利益為基礎，而且擴大貿易範圍。但在進口貿易方面，棉布凌駕於鴉片之上，這是反映兩個趨勢：一為中國實施進口代替，自產鴉片（當時稱為土藥），以取代進口的洋藥（鴉片）；一為外在技術進步，至於蘇彝士運河之開闢與輪船業之發達，使西方（英國）機器生產之棉布，得以大量輸入。

中國絲、茶的主要產地，是在沿海一帶，其大量出口，將增加這一帶人民的貨幣所得，從而有能力購買洋貨，從而形成沿海中國的進出口市場，這是由點而線而面發展而成，點是商埠，亦即條約口岸，線是商埠對外的交通線；面則是交通網所及的腹地範圍。在此期間，條約口岸常為主要河流的出海港口，以河流航運與其腹地相聯繫——至於鐵路則多建於馬關條約簽訂以後。

此一沿海中國，是由南向北發展，早期是發展於華南，但是，華中地帶的進出口快速增加，1870年代，上海的對外貿易已超過廣州，成為全國第一大港，進出口總值佔全國的60%以上，同為長江流域的漢口亦發展成全國第三大港，華北的天津排名第四，東北的大連則尚未開埠。

為從事國際貿易業務，商埠必須滿足企業在交通、通訊資訊、支付工具、融資、避險等方面的要求。面對中國城市功能不足之處，外商逐漸引進嶄新的服務業，以降低其交易成本。在交通上，從輪船發展出新

式碼頭與船塢之興建，港務經營、輪船航運與船舶修護等業——以後有鐵路，更增加相關產業；通訊上，引進郵政、電報、電話；資訊上，引進報紙、出版事業，支付工具上，引進洋元與銀行券(紙幣)；融資與匯兌上，引進銀行，後來還引進證券市場；引進保險公司，作爲分散風險的中介機構；另外，還有倉儲、打包及進出口加工業。循此，使這些通商口岸逐漸蛻變爲現代化都市，創造大量就業機會，吸引大量人口流入，以上海爲例，1890年只有7萬5000人，1895年即迅增爲24萬人，十五年內增加近二倍半；1910年增爲48.8萬人，十五年內，再增加一倍。

自由貿易開放後，中國朝野都在非自願性的情緒下，被迫學習西方現代化，但其中亦有自願性學習者，那就是買辦，他們一方面是獨立的商人，另一方面則是洋行的受雇者，是橫跨「舊中國」與「新世界」的中介人。他們親身參與洋行的經營，熟悉其經商辦法、契約的運用、市場的動向與支付手段的靈活使用，以致在參與中養成其企業才能，成爲商業企業家[8]。

晚清知識分子的覺醒

在第二十章第一節，曾經強調顧志耐所說的現代經濟紀元的三前提之世俗主義，平等主義與國家主義，其實，這只是他衡量經濟發展觀念的一部分。在他的著作中[9]，他是用經濟紀元，表示人類社會的經濟成

8 郝延平曾以清季最傑出的官僚企業家張謇和買辦對比，襯托出後者之優越；張氏於1900年後才認識到輪船航運業的重要性，但雇用工人仍偏重鄉親，而非公開招聘。組建大生絲廠，還不知道「有限責任」觀念，而買辦至遲在1856年就已從外商那裡學到了這些概念。見郝著(李榮昌等譯)，《十九世紀的中國買辦——東西間橋樑》(上海社會科學院，1988)，頁169-170。

9 S. Kuznets, *Modern Economic Growth: Rate, Structure and Spread* (Yale University Press, 1966).

長階段，每一階段都有其主要的成長來源，但大致可以歸納出技術變動、制度創新與思想信念變革，前述之前提實即思想信念之變革。但顧氏認爲現代經濟紀元的前最大特色，乃是以科學發明爲根底的技術進步，故將其命名爲「科學的紀元」是科技的發明與其應用於生產，是現代經濟紀元創新的技術層面，爲適應機械生產與科技性生產，而有集中生產的工廠制度之興起；從而，以籌集資金爲主要考慮的股份有限公司組織，以及證券交易所的出現；在工廠、公司制度下，大多數人成爲受雇者，而非自由的生產者，受雇者利益與雇主利益往往對立，致有現代工會與工商團體之出現；經濟組織與制度的變革，又將引起都市化等社會層面的調整；技術創新與制度變革，必將帶來思想信念的調整。

依上述，可見顧氏爲工業革命所形成現代經濟紀元，在過程上，是遵循技術面→制度面→思想面而演變。中國現代化，雖然是被動的，但在強迫學習下，亦作類似層次或過程變化的。在當代中國知識分子心目中，中國現代化大致循著三個層次而演變；第一是器物技能層次的現代化；第二是制度層次的現代化；第三是思想行爲層次的現代化[10]。實際上，在19世紀中，中國在強迫學習的過程中，其思想覺醒的歷程，亦是沿著這三個層次演進。而在19世紀的後60年內，以每20年爲時間單位，亦即每一個階段，即可清晰地看出中國朝野逐次對這三個層次的體認[11]。

首先是1840-60年間，中國朝野對技術層次的體認。鴉片戰爭使中國見識了西方的船堅砲利，魏源首於1842年，主張「師夷長技以制夷」。

---

10 引自金耀基，《從傳統到現代》，頁183。

11 王爾敏於其《中國近代思想史之始》（商務印書館，1995），〈十九世紀中國士大夫對中西關係之理解及衍生之新觀念〉一文中，區分四個階段，即(1)初步認識與反應(1840-1860)；(2)西力衝擊下衍生之新觀念；(3)西方觀念之吸收與融合(1880-1895)；(4)民族主義與西方思想之移植(1895-1900)。此四階段實在可以濃縮爲技術、制度與思想三個層次，即將後二階段全合併爲思想層次。本書將對此予以析述，至於資料運用上，除另註出處外，悉本此文。

他說，「夷之長技三：一戰艦，二火器，三養兵練兵之法」。爲著「盡得西人之長技，爲中國之長技」，他主張，「於廣東廈門外之沙角、大角二處，置造船廠一、火器局一。行取佛蘭西、彌列堅二國各來夷國一、二人，分攜西洋工匠至澳，司造船械，並延西洋舵師，司教行船注砲之法」（《海國圖志‧議戰》）。從「師夷長技以制夷」此一主張看，就可體認出強迫學習之心情，蓋因「師夷」者，向西方學習也要學習後則用「以制夷」，可見此一學習是非自願性，至於學習內容主要爲戰艦與火器，足見只限於技術層面。

在這方面，魏源是先知先覺，但不久，對於「船堅砲利」之體認，從現有文件看，至少有66人具有此一觀點，包括清宣宗在內。於此期間，一般研討西洋火器及自創新法之著作不少，至少有造槍砲者七種；造地雷、水雷、炸彈者六種；造砲台及火藥者各二種；討論一般火器攻防者五種。另外，觀察西方火輪船而紀錄介紹者亦在10人以上。1860-80年，對中國言，在強迫學習歷程中，邁向另一階段，一方面是對器物新新技之現代化，由坐而言到起而行；另一方面，亦認識到制度方面的現代化。

前者可以同治初年開始的洋務運動（1862-1894）爲代表，所從事的洋務，亦即西化項目最初是船艦、槍砲，隨後擴及鐵路、開礦、電話、郵政、銀行、鑄銀、農、工、商業，亦稍涉及政治制度，但大體以器物技藝爲主[12]。洋務運動之目的，是在於追求中國之富強，故又稱自強運動。就現有資料所知，在1895年前，以謀求自強而立論者至少有39人。這些議論中，仍多歸趨於西方科技知識的吸收與應用。洋務或自強的途徑，除爲外交折衝樽俎外，首先表現在國防（實爲海防）工業需求上，包括造船、造砲、練兵、船塢、砲台，以及電線等建設，其目的爲追求國強；

---

12 孫廣德，《晚清傳統與西化的爭論》（商務印書館，1982），頁13。

另一目的則爲追求民富，亦即注意民生工業的創設，諸如航運、採礦、紡織、造船、煉鋼等，均採用西方機器生產。是以，無論是新式國防還是民生工業，都是西方技術與組織的承受。這一觀念，甚至於到了1896年，陳熾還在其《庸書・內篇》中說，西人挾科技東來，正予國人改進「器」之良制。

後者是在制度方面現代化的倡導與實行，首先是清廷體認到外交的重要性，特於1861年設總理各國事務衙門，1864年，該衙門出版丁韙良（W. A. P. Martin）所譯的《萬國公法》，該年，恭親王即曾引用此法處置普魯士在天津扣留丹麥船隻事件。用現代語言來說，對西方之學習，不僅著重於硬體，也注意到其軟體措施。所以，在此一時期開端，李鴻章、馮桂芬即曾主張爲學習西人長技，必須省察中國制度之缺陷，略變考試制度，爲設一科取士。此說，馮桂芬於1861年著論詳言之，兩年後，李鴻章創辦上海同文館，較北京同文館學科擴大，並已開始提倡「西學」，其實，自1861年起，中國已在大量翻譯西文書籍，其中又以江南製造局成爲當時貢獻最大的譯書中心，自1868年開始譯書起，至1879年6月止，共出版所譯西書98種（此外還有譯成而尚未出版者45種，已在翻譯者13種），銷售31,111部，然後是西式學堂之創設，清廷對於語文、工藝、電纜、煤礦、造船、海軍、陸軍等，均設有教育訓練機構，並且以西洋教士的私人學校，直接提供更深入的西方科技知識。這些方面的覺醒，從而有「變法」（即制度變革）之要求，李鴻章於1874年的「海防奏議」中，明白指出：「居今日而欲整頓海防，舍變法與用人，別無下手之方」。

1880年後，其情形仍與上一階段類似，即雙管齊下：一爲制度方面現代化之實行；一爲思想文化面現代化的倡導。前者可以1898年的戊戌變法爲代表，變法思想初見於馮桂芬的《校邠廬抗議》，此書撰成於同治初年，但於光緒八（1882）年左右才出版，清德宗在下詔變法之初，曾重印此書發給各衙門加簽，作爲思想開始及訓練，簽註人現已知者計372

人，極大部分是「唱和派」[13]。在戊戌以前，很多人討論過西方議會政治，並且比較中西法律，而有改革中國政治制度與法律制度之倡議。戊戌政變雖然失敗，但清廷所推動的君主立憲，以及制定若干現代化的法律，這些都可視為制度現代化的實行。這一期間，中國知識分子（鄭觀應等）亦已注意到思想文化面的現代化。尤其在1890-95年間，他們曾經廣泛地討論到西學、議會政治和法律。對於前者，他們主張在當時的科舉考試中，增加「藝學科」與「西學科」，還主張廣泛增設西學書院，充分授以西方知識技藝。在此期間，康有為完成其〈實理公法〉一文，以「天地生人本來平等」、「人人皆有自主之權」為討論主題，蓋因當時中國士大夫之中的深思之士，業已體會到西洋政治思想精髓，即個人有自主之權，此自主權亦為一切制定法律暨議會政治的基礎。1894年甲午中日戰爭，中國大敗，民族主義從而勃興，次年，嚴復介紹《進化論》，其「物競天擇」觀念，更強化民族主義思潮——當年，嚴復說到，「民之自由，天之所畀也」，反映了中國士大夫吸收西方天賦人權理念。天賦人權思想之吸收，除成為戊戌變法重要思想背景外，還有多方面影響：（1）人格尊嚴的覺察；（2）加強民族自主意識；（3）政治自主權的認識；（4）社會人格平等的覺醒——於是代表婦女解放的雛形思想，「不纏足」就成為此一時代的中心議題。由天賦人權及自由平等的思想基礎，思考及於政治權力來源，從而產生民主政治的願望，主張政權在民，人民是真正的主人，至於君相以及各級官吏，皆為公眾僕人，「公僕」一詞，自1895年起嚴復之介紹而開始流行。

這三個階段亦和當時中國流行的西方譯著主要內容，若合符節；中國人開始重視西方譯著，至少當始於1840年代，西方地誌與火器學之大

---

13 汪榮祖，《晚清變法思想論叢》（聯經出版公司，民國72年），〈論戊戌變法失敗的思想因素〉。

量介紹；1860年代，擴大及於廣泛的工業技術知識與通商總則以及公法外交；1880年後，又擴及於西方政制、財務、法律、學校等問題，尤其是甲午戰爭後，中國士大夫更將焦點注意到西方列強的歷史發展、立國規模，尤其著重改革制度之有關理論與效益。大致說來，清季現代化主要是爲兩個階段：一爲洋務式自強運動，其中心工作是工程追求器物技藝的現代化；一爲維新運動，追求制度的現代化。真正融化西方文化思想者，厥爲孫中山的三民主義；其民族主義即是顧志耐所說的國家主義；民權主義的基礎就是平等主義；而民生主義正是世俗主義。

　　顧志耐認爲技術創新與制度變革，必將導致思想信念的調整，進而有世俗主義、平等主義與國家主義之出現，從而成爲資本主義經濟體制的三前提。顯然可見，顧氏認爲思想信念之改變，是在技藝與制度變新以後，而上述清季知識分子注意力焦點之變遷，則是思想界大聲疾呼在先，然後才有技藝與制度的變革。這主要是由於西方世界爲現代化的原創者，而中國是學習者。原創者雖是先知先覺，但其技術創新可能是在不知不覺中發生，從而要改革陳舊制度（institution）以適應之，隨而形成新的信念，成爲嶄新體制（system）的前提。至於學習者——無論是自願或非自願的，其社會大眾多爲不知不覺，必賴其菁英或知識分子起而倡導，對於先知先覺的原創者而言，這些菁英只是後知後覺，但在其所屬的閉塞社會言，他們至少是先覺，所以要大聲疾呼以喚醒該社會的不知不覺。是以，整個學習運動，在本質上就是以先知覺後知，以先覺覺後覺：在西方社會與閉塞社會之間，前者是先知先覺；在同一閉塞社會裡，其知識分子是先知先覺。至於學習歷程，閉塞社會菁英所能體會的，首先是器物技藝，然後是制度變革，最後才是文化思想，而與西方原先演變過程如出一轍。

　　在這方面，王韜的一番話《弢園文錄外編‧變法》，正可表示清季中國知識分子的心路歷程：

天心變於上，則人事變於下，天開泰西諸國之人心，而畀之以
聰明智慧，奇藝技巧百出不窮，……我又焉能不思變計哉！

馬關條約：自由設廠與工業現代化

中日甲午戰後，根據馬關條約的規定，以及各國的最惠國待遇條
款，外商可任意在中國通商，多於城市設廠，且享超國民待遇，因其貨
物進口，只繳關稅，再加上2.5%的子口稅，並不像華商產品在流通中
國各地時，那樣到處繳納厘金。自此，外人在中國大量設廠，中外之經
濟接觸，於商品貿易外，又加上直接投資。

第一節曾將清季對外貿易，以1880年為基準劃分為兩個階段：在前
一階段中，鴉片佔進口第一位，但自1880年起，棉布躍升為進口冠軍。
但在此一階段，中國是大量進口棉花，以供土布生產之用，棉紗進口很
少，但自1881年起，棉紗進口大增，1886年起，棉花出口享有順差，這
表示中國土布生產者開始以進口的機紗代替原來使用的土紗。可能因為
這個緣故，以致棉布出口金額由1881-85年的10萬5000海關兩增為
1886-90年的20萬7000海關兩，再增為65萬8000海關兩（1891-95年），又
增為117萬1000海關兩（1896-1900年）；在同一期間，棉紗進口金額亦由
548萬6000海關兩，增為1321萬1000、2063萬2000、3794萬8000海關兩。
事實上這段期間，棉紗出口金額為零，棉布進口遠高於出口，二者淨進
口量開始是緩慢增加，後來則快速成長，而在1910年代達到最大。

自由貿易的擴大，必將增加參與國家的福祉，中國亦是如此，單就
棉布消費量而言，在1840年，每人每年棉布消費量，在1840年只有1.5
匹；1894年增為1.65匹；到1913年則為1.8匹。這些消費的棉布，是有兩
種：一為中國傳統手工生產的土布；一為機器生產的機布。機布又有二
來源：一是進口的洋布；一為國內產製的機布。後者之中，主要是來自
外人來華投資設廠的產品，本國廠商產品當亦包括在內。從機布產量分

占棉布總產量與機布總消費量的比例，可以看出手工替代指數和進口替代指數。大致上，以機器替代手工的程度，在1894年只有1％，至1913年才達3％；但在以國產機布替代進口機布上，在1894年即達6％（1913年亦是如此）。在棉紗方面，此二指數則高得多，在1894年，以機器代替手工的程度是7％，至1913年則增為54％；同一期間，國產機紗取代進口機紗的比率，由23％增為38％。

從這些1894年的數據看，業可證明在馬關條約簽訂以前，外人已在華設廠生產。事實上，在1894年，外人在華投資總額累計為2億1370萬元，佔當時中國資本總額（11億3719萬元）約19％，其餘為中國民間資本與政府資本分佔77％與4％；但就外人投資結構看，工業資本只佔其總資本的13％，卻佔當時中國工業資本總額的33％——中國民間資本與政府資本在這方面則分佔24％與40％，可是到了1910年，外資總額已達18億4608萬元，約佔當時中國總資本的38％，其投資結構中，工業資本增為20％，約佔當時中國工業資本總額57％——（民間資本佔31％），顯然可見，這是拜馬關條約之賜。

馬關條約開放外人直接投資與自由設廠，對本國工業之建立，具有誘發或展示效果。易言之，在馬關條約後，中國開始大量成立現代企業，投入大量資金，是以，與其說外資妨礙本國企業的成長，不如說外資企業帶來技術、資金與現代工廠管理，讓本無現代工業的中國，得以經由觀摩、學習，進而建立本土的現代工業。據中國近代工業統計，1910年，在中國的外資工廠有136家，平均資本額為7585萬元；華資工廠為549家，平均資本額為2191萬元。依投資方面看，外資以礦冶為首，依次是食品、紡織和水電；華資則以紡織為首，依次是礦冶、水電和食品。在這些華資業者中，於1895年只有91家，其378家均是於馬關條約以後；而且在這549家華資企業，經營商業（純由民營）者達474家，其中，由買辦投資的為16家，非買辦資本則為299家，另外234家不詳，就平均資本

額言，買辦企業比非買辦企業約高30%，相對於全國企業人士，買辦企業家只居少數，但在業界卻有一定地位，顯示了這些特定的學習分子之突出表現。

這些現代化工廠之崛起，首先受到衝擊的是國內原有的舊工業。事實上，在自由貿易下，進口機紗逐漸取代土紗，土紗工作即從農家副業中消失，當進口棉布逐漸威脅土布之時，農村織布也就喪失其重要性。原來紡織土紗與土布的農村勞力，隨而面臨失業或慘淡經營，亦面臨自我苦撐與加入工廠間的抉擇，但當工廠工資以及未來發展潛力便於自家生產時，他們即由鄉村走向都市，離開家庭進入工廠，放棄手工生產，學習操作機器，成為現代工業的一員。

在機器生產下，現代工業取得昂貴的生產設備及所面臨的風險，須有與其相適應的企業組織與融資管道，是以有公司組織、銀行與金融市場的出現。公司公開募股或發行公司債，係直接向大眾募集資金；企業融資是以銀行為中介機構，間接地引導公眾的儲蓄流向資金需求者；使資金的提供者與需求者分軌，而不係以工商經營者全靠自我或親友資金。

中國領土上的第一家股份公司，是1835年出現在澳門，由英商寶順洋行創辦的仁洋百保安行，吸收若干華資。1862年，有人在刊登廣告出售股票——這是已知中國最早的股票交易記載，十年後才有中國第一家股分制企業，那是1872年，由唐景星、徐潤兩買辦以股份集資方式創立輪船招商局，為求集資順利，乃採官督商辦的制度，即不論盈虧，定期支付年利10%的官利，而稱為官利制。再經過十年，亦即1882年10月24日，才出現專營股票交易的上海股票平準公司，是為中國第一家股票交易所，在正式銀行進入中國以前，洋行已從事多年的國際匯兌業務，1843年（一說為1846年）華商在中國成立第一家銀行，整個19世紀，在中國領土上開設的銀行共21家，分支機構共101處。

在西化或現代化過程中，中國行會組織亦在演變之中。從歷史發展

規律看，在純正資本主義經濟形成以前，社會是瀰漫重商主義，1903年9月，清政府設立商部，旋即頒行一系列振興商務、獎勵實業的法令規章。首先是參照英國公司法與日本商法而制定「商律」，成爲中國第一部攸關商業的法律；在此以前曾頒布「商標註冊試辦章程」「公司註冊試辦章程」「破產律」「華商出洋賽會章程」「試辦銀行章程」等等，以實現中國法律現代化，而且亦打破中國法律主要爲刑法的傳統[14]。另一方面，商部奏定「商會簡明章程」及「附則」，規定各省垣及通商大埠均設商務總會，府、廳、州、縣及貿易豐盛之村鎮設商務分會，1906年，上海商務總會首先成立，至1911年，全面計有商務總會55所，分會787所[15]。

上段所說中國法律現代化，實在只限於商法，揆其實際，在武昌起義前，「六法」(刑法、民法、商法、刑事訴訟法、民事訴訟法與憲法)均已具備雛形。清廷於1901年新政上諭中，有「法令不變，錮習不破，欲求振作，須議更張」，次年，上諭，「現在通商交涉事益繁多，著派沈家本(時爲刑部左侍郎)、伍廷芳將一切現行律例，按照交涉情形，參酌各國法律、悉心考訂，妥爲擬議，務期中外通行，有裨治理」。沈、伍二人聘請日本法學家來華協助起草新式法典，又延請大批回國留學生參加工作；並創辦京師法律學堂，以培養法律專才；1904年成立修訂法律館，先後翻譯了德、法、俄、日、英、美等國多種法典規章，再仿照這些法典制訂多種新式法典草案。

首先對《大清律例》中的凌遲、梟首、戮屍、緣坐、刺字等酷刑予以刪除，然後於1910年5月5日，以「大清現行刑律」爲名頒布了經過刪修的「大清律例」，共30篇，389條，附例1327條。這部刑律取消舊例

---

14 朱英，《辛亥革命時期新式商人社團研究》(中國人民大學出版社，1991)，第二章。

15 同上，第三章。

以吏、戶、禮、兵、刑、工六部爲篇目的格式，又將舊律例中有關繼承、財產、婚姻、田宅、錢債等項目併入民法，規定刑罰爲罰金、徒刑、流刑、遣刑、死刑（絞、斬）。縱然如此，該刑律在基本上，仍是一部舊式刑法，所以，在修訂舊律例的同時，制訂新刑律的工作亦已開始，1911年元月公布「大清新刑律」，這是中國第一部新式法典，計有總則與分則兩編，53章387條。新刑律實行罪刑法定；取消等級特權；確立罪與非罪、正當防衛、緊急避險、故意、過失、既遂與未遂、累犯等概念；建立現代刑罰體制，主刑爲罰款、拘役、有期徒刑、無期徒刑與死刑，從刑爲褫奪公權、沒收，並增加涉及外交事務，選舉、運輸、交通與公共衛生等方面的犯罪名目。

「大清民律草案」完成於1911年，凡五編（33章，1569條），分爲總則、物權、價權、親屬與繼承。

「大清商律草案」是完成於1908年，凡五編，1008條。在此以前，商律於1904年完成「商人通例」9條及「公司律」131條；1906年制訂「破產律」69條。1911年初，修行法律館完成「刑事訴訟律草案」（6編15章，514條）與「民事訴訟律草案」（4編12章，800條）。同年，清廷宣布「十九信條」，作爲憲法基礎。

清廷之所以於1900年代如此積極制訂新式法典，是因爲中國渴望收回治外法權有關，1902年重訂「中英通商航海條約」中曾云：「中國深欲整頓本國律例，以期與各國律例相同，英國允盡力協助此舉。一俟中國律例情形、審斷辦法及其他相關事宜足使英國滿意，英國即棄其治外法權」；其後與美、法、日、瑞典等國條約中，也有類似條款[16]，——此一條款實與南京條約與虎門條約中有關租界與領事裁判權之規定，相

---

16 關於中國法律現代化，請參閱許紀霖、陳達凱主編，《中國現代化史》第一卷〈上海三聯書店，1995），第八章。

互呼應。

小結：強迫學習模式

　　從上述可知清代最後七十年，是一種強迫學習的歷程。實際上，心理學上對學習的定義，亦是說「學習是一種經由練習使個體在行爲上產生轉爲持久改變的歷程」[17]，或「學習是行爲傾向上較爲持久的改變，這是強化實際的結果」[18]。可見學習本來就是一種歷程或過程，其所謂「個體」，即學習者，原來是指個人，但於此處，不妨擴大爲一個團體、社會、甚至國家。

　　關於學習理論，主要分成兩個學派：一爲聯結論；一爲認知論。前者是認爲學習是刺激與反應的聯結成習慣的形成；後者則特別強調知覺與領悟在學習歷程中的重要性[19]。其實，這兩派理論，是一體兩面，即聯結論是從外在環境著手，而認知論則強調學習者的內心世界。對於一個社會或國家而言，其強迫學習模式，必須結合此二者，蓋因「強迫」學習的本身，就是源起於外來的刺激，其立即反應，則是本能的，甚或是非理性的，但卻於本能反應之餘，應有所知覺——此時將有若干社會菁英作爲先知先覺，從而產生反省，然後有所領悟，最後是討論實習行動。

　　戴季柯認爲學習的外在條件有五，即接觸、練習、強化、歸納與辨別[20]。這五個條件，在次序上，「練習」應該殿後——至少就強迫學習歷程而言，應是如此，但是後二者已受外在條件轉化爲內在的領悟。一個閉塞的社會接觸到外來事物之時，此外來事物即帶來刺激，若該社會

17　張春興，《心理學（上）》（東華書局，民國64年），第三章。

18　G. A. Kimble & N. Garmesy, *Principles of General Psychology*(New York: The Ronald Press, 1963), p. 133.

19　張春興，《心理學（上）》，第三章。

20　J. P. DeCecco, *The Psychology of Learning and Instruction: Educational Psychology*, （New Jersey: Prentice-Hall, 1968), Ch. 7.

自動地予以練習，即爲自動學習，日本當初的「唐化」，甚至於19世紀的西化，均可作如是觀。在這自動學習歷程中，學習者是後知後覺，被學習者則是先知先覺，整個學習過程，是先知覺後知。但在強迫學習歷程中，學習者原來是不知不覺，必須強化刺激，才會使學習者有所知覺。

就清季中國言，這種強化的刺激，竟是戰爭，讓中國朝野如夢初醒，有所反省——本文第二節，即在分析述此一過程。反省亦是一種反應，當時的先知先覺(相對而言)者如魏源等，歸納當時事實，認爲夷人勝在其「船堅砲利」，主張「師夷長技以制夷」，但卻遭到很多士大夫的反對，如王闓運，都興河、方濬頤、劉錫鴻、袁祖志、沈純等人反對仿製西式船砲，以爲機器不足恃[21]；其後在維新運動中，中國有識之士已經體認到學習西方制度的重要性，但又遭到很多士大夫的反對，譬如曾廉斥責民權民主之說，認爲「必率天下爲無父無君之行」，賓鳳陽等攻擊時務學堂教學方針時說，「吾人捨名教綱常，則無立足之地；除忠孝節義，亦豈有教人之方？」[22]這些抗拒，是代表仍然抱持王朝迷夢者的本能反應。

抗拒在過程上只是短暫的，因爲持續的強化刺激，再加上先知先覺們的宣導，使原爲不知不覺的大眾之中，有很大部分逐漸知覺：「技不如人」的事實，成爲後知後覺，支持對西方器物科技的學習。但就那些先知先覺分子言，這又面臨道與器的辨別。在中國傳統中，「道」與「器」常與「體」「用」連結在一起，而且有「道體器用」與「器體道用」兩個派別，嚴復屬前者，譚嗣同則主張後者。在譚氏心目中，「道，用也，器，體也。體立而後行，器存而道不亡。……器既變，道安得獨不變？」在嚴復看來，「體用者，即一物而言之也」「中學有中學之體用，西學

---

21 孫廣德，《晚清傳統與西化的爭論》，第二章。
22 同上，第四章。

有西學之體用，分之則並立，合之則兩亡」[23]。無論是「道體器用」還是「器體道用」，都是對當時盛行的「中學爲體，西學爲用」主張，予以批判或反駁。其實，張之洞「中體西用」說的用意，只不過是認爲在採用西學之前，須有中學之基礎(體)；關於此點，他在《勸學篇》中〈循序〉一章內，論述甚詳，曾舉例說，若精通西文而無中文基礎即不能譯西書，是以，體用觀念在變通思想(或學習歷程)中，有先後本末之意，即反對「全變」──如後來所謂之全盤西化[24]，而主張「漸變」。其實，「道─器」(與「體─用」)之間的關係，很像韋伯所說的「價值理性」與「工具理性」間的關聯。循此，中體與西用之結合，不再是一種形而上學的論辨，而僅僅取決於具有自主性人們的願望與實踐，更重要的，是它們的結合，很大程度上，是「價值合理性」(「一以貫之的儒家精神」)與「工具合理性」(導致堅船利砲的「格致製造」)之結合，而不像傳統哲學中那樣實體與作用的關係[25]。

在辨別之後，人們有決定西化或現代化的領悟，從而，落實於實踐之中。在實踐步驟上，很自然地，先實踐器物技能層次，再邁向制度層次，最後則是文化思想層次。而且在每一層次開始之前，必有社會菁英，先作宣導，以改變後知後覺者之觀念，但就中國言，制度層次之現代化尙未完成，而清廷已走進歷史。

綜合上述，或可形成後進國家的現代化強迫學習模式，此一學習者，是一個國家或社會，該模式是如下述：

　　歷程：刺激→抗拒→強化刺激→知覺→反省→辨別→領悟→實踐。
　　步驟：器物技能層次→制度層次→文化思想層次。

---

23 童世駿，〈現代化過程的價值導向和價值辯護問題〉，《現代化研究》，第11卷。

24 汪榮祖，《晚清變法思想論叢》，〈晚清變法思想析論〉。

25 童世駿，〈現代化過程的價值導向和價值辯護問題〉。

　　宣導：社會菁英為先知先覺。

　　明顯看出，此強迫學習模式是包含三部分：歷程實在是強調學習者內心的掙扎與煎熬，所以，此一歷程實指心路歷程；步驟則指學習內容的演變，亦可以說學習的優先次序；宣導是指學習者之中有先知先覺者在，他們在傳播現代化經驗過程中，具關鍵性作用。

　　實際說來，自發(或自動)學習模式亦包括這三個部分：步驟與宣導完全與強迫學習模式相同，最大區別乃是歷程中的若干差異，那就是自發學習歷程中沒有「抗拒」與「強化刺激」二項，所以，在學習時間上定較強迫學習縮短。

　　從學習觀點看，無論是自發性還是強迫性，小國要比大國迅速；越古老的社會，其學習歷程亦越長。不幸的是，中國是個古老的大國，此所以清季70年間對於現代化的學習成績，遠遜於近鄰日本。

第八編

結　論

　　一般說來，學術論文必以結論殿之，學術性書籍則罕有結論，若有，亦僅爲一章。本書卻擬突破此一窠臼，不僅有結論，而且要寫兩章；尤有進者，還要增加一章回顧與展望。是以，將此三章合成一編。

　　結論之所以區分爲兩章，是因本書採取時下所謂宏觀性歷史（macro-history）方式撰寫，即本書內容雖以經濟事務爲主體，但因經濟發展過程常受很多非經濟因子的交互影響，所以，在撰寫之中，是將有關的政治、社會、文化等方面資料加以融會，用以說明經濟發展事實，並闡釋其所以如此。所以，將結論區分爲結構間與結構內兩類；簡而言之，前者涉及面較廣，包含若干非經濟因子，亦可以說，大致上是討論經濟結構與非經濟結構間的有關問題；後者涉及面較狹，主要是局限於經濟結構內問題的本身。從另一角度看，此二類結論或可分別稱之爲宏觀性結論與微觀性結論，但就經濟學觀點看，經濟發展是屬於宏觀或總體經濟學領域，故其結論不宜冠以「微觀性」，以避免混淆；且因結構內結論亦將牽涉到若干非經濟因子，而結構間結論更非僅爲非經濟面，以致難以分別稱之爲經濟面結論與非經濟面結論。職此之故，勉強將此二章依次稱之爲結構間（inter-structure）結論與結構內（intra-structure）結論：後者主要是就經濟結構內有關史實之歸納；前者則爲政治、社會、經濟、文化等各別結構所交織之史實而予以探索；其所以先作結構間結論，是因本書既爲宏觀性經濟史，所以，在上述第三編至第七編中，於每編第一章均先闡述每一階段的政治、社會及經濟之背景，故於結論中先作結構間史實之綜述。

　　在回顧與展望方面，亦將區分爲兩個部分：一爲寫作上的展望；一爲發展史的展望；前者只是一個小課題，蓋因本書只寫到清末爲止，此後迄今的中國經濟發展，則毫未著墨，所以，對於這一期間的經濟發展史的撰寫，要提出一些看法。後者則是一個非常重要的大課題，即是今後中國經濟的發展將何去何從？這方面可歸納出歷史規律以觀察之。其

實，在展望以前，還須作簡短的回顧，除將結構間與結構內結論揉合簡述外，還對人類經濟史作簡單的回顧，並對照中西以往經濟發展階段，作爲楔子，藉以推估中國經濟未來的可能發展。

第廿二章
結構間結論

　　所謂「結論」，是將陳述或分析，作出扼要性總結，所以，結論本身必是研究重點的歸納。由於「扼要」在本質上，將是抽象化或一般化，是以，若是這種一般化具有強烈的邏輯性，則該結論或有成爲定律的可能性。就本書結論言，未嘗沒有如此的可能，尤以結構間結論爲然。但因本書是中國經濟發展史，有其特定的時空背景，以致即使能將若干結論形成某些定律，亦不一定可以「放諸四海而皆準，俟諸百世而不惑」。

　　從以上第二編到第七編的內容看，經濟發展是一複雜過程，不能僅就經濟領域予以探討，而須綜合政治、經濟、社會、文化等因子予以觀察，才可以看出其交互影響的可能結果，循此，得出下列有關結論。

第一節　經濟發展條件

　　所謂經濟發展，是指國民生產毛額的增加，人類有史以來最重大的經濟發展，當然首推18世紀的工業革命，很多人稱之爲「資本主義勃興」。

　　關於此一經濟發展成因之研究，馬克思與韋伯代表兩個極端的看法：眾所周知，馬克思是從唯物主義出發，認爲是資產階級對封建地主鬥爭的結果；在另一方面，韋伯的出發點則相當唯心，由倫理面予以詮

釋，肯定新教倫理才是促成經濟復興的主要力量[1]。在此二觀點之間，存在著很多種闡釋，但卻以顧志耐的說法較爲中肯與周延，他認爲促成此一勃興的主要因子有三：即世俗主義、平等主義與民族主義（或國家主義）[2]。這三個因子，實即顯著性經濟發展（意謂經濟成長能突飛猛進）的必需條件，至於其充分條件，則是政治力量從經濟領域撤退，或是政府不積極干預經濟事務，亦即經濟自由化或市場化。

在十九章第一節，曾以這些條件說明在明代中葉的一個短暫時期內，資本主義曾在中國萌芽，意即當時中國經濟發展可以「突飛猛進」四字形容之。再拿這些條件來衡量中國經濟發展史上各階段或各王朝，只有漢初勉強符合。先就國家主義來說，秦統一天下，「一法度衡石丈尺，車同軌，書同文字」（《史記・秦始皇本紀》），方便貿易進行；「漢興，海內爲一，開關梁，弛山澤之禁，是以，富商大賈周流天下，交易之物莫不通，得其所欲」（〈貨殖列傳〉），更使規模經濟得以貫徹，足見國家主義對經濟發展有其直接貢獻。平等主義一般是反映於法治精神上，在這方面，現代法制史專家認爲漢代「頗帶法治精神」「所以西漢初年，法治與黃、老術並行」[3]，顯見漢初有平等主義意味，而可保障各種經濟活動的進行。至於世俗主義，自春秋時代開始，業已累積了好幾百年經驗，以致「天下熙熙，皆爲利來，天下壤壤，皆爲利往」（〈貨殖列傳〉）。

至於充分條件，則是《史記・平準書》所云，「綱疏而民富」。就在這些必需條件與充分條件均得滿足的情況下，漢初的經濟是一片好景，正如該「書」所描繪的：「漢興七十餘年之間，國家無事，非遇水

---

1 M. Weber, *The Protestant Ethic and the Spirit of Capitalism*(London: George Allen & Unwin, 1930).

2 S. Kuznets, *Modern Economic Growth: Rate, Structure and Spread*(Yale University Press, 1966), pp. 12-14.

3 秦尚志，《中國法制及法律思想史講話》（水牛出版社，民國55年），頁54。

旱之災，民則人給家足；都鄙廩庾皆滿，而府庫餘貨財；京師之錢累巨萬，貫朽而不可校；太倉之粟陳陳相因，充溢露積於外，至腐敗不可食\；眾庶街巷有馬，阡陌之間成群，……」。

　　可惜的是，後來由於漢武帝對外用兵，提高稅負，鹽鐵酒公營，而將經濟發展之生機扼殺。明代資本主義之所以曇花一現，則是由於明神宗為個人揮霍，使稅礦監橫行天下。這兩個短暫時期內，中國經濟均有高度發展，而為其他時期所罕見，另外還有一次不太明顯的萌芽時期，即為南宋（第廿四章將予補述）。除此三次時機外，中國歷史上出現經濟發展有利條件的時間幾近於無，這主要是由於世俗主義雖然越來越普遍，但卻受限於平等主義的缺乏，以及國家或民族主義的若無若隱——「無」者指多元體制，「隱」者指國家雖統一，卻非純粹漢文化政權。是以，在這種情況下，歷代經濟情況的好壞，主要是依賴充分條件的「充分」與否，即政府干預的多寡：凡干預較少者，則發展情況較優；否則較劣。易言之，從中國經濟史看來，左右經濟發展情況的主要因子，是政府對經濟事務干預的有無與多寡，但若政府在經濟事務放鬆干預的同時，顧志耐三條件亦能得到滿足，則經濟發展會創下劃時代的紀錄。此處所說顧氏三條件，是專指資本主義勃興的前提，這是現代經濟紀元的思想信念之變革，而每一經濟紀元都標誌著技術變動、制度創新與思想信念之變革，但在中國歷史上，三次資本主義萌芽的歷程，其技術與制度雖然亦有所變動，但在層次上都難以和現代經濟紀元相提並論，尤以技術為然，故僅以三前提為必需條件，並以經濟自由化為充分條件——此一條件實為制度變革之根本。拋開資本主義乃特定之（現代）經濟紀元，其他經濟紀元（諸如三個一元體制，兩個多元體制），仍儘可能使用顧氏技術、制度、思想三類目標，以檢驗其經濟發展情況。

　　中國一元體制時期，是大一統時代，中央集權下的政體當然是威權性政治，其所注重的是秩序。其所要求的是生活水準的提高，對於生產

性技術不太措意，再加為鞏固其政權，採取重農輕商措施；若是遇到若
干好大喜功君主，則將窮兵黷武，甚或對外用兵，挑起邊釁，其後即使
採守勢防禦，亦將浪費很多人力、物力與財力，使明顯的制度成本大為
提高，且因其對經濟活動之干預，亦增加了不明顯的制度成本。在多元
體制下，人民苦於戰亂，但為求生存，乃發展出若干技術，譬如第一次
多元體制下，勞力缺乏，土地荒廢，發展出一連串勞力節用型技術，以
及新的人地結合之制度；第二次多元體制時期，南宋因與遼金對峙，提
升鍊鋼技術，廣用火器，並將指南針用於航海，及廢棄坊制、市制，使
經濟得以蓬勃。這些並不是說統一對於經濟發展之助益不如分裂，而是
繫於主政者心態及其所面臨的環境。

第二節　政治分合與經濟發展

在第三章第一節中，曾以人地比例的擴大與縮小作為決定中國政治上
「分」與「合」的主要因子，當時所作的設論（hypothesis），經由五大階段（自
秦漢起）史實的檢驗，大致上是可以接受的，因此，可以正式作成結論；人
地比例的擴大，實即人民生活陷於絕境，是分裂的必需條件，而其充分條
件，則須有不同種族或部族間的對峙，才可使分裂得以持續；在另一方面，
人地比例的縮小，也只是統一的必需條件，生活條件與戰鬥條件一致，則
是統一的充分條件，以致群雄中誰能較為一致，則將是統一的主宰[4]。

---

4 中國歷代關鍵時代的人地比例，實際上不易計算，其理由至少有二：一為歷代
人口（有時亦是有戶無口）統計數字較多，但墾田數字卻相對稀少；一為歷代多
有隱匿人口與田地情事，以致即使同時取得人口與墾田數目，亦難以確保人地
比例的正確性。是以，人地比例多只能在人口數目上間接予以理解，蓋因在固
有疆域上，田地面積（包括荒蕪者）變動應該有限，所以，從人口數目的大小，
即可理解到人地比例的高低，而人口的多少，絕對與治亂有關，即統一或承平
時人口多，分裂或戰亂時人口大減。

　　此一結論在經濟面的意涵，似指統一時候生活富裕，導致人口大增——在這方面，人地比例的涵義，很有些像是英國古典學派所稱的工資鐵律之意義，以致意味著，統一時期發展情況，似較分裂時期為佳。但是，揆諸事實，卻不盡然，亦就是說，從中國史實看，分裂時期的經濟發展卻往往優於統一時期，以中國經濟心臟區域的長江流域或江南地區來說，若非兩次大分裂，江南如何得以迅速而廣泛地開發：第一次多元體制下，孫吳與後來的東晉及南朝，以江南為其政治所繫，必須大力經營之；第二次多元體制下，在楊行密、錢鏐與王審知的經營下，也使江南等地免於過度殺戮[5]，致使南宋於此一基礎上，可在經濟發展史中寫出絢爛的一章。

　　多元體制對經濟發展的負面影響，主要是人口大減與田地荒蕪，從而削弱稅基，但亦為經濟帶來一些正面貢獻，主要是來自兩方面：一為民族擴大活動空間；一為提高資源使用效率。前者的具體成就，乃是南方的開發與對外之拓展，南方開發業已簡述於上，此處將略述對外關係。這是由於國內經濟隔離，區域間貿易不易順暢，所以，不得不加強對外貿易，海上絲路之建立，即在第一次多元體制時期，經由南方政權努力而予達成，後來於南宋時候更予擴大；至於北方政權，則只有北魏予以注意，故「自蔥嶺以西至於大秦，百國千城莫不附，商胡販客日奔塞下」（《洛陽伽藍記》）。

　　資源使用效率的提高，主要是來自技術進步。一般說來，技術變動可以約略區分為兩大類型：一為體現（Embodied）型；一為非體現型。前者是指技術進步必須附著於機具之上；後者則指技術進步不一定經由機具來表現。在體現型技術進步上，第一次多元體制時期，主要是採取勞力節用性技術，諸葛亮的木牛流馬，馬鈞改良的紉機，贛暨的水排，以及

5　關於中國政治上分合與經濟發展間關係之較詳探究，請參閱侯家駒，〈從經濟觀點看中國的「分」與「合」——兼論現代中國的未來〉，《理論與政策》，8卷2期。

祖沖之的千里船等均屬之;國人自詡的四大發明(紙、指南針、印刷與火藥),不是在第二次多元體制時期發明(如印刷術)[6],就是在此一時期才見於實用(如指南針與火藥),或者有重大改良(如紙),這主要是迎合當時文化傳播與軍事用途之需要。在非體現型技術方面,兩次多元體制時期均曾廣泛在江南作水利田,而且在第一次多元體制時,還曾推行人與地的新結合──屯田;且因坊制崩潰,使都市在第二次多元體制下得以有重大發展。

在另一方面,由於在統一時期,政治趨於專制,經濟趨於統制,社會趨於管制,以致經濟難以有突破發展。易言之,從中國五大階段的經濟發展情況看,分裂時期的經濟,往往要比統一時期較優。其所謂「較優」,是比較性,並非意味分裂時期經濟有突破性發展──實則最多只是小康局面,這主要是由於大一統之下的中央政府形同獨占,使人民無所選擇,政府易於趨向予取予求,而不必太顧慮人民的感受;在另一方面,於多元體制下,各別政府都在爭取人民支持,以致形同競爭,是以,其對於人民的經濟活動之干預勢必予以鬆弛,從而在經濟上能出現小康之局。

其實,從經濟發展觀點看,統一應較分裂為優,蓋因大一統具有規模經濟、外部經濟與一般均衡經濟等優勢。在中國經濟發展史上,統一時期經濟情況較劣的原因,主要是由於家天下的專制王朝。

其所謂規模經濟,原指在遞增規模報酬下,企業規模愈大,其平均生產成本愈低。大一統在這方面的表現,既在公經濟方面,也在私經濟方面。前者主要表現是在稅收上,孟子雖主輕稅而提出「什一」之稅,但卻反對白圭「二十而取一」之議,認為是「貉道也」(〈告子〉下),表示百分之十的稅率是下限,而漢景帝卻能「三十而稅一」(《漢書·食貨志》),這顯然是由於疆域擴大,以致稅率雖低,租稅總收入仍甚

---

6 雖然有很多資料顯示,在唐代,即有不少佛寺以木版印刷佛經等文件,但正史仍稱馮道為雕版印刷的首倡者──至少活字版印刷是始於宋之畢昇。

巨大之故。其能將稅率大為降低，是在減少明顯的制度成本，故可降低整個生產成本。在私經濟方面，是因為國內市場擴大，商品銷售量大，從而降低生產成本，且看漢唐盛況：

> 漢興，海內為一，開關梁，弛山澤之禁，是以富商大賈周流天下，交易之物莫不通，得其所欲。（《史記‧貨殖列傳》）

唐玄宗開元年間，東至宋汴，西至岐州，夾路列店肆待客，酒饌豐溢，每店皆有驢賃客乘，倏忽數十里，謂之驛驢；南詣荊襄，北至太原、范陽，西至蜀川、涼府、皆有店肆，以供商旅。遠適數千里，不持寸刃（《通典》）。這是指漢代經濟趨於統制以前，而唐代經濟本來就鬆弛統制，所以，「富商大賈（得）周流天下」「商旅（可）遠適數千里」，擁有廣大市場——若是這些商品的生產沒有遞增規模報酬，則可用外部經濟或不明顯制度成本釋之。外部經濟的產生，是因為社會成本低於私人成本，前者是私人成本與溢出成本之和，若溢出成本為負值則為「溢出效益」，以致社會成本低於私人成本。就大一統言，此所謂「溢出效益」，是指大一統帶來政治以外的效益，這種效益流入經濟領域，即為外部經濟，大一統帶來的外部經濟，主要是交易成本的降低，這是表現於度量衡、文字、車輛制式之統一與交通的開闢，以及關卡的開放，這些都有助於交易的進行。即使對於自給自足性的農業，大一統亦有其外部經濟，那就是水利之興建。若從現代觀點看，大一統還可產生另一種型態的外部經濟，那就是在國際貿易上，可以創造「大國」地位。在國際貿易理論中，所謂「大國」，是指一個國家商品的進口或出口可以左右國際市場價格，從而可以採取若干措施以改進其貿易條件，且因國內廣大市場的吸引力，而可在雙邊甚或多邊經貿談判中取得優勢——這些都可視之為大一統對不明顯制度成本降低。

　　經濟中的均衡，實有「止於至善」的意味，而一般均衡更使市場機能發揮到極致。在完全競爭市場，一般均衡可促使各個產業的會計利潤率趨於相等，亦即各行業的經濟利潤趨於零。若是小國寡民，這種一般均衡難以達成，其所達成的只是部分均衡，即某一市場或某一產業的均衡。中國的大一統，則可體現一般均衡，所以，司馬遷於漢初，看到的各行各業會計利潤率均為20％，而說，「佗雜業不中什二，則非吾財也」（《史記‧貨殖列傳》），意謂經濟利潤趨於零。

　　可惜的是，這些有利的效果，罕見於中國歷史上大一統之中，這主要是由於截至清末為止，中國中央政府都是家天下的王朝，其對經濟的掠奪，當然損及這些效果，再加自漢武帝開始的干預經濟活動，於統一時易趨激烈，所以削弱了大一統應有的貢獻。

第三節　政治循環的經濟因子

　　中國自第一次一元體制起，至本世紀初，業已歷經了19個朝代（從正統習慣），若將漢、晉、宋劃分為二，則為廿二個朝代。從政治觀點看，每次改朝換代，就是一次政治大循環（宮廷鬥爭或政策路線之爭，則是小循環）。這些政治上的循環，均有其經濟因子，那是由於家天下的專制皇朝，視天下為己產。天子「專用天下適己」（秦二世語）。所以，秦始皇「治離別館，周徧天下」，二世「又作阿房之宮，治直馳道」「聚狗馬無用之物」，其結果是「賦斂愈重，戍徭無已」（俱見《史記‧李斯傳》），導致秦亡。漢靈帝為修宮室，每畝田賦增征十錢，並要求刺史、二千石及茂才、孝廉遷除時，皆須納助軍修宮錢，大郡至二三千萬[7]。

---

7 朱健子，《古今治平略‧兩漢國計》，以下有關部分，除另註出處外，均本其
　〈三國六朝國計〉〈唐代國計〉〈宋代國計〉與〈國（明）朝國計〉。

從而引發黃巾亂起，而漢代也就奄奄一息了！南齊武帝時上庫聚錢五億萬，齋庫三億萬，金銀布帛不可稱計，鬱林王僅在位數月，就將這些庫藏使用過半，其後，東昏侯尤爲奢侈，需物之處，重複征取，百姓困盡，號泣道途，廣建宮苑，窮奇極麗，張欣泰曰，「夫以秦之富，起一阿房而滅，今不及秦一郡而頓起數十阿房，其危殆矣！」果然，南齊不旋踵而滅。北齊後主修宮院，穿池起山構台，並大修佛寺，財用不足，乃增立闌市邸店之稅，以供御府聲色之費，軍國之用不豫焉，未幾而亡（《隋書・食貨志》）。陳後主驕荒日甚，稅江稅市，徹取百端，自取覆滅。隋文帝開皇十二年，以庫藏滿溢，更闢左藏院，構屋以受之，但卻啓導煬帝侈靡之念，始建東都，每月役夫二百萬人；又營宮苑，周圍數百里；再開運河，乘龍舟至揚州，舳艫相接二百餘里；又以西域多諸寶物，乃啖之以利，勸令入朝，自是，西域吐蕃往來相繼，靡費以萬萬計；終致滅亡。唐代宮廷支出，至玄宗時才大爲增加，視金帛如糞壤，賞賜無限，命姚思藝爲檢校進食使，凡一食水陸珍味畢備，費中人十家之產，終而釀成安史之亂。北宋諸君多甚節儉，徽宗時蔡京爲相，以侈靡惑主，動輒以《周禮》「惟王不會」爲說，東南歲運花石綱，一石之費，民間致用30萬緡，計假上供而織文繡錦綺役工女者，一郡至百餘人，用度日繁，由左藏庫撥充宮廷費用者，每月由原先的36萬緡錢增爲120萬緡，終而釀成靖康之禍。明代侈靡之君甚多，武宗、世宗爲其中之著者，但以神宗最著，萬曆廿八年，工科王德完奏曰，「國家歲入僅四百萬（兩銀），而歲出輒至四百五十萬有奇，居恆無事，已稱出浮於入，年來意外之警，不時之需，皆因事旋加舊額」，這些不時之需，均爲宮廷用度，據王氏統計，已達銀1400萬兩左右，其中用於皇子婚禮即達千餘萬兩，其他可見一斑（《續通考》），明季，每年宮中脂粉錢40萬兩，供應銀數百萬兩，宮女至9000人，內監至10萬人（《清通考》聖祖語），結果是導致明代滅亡。

　　君主侈靡之所以會結束其王朝，不僅是由於民窮財盡，也且是因爲只圖「適己」的君主，必將無心政事，即使有所舉措，亦多倒行逆施，終而導致內部民怨，引發外敵環伺，終致滅亡。

　　在另一方面，即使每朝各代君主生活均不侈靡，而且英明過人，其王朝亦難逃覆亡命運。這是由於在家天下制度下，中國君主既對祖先盡孝，又要蔭及子孫。對於前者，是要立家廟與築陵寢，以前漢爲例，帝后均立廟祭祀，高帝時令諸侯王國京都皆立太上皇廟，後來，惠帝尊高帝廟爲太祖廟，景帝尊文帝廟爲太宗廟，行所嘗幸郡國各立太祖、太宗廟，宣帝又尊武帝廟爲世宗廟，行所巡狩皆立世宗廟，以致在元帝時，68個郡國中，立有167所祖宗廟，而京師自高帝下至宣帝至太上皇、悼皇考（宣帝之父），各自於陵旁立廟，共爲176所；園中又有寢便殿，日祭於寢，月祭於廟，時祭於便殿——寢，每日上食四次，廟每年祭祀廿五次，便殿每年祭四次；此外還有若干皇太后、太子（包括宣帝祖父戾太子夫婦）寢園30所；總計每年的祭紀，上食2萬4455份，用衛士4萬5129人，祝宰樂人1萬2147人，還未包括飼養祭祀所用犧牲之卒役（《漢書·韋賢傳》）。上述「寢園三十所」，並不包括皇帝陵寢，而這些陵寢的工程多甚浩大，而前漢有太上皇萬年陵，高帝長寢、惠帝安陵、文帝霸陵、景帝陽陵、武帝茂陵、昭帝平陵、宣帝杜陵、元帝渭陵、成帝延陵、哀帝義陵、平帝康陵、高帝以來，營造初陵，均有將關東富豪移來此處，成一新縣之習慣（元帝時才停止），以致所費不貲，是以晉人說，漢代「天下貢賦，三分之一供宗廟，一供賓客，一充山陵」（《晉書·索靖傳》），意謂要以三分之二的收入，去孝敬祖先，措辭容或誇張，但費用定甚浩大。而秦始皇與明神宗陵寢之費，尤勝漢陵——始皇陵中，即使就兵馬俑而言，已成世界奇觀，相形之下，神宗定陵雖屬小巫，亦費當時兩年政府歲入（計銀800萬兩）。

　　對於子孫的庇蔭，即是優待宗室的制度，以前漢言，皇子封王，其

嫡長子襲王位，餘子爲侯，其子孫亦可世襲，襲封以外的宗室，亦得到充分照顧，譬如景帝封楚元王五寵子爲侯，劉富是其中之一，其孫劉德爲靑州刺史，德子劉向「年十二，……爲輦郎，向子劉歆，年少即爲黃門郎」（俱見《漢書·楚元王傳》），歆弟劉良，亦於「平帝時，舉孝廉爲蕭令」（《後漢書·趙孝王良傳》）；此外，宗室還另有其他優待，例如昭帝元鳳二年，賜宗室子錢人二十萬，成帝建始二年，罷博望苑以賜宗室朝請者，平帝元始元年，詔宗室屬未盡而以罪絕者，復其屬，其爲吏舉廉、佐史補四百石，意謂宗室爲官吏者均得選爲廉吏，而可優先晉級，任低職的佐史，年俸僅九十六石，但若宗室爲之，一律給予四百石，這些宗室至元始五年正月，已達十餘萬人（《漢書》各本紀）。

其後各朝，多將宗室優遇制度化，例如《元史·世祖紀》幾乎每年都記載，「賜諸王金銀帛如歲例」或「賜先朝后妃及諸王如歲例」，《續通考》曾予細列，賞賜內容極爲豐厚。不過，這是指對嫡系宗室的賞賜，關於一般宗室的優遇，可以明室爲例，親王下旁系有郡王及鎮、輔、奉國將軍與中尉（六世以下皆奉國中尉）等，依次遞減，均有俸祿及米，這些支出當然與時俱增，以山西一省爲例，洪武間，惟封晉府一王，歲支祿米一萬石，至嘉靖時，增郡王至中尉而下計2851人，歲支祿米87萬石有奇（《續通考》）──其實，至嘉靖末，山西宗室祿米已達212萬石，而山西存留的田賦只有152萬石，當時宗祿總共853萬石，而天下供京師之田賦只有400萬石（《崇菴類稿》）。由於優遇宗室，勢將推及開國元勳各級職官子孫，此即「任子」或「蔭子」之法，以明代爲例，太祖因前代任子之制，定職官子孫蔭敘：正一品子，正五品用，從一品子，從五品用，即低四個品級敘官，正六品及以下品級之子，均於未入流職內任用（《明會要》）。這種蔭子制度必使官員人數與日俱增，成爲很大負擔，所以，明人朱健子於《古今治平略·國朝國計》中云，「二百餘年來，……其最費者無過宗祿，養兵、蔭子三者爲極」。

　　這些宗廟、陵寢、宗室、蔭子的財政支出，就像滾雪球一樣，越來越大，終使王朝不堪負荷而覆滅。此四者是注定中國政治循環的主要經濟因子。一個王朝對於前朝這些缺失視而不見，仍然照章全收，但是經過一兩百年後，這些缺失就形成沉重的負擔，終而覆滅。這種先盛後衰的情況，稍久的朝代都將如此。以致後來觀察家認爲中國政治是周而復始的循環。所以此四者是中國政治循環的主要經濟因子。

第四節　戰爭與經濟

　　關於戰爭的經濟效果，至少有三派說法：一派是認爲戰爭對於經濟是一大危害；另一派認爲帝國主義利用戰爭以擴張其經濟力量；還有一派，是認爲戰爭可以創造總需求而有益於經濟。

　　第一派是來自對歐洲經濟史的研究，認爲歐洲經濟發展是依賴地方性戰爭（endemic warfare）的消除，亦即停止國君、貴族間的戰爭後，歐洲經濟才有發展的機會[8]，這是由於戰爭對於經濟有雙重損害：一爲摧毀實質資本財；一爲耗竭原可促進投資的金融資產[9]。

　　第二派是馬克思的主張，認爲資本主義的高度發展，就會成爲帝國主義，對外發動戰爭，相互爭奪殖民地，以掠取廉價原料，並擴大其商品市場[10]。

　　第三派是從經濟循環觀點出發，因爲戰爭可以增加政府對工業產品與軍事產品的需求，從而促使經濟復甦，韓戰與第二次世界大戰可爲例

8　W. Loehr & J. P. Powelson, *The Economics of Development and Distribution* (Reprinted in Taiwan, 1981), p. 359.

9　*Ibid.*, p. 369.

10　參閱G. M. Meier & R. E. Baldwin, *Economic Development, Theory, History, Policy* (New York: John Wiley & Sons, 1957), pp. 60-63.

證[11]，有人甚至認為若是沒有第二次世界大戰，則1930年代的世界經濟大恐慌將會持續[12]。

第三派顯然是以美國為例，美國除獨立戰爭與南北戰爭外，其他對外戰爭多在他國領土或公海上進行，故其本國實質資本財不致遭到毀壞，再若適逢經濟衰退甚或蕭條，則過剩的金融資產正可用來創造軍事需求，亦即提升總需求，而有助於經濟發展——馬克思的帝國主義戰爭亦可作如是觀。

中國歷史上的戰爭，則多在本國境內進行，其中的內戰(包括五胡亂華)當然是發生於國境，異族與外敵的入侵(前者如遼、金、蒙古，後者如倭寇及近代的列強)，亦在本國境內進行戰爭，甚至於其他國家間的戰爭，亦在我國境內進行(如日德、日俄戰爭)，以致戰爭對中國經濟的影響，幾乎都是負面的，即使是為防禦所作的軍事支出，也將拖垮財政與明代存亡，打擊經濟發展。

秦始皇由於築長城防胡，使人民「一歲力役，三十倍於古」(《漢書‧食貨志》載董仲舒語)，使秦不旋踵而亡。隋代滅亡原因雖多，但煬帝對高麗用兵，毋庸為導火線。明代財政赤字，主要是來自築長城與九邊屯兵，以及東南禦倭之龐大軍費支出。清代由盛而衰，高宗的「十大武功」支出，實為其轉捩點，且自鴉片戰爭後，巨額的對外賠款，使人民負擔沈重，影響國民經濟的發展。即使是「有攘夷廣土之功」的漢武帝，亦因「多殺士眾，竭民財力，……天下虛耗，百姓流離」(《漢書‧夏侯勝傳》)，而使漢人元氣大傷，更阻止了經濟發展途徑——自由市場經濟路線，轉而為統制色彩的經濟體制。

歷代籌措軍費之主要方式，當然是增加稅目與提高稅率，以及採取

11　*Ibid.*, pp. 163, 472.

12　W. A. Lewis, *The Theory of Economic Growth*(London: George Allen & Unwin), p. 254.

屯田與營田等措施。此外，還使用其他手法以籌措軍費，這些手法大致可以分為八類[13]：

一、**出售權利**——政府收取人民錢物，給予對方若干特權，包括買爵（近代稱為捐納）、贖罪、免役與賣度牒。前三者始於漢代，後者盛行於唐宋。

二、**公營事業**——自漢武帝起，鹽鐵酒收歸國營，唐代再增茶礬的專賣，宋、明且以鹽茶，易取商人輸糧塞下，稱為「執中」或「開中」。

三、**發行錢鈔**——這亦是漢武帝始作俑者，以低值的鹿皮與銀錫，充當高值貨幣（稱皮幣與白金），以換取臣民之錢，唐宋常鑄「當十」錢，且自北宋起，擴大紙鈔（如交子、會子等）的發行。

四、**預征挪用**——這是指兩種不同的行動：一為向人民預征未來的租稅，如唐代宗先徵青苗錢（後來演變為兩稅制）；一為挪借其他用途的政府錢物。

五、**捐獻借錢**——這亦是兩種不同的行動：一為由臣民捐獻錢物；一為向臣民借款。前者始於漢武帝時卜式輸財助邊，但於魏晉南北朝與五代時，這種捐獻主要來自高官，作為效忠之表徵。後者主要是強迫借貸，例如漢順帝為對西羌作戰，詔貸王侯國租一歲，假民有貲者戶錢一千。

六、**節用減薪**——節用是指宮中與府中在消費行為上之節約，俾將節餘經費移作軍用，這是始自漢武帝；減薪是硬性扣減官吏薪俸，以供軍費，此似始於漢順帝。

---

13 參閱侯家駒，〈我國歷代軍費之籌措〉，《國立編譯館館刊》，14卷1期，以及其《中國財金制度史論》（聯經出版公司，民國77年），第十二章。

七、**賣產發帑**——前者是出售國有財產以充軍用，如宋高宗之盡售諸路官田；後者是指皇室拿出私房錢以濟軍，如漢靈帝時，竇太后以宮中錢物增助軍費。

八、**括取牛馬**——五代經常括取公私馬匹以供軍用；元代則括取民間馬牛羊。

　　上述八種手法中，以第一、六與七等三種方式，副作用最小——惟「減薪」可能導致官吏貪瀆，而「節用」「發帑」且有額外的正面效果，蓋因可以減少宮、府之浪費，並印證「財散則民聚」之古訓。惟「發帑」常爲帝王所不喜，例如王莽末年，宮藏六十餘萬斤黃金，錢帛珠玉甚眾，但對其寵信之九虎將，僅賜每「人四千錢（當時黃金一斤值萬錢），眾重怨，無鬥意」（《漢書》本傳），導致滅亡；唐玄宗時，府庫充盈，供天子燕私，「及安祿山反，司空楊國忠以爲正庫物不可以給士，遣侍御史崔眾至太原，納錢度僧尼道士，旬日得百萬緡而已。自（是）兩京陷沒，民物耗弊，天下蕭然」（《新唐書・食貨志》）；明神宗萬曆卅八年，「以軍乏餉，論廷臣陳足國長策」，但規定一切建議之中，「不得請發內帑」，甚至到了萬曆四十六年，驟增遼餉三百萬時，「內帑充積，帝靳不肯發」（《明史・食貨志》），致使流寇外敵坐大；崇禎時，已屆危急，元年五月，兵部尚書奏請發餉，帝以「內帑空乏，惟命諸臣嚴催外解」否決之，這是「帝因近發帑金五十萬，請帑非所樂聞」（《續通考》），結果是將「舊有鎮庫金積年不用者三千七百萬錠」（《明季北略》卷5），便宜了李自成，亦證實「財聚則民散」的名言。

　　至於其他五種方式，多爲對人民的壓榨，其中尤以公營事業與發行錢物，爲患最烈，且有強烈的後遺症。公營事業是指政府控制生產工具，循此，屯田、營田亦可屬之，以致歷代多以此爲籌措軍費的主要方式，除漢武帝以鹽鐵酒專賣，三國大規模屯田，唐代提高鹽價以助軍（《新

唐書・食貨志》），並以鹽賞軍（《冊府元龜》），五代以鹽鐵與戶部、度支並稱「三司」，宋代「執中」，以茶鹽爲手段，南渡後，新增稅捐亦以茶鹽酒爲主要對象[14]，元世祖不僅以茶鹽酒課充軍糧，還大量屯田（《元史》本紀）、明代「開中」……亦以茶鹽爲手段，其後遺症，則是抑制中國資本主義的發生。至於在錢鈔上動手腳，政府以爲既不要甚麼成本，又似神不知鬼不覺，在表面上不增加人民負擔，以致常爲歷代政府使用。但因濫增貨幣供給，必然導致物價膨脹，形成極大的社會成本。因此，或可斷言，戰爭對於中國經濟發展，是抑制成分遠大於促進成分——縱然戰爭可以帶動若干技術進步，如第一次多元體制促成冶金術的提升，第二次多元體制中帶動鍊鋼術的創新與火藥及指南針的應用，但均難以抵銷戰爭對轉換、交易、制度（明顯的與不明顯的）成本之提高。

第五節　自然環境與經濟發展

撰寫世界文明史的杜蘭夫婦（Will & Ariel Durant）曾於其《歷史的教訓》（*The Lessons of History*, 1968）一書第二章，〈歷史與大地〉的標題下，認爲「地理是歷史的發源，是歷史的乳母，是歷史的薰陶所。江河、湖泊、綠洲、海洋吸引居民到岸邊居住，因爲水是生物及城市的生命，且爲運輸及貿易提供低廉的通路」；並列舉若干古國與河川的關係，而且指出義大利是繁榮於Tiber、Arrno與Po諸河的河谷，奧地利生長於多瑙河，德國茁壯於易北河和萊茵河，法國孕育於Rhone、Loire與Sex'ne諸河。

本節所稱之自然環境，雖與大地同義，但卻包含氣候在內。我國文化一向被認爲是發源於黃河流域，但經由近年來考古發掘，卻顯示我國

---

14 侯家駒，〈我國歷代軍費之籌措〉以及《中國財金制度史論》，第十二章。

文化是遍地開花，至少，長江流域的重要性決不亞於黃河流域，這正表示我國的文化與經濟發展，亦與河川有密切關係。不過，在文字記載上，有關黃河流域的開發則占絕大比率，尤以西北一帶爲然。

今天的西北黃土高原，很多地方是童山濯濯，但在四五千年前，到處是「維葉萋萋」、「綠竹猗猗」（均見《詩‧國風》，前者爲〈葛覃〉，後者爲〈淇奧〉），看到的是「雄雉于飛」（〈國風‧雄雉〉），聽到的是「呦呦鹿鳴」（〈小雅‧鹿鳴〉）。但因過度開發土地，使原稱爲「河」的「大河」，至左襄八年，業已渾濁不堪，所以，子駟引逸《詩》曰，「俟河之清，人壽幾何」！後來因其含沙量日增，而有「黃河」之惡號。據沈怡統計，唐堯八十（西元前2278）年至周定王五（前602）年，歷時1676載，黃河只溢6次，決1次。但自周定王五年，黃河第一次改道後，至民國廿二（1933）年止，2534年間，黃河決溢1573次，大水973次，共計2546次[15]，平均一年一次強，尤其是自宋代起，河患加烈，以致宋及其後各代，均以治河爲要務，成爲財政上很大負擔。例如宋真宗天禧四（1020）年，滑州河溢，遣使賦州薪、石、楗、橛、芟、竹之數1600萬，發兵夫9萬治之；仁宗天聖五（1027）年，發丁夫3萬5000，卒2萬1000，緡錢50萬，塞決河；元仁宗延祐二（1315）年，修堤岸46處，計役125萬6494工，用夫2萬1413人；明成祖永樂九（1411）年，詔發民丁10萬浚河；孝宗弘治八（1495）年二月治河功成，凡用軍民夫12萬人，鐵1萬9000斤，竹木薪蒭不可勝計；嘉靖十三（1534）年河決，凡濬河3萬4790丈，築堤1萬2400丈，修閘座15，順水壩8，植柳280萬株，役夫14萬有奇，白金7萬8000餘緡，木1萬7400餘根，稍草19萬餘束，鐵6萬5400餘斤，麻灰磚石之類稱是；神宗萬曆卅三（1605）年浚河，凡役夫50萬，六閱月而工竣；清代

15　沈怡，《黃河問題討論集》（商務印書館，民國60年），附錄六，〈黃河史料之研究〉。

河工經費驟增，道光年間，即南河一處，每歲須銀四五百萬兩，光緒廿五(1899)年，李鴻章奏治河，除俸餉不計外，約須銀930萬3000餘兩[16]。

黃河為患，既因西北黃土高原泥土易於流失，且因人口壓力過於使用農地所致，但於兩次多元體制期間，大量人口由北方遷向南方，促成南方的開發。在第一次多元體制時期，北方流民是為「徐揚二州，土宜三麥」(《晉書‧食貨志》)所吸引，且因水田產量高，乃「遏長川以為陂，燔茂草以為田，水耕水種，不煩人力」(《全晉文》卷103，〈陸雲答車茂安書〉)，而大闢水利田。這種水利田，至第二次多元體制期間更為盛行，其辦法是「治湖造田」，亦即圍湖造田，南宋時的圍田主要是以太湖流域為中心，據統計，南宋圍田達1489處[17]，連「廣袤四十里，津被三郡」的淀山湖，亦侵占幾盡，至元代，後遺症極為明顯，所以，龔明元曰，「(而)今所以有水旱之患者，其弊在於圍田」(《中吳紀聞》卷1)。據統計，自前漢至北宋的一千三百多年間，太湖地區有紀錄的水旱大災只有十四次，但元明兩代三百六十餘年間，有紀錄的水旱大災卻有26次之多；南宋人李光、史才等人說，廢湖為田後，「歲被水旱之患」，元初都水少監任仁發也說，於其掌管太湖地區水利期間，該地區每兩三年就發生水災一次[18]。

洞庭湖沿岸的圍墾，亦是始於南宋，但於明清進入高潮，而不顧歷史的慘痛教訓，於明代，湖南境內圍墾洞庭湖所築的垸子就有一百多處，至清初，竟增至約五百處，此外，清政府還撥出官銀圍了很多官垸[19]。按洞庭湖極盛時，湖面廣達1萬4600平方公里，至清道光五(1825)年，縮小到6300平方公里，光緒廿二(1896)年，再縮小到5400平方公里，

16　申丙，《黃河通考》(中華叢書)，第三章。
17　漆俠，《宋代經濟史》上冊(上海人民出版社，1987年)，第四章第三節。
18　林靜謙，〈圍湖造田的歷史教訓〉，《經濟研究》，1982年第2期。
19　林靜謙，〈圍湖造田的歷史教訓〉。

且據統計，明代以前湖區水災平均83年一次，明代後期至清末，平均20年就有一次[20]。

另一與「圍田」同音的水利田，是為「圩田」，即於沿江、近湖的低窪地區築堤為田，「河高而田反在水下，沿堤通斗門，每門疏港以溉田，故有豐年而無水患」[21]，北宋時已見於江南，南宋時更為擴大，是穩定的高產量農田，但非無水患，遇水勢過大時，堤破使圩田成為澤國，且有若干圩田立於水流要害之處，阻礙排水，使鄰近圩田地區受損[22]。

事實上，中國歷史上農業所受的災害，不止水旱災，還有風災、雹害與病蟲害等，即使現代，這種自然災害為禍亦甚烈，以中國大陸言，1970年代農田年均受災面積為5億7000萬畝，成災率為30.7％，1980年至1992年間，年均受災面積增為6億7000萬畝，成災率升至48.9％[23]，循此可見，中國歷史上農業災害之慘烈，其成因雖多為天災，但卻不少是來自人謀不臧，利用自然不當所致。

就是由於過度利用，使氣候大變，原來「號為土膏」（《漢書·東方朔傳》）的關中一帶農田，早已成為瘠地；漢代西域有五十餘國，「有城郭田畜」（《漢書·西域傳》），這些城址或國都，多只能於砂礫中發現。不禁使人浩嘆：人類利用大自然，締造經濟發展；但被破壞的自然環境，卻又限制了經濟力量。

20　趙岡、陳鍾毅，《中國經濟制度史論》（聯經出版公司，民國75年），第四章第二節。

21　楊萬里，《誠齋集》，卷32，〈圩丁詞十解序〉。

22　漆俠，《宋代經濟史》上冊，第四章第四節。

23　民國83年5月30日，《聯合報》。

第六節　政府與經濟發展

　　本章第二、三兩節，曾經討論過政治上「分」、「合」與經濟發展間的關係，以及中國歷史上政治循環的經濟因子，但本節的重點，毋寧是與第一節所說的經濟發展條件有關，尤以其充分條件為然，亦即檢討政府在經濟發展過程或經濟活動中所扮演的角色。揆其實際，就是觀察歷代政府對經濟的干預程度，凡政府干預愈深者，則市場機能運作力量愈弱，反之亦愈強，是以，從另一角度看，本節內容亦可說是中國市場經濟的曲折發展。

　　《帝王世紀》云，唐堯之世，天下太和，百姓無事，有老人擊壤而歌曰，「日出而作，日入而息，鑿井而飲，耕田而食，帝力於我何有哉！」《列子‧說符篇》云，堯治天下五十年，微服游於康衢，聞兒童謠曰，「立我蒸民，莫匪爾極，不識不知，順帝之則」。此處的「帝」是指上帝，故「帝則」有自然法則的意義，故此二則歌謠是在顯示，古代中國，政府並不干預人民經濟活動，而經濟活動是順應自然，所以，在基本上，是一種自由經濟的精神。此一精神於春秋戰國為儒家繼承與發揚，孔子曰，「天何言哉？四時行焉，百物生焉，天何言哉！」（《論語‧陽貨》）旨在維持「無為而治」（《論語‧衛靈公》），進而主張「君子不盡利以遺民」（《禮記‧坊記》），以示政府及官員不與民爭利；孟子的揠苗助長故事，更是說明政府即使以愛護為出發點來干預人民經濟活動，亦是「非徒無益，而又害之」（〈公孫丑上〉），同時還鼓吹私有財產，強調「有恆產者有恆心」（〈滕文公上〉）。

　　但自商鞅實施農戰政策起，秦國政府卻干預人民的生涯規劃，此即《荀子‧議兵篇》所云，「秦人，其生民也陿阨，其使民也酷烈，劫之以勢，隱之以阨，忸之以慶賞，鰌之以刑罰，使天下之民，所以要利

於上者，非鬥無由也」。意謂秦政府斷絕人民的很多謀生方式，迫使人民只能選擇「平時爲農夫，戰時作士卒」的農戰爲業。

漢初，「網疏而民富」（《史記·平準書》），顯示自由放任的復活，出現很多白手成家的巨富，從而形成司馬遷的自由經濟思想：「天下熙熙皆爲利來，天下壤壤，皆爲利往」，「故善者因之，其次利道之，其次教誨之，其次整齊之，最下者與之爭」（《史記·貨殖列傳》）[24]。

不幸得很，漢武帝爲對匈奴用兵，將鹽鐵酒收歸國營，不僅干預經濟活動，也且與民爭利，使好不容易逐漸成型的自由經濟制度，在中國古代歷史上曇花一現。且因公營之故，官吏本身亦因參與買賣而貪汙，例如《鹽鐵論》中，文學就屢次提到這一現象：「三業之起，貴人之家，雲行於途，穀擊於道，攘公法，申私利」（〈刺權〉），「公卿積億萬，大夫積千金，士積百金，利已併財以聚，百姓寒苦，流離於路」（〈地廣〉）。

這種政府直接干預經濟活動的行爲，王莽與劉歆似由欣賞而接受，從而「發得周禮」（《漢書·王莽傳》），實則其所用底稿乃是戰國時代人士所撰，爲河間獻王於武帝時所獻而藏於秘府之《周官》原文殘本，再予以損益而成。由於內容精密，後儒認爲是「周公致太平之迹」（馬融〈周官傳序〉），其實，《周禮》缺乏可行性與實用性，縱若付諸實施，亦將造成極權政治、統制經濟與一元社會[25]，其在經濟方面，是將人、地、貨，置於政府直接控制之下。

漢武帝的國營項目中，並未包括信用部分，王莽與劉歆可能受到《管子》一書中所言公營信用機構（見〈山國軌〉、〈臣乘馬〉等篇）之影響，而於《周禮》地官司市下設「泉府」，收購滯貨並賒售之，且旅師主管農貸。所以，王莽的經濟政策，是「六筦」，即(1)鹽，(2)酒，(3)鐵的

24　關於先秦儒家暨司馬遷的自由經濟思想之闡述，請參閱侯家駒，《先秦儒家自由經濟思想》（聯經出版公司，民國72年）。

25　侯家駒，《周禮研究》（聯經出版公司，民國76年），第十章。

專賣，(4)鑄錢專權，(5)對名山大澤產物徵稅，(6)五均賒貸，其對經濟的干預，遠甚於漢武，尤其是公營信用機構之議，可能引發後代政府與貴族放高利貸之行為，唐代的捉錢令史與元初的斡脫官錢，是其中之著。

漢代的專賣為後代繼承，且自唐代中葉後，鹽鐵與度支、戶部，並稱三司(《歷代職官長》)。重要產業為公營，以致工業難以發展。尤有進者，自後漢起，仕儒逐漸分途，儒者昧於現實，離「外王」之道日遠，乃驚眩於《周禮》內容之完整，隨而視為「太平經國之書」[26]，以致中國歷代知識分子，由於迷戀周公所著之《周禮》(而未究其為偽託)，而在思想中常有統制經濟成分，此所以《周禮》在中國歷史上至少實驗四次，即漢之王莽，西魏之宇文泰，宋之王安石，以及清季之太平天國——其國名「太平」，很可能受到「太平經國之書」一詞影響。這些實驗，雖然多以失敗收場，但中國知識分子中，仍有不少統制經濟的同情者，直至近代仍然如此，以致《新學偽經考》的作者康有為，仍然撰有強調公有制的《大同書》。

就在這些情況下，先秦儒家的自由經濟思想，首遭漢武帝公營事業在經濟政策上的打擊，再受《周禮》在思想上之「仿冒」與混淆，以致市場經濟幾成絕響。易言之，市場經濟在中國歷史上只能曲折發展與不絕如縷，亦即多只能在中央政府控制力量較為薄弱時，市場力量才可稍為脫穎而出——這種情況亦出現在狹義的市場上。

此所謂「狹義的市場」，是指交易場所，即古代所謂的「市」。中國文字裡，「城市」常連稱，其實，並非城內全為市，而是於其中闢出一區為之，如漢代長安的「九市」，唐代長安的「兩市」，均由官府嚴予管理。王符云漢代「天下百郡千縣，市邑萬數」(《潛夫論·浮侈》)，並不能說明一縣不止一市，但《後漢書·張霸傳》，言其子張楷家貧，無以為業，常乘驢車至縣賣藥，其所居之梁縣有多城〈郡國志〉，而張

26　宋人鄭伯謙，根據《周禮》內容，著成一書，即以「太平經國之書」為名。

楷須到縣城才可賣藥，可見只有縣城才有市場。第一次多元體制下，很多縣不止一市，而唐代卻規定「諸非州縣之所不得置市」（《唐會要‧市》）。至宋代，此一規定漸趨廢弛，例如神宗熙寧十（1077）年，全國2100多個商稅收徵處中，就有866個設於大的市鎮，有的市鎮稅收竟然超過小縣治的商稅，按「鎮」原為軍事重地，始於北魏的六鎮，其後沿用之，但至宋代，軍權集中於中央，這些駐兵之鎮，就演變成集市的另一名稱，而稱之為「市鎮」[27]，宋人高承云「民聚不成縣而有稅課者，則為鎮，或以官監之」（《事物紀原‧州郡方域部》）。

唐代另一限制狹義市場發展的因子，厥為其坊制。此制實上承北魏的里坊制度，那是孝文帝經營洛陽，在城內立里，城外立坊。里、坊均為基本行政區域，亦都可以成為獨立的防禦單位，故均有圍牆與柵門[28]。唐代則對城內行政區域亦稱坊，其管理亦更為嚴密，除柵門定時開關外，還規定除高官外，一般住宅不得對街道開門[29]。但唐末兵禍——洛陽幾毀，坊牆應多毀壞，後唐明帝下令剷平爭戰時軍人自築之屏障，當亦可能拆除半毀之坊牆，其後，准許臨街蓋店[30]，足見五代時，坊制業已因戰亂而被破壞，宋代只是被動地承認此一事實而已，但是，坊制與市制的崩潰，才促進宋代及其後的都市發展[31]，由此亦可看出，政府管制放鬆，亦可促進都市的發展。

自漢代起，雖有宮中、府中之分，但從資源分派觀點看，宮中亦應視為政府的一項，而其所佔有的資源，經常多於「府中」，以漢代為例，府中收入「一歲為四十餘萬萬」，而「少府所領園池作務之八十三萬萬，

27　加藤繁，《中國經濟史考證》（華世出版社，民國65年），〈唐宋時代的草市及其發展〉。
28　詳見本書第十一章第四節。
29　詳見本書第十七章第四節。
30　同上。
31　加藤繁，《中國經濟史考證》，〈宋代都市的發展〉。

以給宮室供養諸賞贈」（桓譚，《新論》）。政府（含皇室）對資源的控制，在第三次一元體制下更烈（參見本書第十九章第二節）。宮中除據有其自己資源收入外，其用度仍常列爲政府預算，以清季言，宮廷支出約佔總歲出十分之一[32]。宮廷擁有巨額資源與大量揮霍，當然會將原可用於經濟發展的資源擠出，從而限制了經濟發展。

第七節　文化與經濟發展

「文化」是一廣泛名詞，實即生活方式之綜稱，其屬於無形層面者，稱之爲思想；其屬於有形層面，則爲典章制度。但一般所稱之「文化」，主要爲前者，譬如陳序經等人所稱「中國南北文化」[33]即屬之，惟其所謂南北文化，僅指由黃河流域向長江流域推展的漢文化，其對產業發展之影響，將述於下章。

此處所說的「文化」，亦分「南北」，但卻以長城爲界，亦即中原的農業文化與北亞游牧文化的激盪、交流與融合，並對中國經濟發展產生不少影響。

游牧民族（或種族、或部族）逐水草而居，其所諳的騎術，是謀生所需，亦是征戰所需，由於生活條件與戰鬥條件一致，所以，其軍事力量時常比農業民族爲強，惟因居無定所，以致其生產單一化，而難臻農業民族的生產多元化，所以，在消費上，除使用自己生產的畜產品外，還須自外輸入穀物、織物和工業產品，使他們在經濟上不得不依存南方農業民族。這本來可用貿易方式解決，但兩者之間，因種族、語言、文化的隔閡，使游牧的胡人，難以如願，所以常用武力，以擄掠的方式來滿

32　侯家駒，《中國財金制度史論》（聯經出版公司，民國77年），第十一章第一節。

33　陳序經，《中國南北文化觀》（台灣牧童出版社重印本）。

足他們在經濟上的需求。就這種戰爭言，對游牧民族來說，是以「無」對「有」的鬥爭和掠奪，一切戰爭的經濟負擔，多半是落在被掠奪的農業民族身上，因此，他們視戰爭為生產手段，而非消耗，甚至連作戰的給養，也會「因糧於敵」，此所以晁錯曰「漢興以來，胡虜數入邊地，小入則小利，大入則大利」（《漢書》本傳）。正因為這種利益的誘惑，縱使萬里長城，也不能阻止游牧民族不斷的突破[34]。

從事農耕的漢民族為著生存空間的安全保障，大體上採行四種措施：(1)武力撻伐，迫其遠遁，例如漢武帝多次討伐匈奴；(2)修建長城，阻其南下入侵；(3)採取友好政策，如和親，定點互市；(4)將其徙入長城以南，使與漢人雜處，誘使漢化與農耕[35]。

第一種方法，是使此二民族不斷發生戰爭，而且胡人還兩度入主中原，建立元、清二王朝。第二種方法，是傾注全國財力與物力，對長城反復修補，所費土石之功，難以勝算，以明代而言，於洪武十四(1381)年修築山海關為始，迄至末代崇禎，在兩個半世紀裡，修補、擴建，交替進行，論其規模和質量，持續之久，防禦之嚴，體系之完備，都創下了歷史的紀錄。但在本質上，雖可禦胡人南侵，但亦限制漢文化的北進，妨礙中華民族的統一[36]，何況農業民族衰微之時，長城亦難遏抑胡馬南下——第三種方法也有類似結果。第四種方法，就長期言，是可促進民族的融合，但於真正融合以前，隨時有禍生肘腋之虞，開啓第一次多元體制而亂華的五胡，以及導致第二次多元體制的安、史之亂，均為這些內徙的游牧民族。

無論是採行那一種方式，兩個民族間有不斷的衝突與融合，此所以

---

34 札奇斯欽，《北亞游牧民族與中原農業民族間的和平戰爭與貿易之關係》（正中書局，民國66年二版），〈緒論〉。

35 李國祁，〈由中國歷史發展論國家分合的理論基礎〉，聯合報系文化基金會主辦，中國歷史上的分與合學術研討會（民國83年7月，台北市）。

36 李治亭，〈論清代邊疆民族的離心運動〉，中國歷史上分與合學術研討會。

余英時認為兩千年來的中國史，是漢與胡共天下的局面[37]。這是說兩個民族間，在武裝上容有所爭，但在文化上卻相互交流，從而對中國經濟發展有其相當程度的影響，尤其是漢民族對胡文化的吸收。

漢民族對胡文化的吸收，應以戰國時代趙武靈王的「胡服騎射」為濫觴，隋唐王朝雖為漢人建立，但其制度中有不少是承繼北朝者，就財經言，計有：(1)民戶之組編，循北魏之鄰、里、黨制，隋立保、閭、族，唐為鄰(保)、里(坊)、鄉制；(2)均田之授受，隋唐仍本北魏與北齊之遺規；(3)租庸調之稅制，其中返徭役為「庸」稅，則是隋代所創；(4)將戶稅、地稅變為義倉或社倉稅[38]。

事實上，此四者除最後一項外，都有《周禮》的影子，前二者可從地官大司徒職掌中看出，而租庸調亦是脫胎於《周禮》的賦稅役制度：「有田則有賦，有職則有稅(功)，有身則有役」[39]。尤有進者，西魏起建立的府兵制度，亦是師法西周之六軍[40]，足見游牧民族主政後亦深受漢文化的影響，而且很多是「禮失而求諸野」，以均田為例，井田制度破壞後，秦漢魏晉等漢人政權，均未予以恢復，卒賴北魏孝文帝有以成之，其主要關鍵，在於游牧民族是逐水草而居，其心目中只有動產，對於土地所有權很為淡薄，其牧場與獵區則是氏族或部族共有，而農業民族由於定居，致與土地有密不可分之關係，逐漸形成土地私有與不動產的觀念，易言之，北魏執政階層對於土地私有觀念之淡薄，是均田制得以實行的關鍵因子。

說到逐水草而居，唐初帝后幾有一半時間居住東都洛陽，主要是因水運未完全通暢前要就食東都，未嘗不是游牧文化的遺風。隋唐公廨錢

---

37 余英時，〈中國史上政治分合的基本動力〉，中國歷史上分與合學術研討會。

38 李劍農，《魏晉南北朝隋唐經濟史稿》(台灣華世出版社重印)，第八章第一節。

39 侯家駒，《周禮研究》，第六章第三節。

40 侯家駒，〈魏晉南北朝軍戶考〉，《漢學研究》，8卷2期。

也可能是游牧民族高利貸習俗之延續。

　　《隋書‧食貨志》載，「先是，京官及諸州並給公廨錢迴易取利，以給公用」，後爲官員私自「出舉興生，唯利是求」，朝廷乃予禁止，惟仍可用以做買賣。唐初，仍仿隋制，高祖「武德已後，國家倉庫猶虛，應京官料錢，並給公廨本，令當司令史番官迴易給利，計官員多少分給」。但至太宗時，卻改爲高利貸，此即貞觀十二年二月，褚遂良上疏曰，「陛下近許諸司令史捉公廨本錢，諸司取此色人，號爲捉錢令史，……大率人捉五十貫已下，四十貫已上，任居市肆，恣其販易，每月納利四千，一年凡輸五萬，送利不違，年滿受職」（《唐會要》卷91）。四十貫至五十貫本金，一年利息五萬錢，是見年利率逾百分之百，而據《史記‧貨殖列傳》，年利率僅20%，利潤率也如此——這主要是由於第一次一元體制下中國幅員廣闊，易於達成一般均衡，但隋唐締造第二次一元體制時，爲何難以達成此一境界。其答案可能是上承北朝舊習，譬如涼州牧張駿「以穀帛付民，歲收倍利，利不充者簿責田宅」（《魏書》本傳）。另據《北齊書‧盧叔武傳》，「叔武在鄉時，有粟千石，每至春夏，鄉人無食者，令自載取，至秋任其償，都不計校，然而歲歲常得倍餘」，可見「歲收倍利」，是北方常態。其所以如此，也許仍是游牧文化一斑，蓋因游牧民族見到牛羊繁殖，係作倍數性增加，從而推衍到借貸關係上，所以，元代有「羊羔兒利」名稱，隋唐以前，游牧民族也許即有此概念，尤其值得注意的，乃是《唐會要》所載，唐初，是令「番官迴易給利」，此「番官」即胡人，諒係游牧民族善於經商，故要求他們從事貿易以取利，而他們可能狃於胡俗，所以改放高利貸。

　　游牧民族由於物資缺乏，傾向通商，所以，其本身也善於經營；或樂於推動商業之發展，尤其是北魏在孝文帝以前，官吏並無俸祿，由所隸屬商人貿易求利以供之，這可由孝文帝太和八（484）年之詔中看出，詔云，「始班俸祿，罷諸商人，以簡民事」（《魏書》本紀）——由此可

見，唐初令「番官迴易取利」，以其利息作公廨錢，是緣來有自。由於游牧文化重視商業，所以，絲路雖始於春秋戰國[41]，但真正予以重視的厥爲北魏，曾於洛陽設四夷館；金陵館居住來自南朝的吳人，燕然館居住北夷之人，扶桑館居東夷之人，崦嵫館居西夷之人——後者是指「自蔥嶺以西至於大秦百國千城」之人（《洛陽伽藍記》）。後來的大元帝國由於地跨亞、歐二洲，再承繼南宋的海上交通，更大力推展對外貿易。滿州人因自女真時代已非純粹游牧，而是農業兼狩獵爲生[42]，致對貿易漠視，故有閉關自守政策。

農業民族與游牧民族和平接觸之時，所注意到的，多爲農園藝作物，例如前漢即自西域傳入苜蓿、葡萄、胡桃、蠶豆、石榴等十多種植物，並於關中等地開始大種植[43]，以擴大農業內涵。

但是，游牧民族對於中國經濟發展的最大衝擊，厥爲她創造了兩次多元體制與一次一元體制，那些亂華的五胡，就是內徙的游牧民族，倡導天寶之亂的安、史一夥，原來都是唐朝的蕃將，而蒙古民族吞併西夏與金，再滅南宋，締造第三次一元體制。這三個階段都在政治、社會、經濟上有各自的特色，這些特色是來自二大文化的混合與融和（譬如兩次多元體制時期），或是來自征服的文化（如第三次一元體制），但就各別期間經濟運作言，均有極大的影響，其確切情況，本書於各別時期有關部分均曾詳言，此處不再贅述。

綜合說來，游牧與農業民族因互通有無而接觸，無論是和平相處或兵戎相見，但其結局卻循辨證的「正、反、合」過程，而使文化融合，並使經濟多樣化。

41 沈福偉，《中西文化交流史》（東華書局，民國78年），第一章第三節。

42 札奇斯欽，《北亞游牧民族與中原農業民族間的和平戰爭與貿易之關係》，第八章。

43 曾延偉，《兩漢社會經濟發展史初探》（中國社會科學出版社，1989），頁145。

　　再廣而言之，此二文化的結合，也可解釋中國歷史上，經濟力量與政治力量爲何不能一致，同時也可補充說明第二節所云，政治分合中，爲何經濟性的人地比例，只能成爲必需條件，而非充分條件。按照冀朝鼎的說法，一個政治集團支配了關鍵經濟區域，便支配了中國[44]，但自三國後，中國經濟重心業已明顯南移，但截至清末，除朱元璋北伐，得以驅除胡虜外，統一都是由北到南，這可能由於北方政權即使是漢民族主導，究因接近北亞游牧民族，感染其尚武之風，致燕趙多慷慨悲歌之士，故能擁有軍事優勢而君臨天下，此所以兩千多年來的中國，除少數時期外，北方爲政治重心，而經濟重心卻在南方。

第八節　家族與經濟發展

　　繆勒利爾(Munich)曾將人類文化進程分成三個時代：(1)氏族時代；(2)家族時代；與(3)個人時代，而與經濟發展程度有關。氏族時代實爲部落或部族制，相當原始，是群居生活，除少數已步入農業社會外，多爲漁獵或游牧社會。由氏族移向家族的主要動力是財富，財產的力量與求得財產的欲望，把原始民族轉變，並使他們變爲「文明」，而且在此一時代，文字已經發明，歷史記載開始保存了，其全盛時期，繆氏曾以20世紀初期的中國爲代表；但到資本主義出現，家族制度趨於解體，從而進入個人時代[45]。

　　周代封建制度是立基於宗法，致有氏族的意味，但於春秋時代，莊園制度逐漸崩解，農民氏族制度隨而轉變爲家長本位的家族制度，但其最有力的動因，則爲商業都市的勃興[46]。由此看來，至少在戰國時期，

44　引自李約瑟著，陳立夫主譯，《中國之科學與文明》，第一冊，頁217。
45　繆勒利爾著，王禮錫等譯，《家族論》(商務印書館)，第六、七、八章。
46　陶希聖，《婚姻與家族》(商務印書館)，第三章。

中國已經進入家族時代，一直到西元20世紀中葉，仍在此一階段，是以可說，中國有文字歷史記載的時期，幾乎都是家族時代。

其實，中國在氏族時代末期實行的宗法制度，只限於貴族，而一般平民則有名無氏，這種情況，一直持續到家族時代初期，譬如，漢初，「居官者以爲姓號」（《史記‧平準書》）。其後，平民漸皆有姓，血緣關係逐漸匯成宗族，若干豪門家族力量龐大，能左右地方政治，從而造成大一統離心力之一。但從此以後，家族在政治與經濟上，均曾扮演要角，就政治言，王莽時劉秀起兵，實得陰、耿等大 家族的協助。後漢末年，曹操、劉備等群雄，亦多得若干宗族之助力。在第一次多元體制下，各地以豪門大族爲中心，形成大小不一之塢堡以自衛，但在經濟上，聚族而居，且耕且守，形成自給自足的塢堡經濟。這些塢堡也藉合縱連橫之術，左右政局，其本身亦形成世族或大族，成爲魏晉南北朝時期舉足輕重的力量。

這些豪門宗族，於漢末即有雄厚財富，此即仲長統所云（《後漢書》本傳）：

> 豪人之室，連棟數百，膏田滿野，奴婢千群，徒附萬計，船車賈販，周於四方，廢居積貯，滿於都城。琦賂寶貨，巨室不能容；馬牛羊豕，山谷不能受。

其所謂「徒附萬計」，據李賢注曰，「徒，眾也；附，親也」，足見此「豪人之室」，是指家族或家族首領，而非單一家庭；從其內容看，此豪族不僅兼併土地，且蓄積商業資本。由於這種充滿財力，才有廣大的人口包容力，於是乎出現「累世同居」之善俗，故趙翼認爲「此風起於漢末」（《陔餘叢考‧累世同居》）。亦就是由於這種向心力，才凝固爲第一次多元體制下的世族，足見世族或士族有其經濟基礎。

　　其實，中國姓氏之中，本來就有一部分是與經濟活動有關，此即鄭樵於《通志略‧氏族略》中的「以技爲氏」與「以事爲氏」，前者如巫、屠、甄、陶、卜等姓，後者則有竇、車、寇、蒲、符等姓。即使到後代，史料上所記載的各地名產，都是冠以家族姓名[47]。

　　中國的家族，實在可分爲兩種類型：一種是大型的，人數眾多，可以上述世族爲代表；一種是小型的，即以家庭爲主體，主要成員爲父母兄弟妻子。前者所發揮的政治力量，遠大於其經濟潛力的發展，蓋因以家族爲經濟單位，個人所獲經濟收益亦須歸於家族，以致缺乏經濟誘因，而僅適應於刻板性的農耕，此所以在世族力量最爲龐大的魏晉南北朝，只能成爲自給自足的自然經濟。但於五代後，世族衰落，崩落爲後一型態的家族，才有第二次多元體制下及其後的工商發展[48]。

　　大型家族多是數代同居的大家庭，以致其成員有共財義務，《禮記‧曲禮》云，「父母在，不有私財」；〈內則〉說得更具體，「子婦無私貨、無私畜、無私器，不敢私假，不敢私與」，個人對於財物沒有所有權，也無處分權，如何能激發他們營利的動機？但在大型家族下，特重禮法，對婚喪大事，尤其隆重，所費不貲。在這種收入難以提高，支出不斷擴大的情況下，大家族（庭）於長期中必將崩解，而只能存在於自給自足的農業社會，蓋因農業的根基是土地，父子既然同在一塊土地上耕耘，他們的住宅也就同在一處，所以，農業社會乃是造成大家族社會的主因[49]，在三年耕有一年之蓄的情形下，可用這些積蓄以辦理婚喪大事。亦就是由於大家族緣故，社會特重孝道，政治特別重農——中國在

47　趙岡、陳鍾毅，《中國經濟制度史論》（聯經出版公司，民國75年），頁511。

48　高達觀於其《中國家族社會之演變》（里仁書局重印本）第三章，認爲近代中國的家族制度，是始於宋代，由於農地買賣頻繁，大地主容易支解，一般家庭中乃不像周代封建家庭人口包容量大，是以一般家庭大抵只是父母、夫婦、子女，而與拙見類似。

49　同上。

經濟上重農，實自漢代風行，而漢代皇帝的諡號中均有一「孝」字（開國者除外），這種巧合並非偶然，實因大家族之故。

這種同居共財的大家族制度，嚴重地影響到經濟發展，尤其是在工商逐漸發達之際，大家族更成爲其成長的桎梏，所以，不得不倡分居之說，譬如宋人袁采曰，「兄弟義居，固世之美事，……顧見利而交爭者，其相疾有甚於路人，前曰之美事，乃甚不美矣！故兄弟當分，宜早有所定；兄弟相愛，異居、異財，亦不害爲孝義」（《世範》）。雖然此一分居說法，是從倫理出發，但其結果卻有利於經濟發展，此所以宋代（尤其是南宋）工商業有相當的進步。

小家族制度在本質上是單純家庭制，但因血濃於水，同族宗親往往會在工商經營上結成集團，據余英時研究，明清的「伙計」，「大體都是親族子弟」，進而認爲「這一事實恰好說明明清商人如何一面利用傳統文化的資產，一面又把舊的宗族關係轉化爲新的商業組合。這正是中國從傳統到現代的一種過渡方式。清末民初中國新型的資本家仍然走的這條路。」「（因為）試問在中國傳統社會中還有比親族更可信托的『助手』嗎？」[50]——余氏實在只指資本主義出現初期，家族對工商發展的貢獻，但資本主義發展到某一階段，家族爲之瓦解，完全進入個人時代，此時，小家族制度亦成爲限制發展的力量。

在小家族制度下，家族還扮演社會救濟與培育人力資本的角色，這主要是族產的運用[51]，培養人力資本，是提高人力的素質，社會救濟是減少社會問題，均有促進經濟成長之功能。

---

50 余英時，《士與中國文化》（上海人民出版社，1987），〈中國近世宗教倫理與商人精神〉。

51 清水盛光著，宋念慈譯，《中國族產制度考》（現代國民基本知識叢書）。

第廿三章
結構內結論

　　此所謂結構內結論，主要是從經濟範圍內找出重點，予以綜述縱論之。其所謂「綜述」，是指其出發點固爲經濟面，但亦可能涉及政治、社會、文化思想等因子——但相對於上章言，其成分較淡；其所謂「縱論」，是就其發展或演進過程而言。

　　當代經濟發展學，是從各方面析論影響經濟發展之因子，其所涉及的方面，除社會環境（含地理因子）與文化背景（即與上章結構間結論有關）外，主要是從產業結構與生產要素等因子予以討論。本章即從三級產業與各種要素爲出發點，觀察中國歷史上農、工、商業的發展，以及土地、勞力、資金、管理等情況，且對與其攸關的市場及產權等問題，作初步的探索。

第一節　崇本觀念與農業發展

　　自戰國中期起，出現「崇本」的觀念，這主要是由於戰國之初，商鞅在秦國實行的農戰政策之成功。就儒家言，孔孟並未特別重農，孟子且曾闢斥農家許行之說，但至荀子，則有濃厚的重農思想，而說，「強本而節用，則天不能貧。……本富而用移，則天不能使之富」（〈天論〉，《集解》云，「本謂農桑」。）

　　商鞅的重農理論，表裡並不一致！表面上是從教化與經濟觀點而重農，「民歸心於農，則民樸可正也」（《商君書‧農戰》），「農則易勤，勤則富」（〈壹言〉）；骨子裡則是愚民政策，要把農民拴在土地上，爲統治者出糧出兵，因爲他說「農民無所聞變見方，則知農無從離其故事，而愚農無知，不好學問，則務疾農，知農不離其故事，則草必墾矣」（〈墾令〉）；「民愚而易治也」（〈定分〉），於是，「入使民屬於農，出使民壹於戰，……農則樸，樸則安居而惡出，……民資藏於地，……資重則不可負而逃」（〈算地〉）。

　　商鞅的農戰政策，成爲秦國的國策，先使秦國稱霸於諸侯，進而使秦統一天下，從而，不僅使很多知識分子（包括荀子），自戰國中期起，感染到重農思想，更使統治階層奉若圭臬，以重農作爲統治工具，直至明清尚是如此。大致上，統治階層（包括從政後一心鞏固統治者利益的知識分子）是承襲商鞅骨子裡那一套：陰謀論；一般知識分子則接受商鞅表面上那一套：教養論——《鹽鐵論》中賢良文學的看法可作代表。

　　從現代觀點看，重農政策等於是獎勵社會對農業投資，獎勵措施雖多，但可分別從投入成本、投入供給、產品需求、利潤吸引與投資過程等方面著手予以促進 [1]，歷代重農措施，大致上也循此五大原則。

　　從投入成本著手促進投資，主要是降低投入的價格，譬如晉武帝從杜預之請，以官牛付給兗、豫二州農民使用，秋收後才收回牛價（《晉書‧食貨志》）；宋代此例甚多，例如真宗曾詔免諸路農器之稅，並曾停徵牛稅，神宗亦曾對買耕牛者免徵（《宋史‧食貨志》），高宗蠲農器及牛稅，寧州罷廣西諸州牛稅（《宋史》本紀）。

　　投入供給面由政府協助提供者甚多，首於技術方面，漢代趙過作

---

1 H. B. Chenery, "Development Policies and Programs", *Economic Bulletin for Latin America*, Vol. 3, No. 1（1958）.

代田法，並用耦耕（《漢書·食貨志》）；北魏自恭帝起，倡導人牛合作，即有牛農家與無牛農家互通有無（《魏書》恭帝及孝文帝紀）；宋太宗於諸州擇明樹藝者為農師（《宋史》本紀），並曾詔頒「踏犂運法」（《宋史·食貨志》），真宗諭諸道廣植占城稻種，並頒《四時纂要》、《齊民要術》二書（《玉海》）；元世祖詔頒《農桑輯要》（《元史》本紀），武宗接納「種蒔法」而行之（《元史·食貨志》），仁宗頒栽桑圖說（《元史》本紀）。在土地提供方面，漢代起即多次辦理公地放租、放領（分見《漢書》高祖、宣帝、元帝本紀）；並開墾荒地，如漢武帝募豪民田南夷（《史記·平準書》），章帝詔令未墾荒地，悉以賦貧民墾植，並給予糧種（《後漢書》本紀），後代常有此舉，且供耕牛；逃戶私地任人耕種，例如唐宣宗詔令天下逃戶之田暫時放佃（《冊府元龜·邦計》），宋仁宗下詔，民流亡十年者，田聽人耕（《元史·食貨志》）。在農業勞力供應上，政府除募民或徙民墾田，以及要求非農民歸農（例如《漢書·宣帝紀》載，詔減樂人歸農；《魏書·孝文帝紀》載，以囚犯助耕）外，主要是消極地「不違農時」，例如漢元帝詔飭，無以小罪徵為證案以便農桑（《漢書》本紀），金太宗詔以農隙聽訟（《金史》本紀）。在資本供給方面，涉及甚廣，至少有糧種、耕牛與桑棗，歷代政府對貧民或墾荒人民常供給口糧、稻種與耕牛，甚至房屋，此外，還禁止宰牛與砍焚桑棗，前者見於《宋書·孝武帝紀》，後者則如《唐書·武宗紀》。

在增加產品需求方面，可以漢代兩件大事為代表：一為文帝接受晁錯的建議，准許人民納粟受爵與免罪；一為宣帝納耿壽昌之議，設常平倉以穩定糧價（《漢書·食貨志》）。

提高農業利潤引力之措施，主要為減免農家租稅，這也許始於漢惠帝詔舉孝弟力田者復其身，然後，文帝大規模地詔減或除天下農民田租（《漢書》本紀）。其後各代，除臨時減免天下租稅外，尚有定期減免之法，例如後晉高祖曾詔荒田曠地任人耕墾，免稅三年或免徭役五年（《冊

府元龜・邦計》）；宋高宗命離軍人願歸農者給江淮湖廣荒田百畝，復其
租稅十年(《宋史》本紀)。

投資過程範圍甚廣，凡上述四種以外之激勵措施均屬之，最主要
者厥為政府提供諸如水利等公共設施(以下將予較詳說明)與直接投資
(例如屯田)，以及天子親耕，設勵農之官與對力田者賜爵(漢代)等均屬
之，至於下勸農之詔，以農桑收成為地方官員考績之依據，更為常見。

在農業社會中，採取重農政策，本來是無可厚非，但若因「崇本」
而抑末」，抑制工商俾讓農業一枝獨秀，則統治階層別懷鬼胎的「陰謀」
也就昭然若揭了！尤有進者，統治階層多不付稅，以致作為社會中堅的
農民，稅負加重，而上述重農措施，亦經常流於口惠，以盛唐言，雖有
均田制度，但因人口增加，農民難以按實受田，而每戶定額的租庸調，
則必須繳納，以致在天寶之亂前，農民即已成批逃亡，其規模之大，前
所罕見[2]，甚至清初，在滿人圈地及高壓下，很多農民以土地奉獻，自
己亦投充旗下，成其奴隸以接受保護[3]。這些情況，均是重農的諷刺，
以致中國農業在歷史上未臻其應有的發展程度，充其量只是人民勉予糊
口的手段，但卻成為統治階級作威作福與自我享受的憑藉，事實上，重
農思想或農本主義，「其思想、其政策無一不有全體主義之色彩」[4]，
亦即重農措施是為專制政治與統治經濟効力。

第二節　抑末觀念下的工業停滯

宣統元年二月，上海中國圖書公司出版，陳家鯤著《中國工業史》，

2　傅安華，〈唐玄宗以前的戶口逃亡〉，《食貨月刊》，1卷4期。
3　馬奉琛，〈清初滿漢社會經濟衝突之一斑(二)〉，《食貨月刊》，4卷8期。
4　馬寅初，《中國經濟改造》(商務印書館)，第四章。馬氏此言，是對於農本主
　義之讚美，而非批評。

陳氏於〈引論〉中，將中國工業演進情形，區分為工業開化、進化、退化、退化而趨進化四個時代：工業開化時代指黃帝以前小開化，黃帝至堯舜為大開化；工業進化時代指夏殷小進化，周為大進化；工業退化時代指秦漢小退化，魏晉南北朝為大退化，其後一直為大退化，或者偶爾由大退化轉為小進化（唐、宋、明三代）；最後一個時代是清代。在分析「秦之退化」時，他說，「蓋秦以農戰併諸侯，棄工商不務，致當時農以外無實業，工人資格與商同受摧落，則後此數千年遂長為退化期矣」，顯將中國工業停滯主因歸咎於抑末思想。

　　陳氏所云，「秦以農戰併諸侯，棄工商不務」，至少不適用於呂不韋柄國時期，蓋因呂氏本身即出身於巨賈，惟將抑末政策視為工業停滯主因，則是正確看法。

　　在商鞅與韓非子等法家觀念中，「抑末」只是手段，其主要目的是迫使人民只能選擇一種職業：農戰，此即《荀子・議兵篇》中所說的，「秦人，其生民也陿阨（給人民的生路狹隘）」，俾使農民負擔「足食」、「足兵」的任務，以擴大對外征戰的力量。但亦有從消極觀點出發以抑末，自漢代起尤其如此，主要是怕工業聚眾造反，例如《鹽鐵論》中，大夫就說，「往者豪強大眾，得管山海之利，采鐵石，鼓鑄煮鹽，一家聚眾，或至千餘人，大抵盡收放流人民也。遠去鄉里，棄墳墓，依倚大眾，聚深山窮澤之中，成姦偽之業，遂朋黨之權，其輕為非亦大矣」（〈復古〉）；其次是在專制政治下，社會地位決定於政治力量，天子對於其臣民，可以貴之、賤之，誘之、罰之，以發揮其無上權威，但若工業發展，資本家挾其經濟力量提高其社會地位，有錢有勢，威脅到統治者威信，形成管子所說的，「中一國而二君二王也」（〈權重甲〉），即使他們不足與統治者分庭抗禮，亦會演變成《鹽鐵論》中大夫所說的，「民大富，則不可以祿使也；大彊，則不可以威罰也」（〈錢幣〉）。是以，從統治觀點言，光憑這兩點就足以構成統歷代統治階層要大力抑末了！

　　在另一方面，知識分子仍從經濟面與教化面來主張抑末。就經濟面言，是分從生產與分配觀點倡導抑末。在生產上，認為就本質言，工商是非生產的，此即管子所云，「工事競於刻鏤，女事繁於文章，國之貧也」（〈立政〉），而且由於工商者眾，會減少農人數量，將使社會蒙受饑寒，此所以賈誼說，「嘗聞古人曰，一夫不耕，或為之饑，一婦不織，或為之寒。……今背本而趨末，食者甚眾，是天下大殘」（《新書‧無蓄》）；在分配上，工商經營與農業相比較會導致貧富不均，此即鼂錯所云，工商業者「衣必文采，食必粱肉，亡農夫之苦，有仟佰之得」（《漢書‧食貨志》）。在教化面，《鹽鐵論》中的文學，認為末作的本質與行為，均有違教化：即「商則長詐，工則飾罵」（〈力耕〉）；工商將「教敦厚之樸，成貪鄙之化」（〈本義〉）。從而，強力主張抑末[5]。

　　關於抑末問題，晚近，楊聯陞與瞿同祖各有論文述及[6]，大致說來，抑末措施可以區分為稅捐、困辱、公賣、賤買、徵借五類，其中稅捐主要是始於漢武帝時的算車船，以及其後歷代的商稅，困辱方面，除漢代規定商賈不得衣絲、乘馬、為官，唐代禁商人與工匠騎馬外，凡列為市

5　在抑末的動機上，本書作者曾於〈我國重農輕商思想之研究〉（《政治大學學報》40期），列出五大項十五小項：（一）為生產而抑末，(1)工商本質為非生產，(2)減少農人數目；（二）為分配而抑末，(3)因貧富不均而抑末，(4)因勞逸不平而抑末，(5)因貿易條件而抑末；（三）為教化而抑末，(6)認為末作本質有違教化，(7)認為末作行為有違教化；（四）為忌憚而抑末，(8)來自君主的忌憚，(9)來自貴族的忌憚，(10)來自士大夫的忌憚，(11)來自平民的忌憚；（五）為統治而抑末，(12)恐懼工商聚眾取而代之，(13)恐懼工商勢強有損天威，(14)恐懼工商好智難以用，(15)恐懼工商輕徙影響國基。該文也列出六大項七小項崇本原因：（一）因生計而重農；（二）因禮俗而重農；（三）因倫理而重農，(1)重農是達成教化的先決條件，(2)農業本身是教化的直接手段；（四）因經濟而重農，(1)視農業為致富之途徑，(2)視農業為均富之手段；（五）因和平而重農；（六）因專制而重農，(1)民務農致富而易治，(2)民務農愚昧而易用，(3)民務農則縛於土地。

6　楊聯陞，〈傳統中國政府對城市商人的統制〉；瞿同祖，〈中國的階層結構及其意識形態〉，均見《中國思想與制度論集》（聯經出版公司，民國65年）。

籍或商籍者,於國家用兵時,常爲首批徵召,工商子弟不得應試與出仕;
公賣是指漢代開始之鹽鐵國營,以後歷代多沿用之,而且擴大其範圍,
延及金銀銅與其他礦產,以及油、茶、馬等物;賤買的名詞,是「市易」
「和買」,或「當行」等,實則官府向工商界購物,估價極低,有時甚
至全不給值──可見《文獻通考・市糴考》;徵借可分強徵與強借,強
徵如漢之告緡,使「商賈中家以上,大率破」(《史記・平準書》),強
借的正確名詞,有時稱爲「率貸」,唐代天寶之亂後,常用此方式。

　　抑末思想與措施之所以導致工業停滯,至少是經由機會之剝奪,資
本之摧殘與引力之缺乏因子。此所謂「機會之剝奪」,比當代經濟學所
稱的「排擠(或擠出)效果」更爲直接與激烈,這主要是因政府與民爭利,
將重要工業公營,這是不僅對民營事業作致命打擊,也且扼殺了整個工
業發展之機會。公營事業是始於漢代,《鹽鐵論》中,賢良(社會賢達)
曾對當時公營鹽鐵業的一番批評,正可表達此一看法:

> 卒徒工匠,故(舊日)民得占租鼓鑄煮鹽之時,鹽與五穀同賈
> (價),器和利而中用。今縣官作鐵器,多苦惡,用費不省,卒
> 徒煩而力作不盡。家人相一,父子戮力,各務爲善器,器不善
> 者不集;農事急,輓運衍(散)之阡陌之間,民相與市買,得以
> 財貨五穀新幣易貨,或時貰民,不棄作業,置田器各得所
> 欲。……今總其原,壹其賈,器多堅磝(不和而易折),善惡無
> 所擇;吏數不在。器難得。(〈水旱〉)

　　這番話,是將民營與公營工業之優劣明顯指出:在民營方面,鐵器
質佳而耐用,這是因爲此乃私人企業,務求產品精良,以立商譽,而且
在銷售上也富有伸縮性,儘可能適應顧客;但在公營工業,由於工人們
多爲因犯,所以漠不關心,因而成本高,品質差,價格劃一,沒有好壞

的選擇，遠道去買，承辦官吏常不在，很難買到。鋼鐵是基本工業，而歷代均在政府掌握下，其效率低，品質劣，以致影響到整個工業的發展。

　　資本之摧殘，可分兩方面來說：一方面是政府爲著抑末，而用和買、市易、當行等方法，賤買工商產品與勞務，並以告緡與賒貸等方式硬徵強借工商資金，以摧殘工商資本；另一方面則是資金的轉向，工商人士喜將資金用以兼併土地，不再用於發展工商，這是由於歷代崇本，對農業有相當保障，再加地權沒有限制，乃導使工商將資本化爲土地，形成董仲舒所謂的「富者田連阡陌」（《漢書‧食貨志》），荀悅所指「豪強富人占田逾侈」（《前漢紀‧孝文皇帝紀下》），以致減少工商業的資本累積。

　　引力或誘因之缺乏，實使企業家缺乏供給，主要是因抑末思想深入人間，使聰明才智之士，視工商爲不齒之行業，而不欲加入工商陣營，譬如陸游就曾於其「放翁家訓」中，告誡其子孫應該努力讀書，將來教學或務農，但絕對不可從事「市井小人之事」[7]。

　　在這種情況下，中國工商業一向缺乏「人」才，再因資本之被摧殘而缺乏「錢」財，復因機會剝奪而無適當「事」業可以經營。「人、錢、事」俱付缺乏，中國的工業豈有不停滯之理。只有在南宋鬆弛統制下，工業才有所進展，復因元、明兩代頗多俊彥棄儒入商，再加棉紡技術之傳入，使長江下游紡織業昌盛，但因稅監橫行，使工業發展乍現曙光又告夭折。

第三節　商業發展與企業家精神

　　從歷史上看，我國自殷商到戰國，並無抑商之措施，爲何至秦漢竟

7　引自瞿同祖，〈中國的階層結構及其意識形態〉。

急轉直下？據姜蘊剛氏解釋[8]；在殷商，商業與政治合一，政治是發展商業而開拓出來的，即使在西周，商業亦由政治支配，是政治的一部門，爲豐裕政治而使用之；甚至於春秋時代，還是利用商業以擴大政治的勢力，所以可稱爲「商業政治化」。戰國時代是用政治來謀取經濟利益，政治就是做生意，所以可稱爲「政治商業化」。秦統一以後，便嚴分政治與商業的區分，政治是政治，商業是商業，再不相混，各謀發展，可稱爲「政治獨立」（或政商分離化）時期。

　　姜氏這番解釋，有其歷史上的依據；殷商未脫游牧本色，這可從其經常遷都的行爲中看出，而游牧民族由於生產上的單純而必須貿易，所以，其政治有很大部分是由發展商業而開拓出來；西周封建的莊園經濟，商人屬於官府，春秋時期尚如此。戰國時，即使是實行農戰政策的秦國，亦在重商，據《史記・貨殖列傳》，「秦文、孝、繆（公）居雍、隙、隴、蜀之貨物而多賈」「獻、孝公徙櫟邑，……東通三晉，亦多大賈」「武、昭治咸陽，……地小人眾，故其益玩巧而事末也」，甚至於始皇本人亦在獎掖商人，「巴蜀寡婦清，……家亦多貲，……秦始皇帝以爲貞婦而客之，爲築女懷清台」。但秦於統一天下（始皇廿六年）後，卻一反重商而爲抑商，先是「徙天下豪富於咸陽十二萬戶」，廿八年，於琅琊刻石云，上（尚）農除末，黔首是富」，卅三年，「發諸嘗逋亡人、贅壻、賈人，略取陸梁地」（《史記》本紀）；漢「高祖（亦於統一後）乃令賈人不得衣絲乘車，重租稅以困辱之」（《史記・平準書》）。其所以如此，是因爲秦漢的「政商分離同一化」，使政治脫離商業，且因天下統一後，統治者只有一個，毋須互競以爭取商人，轉而爲鞏固統治而抑制之。

8　姜蘊剛，〈商業中心的春秋戰國社會──商業化與政治商業化〉，《文史雜誌》，5卷5、6期合刊。

　　純商業言，戰國時代有空前的發展，《史記‧貨殖列傳》所記各地的「多賈」「多大賈」「好賈趨利」，主要是記載戰國遺風。此一期間亦出現不少良賈，周人白圭最能表現企業家精神，據〈貨殖列傳〉載，白圭：

> 能薄飲食，忍嗜欲，節衣服，與用事僮僕同苦樂，趨時若猛獸摯鳥之發。故曰；吾治生產，猶伊尹，呂尚之謀，孫、吳用兵，商鞅行法是也。是故其智不足與權變，勇不足以決斷，仁不能以取予，彊不能有所守，雖欲學吾術也，終不告之矣。

　　白圭這番話中，舉出「智、仁、勇、彊」德目，而其「能薄飲食」至「趨時若猛獸摯鳥之發」的行為，至少可以歸納為「勤、儉」二字，這六個德目中，勤、儉、智、勇、彊，是企業人士個人美德，而「仁」則為其社會美德，合稱企業倫理。至於「趨時」，以及使「謀」「用兵」與「行法」等比擬，顯然是將商場視為戰場，而須使用的管銷策略。這些管銷策略和企業倫理合併起來，可稱為企業家精神。

　　但是，經由秦漢開始的輕商觀念，使很多俊彥不屑為商，使「商」成為「四民」之末，但於元初，許衡雖仕異族，但內心似有不安，而為義不帝秦的知識分子指點一條出路，倡為「治生」之說：「學者治生最為先務，苟生理不足，則於為學之道有所妨，彼旁求妄進，乃作官謀利者，殆亦窘於生理所致。士君子當以務農為生，商賈雖逐末，果慮之不失義理，或以姑瑨一時，亦無不可」(《宋元學案‧魯齋學案》)。在宋代，士與商的界限已不若以往鮮明，朱熹曾云，「止經營食衣亦無害，陸(象山)家亦作鋪買賣」(《語類》卷113)，自「治生」之說起，由士入賈者漸眾，尤以明清兩代為然。

　　由於士、商不分，有關商業經營技術或工具，於宋元有顯著發展，

譬如商業簿記上的過帳制度，似源於宋元的櫃坊[9]；珠算亦形成於此一時期[10]。再因由士入賈者眾，明清二代(主要為明代)逐漸形成所謂「賈道」[11]，其要點大致可歸納如下：(1)抱負上，要創立屬於本身的商業王國；(2)價值上，肯定工商的重要性；(3)行為上，以仁義為本；(4)自律上，重視「德」與「名」；(5)管理上，建立共榮的夥計制度；(6)操作上，發展商業算術；(7)買賣上，薄利多銷；(8)制度上，借用官府組織之形式；(9)經營上，強調自由競爭。這種賈道，實即先秦企業家精神的復興，所以，能促成明代中葉資本主義在中國萌芽。

　　事實上，即使在宋代以前，雷厲風行的抑末政策下，所抑制的主要只是工業，而商業卻仍在發展，誠如晁錯所說，「今法律賤商人，商人已富貴矣」(《漢書‧食貨志》)。這是由於很多商人長袖善舞，結交權貴，而主政的權貴們亦須利用商人為其累積財富，兩漢的兩都，是政治中心，亦成為商業中心，而且，「富商大賈周流天下」(《史記‧貨殖列傳》)；隋唐的商業中心則與政治中心分離，華東為揚州，華西為成都，當時有「揚一益二」之說[12]。所以，中國歷史上，向有商業資本，但工業資本則罕見。

第四節　對外貿易與經濟發展

　　張騫奉使西域，「在大夏時見(巴蜀所產)邛竹杖蜀布，問安得此大夏國人曰，吾賈人往市之身毒國(印度)」(《漢書》本傳)，可見在漢

9　傅衣凌，《明清時代商人及商業資本》(台灣重印本)，第一章註二。

10　李儼，〈珠算制度考〉，《燕京學報》，10期。

11　余英時，《士與中國文化》(上海人民出版社，1987年)，〈中國近世宗教倫理與商人精神〉。

12　《通鑑》，唐昭宗景福元年條：「先是揚州富庶甲天下，時、稱揚一益二」。

武帝以前，甚至漢代以前，中國已由民間發展對外貿易，其後，且與羅馬帝國通商(《後漢書・大秦傳》)，形成有名的「絲路」。就兩漢言，當時對外貿易有下列特色：(1)陸路多於海上；(2)限制多於獎勵；(3)邊關之定期互市，多於自由輸出入[13]。

第一次多元體制時期，各別政治實體或爲「遠交近攻」之故，主動推行對外貿易，就南方言，陸地通西域之道既絕，轉而致力海上交通，孫權曾遣使扶南，歸而有《外國傳》之作，而大秦(東羅馬)賈人宇秦掄來朝孫權，權得其國方土風俗；東晉時，高僧法顯自錫蘭島航海而抵青州，安帝時，獅子國遣使獻玉像；梁武帝時，印度大陸各國亦通聘問，天笁高僧航海來華者指不勝屈，埃及基督教士科斯麻士嘗至印度西海岸、錫蘭等地經商，據其所聞、著《秦尼策國(中國)記》，並記當時中國有絲貨運往錫蘭[14]。梁時，中亞諸國如滑、周古柯、胡密丹等，亦由陸道經北魏以通於梁；是時北方政治實體與西方交通者，厥爲符秦與北魏，符秦盛時，朝貢者達六十二國，波斯國名，始見於《魏書》，終北魏之世，通於魏者達十次之多[15]。關於北魏與西方國家的貿易，《洛陽伽藍記》曾有如下的描繪：「自蔥嶺以西至於大秦，百國千城莫不附，商胡販客日奔塞下，所謂盡天地之區也」。

第二次一元體制時期，比第一次一元體制時期較爲注意對外貿易，惟隋煬帝是以炫耀動機推行之，即對諸外商，啖之以利，所過之處食宿均由中國方面免費招待[16]；顯然是基於政治動機，而使貿易過度渲染，並非正常情況；唐代在對外貿易上，逐漸制度化，起初設互市監以掌管諸蕃交易，其後於沿海各埠設市舶使，專門管理舶商稅賦之徵課，爲中

13 李劍農，《先秦兩漢經濟史稿》(華世出版社，民國70年)，第十五章第四節。
14 張星烺，《中西交通史料彙編》(世界書局)，第一冊。
15 同上。
16 《隋書・食貨志》及〈裴矩傳〉。

國海關之濫觴，當時關稅稅率，是按原價十分之一至十分之三課徵[17]。由於關稅稅率不低，不能稱之爲自由貿易。

第二次多元體制時期中，兩宋非常重視對外貿易，尤以南宋爲然，太祖時即設市舶司於廣州，其後在杭州與明州各置市舶司，進口稅率爲十分之一，高宗紹興廿九年，市舶司抽解獲利二百萬緡，佔歲入總額約5％；進口貨有二百多種，較北宋初期擴增四至五倍；在出口方面，海路以絲貨（與瓷器）爲大宗，陸路則以茶輸出最多[18]。

第三次一元體制下的元代，是游牧文化的產物，且因蒙古帝國地跨歐亞兩大洲，故能頗爲看重對外貿易，世祖於至元十五年曾下詔曰，「（諸蕃國）其往來互市，各從所欲」（《元史》本紀）。但是，明清兩代卻蔑視對外貿易，終明之世，均在實施「鎖海」政策，對外商業只賴「貢舶貿易」；清初「遷海」政策時間雖不長，但開放後仍是閉關自守。這種自我封閉政策，在明、清兩代當時，即已付出慘痛代價，明代的倭寇即因海禁而起，清代的閉關自守，更被列強以堅船利砲敲開大門。

綜合看來，中國歷史上，除元代外，凡是大一統王朝，對於國際貿易的重視程度，遠不如分裂下的政治實體，這是由於統一有其獨占性，而國際貿易在本質上是競爭的，二者頗難一致。尤其從以上各編可以看出，凡是一元體制時期，政治上是有趨於專制的傾向。余英時氏指出，這種「專制政治不斷因『征服王朝』所帶來的新因子而加強，其基本取向是內陸的，重農輕商的；其性格則是封閉的，獨占的」，「然而明清兩朝的政策則嚴禁人民出海，這主要是出於政治獨占的考慮，至少在明初和清初是如此。在同一時期內，歐洲各國的海外經濟擴張是直接由政府保護，與中國的情形恰成尖銳的對照。這一點最能說明西方的政治與

17　魯傳鼎，《中國貿易史》（中央文物供應社發行，民國74年），第一章第三節。

18　同上，第二章第一節。

經濟互爲支援，朝著同一方向進展，而明清中國則政治與經濟分裂，差不多是背道而馳的；內陸取向的封閉型、獨占型政權與海洋取向的開放型、競爭型的商業，彼此鑿柄」[19]。

在上章第二節，曾經歸納出一個初步結論：「從中國五大階段的經濟發展情況看，分裂時期的經濟，往往要比統一時期較優」，於此，亦可得到進一步的佐證，蓋因分裂時期較爲重視貿易，而據當代經濟發展理論，「貿易是成長的發動機」（ "trade is the engine of growth" ）。

貿易對經濟發展的貢獻，除因比較利益外，還由於對外的經貿易交流，可以帶來科技、管理、經營等各方面資訊，而可參與地球村的有關活動，彼此激盪而扶搖直上。明清兩代的坐井觀天，坐失工業革命帶來的新機會，致使馬可孛羅心目中的天朝上國，淪爲次殖民地。

第五節　科技與經濟發展

近代經濟學發軔之初，學者是持靜態觀念，對於科技與生產間關係不太清楚，以致漠視其重要性，但是，越接近當代，經濟學家越重視科技對生產的貢獻，根據蘇羅的估算，20世紀美國經濟發展，來自科技的貢獻，遠過於勞力與資本數量的增加[20]。

亞當·斯密的《國富論》發表之時，工業革命已在進行[21]，而斯密

19　余英時，〈中國史上政治分合的基本動力〉，中國歷史上的分與合學術研討會，民國83年7月。

20　R. M. Solow, "Technical Change and the Aggregate Production Function", *Review of Economics and Statistics*, vol. XXXIX. no. 3.

21　《國富論》是出版於1776年，而「工業革命可以說是開始於十七世紀，也可以說在較此更早的時期便已經開始了。不過工業革命卻是在十八世紀的下半個世紀中，才在英格蘭發展到足以引起注意之程度」——引自C. J. H. Hayes, P. T. Moon and J. W. Wayland合著，瞿國瑾譯，《世界通史》下冊(黎明文化公司，民國69年)，頁242。

氏與古典學派諸學者，竟然對於科技之貢獻未太措意，這就難怪中國幾千年來對科技的鄙視與漠視了。梁啓超於民國十一年在中國科學社年會演講時指出，「中國人對於科學的態度，根本不對的兩點」：一爲「把科學看得太低了太粗了」；一爲「把科學看得太呆了太窄了」[22]。前者是因爲幾千年來，都認爲「形而上者謂之道，形而下者謂之器」，「德成而上，藝成而下」，所以，「很多人以爲：科學無論如何高深，總不過屬於藝和器那部分」；後者是指那些「相對的尊重科學的人，還是十箇有九箇不瞭解科學性質」。

　　梁氏所指的兩點，主要是指民國初年知識分子對科學的態度。其實，這兩種態度亦可上推至中國古代知識分子與統治階級。先就第一種態度來說，這在基本上是對科技的鄙視，而這種鄙視主要是出自於教化，《莊子‧天地篇》中丈人的一番話可作代表：子貢見一丈人，抱甕灌園，頗爲費力，乃建議「鑿木爲機」，用桔槔灌園，可以省力很多；但該丈人忿然作色而笑曰，「吾聞之吾師：有機械者必有機事，有機事者必有機心。機心存於胸中，則純白不備，則神生不定，神生不定者，道之所不載也」。就是由於這種鄙視心理，所以排斥科技，視之爲「末作」「淫巧」。《管子‧治國篇》云，「凡爲國之急者，必先禁末作文巧」；《尙書‧泰誓下》云，「作奇技淫巧，以悅婦人」；所以，商鞅要「止浮學事謠之民」，其中包括「技藝者」（《商君書‧農戰》）。由於輕視，當然談不上專利權之吸引。

　　把科技看得太呆、太窄，在中國亦是自古皆然。《史記‧曆書》載，「疇人子弟分散」，劉宋裴駰之《集解》，引「如淳曰，家業世世相傳爲疇，律、年二十三傳之，疇官各從其父學」。意謂世代相傳之專業者，而有科技專家之意味。但唐人司馬貞之《索隱》，引「樂彥云，疇、昔

22　梁啓超，〈科學精神與東西文化〉，《科學雜誌》，7卷9期。

知星人」，以致清人阮元所編著之《疇人傳》，只限於歷代天文學家，而不涉及其他範圍的科技人才。

中國科技之不發達，除上述原因外，還至少另有兩個因子：一爲古代科技多爲統治者家族作消遣性服務，未能普作生產之用；一爲家族技術之保密，影響到科技之推廣。就前者言，馬鈞爲魏帝修改自動百戲（《三國志》杜夔傳末注），解飛爲石虎造檀車金佛（《鄴中記》），宇文愷爲煬帝造觀風行殿（《隋書》本傳），馬待封爲唐玄宗造酒山撲滿（《古今圖書集成‧考工典‧工巧部》），均藉機械之力，但只爲統治者個人服務，且僅作娛樂之用——這就像中國發明火藥，早先只供娛樂用途一樣。就後者言，由於技術保密，不僅影響到技術的傳播，抑且妨礙到傳播過程中可能興起的改進與更上層樓的突破，這種家族技術保密之風，唐宋以來尤爲熾烈，例如中唐詩人元稹的〈織女詞〉云，「東家頭白雙女兒，爲解挑汶嫁不得」；宋代，「亳州出輕紗，舉之若無，裁以爲衣，真若煙霧。一州唯兩家能織，相與世世爲婚姻，懼他人家其法也」（《老學庵筆記》卷6）。

這些原因再加上崇本抑末以及重要工業多屬公營，以致中國科技難以順利發展，尤以近代爲然。就歷代農業技術書籍言，自前漢《尹都尉書》《氾勝之書》，以及北魏賈思勰《齊民要術》與明代徐光啓《農政全書》，不知凡幾，而工業技術書籍，已知者僅明代宋應星《天工開物》，茅元儀《武備志》等屈指可數而已。

不過，由於中國人的聰明才智，科技知識仍然不絕如縷，尤其在多元體制下，由於需求的刺激，其科技常較一元體制下得到較多的重視，以供軍事之用，從而促進有關產業之發展，譬如第一次多元體制下，鍊鋼技術有突破性進步，第二次多元體制期間，指南魚由軍事用途轉作航海之用，以及鍊鋼術之更上層樓。

第六節　人口與經濟發展

從總體經濟看，人口至少有三重使命：一為商品消費者；一為賦役負擔者；一為生產參與者。

就前者言，馬爾薩斯人口論明顯發生作用，即於太平時人口直線上升，農業生產難以負荷，政治上產生動亂，人口大減，政治漸趨安定，人口趨增。表23-1揭示此一趨勢，大致上，自秦漢到唐代安史之亂，每次大的動亂(改朝換代)，大約要減少2/3的人口(其中，三國時減少最多，近7/8)，但自此以後每次大動亂後，人口減少率大為降低，不知係統計之誤，抑係戰爭趨於文明？惟清人入關，人口銳減，恢復到中唐以前的情況，但不知這是由於滿人殘暴(例如揚州十日，嘉定三屠)抑係為逃避賦役而匿報人口？就匿報來說，歷代多有，而明代起，似已較為嚴重，因自成祖後，所有戶口數字，均低於永樂元年，至明季，熹宗天啟元(1621)年，天下戶982萬5426，口565萬5459(《續通考》)；清初也許因之，至康熙五十(1711)年，詔諭嗣後滋生人了，永不加賦，至六十年，直省人丁2538萬6209，其中滋生人丁不加賦者46萬7850人(《清通志》)，這可能是起初時，人民尚有疑慮，高宗時，疑慮祛除，人口大增，乾隆十四(1749)年，人口即增為1億7749萬5039。

表23-1還透露一些訊息，一為唐玄宗天寶十四年，人口已漸趨飽和，以致即使沒有安史作亂，天下亦必然動盪，其後金國亦步後塵，章宗時人口已近唐代天寶之高峰，以半個中國的疆域如何能供養之？以致即使沒有南下之蒙古鐵騎，金亦難自存；一為中唐之藩鎮與其後的五代十國，多能維持境內人民安居樂業，所以歷經大動亂，而人口減少率不高，成為第二次多元體制下區域經濟的特色；一為除少數時期外，平均家庭人口為五至六人，且從宋、金的比較看，北方家庭人口數目遠多於南方。

表23-1 歷代戶口變動

時間		戶數	口數	每戶平均人數	衰時帝戶口(B)占盛時戶口(A)之比率①	資料來源
戰國中葉	(A)		25,000,000	6		②
漢初	(B)		8,800,000	6	35.2%	②
漢平帝元始2年（西元2年）	(A)	12,233,062	59,594,978	4.87		《漢書·地理志》
漢光武中元2年（57年）	(B)	4,279,634	21,007,820	4.91	35.2%③	《後漢書·郡國志》註引
漢桓帝永壽3年（157年）	(A)	10,677,960	56,486,856	5.29		《帝王世紀》
三國鼎峙時（220-264年）	(B)	1,473,433	7,672,881	5.21	13.5%	《通典》
隋煬帝大業2年（606年）	(A)	8,907,536	46,019,956	5.17		同上
唐太宗貞觀年間（627-649年）	(B)	不滿300萬	—	—	33.37%	同上
唐玄宗天寶14年（755年）	(A)	8,914,707	52,919,309	5.94		同上
唐肅宗乾元3年（760年）	(B)	1,933,134	16,990,386	8.79	31.15%	同上
唐武宗會昌末（846年）	(A)	4,955,151	—	—		《新唐書·食貨志》
宋太宗至道元年（995年）	(B)	4,132,576	—	—	83.40%④	《文獻通考》

	(A)/(B)	人口/戶數	比率	百分比	出處
宋徽宗崇寧元年 (1102年) (A)	20,019,050	43,820,769	2.19		同上
宋高宗紹興30年 (1160年) (B)	11,375,733	19,229,008	1.69	43.88% 72.31%⑤	同上
宋寧宗嘉定16年 (1223年) (A1)	12,670,801	28,328,005	2.24		同上
金章宗泰和7年 (1207) (A2)	7,684,438	45,816,079	5.96		《續文獻通考》
元世祖至元27年 (1290年) (B)	13,196,206	58,834,711	4.46	79.35%	同上
元文宗至順元年 (1330年) (A)	13,400,206	—	—		《元史·地理志》
明太祖洪武14年 (1381年) (B)	10,654,362	59,873,305	5.62	79.51%	《續文獻通考》
明成祖永樂元年 (1403年) (A)	11,415,829	66,598,337	5.83		同上
清世祖順治18年 (1661年) (B)	—	22,068,604⑥	—	33.14%	《清朝通志》
清德宗光緒27年 (1901年) (A)	—	426,447,325	—		《清朝續文獻通考》

①此比率主要為人口之比較，惟僅有戶數時，則此比率為戶數之比較；遇有 $A_1＋A_2$ 時，則 $A＝A_1＋A_2$。

②答東貴，〈戰國至漢初的人口變遷〉，《中央研究院史語所集刊》，第五十本第四分。

③答東貴即係此比率推估漢初人口為880萬。

④此數字甚為保守，因逐國人口並未統計在內，單就石敬塘所獻燕雲十六州言，即有戶109萬118（《續通考》）。

⑤此乃戶數之比較，即於未列戶數加全戶數，據《金史·食貨志》，金世宗大定初(1161)年，天下戶才三百餘萬，假定其為310萬，加入未戶，得B，而得此比率。

⑥此數字亦為「人丁」，或非人口，而係負擔賦役後之成「丁」。

在賦役的負擔上，頗不公平，尤以唐代爲然，表23-1中天寶十四年的戶口中，不課戶356萬5501，應課戶534萬9280；不課口4470萬988，課口820萬8321。應課戶雖佔總戶數的60％，但應課口只佔人口總數的15.5％。這種情況於五年後（肅宗乾元三年），更爲嚴重，其中不課戶117萬4592，課戶75萬8582（佔總戶數39.2％）；不課口1461萬9587，課口237萬799（佔總人數14％弱）。

把人口作爲生產要素來看，亦非多多益善，因爲在其他要素數量固定，以及技術不變情況下，繼續將勞力投向生產，其邊際生產力開始雖然上升，但於達到臨界點後將會下降，甚至降到零──此時，勞力增加，產出仍然不變。中國歷史上人口過盛之時，勞動生產力往往趨向於零，此時勞動的報酬當然不以其邊際生產力爲基礎，而決定於其平均生產力，依當代經濟學家觀點[23]，此時若出現資本家部門，以略高於農業工資的報酬支付之，雇用農村勞力以生產工業產品，由於其在農業的邊際生產力趨近於零，以致這些勞力移出後，農業總產出不致降低，而資本家（工業）部門付出的工資，即等於其在工業上的勞動邊際生產力，這是邊際收益等於邊際成本，所以可獲最大利潤；以此利潤再投資，可以增雇勞工，且因此時勞力供給趨於無限，勞力需求雖然增加，但工資不致上升，更可吸引工業部門擴展，直至帶動供給變爲有限後，工業部門雖因工資上升而減少利潤，但仍有利可圖。可惜得很，中國歷史上多崇本抑末，以致此一有利因子未被利用，僅出現於明代中葉，但亦曇花一現。

從表23-1看來，中國歷代常因戰亂而人口銳減，以致在鴉片戰爭前約二千年的期間，人口年平均成長率僅爲0.1％（參見寧可，〈試論中國特定社會的人口問題〉，《中國史研究》，1980年1期）。但若依此表中確切年

23　W. A. Lewis, "Economic Development with Unlimited Supplies of Labour", *The Manchester School*, May, 1954; "Unlimited Labour: Further Notes", *Ibid*, Jan.1958.

份的人數等統計，則由漢平帝元始二(西元2)年至光緒廿七(1901)年的1900年，中國每年平均只增加19萬3080人，年平均成長率只有0.0324%。

第七節　土地與經濟發展

關於廣義土地與經濟發展間之交錯關係，已於上章論及，此處僅就作爲生產要素之土地而言，由於本書所述的中國，是一農業社會，所以，此處所云的土地，當然是指農田，至於相關的水利，因已述於上章，此處不再贅述。

表23-2所列歷代墾田數，除隋、元二代外，均在900萬頃以下，甚至有低至420餘萬頃，但按《中國統計年鑑》(1993年版)，農田計95億4258萬公頃，按一公頃等於15畝，循此，目前大陸農地面積應爲1431萬3870頃[24]，惟移作工商業用地的農田，至少佔其總面積的15%[25]，是以，中國大陸農地面積至少有1646萬1751頃。循此可見，歷代隱匿農田之嚴重，且由此可知，隋、元二代墾田數字很可能不確，因當時並未包括新疆。

由於兩漢以後，人口與墾田數據多不確，以致除兩漢與清季外，人地比例罕有確切涵義。但於三次一元體制期間，疆域相差不多，人口當然有成長，此所以清季已逾4億2600萬人，如何以近於固定的農地，以支持成長的人口，除馬爾薩斯所云天災人禍之自然淘汰外，主要依賴農地單位產量的增加。《漢書·食貨志》引李悝之言，每畝產粟一石五斗，約合唐制五斗，而《新唐書·食貨志》言及肅宗時，「一頃出米五十餘斛」，折算爲粟約一畝九斗多，可見唐代單位面積產量已較漢代增加67%；

24　據《中國農村金融統計年鑑》(1992年版)，農地面積爲14萬3509.4萬畝。
25　民國83年8月28日《中國時報》。

表23-2　歷代墾田數目①

時　　間	墾　　田（頃）	資料來源	可能的人地比②	備　　註
漢平帝元始2年（西元2年）	8,270,536	《漢書‧地理志》	7.21	
漢和帝元興元年（105年）	7,320,171	《後漢書‧郡國志》注	7.28	該年有53,256,229人
漢質帝本始元年（146年）	6,930,123	同上	6.86	該年有47,566,272人
隋文帝開皇9年（589年）	19,404,267	《通典》	2.37	
未眞宗天禧5年（1021年）	5,247,584	《宋史‧食貨志》	3.80	按《通考》該年有19,930,320人
元世祖至元年間（1279-94年）	19,830,000	《續通考》③	2.96	
明太祖洪武26年（1393年）	8,507,624	《明會典》	7.04	
明孝宗弘治2年（1489年）	4,228,058	《續文獻通考》	12.60	④
明思宗崇禎年間（1628-1644年）	7,837,524	同上	9.56	⑤
清世祖順治18年（1661年）	5,493,576	《清會典》	4.02	
清德宗光緒30年（1904年）	7,420,000⑥	《清朝續文獻通考》	57.47	

①每代盡可能採取開端與結尾二數字，若呈現遞減，則加取一最低數字（如明代）。

②除另註出處外，人口部分取自表23-1中年份接近之數字。

③吳貫因〈田賦私議〉，引自《清朝續文獻通考》田賦四。

④據《明會典》，弘治4年人口為53,281,158）。

⑤據《續文獻通考》，明熹宗天啓元年，天下人口51,655,459。

⑥吳貫因於〈田賦私議〉中指出光緒年間墾田9,181,038頃多，並認為742萬頃是道光年間數字，惟按《清朝續文獻通考》引光緒30年兩江總督魏光燾奏摺云：「現在里畝照戶部則例載各省田地共七百五十二萬餘頃。」

南宋吳中良田一畝得粟三石[26]，平均說來，一畝產量至少爲2石，以致
比唐高出一倍多或122%強；至於清季單位面積產量約爲五石[27]，約比
南宋增加一倍半。農地單位面積提高的主要原因，當然是得力於耕作技
術的進步，農具的改良，以及水利設施、品種改進等等，所以，清季的
農田單位面積產量約爲漢代的十倍，故能供養增加不到十倍的人口。

　　由於農業社會是以土地爲重要財產，一般人士多知道「有土此有財」
（《大學》），再加自秦漢起，政府執行崇本抑末政策，以致很多富人偏
愛土地，導致土地兼併，「富者田連阡陌，貧者亡立錐之地」（《漢書·
食貨志》引董仲舒言），所以，自漢代起，即有董仲舒主張，「古井田法
雖難卒行，宜少近古，限民名田，以澹不足，塞併兼之路」（亦見〈食
貨志〉），顏師古注曰，「名田，占田也，各爲立限，不使富者過制，
則貧弱之家可足也」；其後，大臣師丹亦因「兼併之害」「貧弱愈困」，
而主張「宜略爲限」，漢哀帝接受此建議，限制「列侯在長安、公主名
田縣道及關內侯吏民皆毋過三十頃」，但因若干當權派反對，不得不延
緩實施（均見《漢書·食貨志》）。

　　這些限田意見，均從財富或生產工具分配的觀點著眼，但因土地私
有已久，並未主張將土地收歸國有再授予農民，而只是對每人擁有的田
地立一上限，惟終因既得利益者反對而難以推行。實在說來，土地既爲
生產要素，則其核心問題，該爲土地利用，而非土地分配，限田主張雖
著眼於分配，但因未探激烈手段，尚無大礙，而不學有術的王莽，卻「更
名天下田曰王田，……皆不得買賣，其男口不盈八，而因過一井者，分
餘田予九族鄰里鄉黨，故無田，今當受田者，如制度」，推行三年後，
因「民怨甚」而不得不放棄（《漢書》本傳）。

26　方回，《續古今考》，引自陶希聖，《婚姻與家族》（商務印書館），第三章第
　　一節。

27　本文作者家鄉在安徽無為縣，幼時每畝約產水稻五石。

北魏孝文帝推行均田政策之所以成功，是因為其著眼點為土地利用，這是因為戰爭期間，居民遠走他鄉，數代後返歸故里，而原來土地已為他人佔用，於是乎，「爭訟遷延，連紀不判，良疇委而不開，柔桑枯而不採」，所以，李安世上疏建議，「所爭之田，宜限年斷，事久難明，悉屬今主」，其基本動機，是「使土不曠功，人罔遊力」(《魏書》本傳)。易言之，當時有不少無主荒田，正可用來授田，且因北魏統治階層來自游牧民族，對於土地所有權不似漢人那樣濃厚的偏好，亦減少推行均田制度的阻力。惟政府授田只適用於地廣人稀情況下，所以，均田制在唐代天寶之亂前就已難以順利推行，但農民卻在未能得到應授之田情況下，奉獻額定的租庸調，足見這種由政府主持的土地分配，並不理想。

均田制度崩潰後，私有流行，從而出現租佃制度。租佃制度是「有田出田，有力出力」，本來頗有調劑供需，互通有無之理想，惜因工商業不發達，人民難以在農業外覓得工作機會，以致供不應求，租佃條件苛刻。但就地主言，苛刻的租佃條件，更增加其對土地的需求。其結果是社會貧富兩極化，影響政治與社會安定，且因土地吸引大量資金，使工商業更難發展，亦就影響到經濟發展。

第八節　資本與經濟發展

經濟學中的「資本」，是指資本財，意味機器設備與土地改良物，惟因缺乏史料，此處是將資本釋為資金。資金來自儲蓄，而儲蓄是所得中未曾消費的部分，所以，儲蓄很大部分，是來自富戶。

在封建時代，只有統治階層才是富戶，但因他們生活奢侈，甚至有入不敷出的情事(周赧王之避債台故事可作旁證)，以致罕有儲蓄。春秋時期，商人出現，他們才是儲蓄的主要來源，《史記‧貨殖列傳》所舉各

地富豪，均家有數千金。惟秦統一天下後，始皇即「徙天下豪富於咸陽十二萬戶」（《史記》本紀），「漢興，徙齊諸田、楚昭屈景，及諸功臣家於長陵，後世徙吏二千石、高貲富人，及豪桀兼併之家於諸陵，蓋亦以彊幹弱支，非獨爲奉山園也」（《漢書‧地理志》），其中的「高貲富人」，是指武帝於元朔二年，徙「貲三百萬以上於茂陵」，宣帝於本始元年及元康元年，分別徙「貲百萬以上」於平陵及杜陵（《漢書》本紀）。其後，如明太祖於吳元年，「徙蘇州富民實濠、梁」，洪武卅四年，「徙富民實京師」，成祖於永樂元年，「徙直隸、蘇州等十郡，浙江等九省富民實北京」（《明會要》）。

這些例證，均出現於一元體制期間，尤其是在第一次與第三次一元體制時期，但於多元體制期間則幾未見，甚至於在第二次多元體制下亦未如此。這亦可以旁證，上章所云，就經濟發展言，歷史上分裂時期的中國，要優於大一統時期；以及第五編所說的第二次一元體制時期，在政治與經濟方面的統制趨於放鬆。亦就是說，在精神上，第二次一元體與第二次多元體制是相通的。在強迫富戶遷徙的措施下，富民的儲蓄將被消磨殆盡，從而降低投資，以致妨礙經濟發展。

另一降低投資資金來源的做法，乃是遇有事故（多為戰亂），政府常向富民強迫借款（多為有借無還），始作俑者是漢武帝，元狩三年，「山東被水災，……募豪富人相貸借」，次年，採取變相方式，徵收財產稅，即「下緡錢令」、「率緡錢二千而一算（一百二十文）」，凡隱匿不報或少報者，「戍邊一歲，沒入緡錢」，並對告發者，「以其半畀之」。其後，派遣「楊可告緡徧天下，中家以上，大抵皆遇告」，「得民財物以億計，奴婢以千萬數，田、大縣數百頃，小縣百餘頃，宅亦如之，於是商賈中家以上大率破，民偷甘食好衣，不事畜臧之產業」（《史記‧平準書》），如此地氈式搜刮，民間資金不耗竭者幾希！後漢順帝於永和六年，詔假民有貲者戶錢一千」，桓帝永壽元年，詔「王侯吏民有積穀者，

一切貸得十分之三,以助廩貸」(《後漢書》本紀)。

此一方式,後來陸續被使用,且變本加厲,無論是一元體制抑係多元體制,譬如劉宋文帝元嘉廿七年,凡揚南徐兗江四州富有之家,訾滿五十萬,僧尼滿二十萬者,並四分借一(《通典》);隋煬帝大業六年將征高麗,詔「課天下富人,量其訾產,出錢市武馬」,九年,「詔又課關中富人,計其資產出驢」(《隋書·食貨志》);唐天寶亂時,唐肅宗甫即位,就遣使籍江淮、蜀漢富商右族訾富,十收其二,謂之「率貸」(《新唐書·食貨志》);唐德宗建中三年,「借京城富商錢,大率每商留萬貫,餘並入宮」(《唐書》本紀),當時還對「僦櫃質積錢貨貯粟麥等一切,借其四分之一,封其櫃窖,長安為之罷市」(《冊府元龜》);五代時,晉出帝即位,在「諸州率借錢帛」(《五代史》本紀);南宋高宗建炎元年,收民間助國錢(《續通鑑》),紹興卅一年,命州縣諭富民捐資助國(《宋史》本紀);明末,賊犯京師,賢如史可法(時任南京兵部尚書),亦不得不為軍餉告絀,而傳檄募富人出財助國(《日知錄·助餉》);清代則將強借化為樂捐,而且數額很大,例如乾隆廿四年諭中,提及兩淮商眾捐銀一百萬兩,兩浙商眾捐二十萬兩,長蘆、山東商家三十萬兩(《清通考》),咸豐三年諭,要求「各省在籍大小官紳,協同地方官剴切勸諭,踴躍輸將」,又云,「前此山陝等省捐資備餉,不下數百萬兩,即被兵省分,素稱瘠苦之區,亦多竭誠報效」,四年,又諭在籍紳士「各於素稱饒裕之家,切實勸導,如能自一萬捐至數萬十數萬者,隨時按照銀數,立即奏請獎勵」(均見《清續通考》)。

這種強借資金的方式,是不論一元體制抑係多元體制,均一律施行,以致民間資金難以累積。

在本節開端,是將儲蓄定義為「所得中未曾消費的部分」,此乃廣義性定義,至於狹義性的定義,儲蓄是置於金融機構的存款,顯示儲蓄人不予使用,但借款人可以用於生產,如此,才可使儲蓄等於投資。而

中國古代卻缺乏信用機構，只有私人借貸，至第一次一元體制時期，佛教盛行，代營信用業務，類似後代的當鋪，所以，只作小型貸款，似無存款之舉，即使中唐以後的櫃坊，雖是存放與保管金錢及財寶之處，但須收取「僦櫃」費，以致類似今日的保管箱，而非存款機構。即使是清代的錢莊與票號，在起初亦只經營兌換與匯兌，洪楊亂後，才開始經營存放款業務[28]。由於缺乏存款機構，以致富戶累積的資金，都變成黃金白銀，窖藏於地下，《三言》《兩拍》不乏此類故事，而窖藏之金銀，本人不予使用，他人亦不得應用，以致與投資所需之資金無涉。

　　由於這些剩餘所得未能進入金融機構，以致資金供給受限，促使市場利率奇高，除漢代年利率為20%（《史記·貨殖列傳》）外，其他朝代均遠高於此，例如唐初的公廨本錢用來放款，其年利率在100%以上，元初的回回銀，放款利率則呈幾何級數，稱羊羔兒息，後納耶律楚材之議，確立「子本相侔」之令，或「一本一利」之禁，即利息累積之上限與本金相等，明代亦因之[29]，而民間常要求借方於一年內歸還，將年利率訂為100%，仍不違禁。在如此高的利率下，投資者亦無力從當時的金融機構借款投資。尤有進者，中國企業組織不是獨資即為合夥，難以像西方那樣以股份有限公司方式向社會集資，再加富家有錢即喜買田地，是另一替代性的集資方式，致使中國歷代縱有富人，但資金卻難以累積與集聚，以供投資之用。

第九節　產權、人權與經濟發展

　　此處所謂的「產權」，是指私有財產權；所謂「人權」，是指個人

28　詳見侯家駒，《中國財金制度史論》（聯經出版公司，民國77年），第十六章。
29　同上。

的基本權利，主要是自由地實現其生存權與生活權。可是，中國自古即有「溥天之下，莫非王土，率土之濱，莫非王臣」（《詩·小雅·北山》）觀念，以致產權與人權難以確立。

私有財產權是所有權的一種，諾斯與托瑪斯，是用所有權來闡釋西方經濟史，認為歷史上的重要情況都與所有權有關，而且只有在所有權使從事生產活動有利可圖時，才會出現經濟成長[30]。顯然可見，其所謂能促使經濟成長的所有權，乃是私有財產權，近年，國際共產制度的瓦解，更可證明此一看法。

或許仍然有人懷疑，在這種私有制度下，人人自私自利，會不會因私廢公，危及總體經濟的成長。這顯然認為公私利益不是一致的，而將「公」「私」對立起來，主要是來自先秦法家的手法，譬如韓非子說，「古者，蒼頡之作書也，自環（一作自營）者謂之私，背私謂之公，公私之相背也，乃蒼頡固以知之矣　今以為同利者，不察之患也」，由於「公私之相背」，所以他肯定地認為「私行立而公利滅」，進而強調「抑私就公」（均見〈五蠹〉），其實，他所謂的「公利」，是統治者的利益，而如黃宗羲所云，「後之為人君者不然，以為天下利害之權皆出於我，我以天下之利盡歸于己，以天下之害盡歸於人，亦無不可，使天下之人不敢自私，不敢自利，以我之大私，為天下之公」（《明夷待訪錄·原君》），是以，其所謂「抑私就公」，實即「抑」制人民之小私，以成「就」君主之大私。

至於韓非子所說，「今以為同利者」，諒指儒家主張，例如有子說，「百姓足，君孰與不足」（《論語·顏淵》）──這是意謂公私利益的調和，所以，主張政府不應干預，這和18世紀，英國的亞當·斯密之主張

---

30 D. C. North & R. P. Thomas, *The Rise of the Western World--A New Economic History*（Cambridge University Press, 1973），Ch.1.

是一致的。史氏還進一步地指出，追求私利的結果，可以促進公益的增加：「他既不試圖促進公共利益，也不知道他正在促進之，⋯⋯他只關心他自己的所得，隨而，他是受到一隻看不見的手引導，以促進他並未試圖促進之目的。⋯⋯經由其對自己利益的追求，他所促進的社會利益，時常超過他真正企圖促進的」[31]。

　　由以上可知，先秦儒家（至少在荀子以前）並不排斥「私」字，抑且認為此乃自然之事，孟子就說，「拱把之桐樟，人苟欲生之，皆知所以養之者，至於身而不知所以養之者，豈愛身不若桐樟哉？弗思甚也」（《告子上》）。這所謂「愛身」，亦就是亞當‧斯密所說的「自愛」（Self-love），其所以「愛身」或「自愛」，是因為任何有生命的個體，必將為其自我生存與生活而奮力，基於這些意念的行動，都可稱之為私，但卻是天性自然的流露，所以，「近代的倫理學說，自霍布士以來，即已承認人性是自私的，自私的意義是自保、自為、自愛。這種自保自為自愛的天性，人與動物並非兩樣的。⋯⋯所謂天賦人權說，說的露骨一點，就是爭人人皆有自私的權利，就是爭人人與禽獸共同的自保自愛的自然權利」[32]。

　　天賦人權既然是自私的權利，則人權與產權密切相關，蓋因自私的動機，既為自保、自為與自愛，而其所需的手段，厥為私有財產（包括動產與不動產）。易言之，產權是支持人權的基礎，亦就是亞當‧斯密所說的，「除乞丐外，沒有人會主要地依賴其同胞的仁慈」[33]。意即使用其私人生產工具謀生，或處分其財產以支持生活，而不求助於他人。而且產權的建立，有助於資源的節用與環境的維護：前者是來自人類自利動機，個人對於其私有財物，常比其對週遭的公有財物來得珍惜，從而

31　Adam Smith, *The Wealth of Nations*（New York: Random House, 1973），p. 423.

32　賀麟，《文化與人生》（台灣重印本），〈論假公濟私〉。

33　Adam Smith, *The Wealth of Nations*, p. 14.

於整個資源的利用更具效率，而有利於總體經濟；後者也將借助於私有產權，蓋因汙染發生時，若是被汙染之土地屬於私有，則汙染者與被汙染者易於談判而趨於解決，若是該土地爲公有，則交易成本可能趨於無限大[34]，這是由於難以將所有關係人聚於一堂而達成統一意見　所以，「個」人在「私」有財產前提下，「總」體經濟利益才得以促進，「公」共生態環境得以維護，這是「假私濟公」，恰和一般鄙視的「假公濟私」形成鮮明對照。

尤其進者，私有財產可以激勵人類工作誘因，此誘因就是孟子所說的「有恆產者有恆心」（〈梁惠王上〉）之「恆心」，一有此「恆心」，當會努力工作，以創造更多「恆產」。孟子所說的「恆產」，就當時情況言，實指永久使用的農地，現若加上所有權，則這種私有產權將會提供更強烈的工作誘因，甚至於會形成企業家精神。而作爲一個企業家，又必須擁有完全自由、自主的經營權，這又要與人權相結合。

若市場經濟中，價格決定於供需，而市場供需法則運作的前提，乃是需求面固然是應追求最大效用，而供給面（亦即生產面）亦須發揮最大效率，否則，必將產生物價膨脹與所得難以提高之亂象，私有財產正可解決此一根本癥結，這是因爲在私有制度下，供需雙方由於支出有切膚之痛，故首求成本最小，於此基礎上再求利潤或效用最大，由此供需決定的價格，才是最適的，也且才可反映市場機能，所以，產權學派（Property Right School）認爲「經濟學上的問題或價格如何決定的問題，其實就是財產權如何決定與如何交易的問題」[35]。再若歸結到資源使用效率，產權學派先驅考斯，特別強調上述的交易成本，對於經濟效率與

---

34 參見 W. Nicholson, *Intermediate Microeconomics and Its Applications*（3rd edition, Chicago: The Dryden Press, 1983）, Ch. 22.

35 E. G. Furuboth & S. Pejouich, "Property Rights and Economic Theory: A Survey of Recent Literatue", *Journal of Economic Literature*, vol. 42.

資源分派具有重大影響[36]。

　　以上所述，是強調產權與人權對於經濟發展的重要性，但在中國古代，卻因「莫非王土」，削弱了產權；「莫非王臣」，踐踏了人權。不過，這「溥天之下」四句話，是先秦的觀念，當然不能以現代理念批評之，儘管如此，孟子在當時仍然竭力要求「明君制民之產」（〈梁惠王上〉），亦就是保持永久使用權的「恆產」，同時，要求維持人性尊嚴，而說，「一簞食，一豆羹，得之則生，弗得則死，蹴爾而與之，行道之人弗受，蹴爾而與之，乞人不屑也」（〈告子上〉）——這是中國古代，朦朧的產權與人權觀念，孟子還舉揠苗助長故事，以反對政府之干預，可惜成爲空谷足音。

　　戰國以來，田地私有之風日熾，「王土」觀念業已不應存在，此即黃宗羲所云，「田出於王以授民，故謂之『王土』，後世之田，爲民所置，是民土非王土也」（《南雷文約》），此所以王莽之「王田」制度難以推行，在後代儒家始終難以忘情於井田，進而多主張恢復之[37]，其在基本上，是要先將私產化爲公產，再予授放，以致在表面上是承續孟子井田主張，實則違反孟子產權觀念。這種不尊重產權的觀點，在元初的奪田與清初的圈地，更是明目張膽地付諸實施。不僅異族如此，即使在漢族主政的宋、明兩代，亦有不尊重產權之行爲，明代的皇莊與貴族莊田，多有奪取民田情事[38]。在宋代，政府更是處心積慮地侵占民田：徽宗政和「六年，始作公田於汝州」，由楊戩主持，其方式是輾轉檢查田契，若田今屬甲，則從甲索乙（原售該田予甲者）契，乙契既在，又索丙契，輾轉推求，至無契可證時則該田收歸國有，若一直有田契，則重新

36　R. H. Coase, "The Nature of the Firm", *Economica*, vol. 4.

37　陳伯瀛，《中國田制叢考》（台灣重印本），〈宋儒田制思想述〉、〈明儒田制思想略〉、〈清儒田制論述〉。

38　同上，〈明代皇莊考〉、〈明代貴族莊田考〉。

丈量土地，苟逾原始田契所載，則超過部分須加輸公田錢，其後，李彥繼其事，故意使人誣告其所看中的民田原為荒地，而荒地的所有權屬於政府，以致現行耕種者縱有田契，亦置之不理而收歸國有，就在這樣強取蠻奪下，得到公田3萬4300餘頃[39]；後來，理宗用賈似道言，於景定四年，在平江、江陰等六郡，買公田350餘萬畝（很巧合地，亦為3萬5000餘頃），這是採取限田方式，逾限者須將超過部分賣給政府，但政府所的價款中，現金甚為有限，以五千畝以上言，銀、錢只佔5％，另外為紙鈔（會子）25％，而賣爵的「官告」與出家的「度牒」則佔70％[40]——此二朝分別埋下結束北宋與南宋的禍因，足見對產權之否定，不僅影響到經濟發展，甚且動搖政治根本。

除土地等不動產的所有權不被尊重外，很多動產所有權更受不到尊重，上章所說的政府向富戶強借錢財已為明證——惟北魏禁止之，高宗因地方官員「逼民假貸」乃於和平二年，下詔「其一切禁絕，犯者，十匹以上皆死」（《魏書》本紀），意謂強借民間絹布十匹以上者處死（當時是以絹布為交易媒介），真是「禮失而求諸野」。此外，家畜與穀物，亦常被強取，稱為「括」（搜求之意），以馬牛為例，漢律與北魏律暨唐律，盜牛馬者處死[41]，但其後若干朝代、政府卻公然括之，尤以第二次多元體制時期為然，例如五代時，梁太祖於開平元(907)年，後唐莊宗於同光(925)三年，分別「括馬」（《新五代史》本紀），後唐末帝清泰三(936)年，大括天下將吏及民間馬，晉高祖天福九(943？)年，括取公私之馬（《五代會要》）；其後，宋仁宗於慶曆元(1041)年，置場括市戰馬，孝宗乾道九(1173)年，禁兩淮、荊襄、四川諸州籍民戶馬（《續通考》），表示在此以前，普遍有「籍民戶馬」的事實。遼、金、元出身於游牧或狩獵民

---

39 此處所用資料，綜合《文獻通考》與《宋史·食貨志》。

40 綜合《宋史》〈理宗紀〉、〈食貨志〉與〈賈似道傳〉。

41 程樹德，《九朝律考》（商務印書館）。

族，強取家畜更若家常便飯。譬如遼太祖「括富人馬」(《遼史‧食貨志》)，興宗於重熙十七(1048)年，道宗於大安十(1094)年，均曾「括馬」，祚帝於天慶十(1120)年，命「民有群馬者，十取其一」(《遼史》本紀)；金世宗大定廿二(1182)年，立強取諸郡羊馬法，衛紹王大安三(1211)年，括民間馬，崇慶元(1212)年，括陝西馬，宣宗貞祐三(1215)年，括民間騾付諸軍，與馬參用(《金史》本紀)；元世祖中統二(1261)年，「括西京兩路官民，與壯馬皆從軍，(《元史》本紀)，至元十一(1274)年，括諸路馬五萬匹，廿三(1286)年又括馬，富戶有馬者三分取二，漢人盡所有拘取(《元史‧兵志》)。金除括馬騾外，還一再「括粟」，世宗大定二(1162)年，遣使往山東西路收糴年糧，除戶口歲食外，盡令納官(《金史‧食貨志》)，宣宗貞祐二(1214)年，在京師大括粟，哀宗天興元(1232)年，括民間食，二年，括蔡城粟(《金史》本紀)。

　　這些強取家畜與糧食的措施，主要出現於第二次多元體制時期，當時，多方抗衡，常有軍事衝突，也許是由於籌措軍費，而不時不出此下策——其實，亦不盡然，以元世祖至元廿三年大規模括馬為例，當時天下早已統一(至元十六年南宋滅)。是以或可云，多元體制下，政局動盪，法制難臻統一，以致產權難以得到保障。

　　以上所云強取的牛馬騾，都是生產工具，但糧食都是產品，但產品的買賣，皆稱所有權移轉，所以，這些產品的保障，亦屬於產權範圍。可是亦自第二次多元體制時期起，產品的所有權亦遭到嚴重打擊，這是始於唐德宗的「宮市」，下及宋元明的「和買」，以及清代的「採買」或「採辦」。所謂「宮市」是始於唐德宗貞元末年，《資治通鑑》卷235有所描繪：

　　　先是宮中市買外間物，令官吏主之，隨給其值。比歲以宦者為
　　　使，謂之「宮市」，抑買人物，稍不如估。其後，不復行文書，

置白望數百人於兩市（胡三省注：白望者，言使於市中左右望，白取其物，不還本價也。兩市，長安城中東市西市也）及要鬧坊曲，關人所賣物，但稱宮市，則欲手付與，真偽不可復辨，無敢問所從來及論價之高下者。率用值百錢物，買人值數千物，多以紅紫染故衣敗繒，尺寸裂而給之。仍索進奉門戶及腳價錢（注：進奉門戶者，言進奉所經由門戶皆有費用。腳價、謂僦人負荷進奉物入內。有僱腳之費），人將物詣市，至有空手而歸者。名為官市，其實奪之。

　　宋仁宗皇祐中，對輔臣說，「國朝懲唐宮市之弊，置（雜買）務，以京朝官內侍參主之，以防侵擾」，稱為「和買（羅、雇）」。但後來亦變質，幾與宮市類似，譬如神宗熙寧三年，御史程顥言，王廣廉和買紬絹，增數抑配，率錢千課絹一匹，其後和買，並稅絹，匹皆輸錢一千五百。竟謂和買民間紬絹之時，付款後，每一千錢課一匹絹為稅；後來，和買絹之同時課稅，每匹絹課一千五百錢為稅（當時和買之價，每匹應高於一千五百錢），所以程顥奏請處分，但因王安石撐腰而未果。《文獻通考》記載仁宗之言與此事後予以評論：「祖宗一時，官市布帛，依時直以濟用度。其有預給直，俾偕歲賦以輸公上，謂之和預買。然價輕而物重，民力浸困，其後，官不給直，而賊取益甚矣」。

　　這種和買方式，元明承之，元世祖於至元三十年敕中書省，「凡出征軍，毋以和雇和買煩其家」，顯然是指被和買貨物或和雇勞務的民眾，一定是大虧其本或不勝其擾。明太祖一再要求官吏，不得以和雇和買擾害於民，購物須依時值，但於成祖永樂五年，開平衛卒蔣文霆言：今有司歲辦各色物料，里長所領官錢悉以入己，名為和買，其實強取於民，萬不償一（俱見《續通考》）。清代雖無「和買」之名，但侵凌產權之情形，仍與宋元明相若，最多只有程度之差，例如康熙五十九（1720）年禁

止河工採買短價之弊；雍正二(1724)年，論各省採辦本植，俱著照民間價值給發，不許絲毫剋扣(《清通考》)——足見以往是用低價購買。

至於漢武帝開始將鹽鐵酒等重要產業收歸公有，即將民營改爲國營，這是徹底地侵害原來經營這些產業者的權利。而且，漢武帝在商人的人權上極盡歧視之能事，譬如元光(西元前134-130年)中，「令賈人有市籍及家屬，皆無得名田，以便農，敢犯令，沒入田貨」(《漢書‧食貨志》)；並將秦始皇三十三(西元前214)年，「發諸嘗逋之人，贅壻、賈人，略取陸梁地」(《史記》本紀)，發展爲「七科適」(《史記‧大宛列傳》)。關於後者，《史記正義》曰，「適、音謫。張宴云，吏有罪一，亡命二，贅壻三，賈人四，故有市籍五，父母有市籍六，大父母有市籍七，凡七科。武帝天漢四年，發天下七科謫出朔方也」，七科謫中竟有四科是商賈，具上溯到祖父母。如此，既破壞其產權，又蹂躪其人權，工商人士如何能發展其產業，難怪自漢武帝起，中國的市場經濟幾乎一蹶不振，其基本因子，則在於產權與人權之缺乏保障。

第廿四章
回顧與展望

　　本章所謂的「回顧」，實就以上兩章結論予以揉合，扼要說明影響中國歷史上的經濟發展，並以時間為經，簡述中國經濟發展史的演進。至於「展望」，則是從西方經濟發展史的階段之角度，推測中國未來經濟發展的可能軌跡。如此寫作，當然是歷史學的基本任務，鑑往知來。

　　從經濟觀點看，人類亦和其他動物一樣，追求自我的生存與生命的繁衍，但人類缺乏銳利爪牙作為攻擊武器，亦缺乏敏捷身手以逃避天敵，所以必須以群居方式於物競天演的大自然環境中圖存，其原始動機，是與蜂蟻類似。在蜂蟻社會裡，蜂后與蟻后是組織的核心，所以，人類亦始於母系社會。其後，由於人與獸爭（狩獵），以及人與人爭（戰爭）之故，孔武有力的男性，逐漸取得優勢地位，且因人類頭腦的進化，占有慾漸強，以致男女關係，由流動性雜交，逐漸變成固定性伴侶的配偶，從而形成父系社會。在狩獵時代，男性在外追逐野獸，可能數日甚至十餘日始歸，女性在家採集昆蟲及植物果實、種子、根莖為食。其中當有今日穀物的種子，而若干種子偶因進食而灑落在穴居之洞外，或巢居之樹下，明年發芽、成長，讓這些婦女感到採集之方便，進而有掌握確定收穫量之要求，隨而有栽培之行動；在此同時，男性攜回若干存活的小動物，其中有一些逐漸馴化而為家禽家畜；從而形成牲畜與農業社

會。

由於農業需要土地，而且在耕作上，亦不像以往圍捕時追逐野獸那樣必須採取集體行動，從而逐漸浮現私有財產觀念，即希對土地有永久使用權，小型生產工具與產品的使用權與處分權。爲著維護這些權利，原來鬆散的社會組織，漸被較爲緊密的政治組織所取代，而這些政治組織在開始形成之初，可能是社會成員同意讓渡一些權利給強有力的人士，這些接受讓渡的人士就形成政府。在讓渡之中，也許要訂立一種契約，明確規定雙方的權利與義務——這就是盧梭《社約論》的推理，但缺乏史證。惟中國典籍卻有這方面的蛛絲馬跡，譬如在《周禮·秋官·司約》的職掌中，就看出社會契約的影子，而在左昭十六年，鄭子產對韓宣子所說，其「先君桓公，與商人」「世有盟誓，以相信也」，更說明此類社約的存在[1]。

社會契約簽訂（或口頭協議）之初，尚無統治階級與被統治階級明確區分，但權力使人腐化，加以父系社會與私有觀念的根深柢固，漸使統治者視其所治理的國家爲己有，並以國土分封其血親，從而形成封建制度，且因農業社會之故，以致政治上的封建制度在經濟上成爲莊園制度。後來由於生產技術進步與生活欲望的提高，使農業人口得以外移；且因土地是固定的，而人口是增長的，農村增加的人口，希爲農人而不可得，亦不得不向外行動，從而形成所需的工商業。但於起初，統治階級挾其政治威權，對工商經營及人民經濟活動，常有強烈干預，後因市場力量日漸強大，再加民智漸開，對自由民主之要求日增，終而導致政治民主化，經濟自由化。

這是人類經濟社會發展的趨勢，在中國與西方的經濟史料中，大致上可以找到這類證據——雖然其發展過程是曲折的。

---

1 詳見侯家駒，〈社約論的中國史證〉，《文藝復興月刊》，19卷4期。

第一節　回顧

　　此處所說的「回顧」，是包含兩部分：一爲溫故；一爲知新。溫故者，是回顧的主體，即從上述兩章結論之揉合中，回顧數千年來中國經濟發展的簡要歷程。從此歷程的析述中，將可歸納出若干軌跡趨勢，甚或規律，是爲知新。此所謂「知新」者，是相對於「溫故」而言，蓋因其中一些趨勢或規律，或已爲時賢俊彥所熟知，何敢言「新」。此一「知新」部分，從表面看，似與下節「展望」重疊，因既云「規律」，應可「俟諸百世而不惑」，但實則不然，這是由於「知新」部分，主要是抽象化，而「展望」則是具象的；「知新」是來自對過去的綜合，故較爲確定的，「展望」則是對於未來的描繪，致有不確定的隱含。

　　由於「知新」是回顧的抽象化，可說是結論中的結論，亦即一般學術論文中的結論，其中還涉及本書寫作的架構及方法；由於這些架構和方法，是和中外經濟史著作頗有不同，或可自詡爲「新」穎──但「新穎」是否「正確」，則將有仁智之見。

一、溫故

　　諾斯與托馬斯(D. C. North & R. Thourn)在其《西方世界的興起》(*The Rise of the Western World: A New Economic History*, 1973)一書中第八章首段，是這樣寫的：

> 我們在第一章已證實有效的經濟組織是經濟成長的基本要求。如果存在著這樣一種組織，那麼只要它符合經濟成長的要求，社會便可發展。就理想而言，經由適宜刺激的提供，一個完全有效率的經濟組織，將保證私人報酬率與社會報酬率相

同，而且此二者在一切經濟活動中都相同。這種情形將要求每一個人都希望最大限度地增殖其財富，並且擁有與利用他認為合宜的土地、勞動、資本和其他財產的專有權；此外，他個人有權將他的資源移轉給別人，而且所有權被定義為：沒有任何其他人等能從他對其財產利用中受益或受損。

他們接著在第二段說，這是「一種經濟烏托邦」，還在第三段指出，「上述條件，就是在現代也不存在」，可見這兩位經濟史作者，都將這些條件或情況視為理想的最適狀態，而此一狀態的基本現象則是，「一個完全有效率的經濟組織，將保證私人收益率與社會收益率相同，而且此二者在一切經濟活動中都相同」，亦即該社會達到無外部性的一般均衡境界。關於外部性觀念，顯然是形成於第二次世界大戰後，所以，很多經濟學家均視一般均衡為理想的最適境界。此一境界，實非烏托邦，因於中國古代經濟史中曾經存在過，此一時代，大致上是由漢代文景之治到漢武帝即位之初，《史記·貨殖列傳》在這方面，有詳細的描繪，大致是說很多行業的私人利潤率（假定等於社會利潤率）相等，均為20％，連利率也是如此，太史公還概括地說，「佗雜業，不中什二，則非吾財也」。這是說，漢代於此期間，各行各業的會計利潤率均為20％，所以，經濟利潤率為零，這正是一般均衡狀態。中國之所以在漢初能達成，是因為文景之治在基本上是黃老思想的反映，主要是為順應自然，而在經濟活動上有自由放任的意味，再加中國幅員寬廣，為一般均衡提供足夠的空間。

循此發展，說不定工業革命將會發生在漢代中國，縱然其在科技創新程度上，可能遠遜於十八世紀英國的工業革命，但在產業組織、經營方式、改革制訂及經濟思想孕育上，將會對後世中國及全世界發生重大的影響，譬如若將司馬遷顯露在《史記·貨殖列傳》與〈平準書〉中的

自由經濟思想，予以整理、補充，再發揚光大，則近代經濟學濫觴之作——《國富論》，將可能提早兩千年問世。

　　不幸的是，漢武帝對外用兵，將重要產業收歸國營，再加其對產權的蹂躪，對人權的踐踏與對資本的掠奪，使自由經濟驟變為國家社會主義[2]。此外，他雖為後世儒者推崇的「獨崇儒術」，但卻「罷黜百家」，使思想統一，從而影響科技、經濟學及其他學術發展，而漢儒多受政治感染，更為鼓吹崇本抑末思想，致使人類第一個可能趨於成熟的自由經濟，竟然慘遭扼殺。

　　除漢代外，中國歷史上還有兩次趨向自由經濟或市場經濟的機會：一次是在南宋；一次是在明代中葉。連同漢代，這三次都大致上具備顧志耐所說的，資本主義勃興之三前提：世俗主義、平等主義與國家主義。這是經濟顯著發展的必要條件，而政府減少對經濟事務的干預（或自由化），則為其充分條件。關於漢、宋、明三代是否符合這些條件，業已在第七、十八及廿一章中，予以驗證，其答案都是肯定的——而且在後兩章中，除以顧氏所謂的信念調整（即上述三前提）外，還以其所說的近代經濟紀元（或工業革命）的兩類肇因：制度變革與技術進步，以印證宋、明兩代之資本主義萌芽問題，其答案仍然是肯定的。

　　可惜得很，這三次機會均若曇花一現，漢代是由漢武帝予以扼殺，武帝如此做，並非完全對外用兵之故，主要是因為由秦始皇所建立的大一統的一人專制，「至漢武而發展完成」[3]；南宋則是由於內因君庸臣劣（或君懦臣嬉）坐失統一良機，外因蒙古之崛起，受其鐵蹄之蹂躪；明代則因神宗的礦監稅監遍天下，以及後來的邊餉，致使剛剛欣欣向榮的

2　此乃O. Frand之語，見其著（蘇乾英譯），〈中國上古及中古之國家社會主義〉，《食貨半月刊》3卷7期。

3　徐復觀，《兩漢思想》卷一（學生書局，民國71年），頁223；徐氏主要論點，是指責漢武帝對宰相制度的破壞。

經濟為之夭折。

這三次機會的喪失，除南宋是泰半由於外敵入侵外，其餘兩次均是由於內在的因子，那就是中央集權與一人專制。在這種制度下，統治階級以崇本抑末思想抑制世俗化，剝削式的宮市與和買完全牴觸平等主義的原意，過高的商稅與通行稅，抵消了國家主義下的規模經濟。尤有進者，一人專制導致統治者常會生活靡爛，並使其家室享受特別待遇，其本身業已違反平等主義，更不必說其對財政負擔的壓力，再加上其與游牧民族間的衝突，更增加人民賦稅役上負荷，對於產權與人權作進一步的威脅，亦就更妨礙到經濟發展。

實在說來，中國自漢武帝以後，其大環境並不適於經濟發展，尤以大一統時期為然，蓋因這使第二章解說的大國假設（政治制度左右經濟制度）得以充分體現，政治力量凌駕於經濟活力之上。兩千年來，中國經濟之所以有些微的曲線成長，主要是由於人類求生存的基本動機，必須講求農具與耕作技術的改進，以提高土地單位面積產量，俾可供應增加的人口——當然，自明代起，新引進的玉米、番薯等旱作性糧食作物，亦發揮很大作用，才可支持清代的龐大人口。先秦與漢初儒家自由經濟思想，在經濟制度的建構與經濟政策的制訂上，雖然受到重大挫折以致幾成絕響，但儒家理念所化成的通俗思想，透過戰國時代周人白圭經商行為所表現的，諸如「勤」「儉」「智」「仁」「勇」「強」等德目，深植民間，成為工作倫理或經濟倫理，這些倫理遇有機會，即能於工商領域中開花結果。此外，統治階層中多有出身於儒家的高官，其中不乏耿介之士。彼等雖無建立自由經濟制度之雄心，甚至於亦無此體會，但卻能提出「予民休息」之議與「不奪農時」之諫，以致或多或少地給予人民一些生活空間。不過，這種空間的大小，是繫於統治者本身的修養與風格，以及整個政治氣候，而中國在第三次一元體制期間，元代的行中書省，使中央集權更進一步，明太祖廢相更使一人專制達到高峰，而

且明清兩代的鎖海與閉關政策，阻絕對外貿易。適於此時，西方在文藝復興後，思想解放，逐漸醞釀政治民主化，促使科技進步，導致工業革命，終於趨向經濟自由化。就在一方退縮，一方進取的對比情況下，中西經濟發展程度，相差不可以道里計。

此處所說的西方，主要是指西歐，尤以19世紀以前為然。西歐在基本上是承繼希臘、羅馬文化，而希臘只是城邦，羅馬亦是以城邦形態開始，再向外拓展，所以，都稱不上真正的國家，何況還有後來的黑暗時期。所以，史料較為豐富的真正具有國家雛形政治組織，應自中世紀算起。說羅馬不是真正的國家組織，主要是由於中央政府主政者的策立，並無良好甚至一定的方式，開始是由元老院任命三人執政團，業已有一國三公之弊，且仍保持城邦小格局的遺風，後來，改為一人終身執政，但形式上仍由元老院通過，其後則由軍隊擁戴，導致羅馬皇帝鮮能善終，連帶地使中央政局難以安定。在地方上，除其原先領土外，是採征服者姿態，而由中央派兵鎮守或鎮壓，使地方人民與中央貌合神離，故蠻族入侵時，帝國也就土崩瓦解。

相對地，中世紀的西歐諸國有所不同，其主政者的冊立（包括王位繼承）有一定制度，而國王以土地交換騎士的忠誠，以及其提供的軍事服務，而這些地方有武士或貴族的莊園，亦形成地方的安定力量，所以或可說，封建制度在政治上是雛形國家。職此之故，討論西方經濟史，應從中世紀開始——事實上，很多西洋經濟思想史教科書內容，也是以中世紀為起點。由此區分西歐經濟發展階段，亦是混合經濟史與經濟思想史觀點予以劃分。

西方史學家是將中古時代分為三個不同時期：初期中古時期（西元476-900年）、封建時期（900-1300年）、末期中古時期（1300-1500年）。而經濟發展史的注意力，是從封建時期開始，至於末期中古時期，則被稱為「灰暗時代」，於此時代，莊園逐漸崩潰，城市在興起，當然還有瘟疫，

但亦有文藝復興。其下即為重商主義時期（1500-1750年），重農學派時期（1750-1780年）——於此時期之末，出現了亞當‧斯密的《國富論》（1776年），從而自1780年起，進入資本主義時期。

　　熟悉中國上古史的人士，尤其是對熟悉中國上古經濟史暨經濟思想史的學者而言，對於上述西歐經濟發展階段，應該有些眼熟，因為就中國言，西周至春秋初期，是明確的封建時代，而春秋時期則有些像是歐洲的灰暗時代，有城市的興起，或莊園經濟之解體；戰國時代表面上是相互爭戰，實際上則是以「兵趨利」（蘇秦語，見《戰國策‧齊策》），所以，可說是重商主義時期；秦統一六國前，雖仍實施農戰政策，但似有重商傾向，否則巨賈呂不韋亦不可能躋身相位，但統一後卻改為重農，這可從秦始皇的「上（尚）農除末」之刻石中看出，漢高祖更採取很多抑商措施，是以，這一短暫年間，或可稱之為重農或農本時期；惠帝呂后主政時，開始放鬆對商人的限制，繼以順應自然的文景之治，「網疏而民富」，從而孕育出司馬遷的自由經濟思想，雖然不久因漢武帝所採取的國家社會主義而終止，但這段不很長的時間，仍可稱之為資本主義或其萌芽[4]。

　　由此看來，中國資本主義約比歐洲早約二千年，但早產易於夭折，而歐洲資本主義不僅倖存，甚且越來越為茁壯。其所以如此，應從中、歐的重商主義說起，蓋因中國的重商主義是由上而下，歐洲的重商主義則由下而上，這些可從中、歐城市發展形態的不同看出。

　　有人認為中國古代的城市，不是游離分化的結果，非由工商業者組成，而是統治者有意規劃及建設出來的，所以，絕大多數是多功能的城市，以致城鄉不是對立的，其組成分子可以自由對流；歐洲中世紀的城

---

4 此處的西歐與中國上古經濟發展階段之比較及論證，詳見侯家駒，〈從西周到漢初的經濟制度暨思想之演變〉，《漢學研究》，12卷2期。

市則有所不同，是由脫離莊園的人們組成，獨立地制定自治法規，使城市功能單一化（即只有經濟功能），亦使城鄉對立（即城市與莊園對立），以致於權力分配上成為二元化[5]。依此看來，中國古代城市似乎較為開放，但卻易於成為自由經濟或市場經濟的踏腳石，其中關鍵在於工商人士缺乏自主力量，全由政府主導，所以，又有人專就春秋戰國中國城市與中世紀西歐城市作比較，其結果正可顯示之，那是就其內部與社會條件之異同，列出15點，其中6點為西方所有，中國卻無：(1)工商業者組織行會；(2)為保護城市工商業而組成城市同盟；(3)以工商業者為城市的核心居民；(4)開放型的城市市場；(5)頒布城市法；(6)展示市民力量與形成市民文化[6]。

　　單從中、歐城市屬性的不同，就可看出西歐重商主義有其自主性，在其初期，固然希望藉政治以壯大工商力量，但於工商業羽毛既豐之後，就很自然地要將政治力量驅除在經濟領域以外，進而形成自由放任的自由經濟資本主義制度。中國的重商主義及工商業者，一直是生存於政府卵翼之下，難以自創格局，甚至於漢初短暫的資本主義萌芽時期，亦是托庇於統治者愛好黃老之術，而於清淨無為及予民休息之政策下，使資本主義得以萌芽，但亦若溫室中的花朵，一俟政府轉變「有為」甚至「大有為」，而有變為國家社會主義傾向，則此一花朵必將凋萎。

　　再往深處看，中西資本主義發展的際遇之所以有別，是因為大國與小國的基本差異。此處所謂差異是取決於政治制度與經濟制度之間關係。一般說來，領土較小國家，對外常與鄰近國家相互競爭，對內則常有經濟力量與政治力量分庭抗禮，以致其政治制度較易受到經濟制度變化的影響，18世紀的西歐各國就是這種情況，所以，馬克思據此建立其

5　趙岡、陳鍾毅，《中國經濟制度史論》（聯經出版公司，民國75年），第八章。

6　張鴻雁，《春秋戰國城市經濟發展史論》（遼寧大學出版社，1988年），下編，第二章。

唯物史觀，認定經濟制度是下層構築，政治制度是上層構集，下層變動必將引發上層的變化；領土龐大的國家，在閉塞世界裡，對外有君臨天下之勢，而有獨占型態之傾向，對內則是政治力量凌駕於經濟力量之上，以致政治制度不易受到經濟制度之影響，反而是有相當力量主宰或決定經濟制度，這就是漢武帝起開展的中國專制王朝（直至清末）之情況——漢初，王國林立，漢廷直接控制的領土只有十五郡，甚至不到較大王國的三倍，所以，在基本上漢廷是個小國，和其他王國競爭，在小國事例中，政治經濟制度失衡。創造新的均衡，加上文景之治崇尚黃老無為精神，以致有資本主義萌芽現象。但於景帝時經過七國之亂後，王國權力和領土大減，所以在武帝之初，漢廷已成為大國。在大國事例中，其情況類似穩定均衡，即當均衡被打破後，仍將回到原來的狀況，此所以漢武帝後，中國兩千多年縱然合久必分與分久必合，但其政經制度大體上不太改變的最大原因。

　　從漢武帝到清季的中國專制王朝，雖是政治制度主宰經濟制度，但當民不聊生時，人民在求生存的經濟動機下，所匯集的強大力量，亦會衝開政治藩籬，使政治中心由一元趨於多元，成為天下由「合」而「分」的態勢。由於兩千年來，中國一直處於農業社會，故其必需條件是人地比例變大，但卻須有勢均力敵的政治實體或部族間對峙情況之出現為其充分條件，否則，分裂只是短暫的，而不能視為多元體制。至於天下由「分」而「合」的必需條件，仍然是人地比例，只是此一比例必須變小，人民得有生存空間，但其充分條件則是多元的政治中心之中，必有某一中心以其「生活條件與戰鬥條件一致」之優勢脫穎而出，使天下重歸於一。

　　從政治上看，一元體制下的大一統，是天下太平的局面，其在經濟上追求的，是生活水準的提高；但因政府類似經濟中的獨占，講求秩序與控制，使經濟逐漸缺乏活力，社會大眾漸感生存受到威脅，以致生活水準的提高成為妄想，後來只侷限於少數上層人士。至於多元體制，在

戰亂之中，人民有「寧作太平犬，莫作亂世人」之嘆，但在對峙或分立態勢形成，各政治中心從此成為競爭者，而將順應人民求生存的願望，不再拘泥於傳統形式，默許人民擴大其經濟活動空間，從而在生產面有所開拓，以致中國歷史上多元體制時代，在經濟發展上常有所貢獻，例如第一次多元體制時，在政治上講求遠交近攻，各政治中心向外擴張，南方且漸發展出「海上絲路」，在經濟上亦能因時制宜，發展出節用勞力之技術，以及人地關係的新結合：屯田與大規模農作經營；第二次多元體制，坊市制度破壞，商業空前繁榮，對外貿易亦得到突飛猛進的發展，且因相互戰爭之故 帶動煉鋼技術之突破性進步，以及火藥之廣泛應用。

　　一元與多元體制在經濟上最大的差異，乃是對商業的態度，亦即對「市場」的處理方式，在大一統時代，為鞏固皇權，厲行重農輕商政策，原則上是一縣一市(第三次一元體制時期已無此限)，唐代明文規定，已見前述，漢代雖未見於詔令，但亦可能如此，因據《後漢書‧張霸傳》，記其子張楷「家貧，無以為業，常乘驢車至縣賣藥，足給食者輒還」；張楷居於河南郡梁縣，而據同書〈郡國志〉，梁縣除縣城外，尚「有注城」，注引《博物記》曰，「梁伯好土功，今梁多有城」，而張楷賣藥必「至縣」，可能是縣治才有市，亦即一縣一市之制的旁證。同傳稱張楷後來「隱居弘農山中，學者隨之，所居成市」，此處之「市」，諒係人民自然聚居之所，因尚未納入行政編制，故不可稱「邑」，有似鄭玄注《周禮‧地官‧司府》所云：「市，雜聚之處」；但亦可能是「買賣之所」(《說文》對「市」之定義)，因此乃第一次一元體制末期，政府控制力趨弱，以致新興市鎮崛起，從而在第一次多元體制時代，很多鄉鎮均有市；但到第二次一元體制期間，唐代又三令五申恢復一縣一市之制。

　　天下由「合」而「分」，或由「分」而「合」的必需條件，厥為人

地比例。從第二章中分析，已知此比例影響「分」與「合」的原因在於農業勞動生產力之變化，這是由於農業社會中技術進步緩慢，而農業可耕地面積一定，以致農業勞動生產力的高低，主要依賴農業勞動數量的多少，意即農業勞動數量減少時，其生產力上升，反之，則下降——循此，人地比例之變化，不僅可以說明「分」與「合」，而且具有可以成為封建制度的解釋因子。由於大一統時，天下太平，人口增加率高，導致農業勞動生產力下降，此時，若能輔導農民轉往非農業（主要為工商業）發展，則可緩和此生產力下降之速率，但統治者為其政治考慮，限制市之發展，妨礙農村多餘勞力之轉業，使農業勞動生產力作等加速度的下墜，終而導致民不聊生，揭竿而起。在另一方面，於多元體制下，其初由於地廣人稀，勞動生產力本就易於提高，其後，人口雖有增加，但因政府減少對經濟活動之干預，容許一縣多市，以致農村多餘人口易於轉業，而使農業勞動生產力居高不墜，創造統一的條件。由此看來，政府對市的限制，亦即對經濟活動的干擾，實在是在增加不明顯制度成本，而政府對市之開放，或減少其他方面之干預，則其影響將是降低此成本。

在農業社會中，人地比例變化，形成一元與多元體制，但在西元18世紀前——至少是在15世紀中葉前[7]，中國於各階段，都是世界先進國家，但自此以後，西歐經濟突飛猛進，而中國則因明清兩代之閉關自守，更形落後，終因英艦叩關，一再強化此等刺激，才如夢初醒，被迫學習現代化，可是「再回頭已百年身」，中華帝國從此解體，而將讓位於自由民主政治新體制。

二、知新

西方軍事學家John Master說：「騎兵在戰鬥中的功能，是為可能變

---

7 明英宗正統十四（1449）年土木之變，或可視為中華國力之分水嶺。

成的不適當之混戰，增添一些格調。」夠資格的史學家，亦具有騎兵的相同功能，否則，歷史著作豈不是變成混雜的史料之堆砌。

本書既爲中國經濟史，亦希望爲經濟史「增添一些格調」，此格調無他，只是經濟史的發展規律或趨向。這些趨向可以歸納爲以下14點：

一、經濟發展的原始推動力，是人民爲求生存、求發展的強烈動機。

二、封建社會出現近代國家雛形，亦是政治(上封建)制度與經濟(上莊園)制度之均衡，若依辨證法用語，此時爲「正」。

三、在農業社會中，人地比例的持續擴大，意味農業勞動生產力低落，從而降低農民生活水準，甚至於威脅其生存，這些人民爲著求生存、求發展，不得不向非農業——亦即商業與工業發展，隨而導致「封建社會」經濟制度的崩頹，此過程亦就形成辨證中的「反」。

四、經濟制度上的重商潮流，對封建的政治制度有很大衝擊，各個國家逐漸走向專制，以國家力量追求經濟利益，從而形成重商主義社會。由於政治制度與經濟制度再度結合，成爲新的均衡，形成辯證上的「合」，亦是下一階段的「正」。

五、由於非農業所得迅速提高，使農業所得瞠然落後，引發衛道之士的不平，從而主張重農，使重商思想產生量變；而於此同時，工商人士羽毛已豐，不欲再仰他人鼻息，托庇於政府干預之下，以致發出自由放任的呼聲，加深經濟制度上的量變；這些過程是爲「反」。後來藉助於工業革命，產生制度上的質變，形成自由化的經濟制度與民主化的政治制度，二者又落在新的均衡點，是爲辨證上的「合」。

（以上是西元900年起，以及中國西周至漢武帝初年的經濟演化歷程，因此，可以視爲人類經濟史發展規律。）

六、在小型國家中，經濟制度是下層構築，政治制度因是上層構築，故隨下層變動而變化，使此二制度達成新的均衡；大國則不然，政治制度成爲下層構築，經濟制度則是上層構築亦隨下層變化而變動，且因政

治制度是爲求安定，而與求發展的經濟制度有所不同，所以，這種由變化而變動的結果，不是讓此二制度形成新的均衡點，而是回到原先的均衡。

七、中國是一大國，自漢武帝起，就進入「合久必分」與「分久必合」之類似循環，其必需條件爲人地比例之變化：人地比例趨大（小），則天下有由「合久必分」（分久必合）之趨向；但充分條件則有所不同，即在出現種族或部族對峙或分立之時，才會出現真正分裂式多元體制；群雄中若有一方能夠生活條件與戰鬥條件一致之時，則將可脫穎而出，形成大一統或一元體制。

八、中國在多元體制時期，社會是爲求生存而努力，故在生產面多有突出的表現，且因減少對經濟活動的干預，以致經濟發展未因長期分裂而停滯，甚至於反而有欣欣向榮趨向；一元體制下，社會爲求發展，往往導致政治上向外擴展，經濟上提升生活水準，但在人口增加與資源限制下，生活水準之真正提升，只限於統治階層。

九、一般說來，一元體制下的統治者，爲求鞏固其政權，經常推行重農抑商政策，且對經濟活動多有干預；多元體制則多反是，放鬆很多管制，雖然持續重農，但並不抑商。其實，自漢武帝起的兩千多年之中國政府，無論是一元或多元體制，大多數是重商主義的執行者，即政治干預人民的經濟活動，或可說，這一段時期是前一意義（即政治干預經濟活動）的重商主義時期，而且由於中國是一大國，所以能維持多年而不墜。

十、經濟發展績效常與政府干預成反向變動，亦即經濟活動自由度愈高，則經濟發展績效愈爲亮麗，這是因爲政府干預愈少，則其支出將愈小，從而可以輕稅薄征，減少明顯的制度成本，人民在經濟活動上愈能自由，則其效率將愈高，這等於降低不明顯制度成本。

十一、中國歷史上出現資本主義萌芽現象的必需條件，是在信念上，形成世俗主義，國家主義與平等主義，但卻以自由放任爲充分條件，

即「法網漸疏」與「網疏而民富」。

十二、中國真正的現代化，乃是強迫學習的歷程，其學習次序則是先為器物科技，次為典章制度，最後才是文化思想，但在每一序程中，均有社會菁英作為意念先導。

十三、中國歷史上經濟發展過程中，每一階段之初，發展較為快速之產業，厥為農業與紡織業，以豐裕人民之食與衣，這正說明推展經濟活動的動機，是人民生活。

十四、財產權之基本目的，是促進資源利用，所以，在歷史上，產權愈為明確的時代，亦即資源利用最有效率的時代。

第二節　展望

從中國西周到漢初，以及由西方中世紀到現代的經濟演變歷程看，大致可以歸納出一種歷史趨勢，或可稱之為經濟發展史的規律運動，那就是人類經濟發展的過程，有規律地經由封建制度到重商主義，然後是短暫的重農思想，再到資本主義。其中縱然有所曲折，那亦無改於此一方向的邁進，形成曲線單向的經濟發展軌跡。

此一軌跡，在基本上是自然的發展，並非基於甚麼特定的意識型態。這種自然發展，是來自人類政治、經濟方面的自然演變，封建制度在政治上使人類進入雛形國家，在經濟上，亦甚為適合當時的農業社會──土地是唯一的財產，中央政府只好持此以酬庸臣下，從而形成利用土地資源的莊園制度。後因人口增加，莊園難以容納，且因生產工具發達，亦不須如此眾多人口，多餘人口不得不從事非農業工作，使工商趨於發展，城市隨而勃興，且為便於交易進行，貨幣得以流行，形成交換經濟，終而導致自給自足的莊園制度解體。雛形國家是鬆散的國家組織，較強的封建領主，漸漸成為獨立的國家，統治者為著擴張其勢力，

就要厚植其經濟力量，所以，這些政府不得不重視商業，在另一方面，由於工商業與城市的發展，這些商人也會結交權貴，以國家力量促進商業的發展。由於商人多金，長袖善舞，生活奢侈，勢將引發工商以外人士的反感，主張恢復對古老農業的重視，並反對政府保護工商，從而逐漸形成主張政府減少對經濟領域的干預。且因民智漸開，民主思想漸顯，工商人士亦因羽毛已豐，希能獨立經營，政府的干預，反而是一種羈絆，隨而亦主張政治影響力從經濟領域中撤退。所以，重農思想雖是重商主義的反動，但卻激發工商業內要求自主的火花，終而出現自由放任的資本主義，在私有財制度與市場機能下，個人基於自利之心，當然使其能掌握的資源發揮最大效率，藉以取得最大利潤或最大效用。是以，就某一社會或國家中，經濟自由化程度愈深，則其一定資源所能生產的財貨將會相對地趨於最大。其人民所享受的生活水準，從而將會相對地趨於最高。

這些本來是人類社會自然發展趨勢，亦即順應人類逐漸演化及自利天性而發展的走向。所以，於上述各別發展階段，會相應地發展出適切的經濟思想，這是基本人性與時代特性的反映，並非反自然趨勢或自我造作的意識型態。這些各別階段所出現的經濟思想，無可諱言地，是西方的較有系統，所以，此處所舉，是以西方經濟思想為主體。

在中世紀，並無專業的經濟學家，其相應的經濟思想，是附著於士林哲學或經院哲學（The Scholastics），這些教士們是將其哲學與宗教原理應用到其經濟生活之中，其中心人物阿奎那（St. Thomas Aquinas）認為「售價高於或買價低於該物品本身的價值，是不公平的，亦是不合法的」──其所謂不合法，是就羅馬法而言[8]，從而，提出「公平價格」的意念。

---

8 C. E. Staley, *A History of Economic Thought, From Aristotle to Arrow*(NA: Blackwell, 1991), ch.2.

此所謂公平價格，據現代的解釋，是一物的價格等於其平均成本，基本動機是在於維護當時的莊園制度，因而在此制度下，土地與勞動均非商品；個人社會地位和經濟地位，是由國王或教會授予，無人能經由商業行為或賺取利潤以改進其地位[9]。莊園制度崩潰後，出現了經濟思想史上所謂的重商主義，其籠罩的期間，是1500-1750年，此時，土地與勞力可以經由市場而成為商品，只是此一類經濟思想，缺乏代表性人物，此一名稱主要是對商人們於此一期間發表的文獻內容之總稱，當時，商人們發表小冊子冀以影響經濟政策，其主要論點有三：（1）重視金銀，以為此乃國富；（2）創造貿易出超，以獲取金銀，（3）主張政府干預經濟事務，以促進對外貿易。

重商主義的拜金主義思想與政府干預，在思想界引起反彈，從而在法國形成重農學派，其名稱是Physiocracy，是崇尚自然之意，蓋因該學派認為自然律支配經濟運作，所以，反對政府干預經濟活動；並且認為引導經濟發展的力量，是實質的因子，並非金屬貨幣。其所以被稱為「重農」，是因該學派認為農業才有淨生產，從而主張土地單一稅。在思想淵源上，法國重農學派深受中國儒家的影響，其領導人奎內（F. Quesnay）被稱為「歐洲孔子」[10]。上述思想中，大致可以找到儒家思想的痕跡，譬如孔子的「天何言哉」與孟子的揠苗助長故事，正是順應自然與反對干預；其所謂惟農業才有淨生產，可能是受到《大學》「有土此有財」之說的影響，亦可能接受戰國末期儒家（如荀子）重農思想；而且在中國古代，只視田賦為正稅（而將商稅等其他稅收稱為「雜稅」），隨而也許導致奎內等人有土地單一稅之構想。

9　H. Landreth & D. C. Colander, *History of Economic Theory*（2nd edition, Boston: Houghton Mifflin, 1989), ch.2. 以下有關重農業派與亞當‧斯密思想的介紹，除另註出處外，亦出自本書相應章節。

10　朱謙之，《中國思想對於歐洲文化之影響》（台灣重印本），頁211-218。

　　一般經濟思想史學者,認為重農學派獨領風騷的時間,是1750-1780年。其實,亞當‧斯密的《國富論》,已於1776年出版。斯密在經濟思想上受到重農學派的啓發,從重農學派與儒家的淵源看,亦可說他是間接地受到先秦儒家思想的影響。尤有進者,斯密也許還直接受到中國儒家的影響,很可能還讀過有關《史記‧貨殖列傳》的部分譯文,蓋因亞當‧斯密說,在完全自由下,「勞動與資本(Stock)不同用途的整個利益與不利,完全相等或趨於相等的」[11]。現代對於這番話的解釋是:在資源可於產業間自由移動情形下,將使各部門的利潤、工資與地租率趨於相等[12],意即一般均衡的達成,亦即意謂各會計利潤趨於相等,或經濟利潤率等於零,這正吻合司馬遷在〈貨殖列傳〉中所說:「佗雜業,不中什二,則非吾財也」之觀念。可能西人譯此時,不解「什二」是20%,而誤會為12%,所以,亞當‧斯密在《國富論》99頁提出上述一般均衡觀念前,而於同書95頁寫道,「據說中國貨幣的一般利息為12%,所以,資本的通常利潤,一定足以負擔這一鉅大利息」——可是,自漢初至清末,中國經濟史上何嘗普遍出現12%的低利率[13]!

　　亞當‧斯密既然承受重農學派的思想,其經濟理論當然亦是重商主義的反動,不過,他與重商主義者在基本上也有若干相通之處,譬如:(1)他們因受當時物理學發展的影響,認為經由嚴謹的分析,可以獲得經濟定律;(2)都體認到人類是理性的,計算的,受自利所驅使。最大的差異,乃是斯密認為社會是和諧的,亦即個人利益與公共利益是一致的,所以,主張自由放任;重商主義者則認為社會是不和諧的,亦即個

11　Adam Smith, *The Wealth of Nations*(New York: Random House, 1937), p. 99.

12　C. E. Staley, *A History of Economic Thought, From Aristotle to Arrow*(NA: Blackwell, 1991), p. 52.

13　詳見侯家駒,〈經濟思想的中學西傳與西學東漸〉,《東吳經濟商學學報》13期。

人利益與公共利益不一致，故須政府干預。易言之，重商主義者是以醫生自居，而斯密卻懷疑政客的智慧，從而建立市場經濟或自由經濟，有助於當時工業革命的推進，進而形成資本主義制度。

　　仔細比較，中國自西周到漢初的經濟制度與經濟思想的演變歷程，幾乎在中世紀到近代於西方重演，這並非巧合，而是人類進入雛形國家後的自然發展。所不同者，西方由於民智已開，民主政治的建立，使自由經濟本質下的資本主義制度趨於成熟，而中國的資本主義卻因集權與專制，只達初階即於兩千多年前戛然中止，到西元20世紀最後四分之一期間，才重現於中國部分地區，真是「再回頭是『千』年身」！

　　在這兩千多年的歲月裡，中國的經濟是混合著農本主義與重商主義；因係農業社會，各個朝代不得不重視農業，但在實際上，由於商人之長袖善舞，政商勾結尤為司空見慣。漢初，晁錯曰，「今法律賤商人，商人已富貴矣；尊農夫，農夫已貧賤矣；故俗之所貴，主之所賤也，吏之所卑，法之所尊也」（《漢書・食貨志》），實在可為這兩千多年來中國經濟制度與經濟思想寫照；表面重農，實則重商。如此，雖似矛盾，實為統一，蓋因實質高於形式，所以亦可說，從某一觀點看，這兩千多年來，中國一直是處於重商主義時期。這麼說，主要是因為政治力量一直介入經濟領域，只是干預得較多或較少而已。即使到20世紀中葉，中華民國中央政府播遷台灣之初，政府亦是在干預經濟事務，直至1984年才揭示「經濟自由化、國際化與制度化」。且於遷台初期，推行耕者有其田等促進農業發展政策，然後於此基礎上，才可建立「以農業培養工業」的策略，致有一部分與重農學派理念吻合，或可稱之為重農時期。是以，就民國年代言，是由冗長的重商主義時代，轉入短暫的重農期間，再真正進入資本主義社會——而此重商主義時代業已存續兩千多年。

　　但就共黨統治的中國大陸而言，卻是先退回封建制度時期，再由封建制度進入重商主義。在經濟體制改革以前，中國大陸是奉行徹頭徹尾

的共產主義制度，於此制度下，政府支配一切經濟活動，土地與勞力均非商品，不能經由市場買賣，一切生產工具公有，以致資本財亦非經由市場取得；至於財貨價格，不是取決於市場，而是由政府決定，主要是成本取向，致有「公平價格」的意味，其動機亦和士林哲學類似，不希望任何人可以經由經濟活動改變其社會地位，因為這些地位及其伴隨之待遇，全由政治力量決定。甚至於1990年代，大陸人士初逢時仍常慣問：「你是那個單位的」？此「單位」是和封建制度下的「莊園」意味相似，是照顧其成員生老病死一切生活的機構。

大陸進行經濟體制改革後，且由社會主義商品經濟進入社會主義市場經濟，土地（主要為使用權）、勞力與資本均可經由市場取得，但不放棄公營事業與「四個堅持」。同時卻吸引外資——各地政府競以優厚條件吸引之，鼓勵出口以創造外匯，希能取得貿易順差，顯示政府仍在強烈地干預經濟活動。在民間，一般「人們從過去的不敢談錢，不敢要錢中醒悟過來，發現了金錢的神奇功能，人們不僅敢於開口要錢，而且開始設法掙錢」[14]。在「一切向前（錢）看」浪潮下，似乎全國都在經商，連軍隊與學校亦在做生意，大陸流行的順口溜對這種情況描繪得頗為傳神：「十億人民九億商，還有一億跑單幫」。是以可說，現階段的中國大陸，是瀰漫著濃郁的重商主義，其諸侯經濟亦有歐洲莊園沒落後出現的城邦經濟味道。在這種演變過程中，亦透露些重農訊息，蓋因中共這次經濟體制改革，是從農村包產到戶著手，自1993年起，其領導人物多次發表談話，要重建農業[15]，其「九五」計畫中，更以農業建設為重點

---

14 高皋，《後文革史——中國自由化潮流》中卷（聯經出版公司，民國83年），頁57。
15 據大陸研究農村發展學者云，大陸農業改革大致經歷三個階段：第一，1975-1984年建立和逐步推行農業家庭聯產承包責任制；第二，1985-1991年，改革農業流通體制，特別是農產品統購、派購制度，逐步放寬農產品的市場和價格；第三，1992年以後，開始全面向農村市場經濟過渡。由此看來，第三階段才是真正的農業發展。

之一，更顯示正進入短暫的重農時期。從人類經濟發展的自然軌跡歷史規律看，中國大陸將於不久的將來，趨向政治民主化、經濟自由化與社會倫理化，從而進入資本主義社會，屆時，兩岸自然會統一。此時由於民智已開與社會多元化，資本主義或自由經濟制度將可垂久，將使中國溶入世界歷史演進的主流之中，且因中國人口多，活動空間廣袤，將使司馬遷所看到的一般均衡狀態重現，對外將可享受現代經濟「大國」地位。至於其發展過程，是基於民生需要，可以區分爲食、衣、住、行、育、樂六大階段發展：台灣約於1950與1960年代，先後完成食、衣二階段，1970年代進入住的階段，1990年代以後進入行的階段；大陸進入食的階段，約比台灣晚30年，由於其疆域廣、人口多，各區域間經濟發展程度頗爲懸殊，以致每一階段有關民生項目的深化與廣化所須時間，定較台灣長得多，依目前發展情況看，大陸可能要在2010年代甚至2020年代末期，才可全面完成衣的階段，然後進入住的階段——此一階段的完成，也許至少需要40年。

　　以上是對中國未來經濟發展的展望，這種展望在方向上是基於人類經濟發展的自然軌跡或規律，因而可說是必然；至於發展階段，則是本書作者的臆測；最多只是應然，蓋因在中國經濟發展史上存有缺口，以致難以精確地推測可見的未來之必然發展。

　　這個缺口之出現，是由於本書籠罩的時期，是由上古至清末，亦即至1911（宣統三年）爲止，因此，該缺口可分三部分：一爲1912-1949年，整個中國的經濟情況；一爲1950年起，台灣地區經濟發展情況；一爲1949年後，大陸地區的經濟發展。此三部分的信史，目前尚付闕如。關於前者，大陸雖有專書，稱爲《中華民國經濟史》，但因該書是基於特定的意識形態寫成[16]，難以認定爲學術性著作。後二者更無完整的專書，但

16　從其章節的標題，即可看出其意識形態，譬如在章的標題中，「半殖民地半封

此二地區經濟發展過程，實爲中國經濟現代化的關鍵，不僅對於中國，也且對於世界經濟發展史，都極爲重要。如果能於若干年內，出現卓越的經濟史學家，彌補此缺口或空白，則由原始到現代的中國經濟發展史才得以完整。

（續）

建經濟」出現四次，「新民主經濟」出現三次。是以，該書(姑隱其作者姓名及出版場所)或可作爲中共黨校教材，但難以列爲符合人類經濟自然發展規律之史書。

參考文獻

一、中文部分

（一）典籍及史料

二十五史（《史記》、《漢書》、《後漢書》、《三國志》、《晉書》、《宋書》、《南齊書》、《梁書》、《陳書》、《魏書》、《北齊書》、《周書》、《南史》、《北史》、《隋書》、《唐書》、《新唐書》、《五代史》、《五代史記》、《宋史》、《遼史》、《金史》、《元史》、《明史》、《清史稿》）

十通（《通典》、《續通典》、《清朝通典》、《通志》、《續通志》、《清朝通志》、《文獻通考》、《續文獻通考》、《清朝文獻通考》、《清朝續文獻通考》）

十三經（《周易》、《尚書》、《詩經》、《周禮》、《儀禮》、《禮記》、《公羊傳》、《穀梁傳》、《左傳》、《論語》、《孝經》、《爾雅》、《孟子》）

《大戴禮記》，〔漢〕戴德刪定（商務印書館四部叢刊本）。

《管子》（台北：台灣中華書局，四部備要本）。

《墨子》（台北：藝文印書館，訓經堂叢書本）。

《荀子》（台北：台灣商務印書館，四部叢刊本）。

《商君書》（台北：台灣中華書局，四部備要本）。

《韓非子》（台北：台灣商務印書館，四部叢刊本）。

《呂氏春秋》（台北：台灣商務印書館，四部叢刊本）。

《淮南子》（台北：台灣商務印書館，四部叢刊本）。

《尸子》，〔清〕汪繼培輯（台北：藝文印書館，百部叢書集成本）。

《國語》（台北：台灣商務印書館，民國45年台初版）。

《戰國策》（台北：藝文印書館，民國47年，據掞川姚氏本影印）。

《竹書紀年》，〔清〕朱右曾輯，王國維校（台北：世界書局，民國46年初版
　　　《古本竹書紀年輯校》、《今本竹書紀年疏證》）。

《世本》，〔漢〕宋衷注〔清〕孫馮翼集（商務印書館叢書集成簡編本）。

《帝王世紀》，〔晉〕皇甫謐撰（台北：藝文印書館，民國56年，據清道光錢
　　　熙祚校刊本影印）。

《魏略》，〔魏〕魚豢撰，〔清〕張鵬一輯（台北：鼎文書局，民國64年，《三
　　　國志》附編）。

《華陽國志》，〔晉〕常璩撰，〔清〕顧廣圻校（台北：台灣商務印書館，民國
　　　57年台一版）。

《漢晉春秋》，〔晉〕習鑿齒撰，〔清〕黃奭輯（台北：藝文印書館，民國61
　　　年影印）。

《貞觀政要》，〔唐〕吳兢撰（台北：台灣中華書局，民國55年台一版）。

《太平御覽》，〔宋〕李昉等著（商務印書館四部叢刊據宋刊本影印）。

《唐鑑》，〔宋〕范祖禹撰，呂祖謙音注（台北：台灣商務印書館，民國55
　　　年台一版）。

《資治通鑑》，〔宋〕司馬光撰，〔元〕胡三省注（台北：洪氏出版社，民國63
　　　年，新校標點版）。

《明通鑑》，〔清〕夏燮撰（台北：世界書局，民國51年，《通鑑彙編》版）。

《通鑑輯覽明季編年》，〔清〕乾隆敕輯（台灣文獻叢刊281種；台北：台灣
　　　銀行經濟研究室，民國46年）。

《明書》，〔清〕傅維鱗撰（百部叢書集成；台北：藝文印書館，民國55年影
　　　印）。

《元史新編》10冊,〔清〕魏源(台北:文海出版社,民國73年〔1984〕)。

《新元史》,〔清〕柯劭忞撰(台北:成文出版社,民國60年,據二十五史編刊館及國防研究院校刊本影印)。

《漢舊儀》,〔漢〕衛宏撰,〔清〕孫星衍校(台北:台灣商務印書館,民國54年台一版)。

《漢律摭遺》3冊,〔清〕沈家本(人人文庫;台北:台灣商務印書館,民國65年初版)。

《唐明律合編》,〔清〕薛允升撰(台北:台灣商務印書館,民國57年台一版)。

《唐六典》,〔唐〕張九齡等撰,〔唐〕李林甫等注(台北:台灣商務印書館,民國59年,四庫全書珍本)。

《唐會要》,〔宋〕王溥撰(上海:商務印書館,民國24年初版)。

《明會典》,〔明〕李東陽等奉敕撰,〔明〕申時行等重修(上海:商務印書館;台北:台灣商務印書館,民國57年台一版)。

《明會要》,〔清〕龍文彬撰(台北:藝文印書館,民國60年,四部分類叢書集成)。

《大清會典》(康熙),〔清〕伊桑阿等纂修(台北:文海出版社,民國81-82年影印,20冊)。

《大清會典事例》(嘉慶),〔清〕托津等奉敕纂(台北:文海出版社,民國80年影印,83冊)。

《通制條格》,〔元〕完顏納丹撰(北平:國立北平圖書館,民國19年,據明墨格寫本影印)。

《禮部志稿》,〔明〕林堯俞等纂修、俞汝楫等編撰(四庫全書珍本;台北:台灣商務印書館,民國58年影印)。

《周髀算經》,〔漢〕趙爽撰,〔唐〕李淳風等注(台北:藝文印書館,民國54年影印)。

《武經總要》,〔宋〕曾公亮等撰(台北:台灣商務印書館,民國59年台一版)。

《清聖祖實錄》,〔清〕高宗敕撰(台北:華文,民國59年影印)。

《古今圖書集成》,〔清〕陳夢雷纂輯,〔清〕蔣廷錫等編(上海:商務印書館,民國8年,據清雍正間內府銅活字排印本縮影印;台北:鼎文書局,

民國66年重印)。

《籌辦夷務始末》36冊，〔清〕杜受田纂輯，文慶等編校（台北：文海出版社，民國60年）。

《元文類》，〔元〕蘇天爵編（台北：世界書局，民國50年）。

《皇明經世文編》30冊，〔明〕陳子龍（台北：台聯國風出版社，民國53年，據明崇禎平露堂刊本影印）。

《續古文苑》，〔清〕孫星衍輯（台北：鼎文，民國62年）。

《皇朝掌故彙編》3冊，〔清〕張壽鏞等編（台北：文海出版社，民國53年，據光緒28年求實書社版影印）。

《玉田縣志》

民國《佛山忠義鄉志》

民國《福建通志》

光緒《高州府志》

乾隆《吳江縣志》

嘉慶《長山縣志》

嘉慶《桐鄉縣志》

(二)前人著述

〔漢〕桓寬，《鹽鐵論》（四部備要；台北：台灣中華書局，民國55年）。

〔漢〕班固等，《白虎通》（叢書集成簡編；台北：台灣商務印書館，民國55年）。

〔唐〕李翱，《李文公集》（四部叢刊；臺北：台灣商務印書館，民國54年台一版）。

〔唐〕姚汝能，《安祿山事跡》（臺北：大華文錄，民國57年影印）。

〔唐〕陸贄，《陸宣公奏議》（國學基本叢書；臺北：台灣商務印書館，民國45年台一版）。

〔唐〕劉知幾，《史通》（台北：台灣商務印書館，民國54年台一版）。

〔唐〕韓愈，《韓昌黎集》（國學基本叢書；台北：台灣商務印書館，民國57年台一版）。

〔宋〕王得臣，《麈史》（台北：新文豐出版社，民國78年）。

〔宋〕王應麟，《玉海》8冊（台北：華聯出版社，民國53年影印本）。

〔宋〕司馬光，《溫國文正司馬公集》3冊（四部叢刊；台北：台灣商務印書館，民國54年台一版）。

〔宋〕石延年，《五胡十六國考鏡》（百部叢書集成；台北：藝文印書館，民國56年）。

〔宋〕吳曾，《能改齋漫錄》（台北：廣文書局，民國58年影印）。

〔宋〕呂祖謙，《大事記》（百部叢書集成；台北：藝文印書館，民國55年影印）。

〔宋〕呂陶，《淨德集》（台北：藝文印書館，民國58年，據武英殿版影印）。

〔宋〕李光，《莊簡集》（台北：台灣商務印書館，民國59年初版）。

〔宋〕李誠著，陶湘註解彩繪，《李明仲營造法式》一函8冊（台北：聯經出版公司，民國63年，據民國14年影刻宋刊本影印）。

〔宋〕沈括，《長興集》（台北：台灣商務印書館，民國72-75台一版）。

〔宋〕洪邁，《夷堅志》（百部叢書集成；台北：藝文印書館，民國55年影印）。

〔宋〕范仲淹，《范文正公集》（四部叢刊；台北：台灣商務印書館，民國54年台一版）。

〔宋〕唐庚，《三國雜事》（百部叢書集成；台北：藝文印書館，民國55年影印）。

〔宋〕楊萬里，《誠齋集》（台北：台灣中華書局，民國54年台一版）。

〔宋〕葛勝仲，《丹陽集》（百部叢書集成；台北：藝文印書館，民國60年影印）。

〔宋〕鄭思肖（所南），《心史》（台北：世界書局，民國45年，據高蔭祖先生藏支那內學院本影印）。

〔元〕方回補輯，《續古今考》（台北：台灣學生書局，民國60年，據明萬曆十二年王圻校刊本影印）。

〔元〕王惲，《秋潤先生大全文集》（四部叢刊初編；上海：商務印書館，民國25年〔1936〕縮印本；台北：台灣商務印書館，民國54台一版）。

〔元〕余闕，《青陽先生文集》（台北：台灣商務印書館，民國55年台二版）。

〔元〕長谷真逸輯，《農田餘話》（百部叢書集成；台北：藝文，民國55年影印）。

〔元〕程鉅夫撰，《雪樓集》（叢書集成續編；台北：新文豐出版社，民國74年影印）。

〔明〕文秉，《定陵註略》（明季史料集珍；台北：偉文，民國65年）。

〔明〕王世貞，《張司馬定浙二亂志》（紀錄彙編；台北：藝文印書館，民國54年影印）。

〔明〕王禕，《王忠文公集》（百部叢書集成；台北：藝文印書館，民國55年影印）。

〔明〕丘濬，《世史正綱》（叢書集成；台北：新文豐出版社，民國85年影印）。

〔明〕史惇，《慟餘雜記》（四庫禁燬書叢刊；北京：北京出版社，2000影印清鈔本）。

〔明〕朱健（子強），《古今治平略》（續修四庫全書；上海：古籍出版社，1995）。

〔明〕艾南英，《天傭子集》2冊（台北：藝文印書館，民國69年，據清康熙38年刊本影印）。

〔明〕余繼登撰，《典故紀聞》（百部叢書集成；台北：藝文印書館，民國55年，據光緒定州王氏謙德堂刊本影印）。

〔明〕李遜之，《三朝野記》（台北：廣文書局，民國53年）。

〔明〕沈孝思，《晉錄》（百部叢書集成；台北：藝文印書館，民國55年，影印）。

〔明〕汪道昆，《太函集》（續修四庫全書；上海：上海古籍，1995影印）。

〔明〕林希元，《林次崖集》（台北：台聯國風出版社，民國53年）。

〔明〕金聲，《金太史集》（故宮珍本叢刊；台北：環球，民國55年）。

〔明〕皇甫錄，《皇明紀略》（百部叢書集成；台北：藝文印書館，民國55年影印）。

〔明〕胡宗憲，《籌海圖編》（四庫全書珍本；台北：台灣商務印書館，民國63年影印）。

〔明〕唐樞，〈復胡梅林論處王直〉，《皇明經世文編》卷27。

〔明〕海外散人，〈榕城紀聞〉，《清史資料》第一輯（台北：台聯國風出版

社，民國44年）。

〔明〕海瑞，《海剛峰先生集》（百部叢書集成；台北：藝文印書館，民國57年影印）。

〔明〕張燮，《東西洋考》（台北：藝文印書館，民55年）。

〔明〕梁汝元，《何心隱先生爨桐集》（續修四庫全書；上海古籍出版社，1995影印）。

〔明〕鹿善繼，《鹿忠節集》（台北：環球，民國55年）。

〔明〕馮璋，〈通番舶議〉，《皇明經世文編》，卷280。

〔明〕劉昌，《懸笥瑣探》（百部叢書集成；台北：藝文印書館，民國57影印）

〔明〕鄧士龍輯，《國朝典故》（台北：新興書局，民國74年，據國立中央圖書館藏明藍格鈔本影印）。

〔明〕盧象昇，《盧象升疏牘》（杭州：浙江古籍出版社，1985）。

〔明〕謝杰，《虔台倭纂》（中國野史集成；成都：巴蜀書社，1993）。

〔明〕謝肇淛，《五雜俎》2冊（筆記小說大觀；台北：新興書局，民國64年）。

〔清〕王士正，《北歸志》（小方壺齋輿地叢鈔；台北：廣文印書館，民國51年影印）。

〔清〕王夫之，《宋論》（四部備要；台北：台灣中華書局，民國55年）。

〔清〕王夫之，《讀通鑑論》3冊（四部備要；台北：台灣中華書局，民國55年台一版）。

〔清〕王慶雲，《石渠餘紀》（北京：古籍出版社，1985）。

〔清〕江日昇，《台灣外紀》（筆記小說大觀；台北：新興書局，民國77年）。

〔清〕艾衲居士，《豆棚閒話》（筆記小說大觀；台北：新興書局，民國77年）。

〔清〕李士禎，《撫粵政略》3冊（近代中國史料叢刊；台北：文海出版社，民國76年）。

〔清〕杜臻，《粵閩巡視紀略》3冊（四部叢刊初編；台北：文海，民國71年影印）。

〔清〕阮元，《疇人傳》（疇人傳彙編；台北：世界書局，民國71年再版）。

〔清〕周石林鈔，《天水冰山錄》5冊（知不足齋叢書；上海：古書流通處，

民國10年；台北：藝文印書館，民國54年影印）。

〔清〕屈大均，《廣東新語》（台北：台灣學生書局，民國56年，據清康熙三
　　　十九年木天閣刊本影印）。

〔清〕俞森，《荒政叢書》3冊（百部叢書集成；台北：藝文印書館，民國55
　　　年）。

〔清〕紀昀，《閱微草堂筆記》（台北：新興書局，民國53年新一版）。

〔清〕計六奇，《明季北略》（台北：成文書局，民國57年，據清康熙十年版
　　　本影印）。

〔清〕崔述，《考信錄》2冊（台北：世界書局，民國54年）。

〔清〕張又渠（師載）輯，《課子隨筆鈔》（台南：能仁，民國90年）。

〔清〕梁廷柟，《粵海關志》（台北：成文出版社，民國57年；文海出版社，
　　　民國64年，編者改署梁廷楠）。

〔清〕陳奐，《詩毛氏傳疏》（台北：台灣商務印書館，民國54年台一版）。

〔清〕陸曾禹輯，〔清〕倪國璉錄，《康濟錄》（台北：文海出版社，民國78
　　　年，據紀藩含章堂藏本影印）。

〔清〕章學誠，《文史通義》（台北：國史研究室，民國61年彙印本）。

〔清〕傅澤洪，《行水金鑑》（臺北：文海出版社，民國58年影印）。

〔清〕華世芳，《近代疇人著述記》（台北：世界書局，民國71年再版）。

〔清〕黃六鴻，《福惠全書》（台北：九思出版社，民國67年，據日本汲古書
　　　院影印本影印）。

〔清〕黃本驥，《歷代職官表》（台北：大方出版社，民國64年）。

〔清〕黃宗羲，《明夷待訪錄》（台北：世界書局，民國63年）。

〔清〕黃濬，《花隨人聖盦摭憶全編》3冊（台北：聯經出版公司，民國68年）。

〔清〕黃鍾駿，《疇人傳四編》（疇人傳彙編；台北：世界書局，民國71年再
　　　版）。

〔清〕趙翼，《廿二史劄記》（台北：樂天出版社，民國60年排印本）。

〔清〕趙翼，《陔餘叢考》（台北：華世出版社，民國64年排印本）。

〔清〕齊召南，《國史年表》（台北：世界書局，民國52年影印初版）。

〔清〕劉繼莊（獻廷），《廣陽雜記》3冊（上海：商務印書館，民國28年據粵

雅堂本影印；台北：台灣商務印書館，民國55年重印）。

〔清〕諸可寶，《疇人傳三編》（疇人傳彙編；台北：世界書局，民國71年再版）。

〔清〕錢泳，《履園叢話》3冊（台北：廣文書局，民國58年）。

〔清〕薛福成，《庸盦筆記》（筆記續編；台北：廣文書局，民國60年）。

〔清〕羅士琳，《續疇人傳》（疇人傳彙編；台北：世界書局，民國71年再版）。

〔清〕顧亭林，《日知錄》（台北：台灣商務印書館，民國45年台一版）。

（三）近人論著專書及論文（含譯述）

丁山

1988　　《商周史料考證》（北京：中華書局）。

丁道謙

1937　　〈由歷史變動律說到中國田制的「循環」〉，《食貨半月刊》5卷3期（民國26年2月1日）。

丁福保

1960　　《陶淵明詩箋注》（台北：藝文印書館，民國49年初版，作者署名丁仲祜）。

中央通訊社

1995　　《一九九五年世界年鑑》（台北：中央通訊社，民國84年）。

中國社會科學院歷史研究所編寫

1985　　《中國農民戰爭史——魏晉南北朝卷》（本卷為朱大渭主編，北京：人民出版社）。

中國社會科學院歷史研究所譯

1990　　《劍橋中國隋唐史》（北京：中國社會科學出版社）。

中國農業銀行編

1992　　《中國農村金融統計年鑑（1992年版）》（北京：中國統計）。

尹達

1987　　〈中國封建社會內資本主義萌芽問題〉，見於孫健主編，《中國經濟史論文集》（北京：中國人民大學出版社）。

1988　〈中國封建地主階級產生中的特點及其對社會發展的作用〉，載於中國社會科學出版社歷史研究編輯部編，《中國封建地主階級研究》（北京：中國社會科學出版社）。

仁井田陞著，汪兼山譯

1935　〈唐宋之家族同產及遺囑法〉，《食貨半月刊》1卷5期（民國24年2月1日）。

孔祥星

1982　〈唐代絲綢之路上的紡織品貿易中心西州〉，《文物》，1982年第4期。

方國瑜

1982　〈論中國歷史的整體性〉，《滇史論叢》（上海人民出版社）。

方豪

1954　《宋史》（2冊）（現代國民基本知識叢書；台北：中華文化出版事業委員會，民國43年）。

1955　《中西交通史》（台北：中華文化出版事業委員會，民國44年）。

日本東亞同文會編纂，經濟學會編譯

1910　《中國經濟全書》12冊（經濟學會出版，宣統2年年；台北：南天書局，民國78年影印），日文原著作《支那經濟全書》30卷，（日本明治四十〔1903〕年出版）。

木宮泰彥著，陳捷譯

1974　《中日交通史》（上海：商務印書館，出版年不詳；台北：商務印書館，民國63年重印）。

毛漢光

1966　《兩晉南北朝士族政治之研究》（台北：中國學術著作獎助委員會，民國55年）。

1988　《中國中古社會史論》（台北：聯經出版公司，民國77年2月）。

王伊同

1943　《五朝門第》（成都：金陵大學，民國32年初版；台北：文海出版社，民國62年影印）。

王仲犖

1979　《魏晉南北朝史》2冊（上海：上海人民出版社，1979第一版；台北：谷風出版社，民國76年）。

1990　《隋唐五代史》（上海：上海人民出版社）。

王任光、李弘祺合著

1977　《歷史上的封建制度·西洋史之部》（台北：學生書局，民國66年）。

王兵翔

1992　《舊石器時代考古學》（開封：河南大學出版社）。

王志瑞

1967　《宋元經濟史》（台北：台灣商務印書館，民國56年）。

王其榘

1989　《明代內閣制度史》（北京：中華書局）。

王治心

1933　《中國宗教思想史大綱》（上海：中華書局，民國22年初版；台北：台灣中華書局，民國49年台一版）。

王家梧

1954　《秦漢鄉亭里制之研究》（台北：作者自刊，民國43年）。

王國維

1940　《觀堂集林》（台北：河洛出版社，民國62年，據民國29年商務印書館本影印）。

1976　《釋幣》（台北：台灣商務印書館，民國65年台一版）。

王毓銓

〈明代的王府莊田〉，《歷史論叢》第一輯。

王漪

1979　《明清之際中學之西漸》（台北：台灣商務印書館，民國68年）。

王爾敏

1995　《中國近代思想史論》（台北：台灣商務印書館，民國84年）。

王鳳喈

1945　　　《中國教育史》（上海：正中書局，民國34年初版；台北：正中書局，民國40年台一版）。

王德毅

1970　　　《宋代災荒的救濟政策》（台北：中國學術著作獎助委員會，民國59年）。

加藤繁

1976　　　《中國經濟史考證》，譯者不詳（台北：華世出版社，民國65年）。

1978　　　《中國經濟社會史概說》，杜正勝、蕭正誼譯（台北：華世出版社，民國67年）。

1990　　　〈中國甘蔗和砂糖的起源〉，引自李伯重，《唐代江南農業的發展》（北京：農業出版社）。

北京鋼鐵學院中國冶金簡史編寫小組編

1978　　　《中國冶金簡史》（北京：科學出版社）。

台聯國風出版社編輯部編

1955　　　《清史資料》第一輯（台北：台聯國風出版社，民國44年）。

弘文館編輯部編

1985　　　《中國史常識》（台北：弘文館出版社，民國74年）。

札奇斯欽

1977　　　《北亞游牧民族與中原農業民族間的和平戰爭與貿易之關係》（台北：正中書局，民國66年二版）。

1979　　　《蒙古秘史新譯並註釋》（台北：聯經出版公司，民國68年）。

1979a　　《蒙古黃金史譯註》（台北：聯經出版公司，民國68年）。

田昌五

1983　　　〈中國封建社會前期地主階級剖析〉，見歷史研究編輯部編，《中國封建地主階級研究》（北京：中國社會科學出版社）。

田崎仁義著，王學文譯

1936　　　《中國古代經濟思想及制度》（上海：商務印書館，民25年二版；台北：台灣商務印書館，民國61年台一版）。

申丙

1960　　《黃河通考》（中華叢書；台北：中華叢書編審委員會，民國49年）。

白川靜，蔡哲茂譯

1989　　《金文的世界——殷周社會史》（台北：聯經出版公司，民國78年）。

白井信義

1960　　《足利義滿》（東京都：吉川弘文館）。

白壽彝（總主編）

1994　　《中國通史》（上海人民出版社）。

石璋如等著

1952　　《中國歷史地理》（台北：中華文化出版事業委員會，民國41年初版；中華大典編印會，民國57年三版）。

任映滄編述

1954　　《中國遠古史述要》（台北：中國政治書刊出版，帕米爾書店總經銷，民國43年）。

全漢昇

1934　　《中國行會制度史》（上海：新生命書店，民國23年；台北：食貨出版社，民國67年重印）。

1934a　　〈宋代都市的夜生活〉，《食貨半月刊》1卷1期（民國23年12月1日），頁23-28。

1935　　〈宋代女子職業與生計〉，《食貨半月刊》1卷9期（民國24年4月1日），頁5-10。

1944　　《唐宋帝國與運河》（中央研究院歷史語言研究所專刊之24；重慶：商務印書館，民國33年；台北：台灣中華書局，民國45年台初版）。

1972　　《中國經濟史論叢》（香港：新亞研究所，民國61年）。

全漢昇、王業鍵

1972　　〈清中葉以前江浙米價的變動趨勢〉，見全漢昇，《中國經濟史論叢》（香港：新亞研究所）。

朱英

1991　《辛亥革命時期新式商人社團研究》（北京：中國人民大學出版社）。

朱堅章

1964　《歷代篡弒之研究》（台北：嘉新水泥公司文化基金會，民國53年）。

朱瑞熙

1983　《宋代社會研究》（河南：中州書畫社；台北：弘文館出版社，民國75年）。

朱謙之

1940　《中國思想對於歐洲文化之影響》（長沙：商務印書館，民國29年初版；台北：時代書局，民國66年重印本）。

江玉祥

1990　〈古代中國西南「絲綢之路」簡論〉，見伍加侖、江玉祥主編，《古代西面絲綢之路研究》（成都：四川大學出版社）。

江鴻生

1986　《最早的中國航海家──鄭和》（台北：台灣中華書局，民國75年）。

何炳棣

1966　《中國會館史論》（台北：學生書局，民國55年）。

1995　〈商周奴隸社會說糾謬〉，《人文及社會科學集刊》，7卷2期（民國84年9月），頁77-108。

何格恩

1937　〈唐代嶺南的虛市〉，《食貨半月刊》5卷2期（民國26年1月16日），頁35-37。

何浩

1989　《楚滅國研究》（武漢：武漢出版社）。

何茲全

1924　〈魏晉時期莊園經濟的雛形〉，《食貨半月刊》，1卷1期（民國23年12月1日），頁6-10。

1935　　　〈三國時期國家的三種領民〉，《食貨半月刊》，1卷11期（民國24年5月1日），頁1-5。

1948　　　〈魏晉南朝的兵制〉，《歷史語言研究所集刊》第16本（民國37年1月），頁229-271。

何健民

1959　　　《中國文化論叢》（台北：三民書局總經銷，民國48年）。

何啓民

1978　　　《中古門第論集》（台北：學生書局，民國67年）。

余英時

1987　　　《士與中國文化》（上海人民出版社）。

1994　　　〈中國史上政治分合的基本動力〉（中國歷史上的分與合學術研討會，民國83年7月）。

克拉判著，連士升譯

1935　　　〈論經濟史的研究〉，《食貨半月刊》，2卷8期（民國24年9月16日），頁1-12。

吳天墀

1987　　　《新西夏史》（台北：大興出版社，民國76年）。

吳主惠著，蔡茂豐譯

1968　　　《漢民族的研究》（台北：台灣商務印書館，民國57年）。

吳兆莘

1937　　　《中國稅制史》（上海：商務印書館，民國26年；台北：台灣商務印書館，民國54年台一版）。

吳兆莘遺稿，洪文金補訂

1981　　　《中國財政金融年表》3冊（北京：中國財政經濟出版社）。

吳承洛

1937　　　《中國度量衡史》（上海：商務印書館，民國26年再版；台北：台灣商務印書館，民國59年台二版）。

吳泰

1994　　　〈論唐宋文獻中的莊園〉，《歷史學》，1994年4期。

吳章銓

1963　《唐代農民問題研究》（台北：中國學術著作獎助委員會，民國52年）。

呂亞力、吳乃德編譯

1979　《民主理論選讀》（高雄：德馨室出版社，民國68年）。

呂思勉

1939　《中國通史》2冊（上海：開明書店，民國28年；台北：台灣開明書店，民國43年台一版）。

1947　《秦漢史》2冊（上海：開明書店，民國36年初版；台北：台灣開明書店，民國72年台六版）。

1948　《兩晉南北朝史》3冊（上海：開明書店，民國37年初版；台北：台灣開明書店，民國72年台六版）。

1959　《隋唐五代史》2冊（上海：中華書局，年第一版；台北：里仁書局，民國66年台一版）。

1985　《中國制度史》2冊（上海：上海教育出版社，1985；台北：丹青圖書公司，民國74年台一版）。

呂炯

1928　〈中國珠算之起源〉，《東方雜誌》，25卷14期（民國17年4月）。

呂實強

1966　《中國官紳反教的原因》（中央研究院近代史研究所專刊第16種；台北：中央研究院近代史研究所，民國55年）。

宋兆麟、黎家芳、杜耀西著

1983　《中國原始社會史》（北京：文物出版社）。

宋希尚

1954　《歷代治水文獻》（台北：中華文化出版事業委員會，民國43年）。

宋敘五

1971　《西漢貨幣史初稿》（香港：香港中文大學，民國60年）。

宋鎮豪

1996　《夏商社會生活史》（北京：中國社會科學出版社）。

岑仲勉

　　1957　　《黃河變遷史》（北京：人民出版社；台北：里仁書局，民國71
　　　　　　年）。

巫寶三主編，厲以平，郭小凌編譯

　　1990　　《古代希臘、羅馬經濟思想資料選輯》，（北京：商務印書館）。

李久沂

　　1969　　《兩漢太學探源》（台北：作者自刊，民國58年）。

李子信

　　1937　　〈三國時孫吳的開發江南〉，《食貨半月刊》，5卷4期（民國26
　　　　　　年2月16日），頁14-28。

李文治

　　1936　　〈大業民變之經濟的動力〉，《食貨半月刊》4卷4期（民國25年7
　　　　　　月16日），頁30-51。

李文治、章有義編

　　1957　　《中國近代農業史資料》6冊（北京：三聯書店）。

李民

　　1985　　《夏商史探索》（河南人民出版社）。

李光璧

　　1957　　《明朝史略》（武漢：湖北人民出版社；台北：帛書出版社，民國
　　　　　　75年）。

李伯重

　　1990　　《唐代江南農業的發展》（北京：農業出版社）。

李孝定

　　1965　　《甲骨文字集釋》8冊（中央研究院史語所專刊之50；台北：中央
　　　　　　研究院歷史語言研究所，民國54年）。

李定一

　　1959　　《中國近代史》（台北：作者自刊，民國48年七版）。

李治亭

　　1994　　〈論清代邊疆民族的離心運動〉，中國歷史上分與合學術研討會（民

國83年7月，台北市）。

李金明

1990　《明代海外貿易史》（北京：中國社會科學出版社）。

李俊

1947　《中國宰相制度》（上海：商務印書館，民國36年；台北：台灣商務印書館，民國55年台一版）。

李思純

1957　《江村十論》（上海人民出版社；台北：弘文館出版社，民國74年）。

李約瑟著，陳立夫主譯

1971-94　《中國之科學與文明》17冊（台北：台灣商務印書館，民國60-83年）。

李書華

1954　《指南針的起源》（台北：大陸雜誌社，民國43年）。

1878　〈指南針的起源及發展〉，收入郭正昭等編，《中國科技文明論集》（台北：牧童出版社，民國67年）。

李祖桓

1986　《仇池國志》（北京：書目文獻出版社）。

李國祁

1994　〈由中國歷史發展論國家分合的理論基礎〉，聯合報系文化基金會主辦，中國歷史上的分與合學術研討會（民國83年7月，台北市）。

李劍農

1957　《先秦兩漢經濟史稿》（北京：三聯書店；台北：華世出版社，民國70年）。

1957a　《宋元明經濟史稿》（北京：三聯書店；台北：華世出版社，民國70年）。

1958　《魏晉南北朝隋唐經濟史稿》（北京：龍門書店；台北：華世出版社，民國70年）。

李錦銹

1995　　《唐代財政史稿》3冊（北京：北京大學出版社）。

李龍潛

1988　　《明清經濟史》（廣東高等教育出版社）。

李濤

1978　　〈中國中古醫學史〉，收入郭正昭等編，《中國科技文明論集》（台北：牧童出版社，民國67年）。

李儼

1931　　〈珠算制度考〉，《燕京學報》，第10期（民國20年12月），頁2123-2138。

1934　　〈中國算學之起源及其發達〉，《科學雜誌》，18卷9期（民國23年9月）。

李權時、趙渭人

1929　　《上海之錢莊》（上海：東南書店，民國18年；台北：華世出版社，民國67年）。

沈怡

1971　　《黃河問題討論集》（台北：台灣商務印書館，民國60年）。

沈福偉

1989　　《中西文化交流史》（台北：台灣東華書局，民國78年）。

汪榮祖

1983　　《晚清變法思想論叢》（台北：聯經出版公司，民國72年）。

谷霽光

1963　　〈漢唐間「一丁百畝」的規定與封建占有制〉，《江西大學學報》第一輯。

1962　　《府兵制度考釋》（上海人民出版社；台北：弘文館出版社，民國74年）。

里仁書局編輯部編

1980　　《中國通史參考資料》（修訂本）（台北：里仁書局，民國69年）。

周一良

1949　　〈乞活考──西晉東晉間流民史之一頁〉，《燕京學報》37期（民
　　　　國38年12月），頁55-74；收入《魏晉南北朝史論集》（北京：中華
　　　　書局，1963；台北：出版者不詳，1997）。

1985　　《魏晉南北朝史札記》（北京：中華書局）。

周金聲

1959　　《中國經濟史》（台北：作者自刊，民國48年）。

周鈺森

1959　　《鄭和航路考》（台北：海運出版社，民國48年）。

林天蔚

1986　　《宋代香藥貿易史》（台北：中國文化大學出版部，民國75年）。

林光澂、陳捷編

1934　　《中國度量衡》（上海：商務印書館，民國23年初版；台北：台灣
　　　　商務印書館，民國56年台一版）。

林劍鳴

1981　　《秦史稿》2冊（上海人民出版社；台北：谷風出版社，民國75年）。

林劍鳴等

1985　　《秦漢社會文明》（西安：西北大學出版社）。

林慶元

1986　　《福建船政局史稿》（福州：福建人民出版社）。

林靜謙

1982　　〈圍湖造田的歷史教訓〉，《經濟研究》，1982年第2期。

河南省文化局文物工作隊

1960　　〈河南鶴壁市古煤礦遺址調查報告〉，《考古》，1960年3期。

河南省考古學會、河南省博物館合編

1985　　《夏文化論文選集》（河南：中州古籍出版社）。

金兆豐

1935　　《清史大綱》（上海：開明書店，民國24年；台北：學海出版社，
　　　　民國66年二版）。

金毓黻（金靜庵）

1944 《中國史學史》（重慶：商務印書館，民國33年初版；台北：鼎文書局，民國63修訂重排本，作者名改題金靜庵）。

金耀基

1978 《從傳統到現代》（台北：時報文化公司，新版）。

非斯（莫非斯）

1935 〈中國社會史分期之商榷〉，《食貨半月刊》，2卷11期（民國24年11月1日），頁1-13。

侯外盧

1955 《中國古代社會史論》（北京：人民出版社；香港：三聯書店，1979香港一版）。

侯家駒

1970 《邊際分析與平均分析》（台北：中華書局，民國59年）。

1979 〈均輸平準小考〉，《大陸雜誌》，第58卷第4期（民國68年4月）。

1979a 〈開阡陌辨〉，《大陸雜誌》，第59卷2期（民國68年8月）。

1981 〈我國重農輕商思想之研究〉，《國立政治大學學報》，40期（民國69年12月），亦見《中國史學論文選集》第四輯（中華文化復興運動推行委員會主編，民國70年）。

1982 《中國經濟思想史》（台北：中華文化復興委員會，民國71年）。

1983 《先秦儒家自由經濟思想》（台北：聯經出版公司，民國72年初版，民國74年增訂二版）。

1983a 〈井田叢考〉，《大陸雜誌》，第67卷3期（民國72年3月）。

1984 《民生經濟思想》（台北：國立編譯館，民國73年）。

1984a 〈社約論的中國史證〉，《文藝復興月刊》，19卷4期（民國73年10月）。

1985 〈孟子義利之辯的涵義與時空背景〉，《孔孟月刊》，32卷9期（民國74年5月）。

1985a 〈我國歷代軍費之籌措〉，《國立編譯館館刊》14卷1期（民國74年6月）。

1986 〈羨餘小考〉，《大陸雜誌》，第73卷5期（民國75年11月）。

1987　　　《周禮研究》（台北：聯經出版公司，民國76年）。

1987a　　〈唐代飛錢考〉，《幼獅學誌》19卷3期（民國76年5月）。

1988　　　《中國財金制度史論》（台北：聯經出版公司，民國77年）。

1988a　　〈南宋會子制度之紊亂〉，《中華文化復興月刊》，20卷12期（民國77年5月）。

1988b　　〈秦漢賜爵、買爵、賣爵及其經濟涵義〉，《國立編譯館館刊》，第17卷第2期（民國77年12月）。

1989　　　〈中國古曆始於何時？〉，《中華文化復興月刊》，21卷5期（民國78年4月）。

1989a　　〈北宋交子界制考〉，《大陸雜誌》，第75卷1期（民國77年7月）。

1990　　　〈後漢鹽鐵仍為公營〉，《中華文化復興月刊》，22卷7期（民國79年7月）。

1990a　　〈魏晉南北朝軍戶考〉，《漢學研究》，8卷2期（民國79年12月），頁111-148。

1991　　　〈從階段論看中國經濟史階段之劃分〉，《東吳經濟商學學報》，第9/10期（民國80年）。

1993　　　〈經濟思想的中學西傳與西學東漸〉，《東吳經濟商學學報》，第13期（民國82年4月）。

1994　　　〈從經濟觀點看中國的「分」與「合」──兼論現代中國的未來〉，《理論與政策》，8卷2期（民國83年2月），頁98-112。

1994a　　〈從西周到漢初經濟制度暨思想之演變〉，《漢學研究》，12卷2期（民國83年12月），頁81-119。

姜蘊剛

　　　　　〈商業中心的春秋戰國社會──商業化與政治商業化〉，《文史雜誌》，5卷5、6期合刊。

1947　　　《中國古代社會史》（上海：商務印書館，民國36年初版；台北：華世出版社，民國68年）。

姚大中

1976　　　《南方的奮起（魏晉南北朝史）》（基隆：作者自刊，民國65年）。

姚政

1986　〈論三代的農村公社〉《南充師院學報》，1986年2期。

姚崧齡

1971　《中國銀行二十四年發展史》（民國史料叢刊37；台北：傳記文學
　　　　社，民國60年影印初版）。

姚從吾

1981　《姚從吾先生全集，元朝史》（台北：正中書局，民國70年）。

故宮博物院輯

1933　《清代外交史科》2冊（北平：故宮博物院，民國21-22年；台北：
　　　　成文出版社，民國57年影印）。

施一揆

1973　《宋遼金社會經濟史論集》，第二集（香港：崇文書店）。

柳田聖山，吳汝鈞譯

1982　《中國禪思想史》（台北：台灣商務印書館，民國71年初版）。

柳詒徵

1942　《中國文化史》3冊（上海：正中書局，民國31-37年初版；台北：
　　　　正中書局，民國41年台一版）。

津田左右吉，陳清泉譯

1929　《渤海史考》（上海：商務印書館，民國18年初版；台北：台灣商
　　　　務印書館，民國53年台一版）。

約翰‧根室（John Gunther）著，民尉譯

1945　《日本內幕》（原名《亞洲內幕之日本》）（上海：上海譯社，民國
　　　　34年；台北：聯合圖書公司，民國61年重印，譯者改為徐嘉琳）。

胡如雷

1979　《中國封建社會形態研究》（北京：三聯書店）。

胡厚宣

1945　《甲骨學商史論叢續集》（成都：齊魯大學國學研究所，民國34
　　　　年；台北：大通書局，民國62年影印）。

胡道修

1985 〈開皇天寶之間人口的分布與變遷〉，《中國史研究》，1985年4期。

茅汝建

1995 《天朝的崩潰──鴉片戰爭再研究》（北京：三聯書店）。

韋慶遠

1989 《明清史辨析》（北京：中國社會科學出版社）。

食貨半月刊

1936 〈唐戶籍簿叢輯〉（專刊），《食貨半月刊》4卷5期（民國25年8月1日）。

倪今生

1935 〈五胡亂華前夜的中國經濟〉，《食貨半月刊》，第1卷第7期（民國24年3月1日），頁38-49。

凌鴻勛

1963 《中國鐵路志》（台北：世界書局，民國52年）。

凌耀倫、熊甫(主編)

1988 《中國近代經濟簡史》（成都：四川大學出版社）。

唐志拔

1989 《中國艦船史》（海軍出版社）。

唐長孺

1955 《魏晉南北朝史論叢》（北京：三聯書店，第一版）。

唐長孺等編

1981 《汪籛隋唐史論稿》（北京：中國社會科學出版社）。

唐啓宇

1929 《重要作物》（上海：商務印書館，民國18年初版；台北：台灣商務印書館，民國57年台一版）。

夏曾佑

1931 《中國古代史》（上海：商務印書館，民國20年；台北：台灣商務印書館，民國年52台一版）。

夏鼐

1985　《中國文明的起源》（北京：文物出版社；台北：滄浪出版社，民國75年）。

孫以繡

1967　《王謝世家之興衰》（台北：作者自刊，三民書局經銷，民國56年）。

孫克寬

　　　〈斡脫錢與西域人的對華剝削〉，《大陸雜誌》，8卷9期。

1970　《蒙古漢軍與漢文化研究》（台中：東海大學，民國59年）。

孫媛貞

1935　〈明代屯田制研究〉，《食貨半月刊》3卷2期（民國24年12月16日），頁26-42。

孫淼

1987　《夏商史稿》（北京：文物出版社）

孫葆

1969　《唐宋元海上商業政策》（台北：正中書局，民國58年）。

孫廣德

1982　《晚清傳統與西化的爭論》（台北：台灣商務印書館，民國71年初版）。

容肇祖

1941　《明代思想史》（上海：開明書店，民國30年初版；台北：台灣開明書店，民國51年台一版）。

徐中舒

1982　《論巴蜀文化》（成都：四川人民出版社）。

1992　《先秦史論稿》（成都：巴蜀書社，第一版）。

徐仁修

1988　〈永定土樓〉，《青年日報》，民國77年6月28日至30日，轉載自《大地地理雜誌》。

徐玉虎

1958　《鄭和評傳》（台北：中華文化出版事業委員會，民國47年）。

徐炳憲

1974　《清代知縣職掌之研究》（台北：東吳大學中國學術著作獎助委員會，民國63年）。

徐啓恆

1984　〈兩漢至鴉片戰爭期間的中泰關係〉，北京大學歷史系亞非拉史教研室、東語系亞非歷史組編著，《中國與亞非國家關係史論叢》（南昌：江西人民出版社）。

徐復觀

1972　《周秦漢政治社會結構之研究》（香港：新亞研究所，民國61年）（三版改名《兩漢思想史》卷一）。

1974-79　《兩漢思想史》3冊（台北：台灣學生書店，民國63-68年初版）。

桂遵義

1992　《馬克思主義史學在中國》（濟南：山東人民出版社）。

栗斯

1985　《唐代長安和政局》（台北：木鐸出版社，民國74年）。

桑巴特著，連士升譯

1935　〈經濟理論與經濟史〉，《食貨半月刊》，1卷8期（民國24年3月16日），頁1-15。

桑原騭藏著，馮攸譯

1962　《中國阿剌伯海上交通史》（台北：台灣商務印書館，民國51年）。

桑原騭藏著，楊鍊譯

1935　《唐宋貿易港研究》（上海：商務印書館，民國24年初版；台北：台灣商務印書館，民國52年台一版）。

秦尚志

1966　《中國法制及法律思想史講話》（台北：水牛出版社，民國55年）。

翁之鏞

1952　《中國經濟問題探原》（台北：正中書局，民國41年台初版）。

翁俊雄

1995　《唐代人口與區域經濟》（台北：新文豐出版公司，民國84年台一

版）。

袁國藩

1973　　《從元代蒙人習俗軍事論元代蒙古文化》（台北：台灣商務印書館，民國62年初版）

郝延平著，李榮昌等譯

1988　　《十九世紀的中國買辦——東西間橋樑》（上海：上海社會科學院）。

郝毓楠

1981　　〈明代倭變端末考〉，《中國史研究》，1981年第4期。

陝西歷史博物館

　　　　《陝西古代史簡介》。

馬克思、恩格斯著，中共中央馬克思、恩格斯、列寧、斯大林著作編譯局編

1975　　《馬克思恩格斯選集》4冊（北京：人民出版社）。

1995　　《馬克思恩格斯全集》60卷（北京：人民出版社）。

馬奉琛

1936　　〈清初滿漢社會經濟衝突之一斑（二）〉，《食貨月刊》，4卷8期（民國25年9月16日），頁27-34。

1936a　〈清初滿漢社會經濟衝突之一斑（三）〉，《食貨半月刊》4卷9期（民國25年10月1日），頁16-34。

馬非百

1935　　〈秦漢經濟史資料（三）——農業〉，《食貨半月刊》，第3卷第1期（民國24年12月1日），頁9-31。

1936　　〈秦漢經濟史料（五）——人口及土地〉，《食貨半月刊》第3卷第3期（民國25年1月1日），頁8-38。

馬乘風（持盈）

1936　　《中國經濟史》2冊（上海：商務印書館，民國25年；台北：台灣商務印書館，民國69年，改為4冊，作者名改為馬持盈）。

馬寅初

1935　　《中國經濟改造》（上海：商務印書館，民國24年初版；上海：上海書店，1991影印）。

馬馳

1990　　〈評台灣章氏唐代蕃將研究〉——章群，《唐代蕃將研究（續編）》，（台北：聯經出版公司，民國79年），附錄九。

高叔康

1937　　〈山西票號的起源及其成立的年代〉，《食貨半月刊》，6卷1期（民國26年7月1日），頁24-35。

高皋

1994　　《後文革史——中國自由化潮流》中卷（台北：聯經出版公司，民國83年）。

高敏主編

1996　　《魏晉南北朝經濟史》2冊（上海人民出版社）。

高越天

1972　　《蒙古史綱》（台北：台灣中華書局，民國61年）。

高達觀

1944　　《中國家族社會之演變》（重慶：正中書局，民國33年初版；台北：里仁書局，民國71影印）。

高樹異

1978　　〈唐宋時期外國人在中國的法律地位〉，《吉林大學學報》，1978年5、6期。

商鴻逵

1957　　〈略論清初經濟恢復和鞏固的過程及其成就〉，《北京大學學報》，1957年第2期（5月），頁113-130。

張弓

1985　　《唐朝倉廩制度初探》（北京：中華書局）。

張中漢

1983　　〈漢兒，蒙軍與金朝的民族等級〉，《社會科學輯刊》，1983年3期。

張心澂

　1939　　《僞書通考》2冊（上海：商務印書館，民國28年初版；台北：台灣商務印書館，民國59年台一版）。

張正明

　1979　　《契丹史略》（北京：中華書局；台北：弘文館出版社，民國77年）。

張正明主編

　1988　　《楚文化志》（湖北人民出版社）。

張光直

　1983　　《中國青銅時代》（台北：聯經出版公司，民國72年初版，76年三刷）。

張其昀

　1961-82　《中華五千年史》9冊（台北：中國文化研究所，民國50-71年）。

張亮采

　1921　　《中國風俗史》（宣統年間出版；上海：商務印書館，民國10年八版；台北：台灣商務印書館，民國58年台一版）。

張春興

　1975　　《心理學(上)》（台北：台灣東華書局，民國64年）。

張星烺

　1930　　《中西交通史料彙編》6冊（北平：輔仁大學圖書館，民國19年；台北：世界書局，民國51年）。

　1931　　《歐化東漸史》（上海：商務印書館，民國20年初版；台北：地平線出版社，民國63年影印）。

張家駒

　1936　　〈宋室南渡前夕的中國南方社會〉，《食貨半月刊》4卷1期（民國25年6月1日），頁28-41。

張援

　1921　　《大中華農業史》（上海：商務印書館，民國10年初版）。

張傳璽

1985　　《秦漢問題研究》（北京：北京大學出版社）。

張漢裕

1978　　《西洋經濟發展史》（台北：作者自刊，民國67年重修訂版）。

張蔭麟

1928　　〈中國歷史上之「奇器」及其作者〉，《燕京學報》，第3期（民
　　　　國17年6月），頁359-381。收入郭正昭等編，《中國科技文明論集》
　　　　（台北：牧童出版社，民國67年）。

1948　　《中國史綱(上古篇)》（上海：正中書局，民國37年；台北：正中
　　　　書局，民國40年；台北：中華文化出版事業委員會，民國41年，
　　　　書名改作《中國上古史綱》）。

張澤咸

1986　　《唐五代賦役史草》（北京：中華書局）。

張鴻雁

1989　　《春秋戰國城市經濟發展史論》（瀋陽：遼寧大學出版社）。

梁其姿

1997　　《施善與教化──明清的慈善組織》（台北：聯經出版公司，民國
　　　　86年）。

梁庚堯

1984　　《南宋的農村經濟》（台北：聯經出版公司，民國73年初版）。

梁啓超

　　　　〈科學精神與東西文化〉，《科學雜誌》，7卷9期。

1936　　《中國歷史研究法(補編)》（上海：中華書局，民國25年）。

梁嘉彬

1937　　《廣東十三行考》（上海：國立編譯館，民國26年初版；台中：東
　　　　海，民國49年再版）。

清水泰初著，方紀生譯

1936　　〈明代軍屯之崩壞〉，《食貨半月刊》，4卷10期（民國25年10月
　　　　16日），頁31-45。

清水盛光著，宋念慈譯

1956　《中國族產制度考》（現代國民基本知識叢書；台北：中華文化出版事業委員會，民國45年）。

盛朗西

1934　《中國書院制度》（上海：中華書局，民國23年；台北：華世出版社，民66年台一版）。

許紀霖、陳達凱主編

1995　《中國現代史》第一卷（上海三聯書店）。

許起煒

1985　《五代史話》（北京：中國青年出版社）。

許倬雲

1984　《西周史》（台北：聯經出版公司，民國73年）。

許進雄

1990　《中國古代社會》（台北：台灣商務印書館，民國79年二版）

郭士浩

1958　〈唐代的莊園〉，《中國封建經濟關係的若干問題》（北京：三聯書店）。

郭仁成

1983　〈屈賦中所見楚人的經濟生活〉，《求索》，1983年第1期。

1990　《楚國經濟史新編》（長沙：湖南教育出版社）。

郭廷以

1980　《近代中國史綱》上冊（香港：香港中文大學，民國69年第二刷）。

1987　《近代中國的變局》（台北：聯經出版公司，民國76年初版）。

郭沫若

1973　《奴隸制時代》（北京：人民出版社，二版）。

郭庠林、張立英

1986　《華夏經濟春秋》（合肥：安徽人民出版社）。

陳伯瀛

1935　《中國田制叢考》（上海：商務印書館，民國24年初版；台北：明文書局，民國74年重印）。

陳希育

1991　《中國帆船與海外貿易》（廈門：廈門大學出版社，第一版）。

陳序經

1976　《中國南北文化觀》（台北：牧童出版社，民國65年重印）。

陳見佑

1987　〈唐代莊園與山水小品〉，第八屆古典文學會議（民國76年）。

陳其田

1936　《山西票莊考略》（上海：商務印書館，民國25年；台北：華世出版社，民國67年台一版）。

陳東原

1937　《中國婦女生活史》（上海：商務印書館，民國26年；台北：台灣商務印館，民國54年台一版）。

陳述

1978　《契丹社會經濟史稿》（北京：三聯書店）。

陳振漢

1966　〈西方經濟文學與中國經濟史研究〉，《中國經濟史的研究》，1966年第1期。

陳高華

1991　《元史研究論稿》（北京：中華書局）。

陳國燦

1980　〈唐朝陵石人像及其銜名的研究〉，《文物集刊》，第2期。

陳寅恪

1943　《唐代政治史述論稿》（重慶：商務印書館，民國32年初版；台北：台灣商務印書館，民國55年台一版）。

1944　《隋唐制度淵源略論稿》（重慶：商務印書館，民國33年初版；台北：中央研究院歷史語言研究所，民國46年）。

陳登原

1935-37　《中國文化史》2冊（上海：世界書局，民國24-26年初版；台北：世界書局，民國45年）。

陳善瑜

1997　《強迫學習的歷程——近代中國市場經濟的新階段（1842-1937）》
（台北：東吳大學博士論文）。

陶希聖

1931　《婚姻與家族》（上海：商務印書館，民國20年初版；台北：台灣
商務印書館，民國55年台一版）。

1935　〈元代西域及猶太人的高利貸與頭口搜索〉，《食貨半月刊》，1
卷7期（民國24年3月1日），頁54-55。

1935a　〈金代猛安謀克的土地問題〉，《食貨半月刊》1卷8期（民國24
年3月16日），頁33-40。

1935b　〈北宋幾個大思想家的井田論〉，《食貨半月刊》2卷6期（民國24
年8月16日），頁35-38。

1935c　〈明代王府莊田之一例〉，《食貨半月刊》，2卷7期（民國24年9
月1日），頁34-38。

1936　〈唐代管理「市」的法令〉，《食貨半月刊》，4卷8期（民國25
年9月16日），頁1-8。

陶希聖、武仙卿

1937　《南北朝經濟史》（上海：商務印書館，民國26年；台北：食貨出
版社，民國68年重印）。

陶希聖、鞠清遠合著

1936　《唐代經濟史》（上海：商務印書館，民國25年；台北：台灣商務
印書館，民國56年台一版）。

陶晉生

1984　《宋遼關係史研究》（台北：聯經出版公司，民國73年）。

章嶔

1933　《中華通史》5冊（上海：商務印書館，民國22初版；台北：台灣
商務印書館，民國48台一版）。

傅安華

1935　〈唐玄宗以前的戶口逃亡〉，《食貨月刊》，1卷4期（民國24年1

月16日），頁14-26。

傅衣凌

1956　《明清時代商人及商業資本》（北京：人民出版社，第一版；台北：谷風出版社，民國75年）。

1957　《明代江南市民經濟試探》（上海：上海人民出版社，第一版；台北：谷風出版社，民國75年）。

傅筑夫

1945　〈社會經濟史的分段及其缺點〉，《文史雜誌》（民國34年6月）。

傅筑夫、王毓瑚編

1982　《中國經濟史資料‧秦漢三國編》（北京：中國社會科學出版社）。

傅筑夫編

1990　《中國經濟史資料‧先秦篇》（北京：中國社會科學出版社）。

傅樂成

1971　《隋唐五代史》（台北：華岡出版公司，民國60年）。

1977　《漢唐史論集》（台北：聯經出版公司，民國66年初版）。

嵇文甫

1935　〈朱梁的農村復興熱〉，《食貨半月刊》1卷5期（民國24年2月1日），頁28-41。

1937　〈對於長期封建論的幾種詰難和解答〉，《食貨半月刊》，5卷5期（民國26年3月1日），頁1-4。

彭信威

1958　《中國貨幣史》（上海人民出版社，第一版，1965第二版）。

彭國棟

1969　《清史文讞志》（台北：台灣商務印書館，民國58年）。

彭慕治（Jorge Morkey）

1993　〈中葡早期關係之雙向探討〉（澳門：「東西方文化交流」國際學術研討會）。

彭澤益

1957　《中國近代手工業史資料》4冊（北京：三聯書店）。

曾仰豐

1936　《中國鹽政史》（上海：商務印書館，民國25年；台北：台灣商務印書館，民國55年台一版）。

曾延偉

1989　《兩漢社會經濟發展史初探》（北京：中國社會科學出版社，第一版）。

程民生

1992　《宋代地域經濟》（開封：河南大學出版社，第一版；台北：雲龍出版社，民國84年）。

程樹德

1934　《九朝律考》（上海：商務印書館，民國23年；台北：台灣商務印書館，民國62年台二版）。

童世駿

〈現代化過程的價值導向和價值辯護問題〉，《現代化研究》，第11卷。

童書業

1947　《中國疆域沿革略》（上海：開明書店，民國36再版；台北：台灣開明書店，民國46年）。

1947a　《春秋史》（上海：開明書店，民國36再版；台北：台灣開明書店，民國58年台一版）。

1981　《中國手工業商業發展史》（濟南：齊魯書社，第一版；台北：木鐸出版社，民國75年）。

華夏子

1988　《明長城考實》（北京：檔案出版社，第一版）。

費成康

1993　〈重新評價澳門在東西方文化交流中的地位〉（澳門，「東西方文化交流」，國際學術研討會）。

賀麟

1947　《文化與人生》（上海：商務印書館，民國36年初版；台北：地平

線出版社，民國62年重印，作者題名賀自昭）。

馮自強

1992　〈清代廣東十三行〉，明清廣東省社會經濟研究會編，《十四世紀以來廣東社會經濟的發展》（廣東高等教育出版社）。

馮昇

1978　〈火藥的發現及其傳佈〉，收入郭正昭等編，《中國科技文明論集》（台北：牧童出版社，民國67年）。

馮爾康等編著

1988　《中國社會史研究概述》（台北：谷風出版社，民國77年台一版）。

黃仁宇

1995　《近代中國的出路》（台北：聯經出版公司，民國84年）。

黃公偉

1972　《中國佛教思想傳統史》（台北：獅子吼雜誌社，民國61年）。

黃俊傑

1977　〈當代學者對中國古代封建制度的探討〉，見所著《春秋戰國時代尚賢政治的理論與實際》（台北：問學出版社，民國66年）。

黃時鑒

1985　《元朝史話》（北京：北京出版社）。

黃楚平

1988　《吳越文化新探》（浙江人民出版社）。

黃萬里

1953　《中國貨幣史》（香港：華東印書館，民國42年初版；台北：河洛圖書公司，民國68年）。

黃寬重

1988　《南宋時代抗金的義軍》（台北：聯經出版公司，民國77年）。

黃穀仙

1935　〈天寶後唐人如何救濟農村〉，《食貨半月刊》1卷10期（民國24年4月16日），頁16-30；1卷11期（民國24年5月1日），頁6-13。

黃鴻釗

1987　　《澳門史》（香港：商務印書館）。

黃麟書

1959　　《秦始皇長城考初稿》（香港：珠海書院，民國48年）。

逯耀東

1979　　《從平城到洛陽》（台北：聯經出版公司，民國68年）。

楊中一

1935　　〈部曲沿革略考〉，《食貨半月刊》，1卷3期（民國24年1月1日），頁21-31。

1935a　〈唐代的賤民〉，《食貨半月刊》，1卷4期（民國24年1月16日），頁12-13。

楊耕

1995　　《危機中的重建──歷史唯物史觀的現代闡釋》（北京：中國人民大學出版社）。

楊培桂

1975　　《元代地方政府》（台北：浩瀚出版社，民國64年）。

楊遠

1982　　《唐代的礦產》（台北：台灣學生書局，民國71年）。

1991　　《西漢至北宋中國經濟文化之向南發展》2冊（台北：台灣商務印書館，民國80年）。

楊寬

1980　　《戰國史》（上海人民出版社，第二版；台北：谷風出版社，民國75年增訂本）。

1980a　〈我國歷史上鐵農具的改革和作用〉，《歷史研究》，1980年第5期。

楊聯陞

1935　　〈從四民月令所見到的漢代家族的生產〉，《食貨半月刊》，第1卷第6期（民國24年2月16日），頁8-11。

1976　　〈傳統中國政府對城市商人的統制〉，《中國思想與制度論集》（台北：聯經出版公司，民國65年）。

1983　《國史探微》（台北：聯經出版公司，民國72年）。

萬國鼎編

1974　《中國歷史紀年表》（台北：學海出版社，民國63年）。

董作賓

1960　《中國年曆總譜》2冊（香港：香港大學出版社，民國49年）。

鄒文海

1972　《西洋政治思想史稿》（台北：鄒文海先生獎學基金會，民國61年）。

鄒紀萬

1979　《魏晉南北朝史》（台北：長橋出版社，民國68年）。

雷海宗（雷伯倫）

1940　《中國文化與中國的兵》（長沙：商務印書館，民國29年初版；台北：萬年青書店，民國63年再版，作者改署雷伯倫）。

寧可

1985　〈述「社邑」〉，《北京師院學報》，1985年1期。

漆俠

1987　《宋代經濟史》（上海人民出版社）。

漆樹芬

1925　《經濟侵略下之中國》（上海：孤軍雜誌社，民國14年初版；台北：帕米爾書店，民國59年台一版）。

管東貴

〈戰國至漢初的人口變遷〉，《中央研究院歷史語言研究所集刊》，50本第4分。

管勁丞

1947　〈鄭和下西洋的船〉，《東方雜誌》，43卷1期（民國36年1月），頁47-51。

蒙思明

1938　《元代社會階級制度》（《燕京學報》專號，哈佛燕京社，民國27年；台北：東方文化，民國62年影印）。

趙岡

〈中國歷史上生態環境之變化〉，《幼獅學誌》，第19卷第3期。

〈明清江南市鎮的絲業與棉業〉，《大陸雜誌》，82卷3期。

1995　《中國城市發展史論集》（台北：聯經出版公司，民國84年）。

趙岡、陳鍾毅

〈中國歷史上的城市人口〉，《食貨月刊》13卷3、4期。

1986　《中國經濟制度史論》（台北：聯經出版公司，民國75年）。

趙淑敏

〈海關改制與中國財政〉，《政大學報》62期。

趙德馨

1966　〈經濟史學科的發展與理論〉，《中國經濟史的研究》1966年第1期。

齊思和

1938　〈戰國制度考〉，《燕京學報》，24期（民國27年12月），頁159-219。

劉子健

1987　《兩宋史研究彙編》（台北：聯經出版公司，民國76年）。

劉伯驥

1961　《中西文化交通小史》（台北：正中書局，民國50年）。

劉盼遂

1930-31　〈李唐爲胡姓考〉，《女師大學術季刊》，1卷4期（民國19年12月），頁1-5；2卷1期（民國20年4月），頁1-6。

劉師培

1965　《劉申叔先生遺著》4冊（台北：台灣大新書局，民國54年）。

劉淑芬

〈中古都城坊制的崩解〉，《大陸雜誌》，82卷1期。

劉階平

1969　《從白陽傳疏論晚明軍政》（台北：台灣商務印書館，民國58年初版）。

廣東省文史研究館編

1978　　《三元里人民抗英史料》（北京：中華書局）。

箭內亙著，陳捷等譯

1933　　《元朝怯薛斡耳朵考》（上海：商務印書館，民國22年初版；台北：台灣商務印書館，民國52年台一版）。

蔣百里

1962　　《國防論》（台北：台灣中華書局，民國51年台一版）。

蔡墩銘

1972　　《唐律與近世刑事立法之比較研究》（台北：中國學術著作獎助委員會，民國61年再版）。

衛聚賢

1977　　《山西票號》（新竹：作者自刊，民國66年）。

鄭昌淦

1989　　《明清農村商品經濟》（北京：人民大學出版社）。

鄭壽彭

1980　　《宋代開封府研究》（中華叢書；台北：國立編譯館，民國69年）。

鄭鶴聲

1948　　《鄭和遺事彙編》（上海：中華書局，民國37年；台北：台灣中華書局，民國69年）。

鄧雲特

1937　　《中國救荒史》（上海：商務印書館，民國26年；台北：台灣商務印書館，民國55年重印）。

鄧廣銘

1963　　〈唐宋莊園制度質疑〉，《歷史研究》，1963年6期。

魯傳鼎

1985　　《中國貿易史》（台北：中央文物供應社發行，民國74年）。

黎東方

1957　　《中國上古史八論》（台北：中華文化出版事業委員會，民國46年；華岡出版公司，民國66年）。

黎傑

1962　　《元史》（陽明山：大新書局，民國51年）。

翦伯贊

　　　　《中國史綱——秦漢之部》（台灣重印本）

歷史研究編輯部

1987　　《中國封建地主階級研究》（北京：中國社會科學出版社）。

蕭一山

1952　　《清史》（現代國民基本知識叢書第1輯；台北：中華文化出版事業委員會，民國41年）。

錢公博

1974　　《中國經濟發展史》（台北：文景出版社，民國63年）。

錢穆

1956　　〈中國古代北方農作物考〉，《新亞學報》，1卷2期（民國45年2月）。

1940　　《國史大綱》（長沙：商務印書館，民國29年；台北：台灣商務印書館，民國41年台一版）。

閻崇年主編

1987　　《中國歷代都城宮苑》（北京：紫禁城出版社）。

戴裔煊

1957　　《宋代鈔鹽制度研究》（上海：商務印書館；台北：文海出版社，民國70年；北京：中華書局，1981）。

濱口重國

1940　　〈後漢末曹操時代之兵民分離〉，《東方學報》第11冊之1。

1941　　〈兩晉南朝的兵戶及其身分〉，《史學雜誌》，52編第3號。

繆勒利爾著，王禮錫等譯

1936　　《家族論》（上海：商務印書館，民國25年；台北：台灣商務印書館，民國64年）。

謝國楨

1948　　《清初流人開發東北史》（上海：開明書店，民國37年；台北：台

灣開明書店，民國58年）。

鍾遲

1986　〈威靈顯赫震南邦——印尼三寶壟三保廟為歷史存真蹟〉，民國
　　　75年10月21日《聯合報・副刊》。

鞠清遠

1934　《唐宋官私工業》（上海：新生命書局，民國23年；台北：食貨出
　　　版社，民國67年重印）。

1935　〈元代係官匠戶研究〉，《食貨半月刊》，1卷9期（民國24年4月1
　　　日），頁11-45。

1935a　〈兩晉南北朝的客、門生、故吏、義附、部曲〉，《食貨半月刊》，
　　　2卷12期（民國24年11月16日），頁11-27。

1936　〈曹魏的屯田〉，《食貨半月刊》3卷3期（民國25年1月1日），頁
　　　39-45。

韓大成

1986　《明代社會經濟初探》（北京人民出版社）。

韓國磐

1990　《南北朝經濟史略》（廈門：廈門大學出版社）。

韓連琪

1986　《先秦兩漢史論叢》（濟南：齊魯書社）。

瞿同祖

1976　〈中國的階層結構及其意識形態〉，《中國思想與制度論集》（聯
　　　經出版公司，民國65年）。

薩孟武

1961　《中國社會政治史》（台北：自印本，民國50年；三民書局，民國
　　　64年）。

魏小萍

1996　《唯物史觀的發展和歷史主客體理論—歷史的回顧與反思》（西
　　　安：西北大學出版社）。

羅香林

1933　《客家研究導論》（廣東興寧：希山書藏，民國22年；台北：古亭
　　　　書屋，民國64年[1975]重印）。

1955　《蒲壽庚傳》（現代國民基本知識叢書第3輯；台北：中華文化出
　　　　版事業委員會，民國44年）。

1955a　〈唐代天可汗制度考〉，《新亞學報》創刊號（民國44年8月）。

1961　《西波蘿洲羅芳伯所建共和國考》（香港：中國學社，民國50年）。

羅榮邦

　　　　〈中國之車輪船〉，《清華學報》（台灣），2卷1期。

譚旦冏纂輯

1959　《中華藝術圖錄》（明華書局，民國48年）。

譚其驤

1934　〈晉永嘉喪亂後之民族遷徙〉，《燕京學報》15期（民國23年6月），
　　　　頁51-76。

嚴一萍

1978　〈中國醫學之起源考略〉，取自郭正昭等編，《中國科技文明論
　　　　集》（台北：牧童出版社，民國67年）。

嚴中平等

1955　《中國近代經濟史統計資料選輯》（北京：科學出版社）。

嚴耕望

1961　《中國地方行政制度史》（中央研究院歷史語言研究所專刊之45；
　　　　台北：中央研究院歷史語言研究所，民國50-69年）。

蘇同炳

1970　《明史偶筆》（台北：台灣商務印書館，民國59年）。

蘇州博物館、江蘇師範學院歷史系、南京大學明清史研究室合編

1981　《明清蘇州工商業碑刻集》（江蘇人民出版社）。

蘇紹興

1987　《兩晉南朝的士族》（台北：聯經出版公司，民國76年）。

龔化龍

1935　〈明代採礦事業的發達和流毒〉（下），《食貨半月刊》1卷第12

期（民國24年5月16日[1935]），頁37-48。

龔俊

1933　《中國新工業發展史大綱》（上海：商務印書館，民國22年初版；
　　　台北：華世出版社，民國67年重印）。

Baumer, Franklin L.著，李日章譯

1988　《西方近代思想史》（台北：聯經出版公司，民國77年）。

Feuerweker, A.著，林載爵譯

1978　《中國近百年經濟史》（台北：華世出版社，民國67年）。

Frand, O.著，蘇乾英譯

1936　〈中國上古及中古之國家社會主義〉，《食貨半月刊》，3卷7期（民
　　　國25年3月1日）。

Gras, N. S. B.著，鞠清遠譯

1935　〈經濟史之興起〉，《食貨半月刊》，2卷3期（民國24年7月1日）。

Laufer, Berthold著，杜正勝譯

1975　《中國與伊朗》（台灣中華書局，民國64年）。

Levin, Lawrence M.等著，顏錫琦譯

1976　《歐洲封建時代》（廣文書局，民國65年）。

List, Friedrich著，程光蘅譯

1970　《國民經濟學體系》（台灣銀行經濟研究室，民國59年）。

Riggs, F. W.著，金耀基編譯

1967　《行政生態學》（商務印書館，民國56年）。

Robinson, J. H.著，何炳松譯

1971　《新史學》（台北：學人月刊雜誌社，民國60年重印）。

Smith, P.著，黃超民譯

1977　《歷史家與歷史》（商務印書館，民國66年）。

二、西文部分

Anderson, Adam

1764   *An Historical and Chronological Deduciton of Origin of Commerce.*

Arron, K. J.

1986   "History: The View from Economics," in W. E. Parker(ed), *Economic History and the Modern Economist*(New York: Basil Blackwell).

Barnes, H. E.

1925   *The New History And The Social Studies*(New York : The Century Co.) 中譯本作《新史學與社會科學》，董文榮譯(台北：華世出版社，民國64年影印)。

Bodde, D.

1965   "Feudalism in China," in R. Coulborn(ed.), *Feudalism in History*(Hamden: Archon Books).

Burns, E. M.

1973   *Western Civilizations*, 8th ed.(New York: W. W. Norton & Co.) 中譯本作《西洋文化史》，周恃文譯(台北：黎明文化公司，民國82年)。

Chenery, H. B.

1958   "Development Policies and Programs," *Economic Bulletin for Latin America*, Vol. 3, No. 1.

Cipolla, C. M.(ed.)

1972   *The Fontana Economic History of Europe*(Willam Collinessons & Co.).

Coase, R. H.

1960   "The Problem of Social Cost," *Journal of Law and Economics*, Vol. 3, pp.1-44.

          "The Nature of the Firm," *Economic*, Vol. 4.

Collingwood, R. G.

1956   *The Idea of History*(Oxford: Clarendon Press).

Cook, A.

1988   *History/Writing*(New York: Cambridge University Press).

Copleston, F. S. J.

1975   *A History of Philosophy*(London: Search Press; Reprinted in Taiwan).

Creel, H. G.

1960   *Confucius and the Chinese Way*(New York : Harper).

1970   *The Origins of Statecraft in China*(Chicago: University of Chicago Press).

Cunningham, W.

1882   *The Growth of English Industry and Commerce*, C3 Vol.(ambridge [Eng.]: The University Press, 1922-29).

David, P. A.

1986   "Understanding the Economics of Querty: The Necessity of History," in W. E. Parker(ed), *Economic History and the Modern Economist* (Oxford: Basil Blackwell).

DeCecco, J. P.

1968   *The Psychology of Learning and Instruction: Educational Psychology* (Englewood Cliffs, New Jersey: Prentice-Hall).

Donges, J. B.

1991   "Deregulating the German Economy," Occasional Paper no. 15(The International Cnter For Economic Growth).

Fried, M. H.

1968   "State: The Institution," in *International Encyclopeda of the Social Sciences*(New York : Macmillan).

Friedman, M.

1962   *Price Theory*(Chicago: Aldine Publishing Company).

Furuboth, E. G. & S. Pejouich

        "Property Rights and Economic Theory: A Survey of Recent Literatue," *Journal of Economic Literature*, Vol. 42.

Gras, N. S. B.

1930   "Stages in Economic History," *Journal of Economic and Business History*(May).

Hartwell, R.

1962   "Revolution in the Chinese Iron and Coal Industries During the Northern Sung, 960-1126A.D.," *Journal of Asian Studies*, Vol. 21.

Hayes, C. J. H., P. T. Moon & J. W. Wayland

1945   *World History*, 3rd rev. edition(New York : Macmillan, c1941). 中譯本作《世界通史》，翟國瑾譯(台北：黎明文化公司，民國69年)。

Heaton, H.

1948   *Economic History of Europe*, rev. ed.(New York: Harper, 1948; Reprinted in Taiwan).

Helpman, E. & P. R. Krugman

1989   *Trade Policy and Market Structure*(Cambridge, Mass.: The MIT Press).

Hicks, John

1969   *A Theory of Economic Histroy*(London: Oxford University Press)

Hildebrand, B.

1864   *Jahrbuecher fuer Nationaloekonomie und Statistik*( ).

Hoover, C. B.

1968   "Capitalism," in *International Encyclopedia of the Social Sciences*(New York: Macmillan).

Hou, C. C.

1989   "The Influence of Confucianism on Economic Policies and Entreprenurship in Taiwan," Conference on Confucianism and Economic Development in East Asia, May 1989, Taipei.

Hsiao, Liang-Lin

1974   *China's Foreign Trade Statistics 1864-1949*(Cambridge, Mass.: Harvard University Press).

Hsu, Cho-Yun

1965   *Ancient China in Transition: An Analysis of Social Mobility, 722-222B.C* (Stanford, California: Stanford University Press).

Kimble, G. A.& N. Garmesy

1963   *Principles of General Psychology*(New York: The Ronald Press).

Kindleberger, C. P.

1986   "A Further Comment," in W. E. Parker(ed), *Economic History and the Modern Economist*(Oxford: Basil Blackwell).

Kuznets, Simon

1966   *Modern Economic Growth: Rate Structure and Spread*(New Haven: Yale University Press).

1971   "Notes on Stages of Economic Growth as a System Determinate", in A. Eckstein(ed), *Comparison of Economic System*(Berkley: University of California Press).

Landreth, H. & D. C. Colander

1989   *History of Economic Theory*, 2nd edition(Boston: Houghton Mifflin Co.)

Lewis, W. A.

1954   "Economic Development with Unlimited Supplies of Labour," *The Manchester School*(May).

1955   *The Theory of Economic Growth*(London: George Allen & Unwin, Ltd.)

1958   "Unlimited Labour: Further Notes," *The Manchester School*(Jan.)

1966   *Developing Planning*(London: George Allen & Unwin, Ltd.)

Linton, R.

1955   *The Tree of Culture*(New York: A. A. Knopf, Inc.)

Locke, John

1955   *The Second Treaties of Civil Government*(Chicago: Henry Regnery Co.)

Loehr, W. & J. P. Powelson

1981 *The Economics of Development and Distribution*(New York: Harcourt Brace Jovanovich; Reprinted in Taiwan).

McKinnon, R. I.

1988 "Financial Policies," in John Cody et al(eds.), *Policies for Industrial Progress in Developing Countries*(London: Oxford University Press).

Mcloskey, D. N.

1986 "Economics as an Historical Seience," in W. E. Parker(ed), *Economic History and the Modern Economist*(Oxford: Basil Blackwell).

Meier, G. M.

1976 *Leading Issues in Economic Development*, 3rd edition(New York : Oxford University Press; Reprinted in Taiwan, 1977).

Meier, G. M. & R. E. Baldwin

1957 *Economic Development: Theory, History, Policy*(New York: John Wiley & Sons, Inc.)

1961 *Economic Development*(New York: John Wiley & Sons, Inc.)

Nicholson, W.

1983 *Intermediate Microeconomics and Its Applications*, 3rd edition (Chicago: The Dryder Press).

North, D. C.

1981 *Structure and Change in Economic History*(New York: W. W. Norton & Co.)

1990 *Institutions, Institutional Change, and Economic Performance*(Cambridge, Mass.: Cambridge University Press).

North, D. C. & R. P. Thomas

1973 *The Rise of the Western World--A New Economic History*(Cambridge, Mass.: Cambridge University Press).

Oser, J. & W. C. Blanchfield

1975 *The Evolution of Economic Thought*, 3rd edition(New York: Harcart

Brace Jovanovich).

Rostow, W. W.

1960   *The Stages of Economic Growth*(Cambridge University Press).

1986   "Professor Arrow on Economic Analysis and Economic History," in W. E. Parker(ed), *Economic History and the Modern Economist*(Oxford: Basil Blackwell).

Rustow, D. A.

1968   "Nation," in *International Encyclopedia of the Social Science*(New York: Macmillan).

Ruttan, V. W.

1965   "Growth Stage Theories and Agricultual Development Policy," *The Austrialian Journal of Agricultral Economics*(June).

Shafer, R. J., et al., ed.

1980   *A Guide To Historical Method*, 3rd edition(Homewood, Ill.: Dorsey Press).

Schafer, E. H.

1963   *The Golden Peaches of Samarkand: A Study of Tang Exotis*(Berkeley: University of California Press).

Smith, Adam

1937   *The Wealth of Nations*(New York: Random House).

Solow, R. M.

1986   "Economics: Is Something Missing?" in W. E. Parker(ed), *Economic History and the Modern Economist*(Oxford: Basil Blackwell).
        "Technical Change and the Aggregate Production Function," *Review of Economics and Statistics*, Vol. XXXIX. No. 3.

Staley, C. E.

1991   *A History of Economic Thought, from Aristotle to Arrow*(New York: Basil Blackwell).

Usher, A. P.

1929   *History of Mechanical Invention*, revised edition(Cambridge, Mass.: Harvard University Press, 1954).

Wallis, J. L. & D. C. North

1986   "Measuring the Translation Sector in the American Economy, 1870-1970," in Stanley L. Engerman & Robert E. Gallman(ed.), *Long-Term Factors in American Economic Growth*(Chicago: University of Chicago Press).

Warner, G. T.

1912   *Landmarks in English Industrial History*(London: Blackie and Son Limited, 11th edition).

Weber, Max

1930   *The Protestant Ethic and the Spirit of Capitalism*, trans. by T. Parsons (London: George Allen & Unwin).

1947   *The Theory of Social and Economic Organigation*, trans. by A. M. Henderson(New York: The Free Press).

Wittfogel, K. A.

1957   *Oriental Despotism*(New Haven: Yale University Press).

Wright, G.

1986   "History and the Future of Economics," in W. E. Parker(ed.), *Economic History and the Modern Economist*(Oxford: Basil Blackwell).

中國經濟史（上、下）

2021年1月二版　　　　　　　　　　　　定價：新臺幣1800元
有著作權・翻印必究
Printed in Taiwan.

著　　者	侯	家	駒	
叢書主編	沙	淑	芬	
校　　對	崔	小	茹	
封面設計	胡	筱	薇	

出　版　者　聯經出版事業股份有限公司　　　副總編輯　陳　逸　華
地　　　址　新北市汐止區大同路一段369號1樓　總編輯　涂　豐　恩
叢書主編電話　（02）86925588轉5310　　總經理　陳　芝　宇
台北聯經書房　台北市新生南路三段94號　　社　長　羅　國　俊
電　　　話　（02）23620308　　　發行人　林　載　爵
台中分公司　台中市北區崇德路一段198號
暨門市電話　（04）22312023
台中電子信箱　e-mail：linking2@ms42.hinet.net
郵政劃撥帳戶第0100559-3號
郵撥電話　（02）23620308
印　刷　者　世和印製企業有限公司
總　經　銷　聯合發行股份有限公司
發　行　所　新北市新店區寶橋路235巷6弄6號2F
電　　　話　（02）29178022

行政院新聞局出版事業登記證局版臺業字第0130號

國家圖書館出版品預行編目資料

中國經濟史（上、下）/ 侯家駒著 . 二版 . 新北市 .
聯經 . 2021.01 . 2冊 . 1128面 . 17×23公分 .
參考書目：51面
ISBN　978-957-08-5697-2（全套；精裝）
[2021年1月二版]

1.經濟史 2.中國

552.29　　　　　　　　　　　　　　110000360